高等院校经济管理类"十三五"规划系列教材

管理学概论

主　编　程　炼
副主编　滕赋骋　杨化玲
参　编　王玉润　王　维
　　　　刘　漫　王　可
　　　　彭念慧　刘娜娜
　　　　徐晨晨

Guanlixue Gailun

华中科技大学出版社
http://www.hustp.com
中国·武汉

图书在版编目(CIP)数据

管理学概论/程炼主编. —武汉：华中科技大学出版社，2013.12
ISBN 978-7-5609-9536-6

Ⅰ.①管… Ⅱ.①程… Ⅲ.①管理学 Ⅳ.①C93

中国版本图书馆 CIP 数据核字(2013)第 287015 号

管理学概论　　　　　　　　　　　　　　　　　　　　　　　程　炼　主编

策划编辑：张　毅
责任编辑：张　毅
封面设计：龙文装帧
责任校对：祝　菲
责任监印：张正林
出版发行：华中科技大学出版社(中国·武汉)
　　　　　武昌喻家山　邮编：430074　电话：(027)81321915
录　　排：禾木图文工作室
印　　刷：武汉鑫昶文化有限公司
开　　本：787 mm×1 092 mm　1/16
印　　张：19
字　　数：466 千字
版　　次：2015 年 9 月第 1 版第 2 次印刷
定　　价：36.00 元

本书若有印装质量问题，请向出版社营销中心调换
全国免费服务热线：400-6679-118　竭诚为您服务
版权所有　侵权必究

前　言

在现代社会中,管理作为有助于实现目标的一种有效手段,可以说无时不在,无处不在。管理学是系统研究管理活动的基本规律和一般方法的科学,是人类智慧的结晶,它为人们提供了一套比较完整的有关组织管理的理论和方法。管理学的先驱们在管理的实践中探索着管理的原理与方法,同时借鉴其他学科的理论精华应用于现代管理的方方面面,形成了较为完整的理论体系与方法。这些理论和方法指导着管理实践的发展,同时也追随着管理实践的步伐。

本书就是在这样的背景下,结合新的社会发展实际,融入了一些新内容编写而成的。本书在系统性、实用性的基础上,力图全面、简洁明了地介绍管理的基本思想、基本原理和基本方法,以及管理职能和管理思想的发展过程,反映我国的经济体制改革和企业改革的实践,抓住在现代科学技术飞速发展条件下管理思想的发展趋势,既传承了管理科学的逻辑性,又在编写中突出了概括性,符合应用型高等院校的特点。希望通过本书的学习,能给应用型高等院校经济与管理各专业的学生打下坚实的管理学基础知识,为其他课程铺平道路,并对他们的工作实践提供有益的帮助。

本书由程炼(文华学院)担任主编,滕赋骋(武汉轻工大学)和杨化玲(文华学院)担任副主编,参与本书编写的还有王玉润、王维、刘漫、王可、彭念慧、刘娜娜、徐晨晨。全书由廖超慧教授审阅。各章节具体分工如下:第一篇和第六篇由程炼编写,第二篇和第三篇由滕赋骋编写,第四篇和第五篇由杨化玲编写。

本书在编写过程中,参考并应用了国内外研究成果、文献及网络等资源,由于篇幅有限,这里无法一一标注,在此向相关作者表示感谢。

管理学是一门范围极广的学科,由于编者水平及观点有限,书中疏漏之处在所难免,敬请广大读者批评指正。

编　者
2014 年 5 月于文华园

目 录

第一篇 导论

第一章 管理与管理学 (2)
 第一节 管理概述 (2)
 第二节 管理者 (10)
 第三节 管理学的研究对象与方法 (14)

第二章 管理理论的发展 (17)
 第一节 早期管理理论 (17)
 第二节 古典管理理论 (21)
 第三节 行为科学理论 (29)
 第四节 现代管理理论 (35)
 第五节 管理理论的新发展 (39)

第二篇 决策

第三章 管理的前提 (44)
 第一节 管理道德 (44)
 第二节 社会责任 (53)
 第三节 组织文化 (58)
 第四节 管理信息 (64)

第四章 管理决策 (68)
 第一节 决策概述 (68)
 第二节 决策类型 (74)
 第三节 决策过程 (76)
 第四节 决策方法 (80)

第五章 管理与环境 (94)
 第一节 组织环境 (94)
 第二节 外部环境因素 (98)
 第三节 内部环境因素 (102)
 第四节 组织环境的管理 (104)

第三篇 计划

第六章 计划与计划工作 (112)
 第一节 计划概述 (112)
 第二节 计划的种类 (120)

第三节　计划工作的程序 …………………………………………………………… (124)
第七章　计划工作的方法 …………………………………………………………………… (128)
　　第一节　目标管理 …………………………………………………………………… (128)
　　第二节　滚动计划法 ………………………………………………………………… (134)
　　第三节　甘特图法 …………………………………………………………………… (137)
　　第四节　网络计划技术 ……………………………………………………………… (137)

第四篇　组织

第八章　组织与组织设计 …………………………………………………………………… (144)
　　第一节　组织 ………………………………………………………………………… (144)
　　第二节　组织设计 …………………………………………………………………… (147)
　　第三节　组织结构 …………………………………………………………………… (164)
　　第四节　组织力量的整合 …………………………………………………………… (170)
第九章　人员配备 …………………………………………………………………………… (176)
　　第一节　人员配备概述 ……………………………………………………………… (176)
　　第二节　管理人员的选聘 …………………………………………………………… (179)
　　第三节　管理人员的培训 …………………………………………………………… (183)
　　第四节　管理人员的绩效考评 ……………………………………………………… (185)
第十章　组织变革 …………………………………………………………………………… (194)
　　第一节　组织变革的一般规律 ……………………………………………………… (194)
　　第二节　组织变革的过程与程序 …………………………………………………… (198)
　　第三节　组织变革的阻力与对策 …………………………………………………… (199)
　　第四节　组织变革的发展趋势 ……………………………………………………… (202)

第五篇　领导

第十一章　领导与领导者 …………………………………………………………………… (206)
　　第一节　领导 ………………………………………………………………………… (206)
　　第二节　领导者 ……………………………………………………………………… (209)
　　第三节　领导理论 …………………………………………………………………… (216)
第十二章　激励 ……………………………………………………………………………… (229)
　　第一节　对人性的认识 ……………………………………………………………… (229)
　　第二节　激励概述 …………………………………………………………………… (231)
　　第三节　激励理论 …………………………………………………………………… (235)
　　第四节　激励的原则与方法 ………………………………………………………… (246)
第十三章　沟通 ……………………………………………………………………………… (251)
　　第一节　沟通概述 …………………………………………………………………… (251)
　　第二节　人际沟通与组织沟通 ……………………………………………………… (254)
　　第三节　有效沟通 …………………………………………………………………… (259)
　　第四节　冲突 ………………………………………………………………………… (263)

第六篇 控制

第十四章 控制与控制过程 …………………………………………………………（266）
　　第一节 控制概述 ………………………………………………………………（266）
　　第二节 控制的类型 ……………………………………………………………（271）
　　第三节 控制的基本过程 ………………………………………………………（273）
　　第四节 有效的控制系统 ………………………………………………………（280）
第十五章 控制方法与技术 ……………………………………………………………（284）
　　第一节 预算控制 ………………………………………………………………（284）
　　第二节 非预算控制 ……………………………………………………………（287）
　　第三节 管理信息系统控制 ……………………………………………………（288）
参考文献 ………………………………………………………………………………（294）

第一篇

导 论

GUANLIXUE
GAILUN

第一章 管理与管理学

【学习目标】
了解：管理的作用、特征。
理解：管理的对象；管理者角色、素质、技能要求；管理学的研究对象、方法。
掌握：管理的概念；管理的职能；管理的性质。
运用：联系实际分析并论证管理对一切社会组织的重要作用，管理的二重性，管理既是科学又是艺术。

第一节 管理概述

一、管理的概念

管理是人类社会协作和共同劳动的产物。在原始社会，社会分工的形成、发展和社会公共生活的要求，使得人类社会产生了简单的管理活动。随着生产力的发展和社会进步，劳动和社会分工逐步细化，其协作程度也不断加深，社会政治、经济结构随之日益复杂，这就使得生产和社会管理的要求不断提高，管理逐渐与其他社会活动相分离，成为专门的社会活动。到了资本主义阶段，科学技术和生产力得到迅速发展，社会分工和生产的社会化达到前所未有的规模，社会经济政治结构高度分化，在此背景下，管理活动逐步趋向于专业化、科学化、高效化和民主化，并广泛渗透到社会生活的各个领域和各个方面。

不过，尽管人类社会的管理活动具有悠久的历史，管理活动在今天的社会中已经成为人类实践活动的重要而专门的组成部分，但在管理学的研究中，迄今为止，人们对于管理的含义并没有形成公认的、权威性的统一看法。在很长时间里，学者们从不同的角度阐述自己对管理的理解。下面是几种具有代表性的定义。

管理学家弗雷德里克·温斯洛·泰勒从组织的角度认为，管理就是确切地了解你希望工人干些什么，然后设法使他们用最好、最节约的方法完成它。

管理学家亨利·法约尔认为，管理就是实行计划、组织、指挥、协调和控制。这一定义突出了管理的职能。

管理学家斯蒂芬·P. 罗宾斯和玛丽·库尔特则把管理视为过程，认为管理这一术语指的是和其他人一起而且通过其他人来切实有效地完成活动的过程。

管理学家赫伯特·西蒙认为，管理就是制定决策。

以埃尔伍德·伯法为代表的数理学派认为,管理就是用数字模式与程序来表示计划、组织、控制和决策等合乎逻辑的程序,求出最优解答,以达到企业的目标。

哈罗德·孔茨和海因茨·韦里克认为,管理就是设计并保持一种良好环境,使人在群体里高效率地完成既定目标的过程。

国内学者对管理概念的看法多为综合论。在徐同华等编著的教材(1998年)中,称管理为"通过计划、组织、控制、激励和领导等环节来协调人力、物力和财力资源,以期更好地达成组织目标的过程"。

我国著名学者周三多教授对管理下的定义是:"管理是社会组织中,为了实现预期的目标,以人为中心进行的协调活动。"

杨文士等学者认为,管理是指一定组织中的管理者,通过实施计划、组织、领导和控制等职能来协调他人的活动,使别人同自己一起实现既定目标的活动过程。

分析这些表达各异的定义,不难发现它们都从某个侧面或某个角度揭示了管理的实质,或者揭示了管理某一方面的属性。本书认为对"管理"做出如下定义能够全面地概括这个概念的内涵和外延,即:管理就是在特定的环境下,对组织所拥有的资源进行有效的计划、组织、领导和控制,以便达到既定的组织目标的过程。

二、管理的基本特征

我们可以从以下几个特征,来理解和掌握管理的上述定义的基本含义。

(一) 管理是在一定的环境和条件下进行的

管理的环境和条件,主要是指管理者面临的内外部环境和条件。所谓外部环境和条件,主要是指管理者所掌握的组织和成员所面对的自然环境和社会环境。一般来说,管理的环境和条件的构成要素是多方面的。在这其中,自然环境的主要构成要素有经济发展水平、自然资源状况、气候和地理状况等;社会环境的主要构成要素则有特定的社会文化、制度、法律、政策和心理等。所谓内部环境和条件,是管理者所管理的组织内部的状况,包括组织性质、组织制度、人员状况、组织技术水平、组织文化等。

(二) 管理的目的是为了实现特定的目标

管理的目标是管理活动的出发点和归宿,因此,管理活动应该是围绕着管理的目标而进行和展开的。就此而言,管理本质上就是为了有效地实现管理目标而进行的活动。由于管理的环境、条件、类型、性质、层次、对象以及时间跨度考虑的不同,在现实生活中,具体的管理活动会有不同的目标。尽管如此,为了实现特定的目标却是一切管理活动的共性。

(三) 管理的载体是组织

管理是在一定的组织中进行的,如果没有组织的话,恐怕也就没有管理了。因为在一个组织中,为实现组织的目标,组织成员的活动必须协调,组织的规模越大,这种协调在保证组织目标的实现过程中的作用也就越大。因此,管理就是在这样的组织中,由一个人或者若干人通过行使各种管理职能,使组织中以人为主体的各种要素合理配置,从而实现组织目标而进行的活动。这一点对于任何组织、任何类型的组织都是有普遍意义的。

(四) 管理是由管理者进行的活动

管理者是在管理过程中组织、指挥、领导和控制其他社会成员活动和行为的人们,因此,管理是管理者进行的活动。在现代社会,管理者呈现出多样性的特点,包括国家的统治者、政府的领导者和管理人员,生产资料的所有者以及他们以各种形式委托的代理人和经理人,也包括各种非政府的公共组织的领导者和管理者。管理者可以是以个人形式存在的领导者和管理者,也可以是以集体形式出现的决策者和领导者。

(五) 管理需要有效利用组织的各种资源

管理的对象是组织中所有的资源。因为特定管理目标的实现,需要资源的支撑。这里所说的资源,既包括人力、物力、财力这些传统的、内部的、有形的资源,也包括机会、时间、信息这些现代的、外部的、无形的资源。对于管理者来说,围绕管理目标的实现而合理动员和配置组织中所有的资源,做到人尽其才、物尽其用、财尽其力,是达到有效管理的重要途径。

那么,如何有效地利用组织所拥有的各种资源呢?资源利用的有效性应体现在效率和效果的统一上。

效率反映的是投入与产出或成本与收益的对比关系。效率高是指以尽可能少的投入获得尽可能多的产出。效果是一项活动的成效与结果,是人们通过某种行为、力量、方式或因素而产生出的合乎目的性结果。效果通常是指做正确的事情,即所从事的工作和活动有助于组织达到其目标。由此可见,效率是关于做事的方式(实际上是策略的制定),而效果则关系到所做的事是否正确(实际上是战略的制定),其涉及组织的结果及组织的目标。现代管理学之父彼得·德鲁克认为,效果实际上是组织成功的关键,在我们将注意力放在有效率地做事之前,必须确认自己所做的事是正确的。

效率和效果的区别在于:效率只涉及活动方式,与资源利用相关,只有高低之分而无好坏之分。效果涉及活动的目标和结果,不仅有高低之分,而且可以在好坏两个方面表现出明显的差异。效率与效果的联系体现在:不顾效率,易达效果;只顾效果,易失效率。如果企业不考虑人力和材料等投入成本的话,能生产或制造出更精确更吸引人的产品。因此,管理不仅要关心活动达到的目标(即效果),还要尽可能做到有效率,只有"正确地做正确的事",组织才能具有最大的有效性。

(六) 管理具有基本的职能

这些基本的职能包括计划、组织、领导和控制等。在实际管理活动中,尽管具体的管理活动在其性质、组织环境和条件、管理的有效资源、管理的层次和目标等方面千差万别,但是,管理的这些基本职能却是一切管理活动共同具有的。同时,在管理实践中,管理会有各种各样具体复杂的职能,但是,这些职能也不过是这些基本职能的进一步具体细化。

三、管理的作用

概括起来说,管理的作用主要表现在以下两个方面。

(一) 管理保证组织发挥正常功能

管理,是一切组织正常发挥作用的前提,任何一个有组织的集体活动,不论其性质如何,都只有在管理者对它加以管理的条件下,才能按照所要求的方向进行。

组织是由组织的要素组成的,组织的要素互相作用产生组织的整体功能。然而,仅仅有了组织要素还是不够的,这是因为各自独立的组织要素不会完成组织的目标,只有通过管理,使之有机地结合在一起,组织才能正常地运行与活动。组织要素的作用依赖于管理。管理在组织中协调各部分的活动,并使组织与环境相适应。一个单独的提琴手是自己指挥自己,一个乐队就需要一个乐队指挥,没有指挥,就没有乐队。在乐队里,一个不准确的音调会破坏整个乐队的和谐,影响整个演奏的效果。同样,在一个组织中,没有管理,就无法彼此协作地进行工作,就无法达到既定的目的,甚至连这个组织的存在都是不可能的。集体活动发挥作用的效果大多取决于组织的管理水平。

组织对管理的要求和依赖性与组织的规模是密切相关的,共同劳动的规模越大,劳动分工和协作越精细、复杂,管理工作也就越重要。一般来说,在手工业企业里,要进行共同劳动,有一定的分工协作,管理就成为进行生产所不可缺少的条件。但是,如果手工业企业的生产规模较小,生产技术和劳动分工也比较简单,管理工作也比较简单。现代化大工业生产,不仅生产技术复杂,而且分工协作严密,专业化水平和社会化程度都高,社会联系更加广泛,需要的管理水平就更高。

工业如此,农业亦同样如此。例如,一个规模大、部门多、分工复杂、物质技术装备先进、社会化、专业化、商品化水平高的农场,较之规模小、部门单一、分工简单、以手工畜力劳动为主、自给或半自给的农业生产单位,就要求有高水平、高效率的管理。

总而言之,生产社会化程度越高,劳动分工和协作越细,就越要有严密的科学的管理。组织系统越庞大,管理问题也就越复杂,庞大的现代化生产系统要求有相当高度的管理水平,否则就无法正常运转。

(二)管理保证组织目标的实现

组织是有目标的,组织只有通过管理,才能有效地实现其目标。在现实生活中,我们常常可以看到这种情况,有的亏损企业仅仅由于换了一个精明强干、善于管理的厂长,很快扭亏为盈;有些企业尽管拥有较为先进的设备和技术,却没有发挥其应有的作用;而有些企业尽管物质技术条件较差,却能够凭借科学的管理,充分发挥其潜力,反而能更胜一筹,从而在激烈的社会竞争中取得优势。通过有效的管理,可以放大组织系统的整体功能。因为有效的管理,会使组织系统的整体功能大于组织因素各自功能的简单相加之和,起到放大组织系统的整体功能的作用。在相同的物质条件和技术条件下,由于管理水平的不同而产生的效益、效率或速度的差别,这就是管理所产生的作用。

在组织活动中,需要考虑到多种要素,如人员、物资、资金、环境等,它们都是组织活动不可缺少的要素,每一要素能否发挥其潜能,发挥到什么程度,对管理活动产生不同的影响。有效的管理,在于寻求各组织要素、各环节、各项管理措施、各项政策以及各种手段的最佳组合。通过这种合理组合,就会产生一种新的效能,可以充分发挥这些要素的最大潜能,使之人尽其才,物尽其用。例如,对于人员来说,每个人都具有一定的能力,但是却有很大的弹性。如能积极开发人力资源,采取有效管理措施,使每个人的聪明才智得到充分的发挥,就会产生一种巨大的力量,从而有助于实现组织的目标。

四、管理的职能

（一）管理职能的概念

所谓管理职能,是管理者在管理过程中的各种基本活动及其功能。

管理职能一般可以根据管理过程的内在逻辑,划分为几个相对独立的部分。管理的各项职能,总体上是为管理的目标服务的。尽管人们在理论分析的意义上,可以将管理职能划分归类,但是,在实际管理活动中,管理的各项职能在内容上是相互交叉、紧密相关的,并且往往要求管理者同时实施。

在管理活动和管理学研究发展的不同阶段,人们对于管理基本职能的确定和划分也具有不同的看法,最早系统并明确分析管理职能的是古典管理理论代表人之一的亨利·法约尔。20世纪初期,他提出,所有的管理者都履行计划、组织、指挥、协调、控制五种管理职能,即人们通常所说的"五职能说",他为后人的研究奠定了基础。之后,又有"三职能说"、"四职能说"或"七职能说"等。

时至今日,最普及的管理学教科书都按照管理职能来组织内容,不过这五个职能已经精简为四个基本职能:计划、组织、领导、控制。

（二）管理的基本职能

1. 计划职能

计划就是确定组织未来发展目标以及实现目标的方式。计划意味着为未来的组织业绩界定目标和决定为实现上述目标所需完成的任务和运用的资源。

计划职能的特点有:①预先性,即预先确定和筹划管理目标及其实现方案;②预测性,即对管理目标和各分支目标、实现目标的条件和资源、实现目标的途径和方式的预先测算和估算;③评价性,即对所确定的目标和行动方案的评价和比较分析;④选择性,即在不同的目标和可能方案之间进行选择;⑤调整性,即随着管理实践的展开和进行,根据管理条件和环境的变化以及行动后果,对原有计划进行调整。

计划职能是管理活动的首要职能,它是管理活动的起点,是确定管理目标的首要步骤,也是实现管理目标,使得管理由此岸到彼岸的桥梁,因此,计划职能对于管理活动具有至关重要的作用。

2. 组织职能

组织职能是管理者按照组织的特点和原则,通过组织设计,构建有效的组织结构,合理配置各种管理资源并使之有效运行,以实现管理目标的活动。由于组织是管理的前提和载体,因此,组织职能是管理活动得以顺利进行的必要环节。

组织职能具有合理性、有序性和规范性。①合理性,即按照管理目标和任务的要求,并且从实际条件和环境出发,构建管理组织;②有序性,即按照组织设计和管理过度的流程要求,组织各种管理要素;③规范性,即组织的构建和运行,必须形成和实施特定的规则和制度。

组织职能是一个动态的过程,也就是说,对于管理者来说,组织职能不是一劳永逸的活动。随着管理条件和环境的变化,组织结构和规则制度等必须相应地进行变革和调整,因此管理者必须承担组织改革甚至再组织的职能。

3. 领导职能

领导职能就是管理者按照管理目标和任务，运用法定的管理权力，主导和影响被管理者，使之为了管理目标的实现而贡献力量和积极行动的活动。如果说计划和组织为管理者准备了活动的平台，那么领导就是管理者的主要管理操作活动。同时，由于领导主要是管理者运用法定权力对被管理者实施影响，这就决定了领导职能的基本内容包括激励、沟通、协调、奖励、处罚、示范等。

提供科学的领导正日益成为十分重要的管理职能。领导职能的一般特点主要有以下几点。①权力合法性，即领导必须依靠管理，权力才能得到实施；②主导性，即按照组织目标和任务的要求，有效地主导组织的运行，贯彻落实各项政策主张；③决断性，即领导过程中应该准确分析和判断错综复杂的实际生活现象，进行正确方案的选择和决断；④公正性，即按照社会和组织公认的公正标准，公平处理各项管理事务；⑤协调性，协调管理过程中的各要素、各环节、各种关系和矛盾，是领导的日常基本活动，因而使得协调成为领导活动的突出特征；⑥规范性，一方面，领导权力必须在法定的范围内，按照特定规则运行，这是领导职能实施的前提；另一方面，社会公共道德也是一种规范，因此，领导的规范性同时也包含遵循社会公共道德的含义在内。

4. 控制职能

控制是管理者按照组织目标和计划的要求，对组织和社会的运行状况进行检查、监督和调节的活动。它意味着对员工的活动进行监督，判定组织是否正朝着既定的目标健康地向前发展，并在必要的时候及时采取矫正措施。管理者必须确保组织正在逐渐实现目标。目前，倾向于授权和强调员工信任的趋势已经促使许多企业不再重视自上而下的控制，而是更重视训练员工进行监督和自我矫正能力的培养。

作为对管理运行情况的检测和调整，控制职能与计划职能有密切的联系。首先，人们常常把控制看成是特定阶段管理过程的起点和终点，因此，控制具有特定的标准性，而这种标准性常常与计划和目标在本质上具有一致性。其次，控制具有事后反馈性的特点。控制往往是通过对前一时期管理状况的回顾和有关信息的反馈，来校正和调整管理运行过程和方向。不过，控制和调节的结果往往是下一时期管理的起点，因此，控制是不同管理阶段的连接点。再次，控制是发现问题、分析问题和解决问题的过程。控制的目的是为了保证管理按照既定计划和目标运行，而这一目的是在发现、分析和解决问题中实现的。

控制职能是管理过程的监视器和调节器，因此，它对于管理过程的顺利进行具有重要的保证作用；另一方面，控制职能是管理过程的不同阶段的连接点，因此，它又是管理过程的重要链条。

各项管理职能都有自己独有的表现形式。例如计划职能通过方案和计划制定与实施的形式表现出来。组织职能通过组织结构设计和人员配备表现出来。领导职能通过领导者和被领导者的关系表现出来。控制职能通过对计划执行情况的信息反馈和纠正措施表现出来。

（三）管理职能的相互关系

计划、组织、领导和控制是最基本的管理职能，它们分别重点回答了一个组织要做什么、怎么做、靠什么做、如何做得更好，以及做得怎么样等基本问题。

没有计划便无法控制，没有控制也就无法积累制订计划的经验。人们往往在进行控制工作的同时,又需要编制新的计划或对原计划进行修改。同样没有组织架构,便无法实施领导,而在实施领导的过程中,又可能反过来对组织进行调整。管理过程是一个各职能活动周而复始的循环过程,而且在大循环中套着小循环。

从管理职能在时间上的关系来看,它们通常按照一定的先后顺序发生,即先计划,继而组织,然后领导,最后控制。对于一个新创建的企业往往更是如此。然而,这种前后工作逻辑在实践中并不是绝对的,没有哪个管理者是周一制订计划,周二开展组织工作,周三实施领导工作,周四采取控制活动。这些管理职能往往相互融合,同时进行。

它们的关系归纳起来可以概括为以下四点。

(1) 四大职能相互联系、相互制约、交叉渗透,不可偏废。

(2) 计划是管理的首要职能,是组织、领导、控制职能的依据。

(3) 组织、领导、控制职能是有效管理的重要手段,是计划及其目标得以实现的保障。

(4) 每一项管理工作一般都是从计划开始,经过组织、领导、到控制结束。可能又导致新的计划,开始新一轮的管理循环。

管理过程及管理职能的相互关系如图1-1所示。

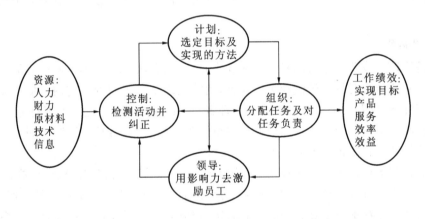

图1-1 管理过程及管理职能的相互关系

五、管理的性质

(一) 管理的二重性

管理是组织共同劳动的需要,从它最基本的意义来看,一是组织劳动,二是指挥、监督劳动。管理既具有同生产力、社会化生产相联系的自然属性,又具有同生产关系、社会制度相联系的社会属性,这就是通常所说的管理的二重性。

1. 管理的自然属性

关于管理的自然属性,可以从以下三个方面理解。

首先,管理是人类社会活动的客观要求。人类的任何社会活动,都需要组织协调,如果没有这种组织协调,生产要素就难以优化组合,经济的各项活动就不能正常进行,社会劳动过程就会发生中断和混乱,社会文明就难以继续,社会进步就无从谈起。

其次,管理是一种特殊职能,是社会分工的产物。随着人类社会进步和经济发展,管理作为一种专门职业从整个社会分工中分化出来,经济越发达,专门管理人员的作用就显得越重要。

最后,管理就是生产力。一个组织、一个地区、一个国家,其生产力的发达程度不但取决于其各种资源的质量和数量,更取决于其组合程度和有效利用程度,取决于人力资源的开发利用。这些都要依赖于管理。

管理所具有的以上三方面的性质,都是不以人们的意志为转移的,也不以社会制度和意识形态的不同而有所改变,它是一种客观存在,所以称为管理的自然属性。

2. 管理的社会属性

管理是为了达到预期目的所进行的具有特殊职能的活动。谁的预期目标？什么样的预期目标？实质上就是"为谁管理"的问题。在人类漫长的历史中,管理从来就是为统治阶级、为生产资料的占有者服务的。管理是一定社会生产关系的反映。国家的管理、企业的管理,以至于各种社会组织的管理概莫能外。

3. 管理二重性的现实意义

（1）管理的二重性理论体现着生产力和生产关系的辩证统一关系。这对我国的管理理论和实践的发展有重要的指导意义。必须认真总结我国古代历史,以及新中国成立六十多年来管理的经验教训,遵循管理的自然属性的要求,并在充分体现社会主义生产关系的基础上,分析和研究我国的管理问题,从而建立具有我国社会主义特色的管理科学体系。

（2）学习和掌握管理的二重性理论,明确西方的管理理论、技术和方法是人类长期从事生产实践的产物,是人类智慧的结晶。它同生产力的发展一样,具有连续性,是不分国界的。这使我们对资本主义的管理理论、技术和方法有了正确评价。因此,我们要在继承和发展我国过去科学的管理经验和管理理论的同时,注意学习、引进国外先进的管理理论、技术和方法,使其适应我国的情况,成为我国管理科学体系的有机组成部分。

（3）由于管理总是在一定生产关系下进行的,体现着一定的统治阶级的意志。因此,我们要科学地鉴别管理的社会属性,我们的管理理论和实践不能简单地照抄西方的一切,而要有鉴别、有选择地取我所需,走自己的道路。

（4）任何一种管理理论、技术和方法的出现总是同一定的生产力水平相适应的。因此在学习和运用某些管理理论、原理、技术和手段时,必须结合本部门、本单位的实际情况,因地制宜,这样才能取得预期的效果。

（二）管理的科学性和艺术性

1. 管理的科学性

管理作为一个活动过程,其间存在着一系列基本客观规律。人们经过无数次的失败和成功,通过从实践中收集、归纳、检测数据,提出假设,验证假设,从中抽象总结出一系列反映管理活动过程中客观规律的管理理论和一般方法。人们利用这些理论和方法来指导自己的管理实践,又以管理活动的结果来衡量管理过程中所使用的理论和方法是否正确,是否行之有效,从而使管理的科学理论和方法在实践中得到不断的验证和丰富。

2. 管理的艺术性

管理的艺术性就是强调其实践性,没有实践就无所谓艺术。就是说,仅凭停留在书本上的管理理论,或背诵原理和公式来进行管理活动是不能保证其成功的。主管人员必须在管理实践中发挥积极性、主动性和创造性,因地制宜地将管理知识与具体管理活动相结合,才能实行有效的管理。管理的艺术性就是强调管理活动除了要掌握一定的理论和方法外,还要有灵活运用这些知识和技能的技巧。

从管理的科学性与艺术性可知,有效的管理艺术是以对它所依据的管理理论的理解为基础的。因此,二者之间不是互相排斥,而是互相补充的。管理既是一门科学,又是一门艺术,是科学与艺术的有机结合体。在当代,既注重管理基本理论的学习,又不忽视在实践中因地制宜地灵活运用,是每一个管理者走向卓越的重要保证。

第二节 管理者

管理者合格与否在很大程度上取决于他能否履行前节所述的四种管理职能。为了有效地履行职能,管理者必须明确以下两点:第一,自己要扮演哪些角色;第二,在扮演这些角色的过程中,自己需要具备哪些技能。

一、管理者的定义与分类

(一)管理者的定义

管理者是指从在组织中事管理活动,指挥他人完成具体任务的人,即在组织中担负对他人的工作进行计划、组织、指挥、协调和控制等工作的人。

管理者,首要的、主要的是做好管理工作,而不是做一般性工作。

在任何组织,所有的工作可以划分为作业工作和管理工作,相应地将组织的成员分成两种类型:操作者和管理者。操作者是直接从事某项工作或任务,不具有监督其他人工作的职责的组织成员。如汽车装配线上的装配工人、汉堡店中烹制汉堡包的厨师、机动车管理办公室中办理驾驶执照的办事员等。管理者则是指挥别人活动的人。他们也可能担任某些作业职责,比如学院 MBA 中心主任同时承担一线教学任务或某些具体的业务职责。请注意,组织内的非正式组织中,一些能够影响和指挥他人的成员并不是组织的管理者。

(二)管理者的分类

组织的管理人员可以按其所处的管理层次区分为高层管理者、中层管理者和基层管理者。同时,整个组织层次还包括一层操作者,如图 1-2 所示。

1. 高层管理者

高层管理者是指对整个组织或者是组织活动的某一个方面负有全面的责任的管理人员。他们的主要职责是:制订组织的总目标、总战略,掌握组织的大政方针,评价组织的绩效。在管理活动中,高层管理者掌握着最高的制度

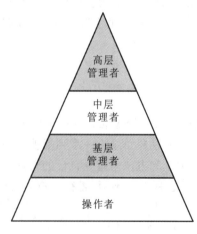

图 1-2 组织的层次

权力。在组织与外界交往的过程中,高层的管理者往往是组织的代表。

2. 中层管理者

中层管理者通常指处于高层与基层管理者之间的管理人员。中层管理人员可能是一个层次,也可能是几个层次。他们的主要职责是:贯彻执行高层管理人员所制定的重大决策,给所管辖的基层管理人员分派任务,并监督和协调基层管理人员完成他们的工作。中层管理者在组织的管理活动中常常起着承上启下的作用。

3. 基层管理者

基层管理者又称为第一线的管理者,也就是处于组织中的最低层次的管理者。这些管理者所管辖的仅仅是生产人员,不涉及其他的管理者。这类管理者的主要职责是给非管理人员分派具体的工作,并直接指挥、监督现场的生产活动,保证各项生产活动有效地完成。基层管理者遍布在组织的各个部门。例如,汽车厂生产车间一个工作小组的主管人员,医院住院部妇产科的护士长,汽车经销商客户服务部门管理许多技师的首席技师,等等。在戴尔计算机公司,基层管理者包括控制计算机质量的主管人员和控制电话销售服务质量的主管人员等。当戴尔开始创办他的计算机公司的时候,他个人亲自管理计算机装配过程,行使一个基层管理者的职责。

作为管理者,不论他在组织中的哪一层次上承担管理职责,其工作的性质和内容应该基本上是一样的,都包括计划、组织、领导和控制几个方面。不同层次管理者工作上的差别,不是职能本身不同,而是各项管理职能履行的程度和重点不同。

(三)不同层次管理者管理职能的区别

1. 履行管理职能的分量不同

所有的管理者,无论他处在哪一个层次,都要制定决策,履行计划、组织、领导和控制职能。但是,基层管理者花在领导职能上的时间较多;中层管理者各项职能均居中;而最高管理者要考虑整个组织的设计,他们花在计划和组织工作上的时间就要多一些。图1-3近似说明了不同层次的管理者在不同管理职能上花费的时间。

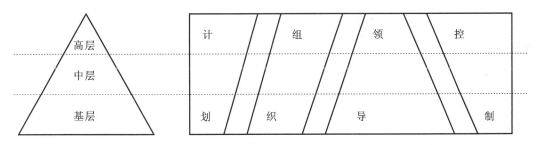

图1-3 管理者的层次分类与管理职能

2. 履行管理职能的内涵不同(以计划为例)

(1)高层管理者,偏重组织整体的长期战略计划。
(2)中层管理者,偏重中期、内部管理性计划。
(3)低层管理者,侧重于短期的业务和作业计划。

二、管理者的角色与技能

在一家小型制造公司里,有些人操作机器,还有些人打印信件,而总经理似乎只是坐在办公室里,有时签发信件,有时与人谈话。总经理到底做了些什么?带着这样的问题,管理学家亨利·明茨伯格以对五位总经理的工作的研究为依据,于1968年在麻省理工学院的斯隆管理学院完成了他的博士论文。在博士论文的基础上,《经理工作的性质》一书于1973年出版,这本书成为经理角色学派的代表著作。

亨利·明茨伯格认为,一个人的性格能够影响他如何扮演角色,但不会影响他所演的内容。所以,演员、经理和其他人担任的角色虽然是事先规定好的,但个人可能以不同的方式来解释这些角色。可见,这里的管理者角色是一个特定的管理行为范畴,是属于一定职责或地位的一套有条理的行为。

明茨伯格的实证研究结论为,管理者扮演着十种不同的、但却是高度相关的角色。

(一) 管理者的角色

明茨伯格提出的管理者的十种角色可进一步组合为三大类,即管理者要扮演人际关系、信息传递和决策制订三大角色,见表1-1。

表1-1 明茨伯格的管理者角色理论

角色		任务	代表性活动
人际关系	挂名首脑	象征性的首脑,必须履行许多法律性的或社会性的例行义务	接待来访者,签署法律文件
	领导者	负责激励和动员下属,负责人员配备、培训交往的职责	实际上从事所有的有下级参与的活动
	联络者	维护自行发展起来的外部接触和联系网络,向人们提供帮助和信息	发感谢信,从事外部委员会工作,从事其他有外部人员参加的活动
信息传递	监听者	寻求和获取各种特定的信息(其中许多是即时的),以便透彻地了解组织与环境;作为组织内部和外部信息的神经中枢	阅读期刊和报告,保持私人接触
	传播者	将从外部人员和下级那里获得的信息传递给组织的其他成员——有些是关于事实情况的信息,有些是解释和综合组织内有影响的人物的各种有价值的观点	举行信息交流会,用打电话、网络交流的方式传达信息
	发言人	向外界发布有关组织的计划、政策、行动、成果等信息;成为组织所在产业方面的专家	参加董事会议,向媒体发布信息
决策制订	企业家	寻求组织发展的机会,制订"改进方案"以发起变革,监督某些方案的策划和执行	制订战略,检查会议决议执行情况,开发新项目
	混乱驾驭者	当组织面临重大的、意外的动乱时,负责采取补救行动	制订对策,检查陷入混乱和危机的原因;恢复正常状态
	资源分配者	负责分配组织的各种资源——事实上是批准所有重要的组织决策	调度、询问、授权,从事涉及预算的各种活动和安排下级的工作
	谈判者	在主要的谈判中作为组织的代表	参与与工会进行合同谈判

(二) 管理者的技能

管理者的技能是指从事管理工作的人必须具备的素质和才能,包括技术技能、人际技能和概念技能三大方面的技能。

1. 技术技能

技术技能是运用某一特定领域的工艺、技术和知识的能力。外科医生、教师、工程师和音乐家都在他们各自不同的领域内具有技术能力。在公司里,产品加工技能、会计核算技能、营销技能等也是如此。

技术技能可以通过教育、培训和学习等途径来获得和掌握,专业知识掌握得越多,技术能力和水平一般也越高。一个有效的管理者可以不是专家,但必须转换为管理者。

2. 人际技能

人际技能是指与他人或团队协同工作,理解并激励他人行为的能力。其基础是一个人的协作精神与团队精神,合格的管理者能创造出一种良好的氛围,使员工能够自由地无所顾忌地表达个人的观点。

人际技能是管理者应当掌握的最重要的能力之一。调查发现,在管理者成功的影响因素中,绝大多数人都将人际交往能力排在第一位。

人际技能首先包括领导能力,即管理者必须学会同下属沟通,影响下属,使下属产生凝聚力,激励下属积极主动地完成任务;其次,一个管理者必须学会说服上级,善于与同事沟通和合作,正确传播组织的有关信息;此外,管理者还必须乐于与外部人员打交道,与外部环境相适应、相协调。

与技术技能不同的是,决定一个人人际技能高低的因素不仅仅是他掌握的书本知识,更重要的是个人的性格。从这一意义上,一个人能否成为成功的管理者,其先天性格是一个重要因素。这一点给我们的启示是:我们在进行管理者的分工和确定管理集体结构时,应该考虑不同管理工作对性格的特殊要求,以提高管理者的管理效率。

3. 概念技能

概念技能也称为理性思维能力,是一种协调和整合组织的利益和行为的能力。拥有洞察与应变能力的管理者,把组织当作一个整体,能总揽全局,判断出重要因素并了解这些因素之间的关系,以此做出正确决策,引导组织的发展方向。

概念技能体现的是管理者对组织的战略性问题进行分析、判断和决策的能力。洞察与应变能力与一个人的知识、经验和胆略有关,它所需要的知识基础相当广泛,而不仅仅限于专业知识。张瑞敏当年在海尔大抓质量,曾面对全厂工人一次砸掉在当时可以卖出去的76台不合格冰箱,这种胆略和魄力被认为是高水平的洞察与应变能力的表现。然而,洞察与应变能力的提高是一个渐进的、缓慢的、潜移默化的过程,洞察与应变能力缺乏也被认为是制约我国企业管理水平提高的重要因素。

4. 各类管理者的不同技能要求

法约尔和罗伯特·卡兹提出了上述者的管理技能,但他们认为这些技能的相对重要性主要取决于管理者在组织中所处的层次,如图1-4所示。

技术技能对于低层管理者最为重要;人际交往能力对于各个层次的管理者都很重要,但它

图 1-4　各种层次管理者所需要的管理技能

是中层管理者所必需的主要技能,他们指挥下属员工的技能比他们自己对技术的精通要重要得多;洞察与应变能力的重要性则随着一个人在管理系统中层次的上升而逐渐增加,因为在组织中所处的层次越高,对全局、关键领域及组织所处的发展时期的理解就越重要,管理人员也就必须对组织的全景有更清楚地把握。

第三节　管理学的研究对象与方法

一、管理学的概念

（一）管理学的定义

管理学是一门系统地研究管理过程的普遍规律、基本原理和一般方法的学科。它是在近代社会化大生产条件下、在自然科学与社会科学日益发展的基础上形成的。各类社会组织(如工商企业、学校、医院、政府机关、群众团体等)都需要进行管理活动,其管理过程都有一定的客观规律性。

从丰富的管理实践活动中概括出来的普遍规律,以及反映规律的基本原理和一般方法等构成了管理学的内容。管理学的内容适用于各类社会组织,不过由于管理在工商企业中比在其他组织中发展得更为充分、完备和系统,所以在学科内容上仍比较侧重于工商企业。

（二）管理学的性质

管理学是在自然科学和社会科学两大领域的交叉点上建立起来的一门综合性交叉学科。它涉及数学(概率论、统计学、运筹学等)、社会科学(政治学、经济学、社会学、心理学、人类学、生理学、伦理学、哲学、法学等)、技术科学(计算机科学、工业技术等)、新兴科学(系统论、信息科学、控制论、耗散结构论、协同论、突变论等),以及领导学、决策学、预测学、创造学、战略学等。

（三）管理学的产生与发展

管理活动自有人群出现便有,与此同时管理思想也就逐步产生。事实上,无论是在东方还是在西方,我们均可以找到古代哲人在管理思想方面的精彩论述。

现代管理学的诞生是以弗雷德里克·温斯洛·泰勒的名著《科学管理原理》(1911年)和法约尔的名著《工业管理和一般管理》(1916年)为标志的。

管理学正式形成于20世纪50年代。其代表作是哈罗德·孔茨和西里尔·奥唐奈于1955年出版的《管理学原理》（或译《管理原则》），该书于1976年第六版时更名为《管理学》。20世纪60年代以来，管理学受到各国管理学界的广泛重视，提出了各种各样的观点，从而形成了各种管理理论学派。

二、管理学的研究对象

管理学的研究对象是管理工作的客观规律，即如何遵循客观规律的要求来建立一定的理论、原则、组织形式、方法和制度，指导管理实践，实现预期目标。管理学是一门综合运用现代社会科学、自然科学和技术科学的理论和方法，研究现代社会条件下管理活动的基本规律和一般方法的综合性学科。它是管理实践在理论上的概括和反映，是人类长期从事管理实践的经验的科学总结。它来源于管理实践，接受管理实践的检验，反过来又指导管理实践。

管理学的研究对象有广义和狭义之分。

（一）广义研究对象

广义研究对象包括生产力、生产关系和上层建筑三方面的问题。

（1）主要研究生产力的合理组织问题，即研究如何根据组织目标合理配置组织中的各项资源，获得最佳的经济、社会效益的问题。

（2）主要研究如何正确处理国家与企业之间，国家与部门、地区之间，各个部门之间，各个地区之间，各部门、各地区与企业之间，以及各个企业之间和企业内部的经济关系、协作关系和分配关系，建立和完善管理体制，为实现组织目标服务。

（3）主要研究：①如何使组织内部环境和外部环境相适应的问题；②如何结合本部门实际贯彻执行国家政策、法令、法规，健全规章制度等；如何使组织的各项规章制度、劳动纪律与社会的政治、经济、道德等上层建筑保持一致的问题。从而维护正常的生产关系，促进生产力的发展。

上述三个方面是紧密结合、不可割裂的。例如合理组织生产力，既是生产力问题，又涉及生产关系问题。所以，在研究管理学的广义对象时必须对上述三个方面同时进行研究，不可忽略某一方面。

（二）狭义研究对象

狭义研究对象包括管理原理、管理职能、管理方法、管理者和管理历史等。

1. 管理原理

现代管理学首先研究管理的基本规律，即研究适用于一切社会形态的基本规律。诸如管理的对象、过程、核心、目的、原则和内容等。

2. 管理职能

管理职能既体现管理的基本任务，又反映了管理的全过程。而且管理的原理、原则都是通过管理的职能发挥作用的。

3. 管理方法

管理功能的执行和完成，是靠管理方法、技术和手段来实现的。因此，对它们的研究是现代管理学中引人注目的领域。

4. 管理者

管理者是管理的主体,是能否实施有效管理的关键。所以,管理者个体素质、管理者群体优化结构,以及它们之间的关系,是管理学的重要课题。

5. 管理历史

现代管理学要研究管理的发展历史,以便更好地发展现代管理理论和方法。

三、管理学的研究方法

管理学的研究方法是由管理学的特性决定的。管理学是一门软科学,具有综合性、系统性和不确定性特点。这些特点是从管理学不同侧面反映出来的,从而也形成了各种不同的研究方法。管理学的研究主要有以下几种方法。

(一)系统分析法

管理学是一门系统科学,它研究的对象是一个复杂的大系统,是一个系统的经验与理论的总结,只有用系统的方法才能提炼出它的内在规律和联系。

(二)借鉴与创新相结合的方法

管理学是正在建设与发展的一门科学,需要吸取历史的和外国的理论与经验,同时还必须有所创造、发展,使它不断丰富、提高和完善。

(三)定性与定量分析相结合的方法

在研究中把定性与定量结合起来,可以克服两种方法的局限性,从而求得更为科学的结论。

(四)综合性研究方法

管理学原理是一门交叉性边缘学科,与其他一些学科密切联系,应吸取和运用其他学科的研究成果,使本学科得以发展、充实和提高,综合运用多种学科知识,甚至移植其他学科的理论和经验为管理实践服务。

☆ 复习思考题

1. 何谓管理?其基本特征有哪些?
2. 管理活动具有哪些基本职能?它们之间的关系是什么?
3. 什么是管理者?一个有效的管理者需要扮演哪些角色,需要具备哪些技能?
4. 管理学研究的对象和方法是什么?

第二章 管理理论的发展

【学习目标】

了解：中国和西方早期的管理思想的主要内容和代表人物。

理解：现代管理理论的不同学派内容和当代管理理论的发展趋势。

掌握：古典管理理论、行为管理理论的发展演变过程、代表人物和主要观点。

运用：运用辩证法，对古典管理理论、现代管理理论的不同学派做出评价；运用系统管理观点和权变管理观点分析身边的管理活动。

第一节 早期管理理论

一、中国早期的管理思想

中国早期的管理思想，分为宏观管理的治国学和微观管理的治生学。治国学适应中央集权的封建国家的需要，包括财政赋税管理、人口土地管理、市场管理、货币管理、漕运驿递管理和国家行政管理等方面。治生学则是在生产发展和经济运行的基础上通过官、民的实践逐步积累起来，包括农副业、手工业、运输、建筑工程、市场经营等方面的学问。

（一）顺"道"

中国历史上的"道"有多种含义，属于主观范畴的"道"是指治国的理论，属于客观范畴的"道"是指客观经济规律，又称为"则"、"常"。这里用的是后一含义，指管理要顺应客观规律。

管子认为自然界和社会都有自身的运动规律，"天不变其常，地不易其则，春秋冬夏，不更其节"。

司马迁把社会经济活动视为由个人为了满足自身的欲望而进行的自然过程，在社会商品交换中，价格贵贱的变化，也是受客观规律自然检验的。对于社会自发的经济活动，他认为国家应顺其自然，少加干预，乃治国之善政。

"顺道"或者"守常"、"守则"、"循轨"，是中国传统管理活动的重要指导思想。

（二）重人

"重人"是中国传统管理的一大要点，包括两个方面：一是重人心向背，二是重人才归离。要夺取天下，治好国家，办成事业，人是第一位的，故我国历来讲究得人之道，用人之道。

得民是治国之本，欲得民必先为民谋利。先秦儒家提倡"行仁德之政"，"因民之所利而利之","修文德以来之","天下之民归心","近者悦,远者来","天下大悦而将归己"。这些思想历代都有,逐步成为管理国家的准则。

得人才是"重人"的核心。要得人才,先得民心,众心所归,方能群才荟萃,管子把从事变革事业,注重经济建设,为人民办实事,视为聚拢优秀人才的先决条件,称为"德以合人","人以德使"。

(三) 人和

人和中的"和"就是调整人际关系,讲团结,上下和,左右和。对治国来说,和能兴邦;对治生来说,和气生财。故我国历来把天时、地利、人和当作事业成功的三要素。

"礼之用,和为贵","上下不和,虽安必危",将"和"视为事业成功的关键。

(四) 守信

治国要守信,办企业要守信,办一切事业都要守信。信誉是人类社会人们之间建立稳定关系的基础,是国家兴业成功的保证。

"君子信而后劳其民。"治理国家,言而无信,政策多变,出尔反尔,从来是大忌。

治生亦然。商品质量、价格、交货期,以至借贷往来,都要讲究一个"信"字。我国从来有提倡"诚工"、"诚贾"的传统,成功的商人多是商业信誉度高的人。

(五) 利器

生产要有工具,打仗要有兵器,中国历来有利器的传统。"工欲善其事,必先利其器。"

及至近代,一再出现机器兴邦说。如郑观应主张维护民族独立要靠"商战",商战必赖机器,机器生产,"工省价廉","精巧绝伦",可与外货竞争,因此必须自制各种机器。魏源提出"师夷长技以制夷"的口号。孙中山实业救国的核心是技术革命,实现现代化。

(六) 求实

实事求是,办事从实际出发,是思想方法和行为的准则。儒家提出"守正"原则,看问题不要偏激,办事不要过头,也不要不及。"过犹不及",过了头超越客观形势,犯冒进错误;不及于形势又会错过时机,流于保守。两种偏向都会坏事,应该防止。

凡事量力而行,"动必量力,举必量技","不为不可成,不求不可得"。

(七) 对策

我国有一句名言:"运筹帷幄之中,决胜千里之外。"说明在治军、治国、治生等一切竞争和对抗的活动中,都必须统筹谋划,正确研究对策,以智取胜。

(八) 节俭

我国理财和治生,历来提倡开源节流,崇俭拙奢,勤俭建国,勤俭持家。纵观历史,凡国用有度,为政清廉,不伤财害民,则国泰民安。反之,凡国用无度,荒淫奢费,横征暴敛,必滋生贪官污吏,戕害民生,招致天下大乱。

在治生方面,节俭则是企业家致富的要素。创办南通大生纱厂的张謇在办厂时去上海联系业务,曾在街头卖字以解决盘缠所需,节约经费。在他的带动下,全厂上下力求节俭。

(九) 法治

我国的法治思想起源于先秦法家和《管子》,后来逐渐演变成一整套法制体系,包括田土法制、财税法制、军事法制、人才法制、行政管理法制、市场法制等。

二、西方早期的管理思想

产业革命前后到19世纪，是西方管理思想发展中的一个重要时期。由于资本主义社会的初步形成和产业革命的顺利进行，对管理提出了新的要求。这一时期虽然没有形成完整的管理理论，但许多著名的经济学家、思想家、工程学者对管理思想进行了积极的探索，构成了管理理论的前奏文化和思想源头，为管理理论的诞生奠定了直接现实基础。这方面的人物很多，其中贡献较大的有以下几位。

(一) 亚当·斯密

最早对经济管理思想进行系统论述的学者，首推英国经济学家、古典经济学之父亚当·斯密。他在1776年问世的《国民财富的性质和原因的研究》一书中，不仅对经济和政治理论做出了卓有成效的论述，而且对管理问题进行了探讨。其管理思想主要是关于劳动组织的分工理论和"经济人"的观点。

他以当时英国的制针业为例说明了劳动分工给制造业带来的变化。他说，一名没有受过专门训练的工人，恐怕一天也难以制造出一枚针来。如果希望他每天制造二十枚针，那就更不可能了。如果把制针分为若干工作程序，每一程序都成为一项专门工作，一个人抽铁丝，一个人拉直，一个人切截，一个人磨尖铁丝的一端，一个人磨另一端，以便装上圆头，有了分工，相同数量的劳动者就能完成比过去多得多的工作量。据亚当·斯密说，在他那个时候，10个男人分工合作每天能制针48 000多枚。劳动分工之所以能提高生产效率，亚当·斯密认为有以下三个原因。

(1) 劳动分工可以使工人重复完成单项操作，从而提高劳动熟练程度，提高劳动效率。

(2) 劳动分工可以减少由于变换工作而损失的时间。

(3) 劳动分工可以使劳动简化，使劳动者的注意力集中在一种特定的对象上，有利于创造新工具和改进设备。

在这里，亚当·斯密已经充分地认识到了劳动分工和合理组织能够使生产形成专业化、标准化和简化的趋势。他对分工理论的系统论述，对以后的管理思想发展产生了深远的影响。

亚当·斯密在提出劳动分工的基础上，还提出了"生产合理化"这样一个重要的管理概念。同时还指出，价值高的机器，在用旧以前所做的工作应能赚回本金，并至少能提供正常利润，这实际上是提出了投资效率的问题，是亚当·斯密对工业管理思想的一大贡献。

亚当·斯密在研究经济现象时的基本论点是所谓"经济人"的观点，即经济现象是具有利己主义的人们的活动所产生的。他认为：人们在经济活动中，追求的完全是私人利益。但每个人的私人利益又受其他人利益的限制。这就迫使每个人必须顾及其他人的利益，由此产生了相互的共同利益，进而产生了社会利益。社会利益正是以个人利益为立足点的。这种"经济人"的观点，正是资本主义生产关系的反映，同样对以后资本主义管理思想的发展，产生了深远的影响。

(二) 罗伯特·欧文

罗伯特·欧文，英国企业家，是19世纪初英国卓越的空想社会主义者。从1800年开始，他在苏格兰新纳拉克经营一家纺织厂,在这家工厂里,他进行了前所未有的试验,推行了许多改革办法。他改善了工厂的工作条件:把长达十几个小时的劳动日缩短为十个半小时;严禁未满九岁的儿童参加劳动;提高工资;免费供应膳食;建设工人住宅区;改善工作和生活条件;开设工厂商店,按成本出售职工所需必需品;设立幼儿园和模范学校;创办互助储金会和医院,发放抚恤金等。这些改革的目标是探索既能改善工人的工作和生活条件,又有利于工厂所有者的方法。其结果确实改善了工人的生活,也使工厂获得了优厚的利润。欧文这一系列改革的指导思想体现了他对人的因素的重视。他认为:人是环境的产物,对人的关心至少应同对无生命的机器的关心一样多。

欧文的管理理论和实践突出了人的地位和作用,实际上是人际关系和行为科学理论的思想基础,对以后的管理产生了相当大的影响,有人称他为"人事管理之父"。

(三) 查尔斯·巴贝奇

在产业革命后期,对管理思想贡献最大的是英国数学家、科学家、管理科学家查尔斯·巴贝奇。他参观访问了英国许多不同的工厂,1832年出版代表作《论机器和制造业的节约》,其中对作业的操作、有关各项技术以及每一道工序的成本等进行了分析,他是工时研究的先行者,曾经使用秒表记录生产大头针所需的操作动作和时间。他详尽阐述了劳动分工提高工效的原因、利润分配制度等问题。

他对劳动分工问题的论述比亚当·斯密丰富得多,他认为劳动分工能够提高生产效率的原因有下述几点。

(1) 节约学习所用的时间。分工使工人只学习某种操作,而不必学习所有工序的操作。

(2) 节约学习时的原料消耗。

(3) 节约原来每个工人变换工序时的时间耗费。

(4) 减轻工人劳动体能消耗。专门做一道工序比一个人完成全部工序体能消耗小,肌肉忍受能力大。

(5) 节省调整工具的时间。避免了非专业化操作中的各道工序工具调整问题。

(6) 有利于提高技术熟练程度。

(7) 有助于各道工序、工具及机器改进。

他认为工人和雇主之间有着一致的利益,这一点与70多年之后的科学管理之父——泰勒所见略同。为此,他主张支付工人报酬的方式应改变,采用工资加利润分享的付酬方式,即:工人除按其承担的任务获得固定工资外,还应随工厂利润的变化按一定比例分享利润。此外,工人提出好的建议改进生产及管理,可获得建议奖金。这样做的好处有以下几点。

(1) 每个工人的利益同公司的利润直接联系。

(2) 激励每个工人都来防止浪费和推动改进管理。

(3) 使各部门的工作都有改进。

(4) 促进工人提高技术和保持良好品行。

(5) 工人与雇主利益一致,取得和谐的人际关系,消除对立。

查尔斯·巴贝奇还对经理人员提出许多建设性意见。他的研究,特别是在制造业研究上采取的科学分析方法,已展现出科学管理的萌芽,在泰勒之前就把科学管理的方法应用于管理之中,可称为科学管理之祖。

第二节 古典管理理论

19世纪最后数十年,工业出现了前所未有的变化,工厂制度日益普及,生产规模不断扩大,生产技术更加复杂,生产专业化程度日益提高,劳资矛盾也随之恶化。随着资本主义生产力和生产关系的迅速发展,组织和管理企业的拙劣方式便成为当时阻碍生产率提高的主要障碍。这种状况客观上要求用科学的管理来代替传统的经验管理方法。于是,在20世纪初资本主义自由竞争到20世纪40年代资本主义垄断形成之间的几十年中,诞生了古典管理理论。

科学管理着眼于寻找科学地管理劳动和组织的各种方法,包括三个不同的理论:泰勒的科学管理理论、法约尔的一般管理理论以及韦伯的行政组织理论等。

一、泰勒的科学管理理论

弗雷德里克·温斯洛·泰勒是美国古典管理学家,科学管理理论的创始人。泰勒于1856年出生在美国费城一个富裕的律师家庭里,1875年19岁时因眼疾从哈佛大学中途退学进入一家小机械厂当徒工,1878年22岁时转入费城米德维尔钢铁公司。在米德维尔钢铁公司,他从一名学徒工开始,先后被提拔为车间管理员、技师、小组长、工长、设计室主任和车间主任,28岁时任钢铁公司的总工程师。1890年泰勒离开这家公司,从事管理咨询工作。1898年进入伯利恒钢铁公司继续从事管理方面的研究。1906年为美国机械工程师协会主席,并获宾夕法尼亚大学和霍巴特学院的荣誉博士学位。他在管理生涯中,不断在工厂实地进行试验,通过诸如搬运生铁、金属切割、铁砂与煤粒铲掘实验等大量实验,系统地研究和分析工人的操作方法和动作所花费的时间,逐渐形成其管理体系——科学管理,这套管理理论被后人称为"泰勒制"。

在米德维尔钢铁公司的经历使他了解到工人们普遍怠工的原因,他感到缺乏有效的管理手段是提高生产率的严重障碍。为此,泰勒开始探索科学的管理方法和理论。他从"车床前的工人"开始,在工厂内长期潜心研究试验,重点研究企业内部具体工作的效率。并于1911年发表了《科学管理原理》一书,这本书的出版标志着科学管理理论的诞生。泰勒主张一切管理问题都应采用科学的理论和方法来加以研究和解决,从而提高生产效率。他的科学管理理论对资本主义的企业管理产生了巨大的影响,因此,泰勒被称为"科学管理之父"。

泰勒一生的著作和文章很多,在管理方面的主要著作和论文有1895年发表的《计件工资制》,1903年发表的《工场管理》,1906年发表的《大学和工厂中训练方法的比较》,1909年发表的《制造业者为什么不喜欢大学毕业生》,1912年发表的《效率的福音》和《科学管理的原理和方法》。

(一)泰勒的科学试验

1. 搬铁块试验

伯利恒钢厂有五座高炉,生产的生铁块由75名装卸工负责将其装运到货车车厢,搬运距离为30米。由于工作效率不高,每人每天平均只能搬运12.5吨。泰勒通过观察分析后挑选了一名叫施米特的工人进行试验。由于改进了操作方法和作息时间,使班组每人每天的劳动定额都提高到了47.5吨,即比原来提高了三倍,工人的工资也由当时每天的1.15美元提高到了1.85美元。

2. 铁锹试验

泰勒对伯利恒钢厂堆料厂工人的铁锹进行了系统研究,并重新进行了设计,使每种铁锹的载荷都能达到21磅左右,同时训练工人使用新的操作方法,结果使堆料场的劳动力从400～600人减到140人,平均每人每天的工作量从16吨提高到59吨,每吨操作成本从7.2美分降至3.3美分,每个工人的工资也由每日1.15美元增至1.88美元。

3. 金属切削试验

泰勒从米德维尔工厂工作开始,先后对金属切削进行了长达26年之久的各种试验,试验次数共计3万次以上,耗费钢材80万磅、资金15万美元。试验结果发现了能大大提高金属切削加工产量的高速钢,并取得了各种车床适当转速和进刀量的完整资料。

泰勒致力于寻求做每一件工作的最佳方法,然后选择适当的工人并培训他们严格按最佳方法从事工作;为了激励工人,泰勒主张采用刺激性工资计划。总的来说,泰勒取得了生产率200％甚至更高程度的持续改进。

(二)科学管理原理的主要观点

(1)科学管理的中心问题是提高劳动生产率。为此,他通过科学观察、记录和分析,进行时间(工时)和动作研究,探讨提高劳动生产率的最佳方法,制定出合理的日工作量。

(2)提高劳动生产率的关键是怎样在管理者和工人之间建立一种和谐的人际关系。他提出,和谐人际关系的建立,取决于同时满足工人最迫切的要求——高工资和雇主的欲望——工厂的低劳务成本。因此,工人和雇主双方均应进行"心理革命",把注意力转移到增加"剩余"上来。于是,提高劳动生产率成为劳资共同的目标,其结果是使雇主得到更多的利润,工人可以提高工资。

(3)挑选和培训第一流的工人。所谓第一流的工人,是指在体力及智力上能够适合做某项工作,并且愿意尽其最大努力工作的工人。

(4)使工人掌握标准化的操作方法,使用标准化的工具、机器和材料,在标准化的工作环境中操作。

(5)采用刺激性工资报酬制度激励工人努力工作。主要通过制定合理的工作定额,实行差别计件工资制:完成任务给予正常工资,未达到工作定额标准给予低工资,超过工作定额标准则给予高报酬。这种报酬制度促使工人掌握标准化的工作方法,提高劳动生产率。

(6)把计划职能和执行职能区别开来,以科学工作方法取代经验工作方法。泰勒认为应该由专门的计划部门承担计划职能,由所有的工人和部分工长承担执行职能。

(7)提出管理中的分权、授权与例外原则。指出工厂的总经理应避免处理车间日常管理中的小问题,而应授权部属去做,高级管理人员只对例外事项保留处置权。

(8)主张实行职能工长制。泰勒主张实行"职能管理",将各项管理工作细分,根据管理工作的特点与管理者的能力,使每一位管理者只承担一项管理职能。

泰勒制的核心是在研究劳动动作和时间标准化的基础上,实行工作定额管理和差别计件工资制。泰勒制实行的结果有效提高了劳动生产率,一个装运工每天向车皮上装12.5吨生铁提高到47.5吨,一个砌砖工由日砌砖1 000块增加到2 700块。他用观察、调查、试验等手段创立的科学管理方法在当时及后来都产生了巨大影响,在此基础上的系统论著《科学管理原理》标志着管理理论的诞生。泰勒是一位划时代的伟大管理实践家、管理学家。

(三)科学管理理论的其他代表人物

泰勒的科学管理理论在20世纪初得到了广泛的传播与应用。并且在他去世以后的一定时期内,仍有许多人从事这一理论的研究与发展。他的追随者中,主要有以下几位。

1. 弗兰克·吉尔布雷思及其夫人

弗兰克·吉尔布雷思曾经是一位建筑承包商,1912年,当他在一次专业会议上聆听泰勒的演讲后,放弃他承包商生涯转而致力于研究科学管理。同他的心理学家妻子莉莲·吉尔布雷思一起,研究工作安排和消除手和身体动作的协调性问题。弗兰克·吉尔布雷思的主要著作有《动作研究》(1911年),《应用动作研究》(1917年),莉莲的著作有《管理心理学》(1916年),两人的合著有《疲劳研究》(1919年)和《时间研究》(1920年)等。莉莲是美国第一个获得心理学博士学位的女性,被称为"管理学的第一夫人"。他们主要研究在于动作研究和工作简化方面,寻求一种合理的动作与标准的动作,从而提高效率。后来他们被人们称为"动作专家"。

2. 亨利·甘特

亨利·甘特,美国机械工程师。26岁时进入米德维尔钢铁公司,任工程部助理工程师。他同泰勒一起工作多年,受到泰勒的很大影响。他的主要贡献有以下两个方面。

(1)提倡"任务—奖金"付酬制度,而不主张差别计件工资制。在"任务—奖金"制度中,改变了工人根据定额时间完成任务才可得到奖金的做法,规定工人如果在规定时间内或少于规定的时间完成任务,除可得到规定时间内的报酬外,还可按该时间的百分比获得另外的报酬。

(2)发明了生产计划进度表。甘特的生产计划进度表把车间、部门的每日工作转变成任务的形式,每人都可以直观地从图上看到有关工作的进展情况。后来,甘特图又增加了成本控制、产量对比的内容,成为管理中计划与控制工作的有效工具。

甘特首开了采用图表从事计划与控制工作的先河。

还有许多有成就的追随者,他们都从不同的角度在一定程度上丰富与完善了泰勒的科学管理原理。他们在很大程度上类似于泰勒,仅把研究范围限定在车间的劳动作业的技术方面。

(四)对科学管理理论的评价

1. 泰勒科学管理理论的主要贡献

泰勒的科学管理理论主要有以下两大贡献。

第一,管理走向科学,这是有效管理的必要条件。在当今,精神革命的实质就是通过合作将蛋糕做大,否则只能在沉默中死亡。当然,科学管理存在着过于重视技术、强调个别作业效率、对人的看法有偏差、忽视了企业的整体功能等历史局限因素,所以,科学管理不是万能的,但没有科学管理却是万万不能的。

第二,劳资双方的精神革命,这是有效管理的必要心理因素,也是实施科学管理的核心问题。许多人认为雇主和雇员的根本利益是对立的,而泰勒所提的科学管理却恰恰相反,它相信双方的利益是一致的。对于雇主而言,追求的不仅是利润,更重要的是事业的发展。而正是事业使雇主和雇员互相联系在一起,事业的发展不仅会给雇员带来较丰厚的工资,而且更意味着充分发挥其个人潜质,满足自我实现的需要。只有雇主和雇员双方互相协作,才会达到较高的绩效水平,这种合作观念是非常重要的。

科学管理的许多思想和做法至今仍被许多国家参照采用,对我国当代企业也仍具有重要指导意义。泰勒最强有力的主张之一就是制造业的成本核算和控制,使成本成为计划和控制的一个不可缺少的组成部分。而现在我国企业仍存在低质量、高成本、低效率、高能耗现象。我们很早就提出向管理要效益,但在实践层次上,我国的企业还有很大的差距,这也是要强调科学管理的原因。

2. 泰勒科学管理理论的局限性

科学管理理论是建立在"经济人"假设的前提下的,加上时代的局限,使得科学管理存在以下不足:①对工人的看法是错误的;②仅重视技术的因素,不重视人群社会的因素;③范围窄,局限于车间管理。

二、法约尔的一般管理理论

泰勒的科学管理开创了西方古典管理理论的先河。在其传播的同时,欧洲也出现了一批古典管理的代表人物及其理论,其中影响最大的首属法约尔及其一般管理理论。

亨利·法约尔,法国人,1860年从圣艾蒂安国立矿业学校毕业后进入采矿冶金公司担任工程师和矿长职务,后担任该公司经理,1888年被任命为总经理。1918年他成立了管理科学方面的研究中心,专门从事对管理方面的研究,直到1925年逝世。泰勒的研究是从"车床前的工人"开始,重点内容是企业内部具体工作的效率。法约尔的研究则是从"办公桌前的总经理"出发的,以企业整体作为研究对象。他认为,管理理论是"指有关管理的、得到普遍承认的理论,是经过普遍经验检验并得到论证的一套有关原则、标准、方法、程序等内容的完整体系";有关管理的理论和方法不仅适用于公私企业,也适用于军政机关和社会团体。这正是其一般管理理论的基石。法约尔的著述很多,1916年出版的《工业管理和一般管理》是其代表作,标志着一般管理理论的形成。

(一) 一般管理理论的主要观点

在《工业管理和一般管理》一书中,法约尔阐述了他的基本观点。

1. 区分经营与管理的概念,提出了企业的基本活动与管理的五项基本职能

任何企业都存在着六种基本活动:①技术活动,即生产、制造、加工及其相关的技术等活动;②商业活动,即购买、销售等活动;③财务活动,即与资金流转有关的活动;④安全活动,即设备的维护与修理、工业卫生、职工安全、劳动保险等活动;⑤会计活动,即统计、核算等活动;⑥管理活动,即计划、组织、指挥、协调与控制五项职能活动。并且指出,在上述六种基本活动中,管理是企业经营的活动之一;管理活动不但是企业经营活动之一,而且处于核心地位,其他五项活动无一不需要管理活动。上述活动之间的关系,可以简单地用图2-1表示。

在区分了经营与管理的概念之后,法约尔指出,管理就是对经营活动的计划、组织、指挥、协调与控制的一项综合性工作,并对管理的五项职能活动作了界定。

(1) 计划,即仔细研究未来,然后对未来活动及其成果做出安排。

(2) 组织,即建立企业的物质与人事机构,把企业的人力、物力与财力组织起来,为组织的

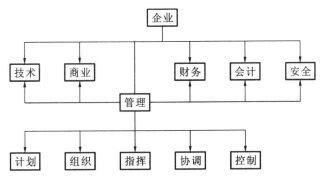

图 2-1　组织的五种职能活动关系图

每个成员分工,并规定他们的任务、职权和责任。

(3) 指挥,即指导下属有效地去完成工作,以保证目标的实现。

(4) 协调,即把所有的工作统一与联系起来,使各项活动协调一致。

(5) 控制,即设法使一切工作都按制定的计划和已下达的命令去完成。

2. 提出了十四项管理原则

(1) 劳动分工。社会化大生产日趋复杂,每个目标的实现都需要详细的分工,在分工的前提下制订各种标准、任务,这是专业化发展的必然产物。

(2) 权力与责任。若承担一定的责任,则必须赋予相应的权力,权力与责任具有统一性。

(3) 纪律。纪律的好坏主要取决于领导人是否以身作则。企业中所有的人,不管他是领导者还是普通员工,都必须服从企业所制订的各种规章制度,都要受纪律的约束。把纪律看成是尊重协议,以达到服从、专心、尽力和重视外部声誉。纪律的基础是职工对组织的爱护,而不是害怕,因此一个组织的纪律松弛应是领导的责任。纪律不是可有可无的,而是不可或缺的,它是维系企业生存和发展的根。

(4) 统一指挥。在每一项工作中,自上而下的命令应该是统一的,一个下级人员应该只接受一个上级领导的命令,并且要服从。不能同时接受两个及两个以上领导者的命令,否则下级将无所适从,各项工作就会陷于混乱。同一目标的各项工作有且只能有一个计划来统辖,否则就失去了计划的指导性。

(5) 统一领导。企业为了达到最高目标而进行的集体活动,只能有一个领导,只能有一个计划,以便于实施。一个下级接受而且只能接受一个上级的领导。因为任何人都不能同时为两个主人效劳。多头领导、越级领导必然导致管理混乱。

(6) 个人利益服从整体利益。个人利益要服从集体利益,集体利益要服从国家利益。在任何时候,国家利益高于一切,企业利益高于个人利益。

(7) 报酬公平。职工付出劳动,理应得到适当的报酬。所以,报酬要合理、公平、适当,以使大多数雇员和雇主实现最大可能的满足。

(8) 等级制度。建立逐级分层的管理层次,上级要授权给下级,上下级之间有明显的等级制度,管理层次不可过多或过少,否则将不利于命令的传达及信息的传递。既要注意上下级之间的垂直领导,又要注意各个环节中横向关系的处理,纵向的、横向的传递路线要适中。权力结构应是一个上小下大的梯形结构,上下结合,形成一个信息传递畅通的等级链。法约尔为之专门设计了一种"法约尔桥",如图 2-2 所示。

图 2-2 法约尔桥

法约尔说:"在一个等级制度表现为 I-A-T 双梯形式的企业里,假设要使它的 F 部门与 P 部门发生联系,这就需要沿着等级路线攀登从 F 到 A 的阶梯,然后再从 A 下到 P。这之间,在每一级都要停下来。然后再从 P 上升到 A,从 A 下降到 F,回到原出发点。""非常明显,如果通过 F-P 这一'跳板',直接从 F 到 P,问题就简单多了,速度也快多了,人们经常也是这样做的。"这时要有一个前提,即 F 和 P 各自的上级 E 和 O 要允许他们直接联系,F 和 P 共同商定的事情也要立即分别向 E 和 O 汇报。这样做既维护了统一指挥的原则,又大大提高了组织的工作效率。

(9) 集权。这是指职权的集中或分散的程度。随着工作中各种不同情况的改变,集中与分散是相对的,目的是使各种组织工作趋于合理,充分地利用财力、物力和人力等。

(10) 秩序。它实质上是一项关于安排事物和人的组织原则。企业物资的存放、人员的岗位都应有其恰当的安排,使其做到各有其位、各就其位,便于开展经营活动。要做到人尽其才,物尽其用,保证一切工作都能按部就班地进行。

(11) 公正。当主管人员对他的下属仁厚而公正时,则他的下属必将对他忠诚和尽责。上司能够满足下属公平合理的要求,可以使下属忠于职守,这是一个不可忽视的原则。

(12) 人员稳定。相应的岗位配置相应的人员,不要任意进行调动,因为一个人员到新岗位工作,往往需要一段适应时间,不利于提高工作效率。因此,保持人员的相对稳定是必要的。

(13) 首创精神。好领导应善于激发下属的工作热情,使其在工作中发挥主动性,不断地奋发向上,创造新的产品和新的技术。要提倡主动、首创精神。人都有成就感。主管人员要牺牲个人的虚荣心而让下属人员去发挥首创精神。

(14) 团队精神。发扬集体主义精神,建立一个和谐、团结的气氛,有一个良好的环境,使每个员工都能以良好的心态去工作,大家和睦相处,团结奋发,就会形成一股巨大的力量。

3. 提出了管理者应具备的品质与能力

法约尔认为,所有的管理者都应具备以下品质与能力。

(1) 身体条件,包括体魄健康、精力充沛。

(2) 智力条件,具有理解与学习能力、判断能力、分析能力、思维敏捷、适应能力强。

(3) 道德品质,干劲十足、坚定不移、愿承担责任,具有主动性、忠诚、机智。

(4) 知识,对本职工作之外的知识有广泛的了解。

(5) 专业，应具备本职工作所特有的知识，包括技术、经营、财务与管理等。

(6) 经验，应具备从本职工作获取的知识、经历方面的经验与教训。

当然，法约尔也指出，上述品质与能力是所有管理者都必须具备的，但由于不同的管理者所处的管理层次不同，要求的相对程度也有所不同。

（二）对一般管理理论的评价

一般管理理论是西方古典管理思想的重要代表，后来成为管理过程学派的理论基础，也是以后各种管理理论和管理实践的重要依据，对管理理论的发展和企业管理的历程均有着深刻的影响。正是由一般管理理论才提炼出了管理的普遍原则，使管理得以作为可以标准化的职能，在企业经营乃至社会生活的各方面发挥着重要的作用。因此，继泰勒的科学管理之后，一般管理理论也被誉为管理史上的第二座丰碑，法约尔也被称为"现代经营管理理论之父"。

1. 主要贡献

(1) 从企业经营活动中提炼出管理活动。他首次提出了将"经营"和"管理"分开的概念，认为这是两个不同的概念。法约尔认为经营是一个大概念，是对企业全局性的管理，而管理只是经营的一个职能，管理包括在经营之中。

(2) 提出管理活动所需的五大职能。法约尔分析了管理过程，明确了各项职能。在泰勒把计划职能与执行职能分离开来的基础上，把管理划分为五个要素，实际上也就是管理的五项职能。虽然它们之间的相互关系还缺乏逻辑的明确性，但是却为后来管理理论的研究和提高打下了基础，指出了一种研究方向。

(3) 提出了实现管理职能所必须遵循的十四项原则、准则。实现各项职能绝不是可以随意进行的，而应该按照科学的原则和指导路线进行。

(4) 提出了管理的重要组织形式。传统的组织形式来源于当时军队的直线式组织结构。泰勒尝试建立职能制的组织结构，但未能被广泛采用。法约尔则在军队的直线组织结构形式的基础上，提出了直线—参谋组织结构的基本概念，促进了组织形式的发展。

2. 主要局限性

(1) 把人看成是"经济人"。工人是"生产工具"、"活的机器"，是一种"机械因素"。这些观点，反映了资本主义生产关系。

(2) 根据上述基本出发点，在组织结构上，基本倾向于独裁式的管理。强调上下级系统不得破坏，劳动者只能听命于管理人员的训练、安排。

(3) 把组织看成是一个封闭系统，很少考虑外部环境的影响，没有把外部环境同组织的生存、发展、变化联系起来进行研究。一般管理理论认为组织功能的改善和职能的提高，仅依靠组织内部的合理化就可以实现。这在当时来说，一定程度上对企业是有效的，各个企业为了谋求最佳利益，不断加强和改善企业内部组织，使企业的组织性达到了相当高的程度。

三、韦伯的行政组织理论

被称为"组织理论之父"的韦伯与泰勒、法约尔被视为西方古典管理理论的三位先驱。马克斯·韦伯，生于德国，是著名社会学家和哲学家。他从小受过良好的教育，对社会学、宗教学、经济学与政治学有着广泛的兴趣，上学期间还曾入军队服役，从而使他对德国军队的管理制度有较多的了解,这对他以后从事组织理论的研究工作多有裨益。曾担任德国柏林大学教授、政府顾问、编辑,对社会学、宗教学、经济学与政治学都有相当的造诣。韦伯的主要著作有《新教伦理与资本主义精神》、《一般经济史》、《社会和经济组织的理论》等,其中官僚组织模式的理论(即行政组织理论),对后世产生了极为深远的影响。正是由于他对古典组织理论有杰出的贡献,所以后人称他为"组织理论之父"和"官僚主义之父"。

韦伯的理想的行政组织体系的核心是组织活动要通过职务或职位而不是通过个人或世袭地位来管理。所谓"理想的",是指现代社会最有效、最合理的组织形式,而不是最合乎需要的。

（一）行政组织理论的主要观点

韦伯的管理思想的主要内容包括以下几个方面。

1. 权力论

韦伯首先把社会所接受的权力分为三类:第一类是法理型的权力,其特点是由社会公认的法律规定的或者掌有职权的那些人通过命令下达的权力;第二类是传统型的权力,其特点是由历史沿袭下来并且以古老的传统为基础的权力;第三类是超凡魅力型的权力,其特点是以对某人的特殊的、超凡的或模范的品德的崇敬为基础的权力。

韦伯认为,任何一种组织都必须以某种形式的权力为基础;同时,他也强调,法理型的权力是理想的行政组织体系的基础。

2. 理想的行政组织体系理论

韦伯认为,"理想的行政组织体系"应具有如下特征。

（1）明确的分工。即对行政组织的每一个职位的权力与义务做出明确的规定,人员要实现专业化分工。

（2）自上而下的等级系统。即要把各种公职或职位按权力等级组织起来,形成一个责权分明,层层控制的等级制度。

（3）人员的任用。人员的任用要完全根据等级职务的要求,并根据通过正式考试或者训练和教育所获得的技术资格来进行。

（4）职业管理人员,即行政人员领取固定的"薪金",他们是"专职的"公职人员;除了按规定必须通过选举产生的公职以外,所有担任公职的人都是任命的,而不是选举的。

（5）组织中人员之间的关系。韦伯认为组织中行政管理人员必须遵守组织中规定的规则和纪律,要按程序办事。同时,组织中人员之间的关系,完全由相关的规则和制度来约束,而这些规则和制度都是以理论准则为指导,不受个人情感的影响。

韦伯认为,理想的行政组织体系和其他组织形式相比,具有高效率的特点。从组织的有效性来看,它也符合理性原则,具有明确性、纪律性、可靠性。实质上,人们常把它看作官僚组织模式,不过它为组织理论的发展已提供了基本的框架。

当然,在古典管理阶段,有较大贡献的代表人物及其理论还有许多。他们都是泰勒科学管理理论的追随者,主要在生产作业管理方面以及组织结构等方面进行研究,因而他们的核心思想都是为了提高生产现场的作业效率。所有这些理论都极大地促进了社会生产力的发展以及管理理论的发展。

但是,随着生产力的发展,这些以"工作为中心"的管理理论在提高生产率方面也表现出一定的局限性。

（二）对理想的行政组织理论的评价

1. 主要贡献

韦伯的理想行政组织体系理论虽然同法约尔的理论一样，在20世纪40—50年代以前，并没有受到欧美各国的重视，然而随着资本主义的发展和企业、社会规模的扩大，人们越来越认识到其价值，西方管理学界已经普遍承认了他的贡献。在今天，这种管理体制已成为各类正式组织的一种典型结构，一种主要的组织形式，并且被人们广泛应用于各种组织设计当中，发挥着有效的指导作用，而他的有关管理的精辟的论点也对后来的管理理论发展产生了广泛又深刻的影响。

2. 主要局限性

韦伯的理想的行政组织体系是古典组织结构较为极端的表现形式，它有许多可取之处，但也可能导致下列三个不良后果。

（1）由于过分强调组织形式的作用，极端不尊重人格，完全忽视了组织成员间不拘形式的相互交往的关系和感情作用，将使人与人之间的关系趋向淡薄。

（2）过分重视成文的法律制度，完全忽视了管理活动应根据环境的变化而灵活地进行。用死板的规章制度处理一切鲜活的事物，各项决策都受规章制度的束缚，必然限制成员的创造性、主动性，并且容易造成上下级之间的敌对情绪，从而难以高效地达到组织的目的。

（3）长期实行这样的只注意形式的高度的组织化，不仅使成员的行为刻板、谨小慎微，组织缺乏弹性、僵化，而且往往会使组织成员颠倒组织目标与法规制度的关系，把尊重规章制度变成目的，而认不清组织的真正目标。

第三节　行为科学理论

一、行为科学的兴起

古典管理理论的杰出代表泰勒、法约尔、韦伯等人在不同的方面对管理思想和管理理论的发展做出了卓越的贡献，并对管理实践产生了深刻的影响，但是他们共同的特点是，着重强调管理的科学性、合理性、纪律性，而未对管理中人的因素和作用予以足够重视。他们的理论是基于这样一种假设，即社会是由一群无组织的个人所组成的；他们在思想上、行动上力争获得个人利益，追求最大限度的经济收入，即所谓"经济人"；管理部门面对的仅仅是单一的职工个体或个体的简单总和。基于这种认识，工人被安排去从事固定的、枯燥的和过分简单的工作，成了"活机器"。尽管泰勒的科学管理理论和方法在20世纪初对提高企业的劳动生产率起了很大的作用，但是企图通过此种理论和方法彻底解决提高劳动生产率的问题是不可能的，因为所谓"精神革命"的论断本身是不切实际的：第一，泰勒制在使生产率大幅度提高的同时，也使工人的劳动变得异常紧张、单调和劳累，因而引起了工人的强烈不满，并导致工人的怠工、罢工以及劳资关系日益紧张等事件的出现；第二，资本家为了追求最大利润，总是尽量少付给工人工资；第三，工人也并非纯粹的"经济人"，还有精神上的需要；第四，民主意识日益强烈的人们反对独裁、专制,这就使得主张专制、独裁的科学管理理论在付诸实践时遭到了工人们的强烈反对;第五,体力劳动逐渐让位于脑力劳动,使得金钱的刺激和严格的控制失去了原有的作用;第六,随着经济的发展和科学的进步,有着较高文化水平和技术水平的工人逐渐占据了主导地位,体力劳动也逐渐让位于脑力劳动,这些都使得西方的资产阶级感到单纯用古典管理理论和方法已不能有效控制工人以达到提高生产率和利润的目的,这使得对新的管理思想、管理理论和管理方法的寻求和探索成为必要。

因此,一个专门研究人的因素以达到调动人的积极性的理论——人际关系学说应运而生,后期的研究结果建立了真正的行为科学理论。

二、人际关系理论

人际关系理论是早期的行为科学,诞生于 20 世纪 30 年代,人际关系理论的研究最初始于著名的霍桑试验。

(一)霍桑试验

乔治·埃尔顿·梅奥,美国哈佛大学心理学家,人际关系理论的创始人,是对中期管理思想发展做出重大贡献的人物之一。

梅奥等人在美国西方电器公司霍桑工厂进行的长达九年的研究——霍桑试验,真正揭开了作为组织中的人的行为研究的序幕。霍桑试验分为四个阶段。

1. 工场照明试验

工场照明试验是要证明工作环境与生产率之间有无直接的因果关系。研究人员将接受试验的工人分成两组:一组采用固定照明,称为控制组;另一组采用变化的照明,称为试验组。研究人员原以为试验组的产量会由于照明的变化而发生变化,但结果是,当试验组的照明强度提高时产量提高了,控制组的产量也提高了,当照明度减弱时,试验组的产量非但没有减少,反而还有所提高,控制组的产量也相应提高了。试验结果说明,照明度与生产率之间并无直接的因果关系,照明灯光仅是影响产量的一个因素,还有其他因素对生产率产生影响。两组的产量都得到提高,是因为被测试人员对试验发生了莫大的兴趣所致。

2. 继电器装配室试验

继电器装配室试验是要通过试验来发现各种工作条件变动对生产率的影响。研究人员将装配继电器的六名女工从原来的集体中分离出来,成立单独小组,同时改变原来的工资支付办法,以小组为单位计酬;撤销工头监督;增加工作的休息时间,实行每周工作五天;工作休息时免费供应咖啡等。采取这些措施后,女工们的日产量增加了 30% 以上。试验一段时间后,研究人员又取消了所有这些优待,但是生产率并没有因此而下降,反而仍在上升。这是为什么呢?研究人员发现,是社会条件和督导方式的改变导致了女工们工作态度的变化,因而产量仍在增加。同时也说明,各种工作条件,包括福利待遇,也不是提高工人劳动生产率的唯一因素。

3. 谈话研究

研究人员还进行了另一方面的试验,即用两年多的时间对两万多名职工进行了调查。调查涉及的问题很广泛,允许职工自己选择话题,可以提建议、发牢骚,结果收到很好的效果,生产量大幅度上升。通过这个试验,研究人员又一次发现,物质条件的变化往往对生产率的影响不大,人们的工作成绩还受其他人的因素影响,即不仅仅取决于个人自身,还取决于群体成员。

4. 观察研究

研究人员又组织了接线板小组观察室试验。目的是想搞清楚社会因素对激发工人积极性的重要性。研究人员选择了 14 名接线板工人,通过六个月的观察,发现许多行为准则会影响工人的行为。这些准则包括:工作时干多少活、与管理人员的信息交往等,如活不应干得太多,也不应干得太少;不应向上司告密同事中发生的事情等。研究人员由此得出结论:实际生产中,存在着一种"非正式组织",决定着每个人的工作效率,对每个职工来说,其在组织中的融洽性和安全性比工资、奖金等物质因素有更重要的作用。

通过以上试验,梅奥等人认识到,人们的生产效率不仅要受到生理方面、物质方面等因素的影响,更要受到社会环境、心理等方面的影响。这个结论对"科学管理"只重视物质条件,忽视社会环境、心理因素对工人的影响来说,无疑是很大的进步。根据霍桑试验,梅奥于 1933 年出版了《工业文明中的人类问题》一书,提出了与古典管理理论不同的新观点——人际关系理论。

(二)人际关系理论的主要内容

1. 人是"社会人"

影响人的生产积极性的因素,除物质条件以外,还有社会与心理因素。工人不只是单纯地为追求金钱收入和物质条件的满足而去从事工作,他们还有精神与社会需要,他们追求人与人之间的友情、安全感和归属感等,需要尊重,彼此关心,互相帮助,有成就感,这更为重要。

2. 企业中存在着"非正式组织"

由于人是社会的成员,在共同工作过程中,人们必然发生相互之间的联系,共同的社会感情形成了非正式组织。在这种无形组织里,有它的特殊感情、规范和倾向,并且左右着组织里每一位成员的行为。古典管理理论仅注重正式组织的作用,忽视了"非正式组织"对职工行为的影响,显然是不够的。梅奥认为,在正式组织中是以效率逻辑为其行动准则的,为提高效率,组织各成员之间保持着形式上的协作。在非正式组织中是以感情逻辑为其行动准则的,这是出于某种感情而采取行动的一种逻辑。非正式组织对组织来说,有利也有弊。管理者应充分认识到非正式组织的作用,在正式组织的效率逻辑与非正式组织的感情逻辑之间搞好平衡,协调好各方面的关系,充分发挥每个人的作用,提高生产率。

3. 领导的能力在于提高职工的满足度

生产率的高低主要取决于职工的士气,即职工的积极性、主动性,而士气的高低则主要取决于职工的满足度,这种满足度首先表现为人群关系,如职工在工作中的社会地位,是否被上司、同事和社会承认,其次才是金钱的刺激。职工的满足度越高,士气也越高,生产效率也就越高。所以,领导的能力在于要同时具有技术-经济的技能和人际关系技能,在于如何保持正式组织的经济要求同非正式组织的社会需求之间的平衡,平衡是取得高效率的关键。人际关系理论的出现,开辟了管理理论的新领域,纠正了古典管理理论忽视人的因素的不足。同时,人际关系理论为以后行为科学理论的发展奠定了基础。

(三) 对人际关系理论的评价

1. 主要贡献

梅奥的人际关系理论克服了古典管理理论的不足,奠定了行为科学的基础,为管理思想的发展开辟了新的领域。他的管理措施大致可以归纳为以下六点。

(1) 强调对管理者和监督者进行教育和训练,改变他们对工人的态度和监督方式。

(2) 提倡下级参与企业的各种决策。

(3) 加强意见沟通,允许职工对作业目标、作业标准和作业方法提出意见,鼓励上下级之间的意见交流。

(4) 建立面谈和调解制度,以消除不满和争端。

(5) 改变评价干部的标准。

(6) 重视、利用和倡导各种非正式组织。

2. 主要局限性

(1) 过分强调非正式组织的作用。

(2) 过多地强调感情的作用,似乎职工的行动主要受感情和关系支配。

(3) 过分否定经济报酬、工作条件、外部监督、作业标准的影响。

三、行为科学理论

行为科学理论由个体行为理论、团体行为理论和组织行为理论三个层次组成。个体行为理论主要包括两方面的内容:有关人的需要、动机和激励理论,以及有关企业中的人性理论;团体行为理论主要是研究团体发展动向的各种因素以及这些因素的相互作用和相互依存的关系;组织行为理论主要包括有关领导理论和组织变革、组织发展理论。行为科学主要是从人的需要、欲望、动机、目的等心理因素的角度研究人的行为规律,特别是研究人与人之间的关系、个人与集体之间的关系,并借助于这种规律性的认识来预测和控制人的行为,以提高工作效率,达到组织的目标。

对行为科学有重大贡献的代表人物有很多,其中主要有马斯洛的需求层次理论、赫茨伯格的双因素理论、勒温的团体动力理论等。

(一) 个体行为理论

1. 马斯洛的需求层次理论

美国著名社会心理学家马斯洛的需求层次理论是研究人的需要结构的一种理论,也是研究组织激励时应用得最广泛的理论之一,该理论指出主管人员都必须因地制宜地对待人们的各种需求。他在 1943 年发表的《人类动机的理论》一书中提出了需求层次理论,将人的需求从较低层次到较高层次依次分为生理需求、安全需求、社交需求、尊重需求和自我实现需求五层。

美国著名行为学教授、心理学家奥尔德弗于 1969 年在《人类需要新理论的经验测试》一文中认为,人的需要不是分为五种而是分为三种:①生存的需要,包括心理与安全的需要;②相互关系和谐的需要,包括有意义的社会人际关系;③成长的需要,包括人类潜能的发展、自尊和自我实现。奥尔德弗的需要理论简称为 ERG 理论,ERG 理论认为需要次序并不一定如此严格,而是可以越级的,有时还可以有一个以上的需要。

2. 赫茨伯格的双因素理论

美国著名的心理学家和行为科学家弗雷德里克·赫茨伯格在他的著作中提出了著名的双因素理论。

3. 麦格雷戈的 X-Y 理论

美国行为科学家道格拉斯·麦格雷戈于 1957 年在其《企业中的人性面》一文中提出了著名的 X-Y 理论,并于以后在其他著作中进一步加以发挥。

上述理论将在第十二章中加以阐述。

（二）团体行为理论

美国心理学家库尔特·勒温在 20 世纪 40 年代提出团体动力理论,这一理论主要研究团体对人行为的影响以及团体行为的规律。团体动力理论认为:无论正式团体还是非正式团体,都对其成员的行为有着重要的影响和作用;团体动力是在团体的发展过程中形成的,并且是不断发展变化的,总是处在不断地相互作用、相互适应的过程中;团体动力来自团体的一致性,如其有共同的目标、团体规范、共同的思想和观点、共同的兴趣和爱好等。这种团体的一致性就会产生团体的动力。

（三）组织行为理论

1. 有关领导行为的理论

1）领导特质理论

美国行为学家亨利提出,成功的领导者应具备十二项特质。

第一,成就欲强烈,把工作当成乐趣和兴奋点,对其关注和追求超过对金钱报酬和职位晋升的关注和追求。

第二,敢于承担责任,干劲大,希望迎接工作的挑战。

第三,尊重上级,认为上级水平高、经验多,能够帮助自己上进和提高,与上级关系好。

第四,组织能力强,把混乱的事组织得很有条理。

第五,决断力强,能在较短的时间内对各种备择方案加以权衡迅速做出决策。

第六,思维敏捷,有较强的预测能力,能从有限的材料中预测出事物的发展动向。

第七,自信心强,对自己的能力有充分的自信,目标坚定,不受外界干扰。

第八,极力避免失败,不断接受新任务、树立新目标,驱使自己前进。

第九,讲求实际,重视现在,而不大关心不肯定的未来。

第十,对上级亲近而对下级较疏远。

第十一,对父母没有感情上的牵挂,而且一般不同父母住在一起。

第十二,忠于组织,忠于职守。

2)"支持关系"理论

美国心理学家、行为学家伦西斯·利克特于 1967 年出版了《人群组织:其管理和价值》一书,对企业领导方式提出了"支持关系"理论。利克特认为,在一切管理工作中,对人的领导是第一位的;在对人的领导工作中,必须让每个人了解自己个人价值的重要性,而且让每个人把自己的知识和经验看成是对自己个人价值的支持。利克特认为领导方式如何,直接影响到生产效率的高低。如果企业领导者能采用以职工为中心的领导方式,发挥职工的作用,这样的团体士气就高,内部就团结,工人工作决心就大,生产率就能提高;相反,领导者只关心生产,不注意团结工人,对职工施加不必要的压力,动辄训斥和处罚,必然影响内部团结,工人士气低,不安心工作,生产效率必然要降低。利克特认为,领导方式有四种:专制—权威式,开明—权威式,协商式,群体参与式。

2. 有关组织变革和发展的理论

企业必须随着内外环境的变化而适时调整自己的目标、组织结构和各种规章制度,以求最充分地运用人力、财力、物力资源,这种调整就是变革。变革的目的是为了发展。而在组织变革中,必须处理好人的问题,这是变革成功的关键。勒温提出组织变革有三个基本阶段。

第一个阶段是现状的解冻。变革会造成一定的损失,一些人会反对变革。反对变革的原因是:①不安全的感觉;②社会关系方面可能造成损失;③经济方面可能造成损失;④历史上的稳定性遭到破坏;⑤事先没有料到的反应;⑥工会的反对等。

为了实现现状的解冻,使人们愿意改变现状,可采取以下六种方法:①搜集有关现状不能使人满意的客观证据;②和其他组织进行比较,说明进行变革的必要性;③由企业外部专家来证明进行变革的必要性;④使企业职工集中精力考虑变革问题;⑤提出进行变革的形势和压力;⑥利用领导当局的指令来促使下属进行变革。

第二阶段要转变到新的情况。转变到新的情况后,人们往往不理解,会出现抵触和反对。为减少职工的抵触情绪,可采取下列措施:①让职工都理解,进行变革是形势的需要,而不是某个人的主观意见;②注意保持职工合理的习惯,使职工不至于感到特别突然;③变革之前就应向职工进行宣传,提供有关信息,使人们都有充分的思想准备;④鼓励职工参与变革计划的拟定和执行;⑤保证职工不遭受损失,但可分享变革带来的利益;⑥就变革问题向职工提供咨询;⑦对变革中出现的问题同职工进行协商和谈判,取得大家都满意的解决办法。

第三个阶段是巩固新的现状。为使变革后出现的新的现状稳固下来,最好的办法是:①搜集变革获得成功的证据,提高人们对变革的信心;②用专家和高级领导的肯定来加强变革的信心;③使参加变革的职工得到变革带来的利益;④使变革的部分和没有变革的部分协调配合,步调一致。

四、对行为科学理论的评价

行为科学理论,主张改进劳动条件,培训劳动者的生产技能,提高劳动者工作的质量,以便更好地开发、利用和保护人力资源。很多行为科学家强调"人是第一位的","不能把工厂企业看成是机器的堆积,而必须看成是人的组织"。由于重视人力资源的开发和利用,再加上科学技术进步和经济发展使得资本主义国家中的劳动生产率得到了较快的提高,缩短了每周的工作时间,对工人阶级是有利的,这是行为科学的积极作用。

行为科学的局限性主要表现在三个方面:第一,过于重视非正式组织的作用,忽视正式组织的作用;第二,过分强调感情因素对人的行为的支配作用,忽视了人的理性;第三,对"经济人"的假设过分否定。总体上看,行为科学的研究未能超出维护资本主义制度的界线,只是在资本主义的生产关系前提下来研究问题,以资产阶级的思想体系作为指导,在一些问题上具有形而上学的成分,有的具有实用主义特点。

第四节 现代管理理论

现代管理理论主要产生于20世纪40年代至60年代。第二次世界大战以后,科技进步以及原用于军事战争的一些技术及管理思想转向发展社会生产,引起生产力的巨大发展,同时也出现了许多新的管理理论,美国著名管理学家哈罗德·孔茨称之为"管理理论丛林",主要有以下学派。

一、社会系统学派

社会系统学派认为,人与人的相互关系就是一个社会系统,它是人们在意见、力量、愿望以及思想等方面的一种合作关系。管理人员的作用就是要围绕着物质的(材料与机器)、生物的(作为一个呼吸空气和需要空间的抽象存在的人)和社会的(群体的相互作用、态度和信息)因素去适应总的合作系统。

这个学派是从社会学的角度来分析各类组织。它的特点是将组织看成一种社会系统,是一种人的相互关系的协作体系,是社会大系统中的一部分,受到社会环境各方面因素的影响。美国的切斯特·巴纳德是这一学派的创始人,他的著作《经理的职能》对该学派有很大的影响,理论观点主要有以下几点。

(1) 一切组织都是一个由相互协作的个人"自觉地、有意地、有目的地"组成的协作系统,是一种人的相互关系的体系。它是社会大系统中的一个部分,受到社会环境各方面因素的影响。

(2) 任何协作系统,无论级别高低、规模大小,都包含着三个基本要素:协作的意愿、共同的目标、信息的交流。

(3) 经理人员的职能是在一个信息交流系统中作为相互联系的中心。具体可分为三项职能:①制订并维持一个信息传递系统,包括信息交流渠道和渠道中人员的职责,要注意非正式信息的交流途径;②促使组织中人员间的协作,并使他们为组织做出贡献,包括人员选聘与激励工作;③制订组织目标,包括决策和授权两项职能,决策是对组织目标实现所涉及各要素、各部分、各种条件的相互作用与相互关系系统地、综合地考察后做出的;授权是一种决策,既包括所追求的组织目标,又包括达到目标的手段。

(4) 领导者必须有某种道德规范,具有承担责任的能力,能够在别人身上创造出一种道德力量。巴纳德还提出了权威接受理论:领导者的权威来自下级的认可,而不是来自本人的级别与地位。

这一学派主要以组织理论为研究重点,虽然组织理论并非全部的管理理论,但它对管理理论的贡献是巨大的,并对其他学派的形成(如社会技术系统学派、决策理论学派、系统理论学派)有很大影响。

二、系统管理学派

系统管理理论是应用系统理论的范畴、原理,全面分析和研究企业和其他组织的管理活动和管理过程,重视对组织结构和模式的分析,并建立起系统模型以便于分析的管理理论。其代表人物是卡斯特、罗森茨韦克、约翰逊等,其理论观点主要有以下几点。

(1) 企业是由人、物质、机器和其他资源在一定的目标下组成的一体化系统,它的成长和发展同时受到这些组成要素的影响,在这些要素的相互关系中,人是主体,其他要素则是被动的。

(2) 企业是一个由许多子系统组成的、开放的社会技术系统。企业是社会这个大系统中的一个子系统,它受到周围环境(顾客、竞争者、供货者、政府等)的影响,也同时影响环境。它只有在与环境的相互影响中才能达到动态平衡。在企业内部又包含着若干子系统,它们是目标和准则子系统、技术子系统、社会心理子系统、组织结构子系统和外界因素子系统等。

(3) 运用系统观点考察管理的基本职能,可以提高组织的整体效率,使管理人员不至于只重视某些跟自己有关的特殊职能而忽视了大目标,也不至于忽视自己在组织中的地位与作用。

该学派将系统理论与方法应用于管理之中,影响到组织理论、管理科学及管理信息系统的发展。

三、管理过程学派

管理过程学派的创始人是亨利·法约尔,当代主要代表人物是哈罗德·孔茨和西里尔·奥唐纳。管理过程学派的特点是把管理理论和实践归纳为原则与步骤,将管理理论同管理者的职能(应该做什么)与工作过程(如何有步骤地去做)联系起来,认为管理是由一些基本步骤(如计划、组织、控制等)所组成的一个独特过程,这些步骤之间相互联系,形成一个完整的管理过程。

其主要观点是:管理是一个过程;管理存在共同的基本原理;管理有明确的职能和方法;管理拥有自己的基本方法;管理人员的环境和任务受到文化、物理、生物等方面的影响,管理理论也应从其他学科中吸取有关的知识。

四、经验主义学派

经验主义学派又称为案例学派、经理主义学派。经验主义学派代表人物有美国著名管理学家彼得·德鲁克和欧内斯特·戴尔。他们把管理看成是对经验的研究,并运用案例分析作为概括管理经验的手段。他们以向大企业的经理提供管理企业的成功经验和科学方法为目标,其主要研究对象是大企业的管理经验,以便把这些经验加以概括和理论化,传授给企业管理的实际工作者和研究工作者。他们认为,通过对管理人员成功或失败的分析与考察,就可以得出一般性的管理技能和方法。戴尔的代表作是《伟大的组织者》,德鲁克的代表作有《管理实践》《有效的管理者》等。

五、决策理论学派

决策理论学派主要代表人物有美国管理学家赫伯特·西蒙和美国学者马奇等人。西蒙的代表作是《管理决策新科学》。决策理论学派是从社会系统学派中发展出来的。他们把决策作为管理的中心,西蒙认为,决策贯穿于管理的全过程,管理就是决策。组织是由作为决策者的个人所组成的系统。西蒙把系统理论、运筹学、计算机科学和心理学综合运用于管理决策分析上,形成了有关决策过程、准则、类型及方法的较完整的理论体系。基于他在决策理论研究上的重大贡献,西蒙获得1978年诺贝尔经济学奖。

六、管理科学学派

管理科学学派又称数理学派或数量学派。主要代表人物有美国的伯法和英国的物理学家、诺贝尔奖获得者布莱克特,他们是运筹学应用于生产管理的启蒙研究者。这个学派包括运筹学家、作业分析家和管理科学家。

管理科学学派认为,管理就是制定和运用数学模型与程序的系统,就是用数学符号和公式来表示计划、组织、控制、决策等合乎逻辑的程序,求出最优解,以达到企业的目标。

七、权变理论学派

权变理论学派强调,在管理中要根据组织所处的内外环境变化而随机应变,针对不同情况采用相宜的管理模式与方法,没有一成不变的、普遍适用的、最好的管理模式和方法。这一学派的主要代表人物有:美国内布拉加斯大学教授卢桑斯,代表作是《管理导论:一种权变学》,他提出"管理权变理论";美国伊利诺伊大学教授费德勒,代表作为《最不受欢迎共事者尺度的问卷》(简称LPC问题),提出了有效领导的权变模式理论。

八、管理文化学派

管理文化学派产生于20世纪70年代后期,流行于80年代。管理文化又称企业文化、公司文化、组织文化。它在长期的管理实践中形成,是一种客观存在,是不同的企业因成长与发展的环境经历、管理思想、价值观、作风等的不同,在管理实践中所形成的独特的管理方式和方法,或者说是以其独特的价值观为核心所形成的企业员工的共同行为规范、道德准则和群体意识。管理文化作为一种管理理论被提出,是在20世纪80年代之后。管理文化为人们广泛认识和重视,主动在企业管理实践中弘扬和塑造企业文化,形成一种新的管理观念。

管理文化思想首先由美国学者提出,当时的世界市场上,美国企业遇到来自日本企业的强有力的挑战,美国企业的竞争力下降。日本曾是后进的资本主义国家,第二次世界大战之前,企业管理落后,产品质量低劣,"东洋货"曾是劣质品的代名词。第二次世界大战后其在逆境中迅速崛起,一跃成为可与欧美抗衡的经济强国,其原因成为美国学者探究的热点。经过多方面考察与比较研究,美国学者发现,日本经济发展的重要原因之一就是成功的企业管理,美国企业更多地注重管理的硬件方面,强调理性的科学管理,忽视了日本企业所重视的全体员工共有的价值观、行为准则等形成的精神力量,正是这种精神力量的激励与凝聚作用,构成了日本企业的独特优势。

这一时期,有影响的美国学者及其代表作为:1979年哈佛大学教授沃格尔的《日本名列第一》是较早的著作,此后分别有斯坦福大学的帕斯卡尔和哈佛大学的艾索斯两位教授的《日本的管理艺术》、威廉·大内的《Z理论——美国企业界怎样迎接日本的挑战》、托马斯·彼得斯和沃特曼的《追求卓越》、迪尔和肯尼迪的《公司文化》等。

20世纪末,科学技术迅速发展,竞争更加激烈。适应经济发展和生产力变革的组织创新与管理创新成为应对21世纪管理挑战之大势所趋,新的管理思想不断涌现。以下介绍几种主要管理新观念。

(一)智力资本理论

智力资本理论的提出反映出人们对企业核心资源的认识发生了剧烈的变化,从有形资本积累为核心转向智力资本积累为核心,利用智力资本获得真正的竞争优势正在成为一种全新的管理理念。

智力资本理论主要产生于20世纪90年代,当时美国经济高速发展,引发了对知识推动经济增长作用的新认识。知识经济思想被广泛接受,很多企业管理方面的疑问接踵而来:为什么像微软这样的新兴企业能在短短的时间内成为最有价值的企业?一个企业怎样自觉地而不再是盲目地管理自身最有价值的资产?智力资本的观念随后提出,并且在1991年,瑞典的第一大保险公司——斯堪的亚公司就开始着手智力资本的量化评估工作。该公司于1993年发布的世界上第一份公开的《智力资本年度报告》,作为对传统财务报表的补充,被称为是从工业经济时代转变为知识时代的一个重要里程碑。

智力资本的概念至今众说纷纭,且彼此间差异较大,有代表性的观点包括以下几种。

(1)智力资本就是无形资产。具体包括市场资产、知识产权资产、人才资产、基础结构资产四大类。代表人物为英国学者安妮·布鲁金,1996年出版了《第三种资本资源:智力资本及其管理》一书。

(2)智力资本是人力资本与结构资本之和。代表人物是托马斯·斯图瓦特,1994年将智力资本划分为人力资本、结构资本和顾客资本三部分。

(3)智力资本的核心是人力资源中的隐性知识与技能。这里给出的是狭义的智力资本的概念,强调的是企业员工创造性与运用知识与技能的能力,它不是试图去量化地评价隐含在员工身上的智力资本,而更关注这种智力资本的成因、转变方式以及如何去激发利用。

(二)战略联盟理论

战略联盟理论体现出企业组织竞争中的合作这样一种管理方略。战略联盟作为一种全新的现代组织形式,已被众多当代企业家视为企业发展全球战略最迅速、最经济的方法,已成为现代企业提高国际竞争力的有效形式,被称为20世纪末最重要的组织创新。

战略联盟理论的主要代表人物及其主要观点有:普瑞斯、戈德曼和内格尔合著的《以合作求竞争》(1997)一书中,提出新型企业没有明确的界限划分,其作业过程、运行系统、操作及全体职工都应与顾客、供应商、合作伙伴、竞争对手相互作用和有机联系在一起。《21世纪工业企业研究报告》提出了一种新的生产模式,即以战略联盟为基础的灵捷生产,快速做出市场反应的生产模式。

(三)柔性管理理论

柔性管理是对"稳定和变化"同时进行管理的新战略。柔性的概念由"柔性制造系统"借用而来,原意指制造过程的可变性、可调整性,描述的是生产系统对环境变化的适应能力。柔性管理则是指企业组织结构应具备可调整性,强调企业组织结构对环境变化的应变特征,如反应速度、灵敏与弹性,等等。

柔性管理需要以现代信息技术为手段,以现代新的组织形式为依托,以平等与尊重,激发人的主动性和创造性为动力,才能实现迅速应变,获得竞争优势的目的。柔性管理的特征主要包括以下几点。

1. 人本管理特征

柔性管理的本质在于企业组织的快速应变。洞悉、观察、预见瞬息万变的市场,识别出潜在未知需求,开拓未知市场就成为首要前提。因此,有洞察力、创新精神、远见卓识的管理人才,以及如何发挥这些人才的主动性、创造性,就成为人本管理的关键。著名的管理学家彼得·德鲁克在《21世纪的管理挑战》(1999)一书中指出,"知识工作者"的生产力将成为对人员管理的中心议题和21世纪对管理的最大挑战。他们在一个组织内不再是"从属"地位,而是"同事",应尊重他们,对他们平等相待。

2. 组织形态创新

组织形态创新是企业快速开拓市场、敏捷应对环境变化的资源与组织保证。新的组织形态如战略联盟、虚拟企业,可以迅速组织各种资源,快速、高效地实现企业目标。

虚拟企业是以计算机信息网络系统为联系工具,以知识共享、信息共享为基础而组建的动态企业群体。该群体成员非固定,仅是围绕某种市场需求及时形成快速反应的高效协作群体。

组织内部结构重建也是与柔性管理相适应的创新。传统的"金字塔"形组织结构层次多、传递信息渠道单一、路线长、反应迟缓;各职能部门相互隔离,信息流动受边界限制,上下级之间信息传递常常失真、扭曲。相比之下,网络式组织是一种扁平结构,特点是各个部分相对独立,层次较少,且部门间是一种融合互生关系;不存在明确的边界。因此,可提高信息传递速率,多渠道地加强部门间的联系与沟通,提高企业的整体反应灵敏程度。

第五节 管理理论的新发展

一、企业战略

企业战略是企业在市场经济、竞争激烈的环境中,在总结历史经验、调查现状、预测未来的基础上,为谋求生存和发展而做出的长远性、全局性的谋划方案,是企业与不断变化的外部环境谋求平衡的一种规划,是关于企业经营方向,企业经营活动的全局性、长远性、指导性的原则和规划。

企业战略包括企业总体战略、业务单元战略和职能战略三个层次。

(一)企业总体战略

企业总体战略是研究企业要去哪儿和应该经营哪些事业以长期获利,是企业的战略总纲领,是企业最高管理层指导和控制企业的一切行为最高行动纲领。总体战略需要回答企业应该经营哪些事业以使企业的长期利益达到最大化。因此,总体战略注重把握企业内外部环境的变化,同时努力将企业内部各个部门间的资源进行有效的战略配置,并以企业的整体为对象。总体战略强调"做一件正确的事情"。该层次的战略以价值为取向,并以抽象的原则为基础,忽略具体性原则。该层次战略注重深远性和未来性,代表了企业发展方向。在总体战略思考中,企业须考虑一体化战略、多角化战略、战略结盟和收购战略,必要时将考虑企业重组以增强企业的整体效率。总体战略具有如下特点:总体战略体现了企业全局发展的整体性与长期性;它的制定与推选主要由企业高层的管理人员来执行;总体战略与企业的组织形态关系密切。

(二)业务单元战略

业务单元战略是在企业总体战略的指导下,经营管理某一个战略单位的战略计划,是总体战略之下的子战略,为企业的整体目标服务。因此,业务单元战略更加考虑企业如何在特定的市场上获取竞争优势。比如,如何发现新的商机,以及在什么样的市场和在什么时候推出什么样的产品,提供什么样的服务等。业务单元战略要思考企业在市场中的自我定位以及取得竞争优势的方法和在不同产业发展阶段中所采用的不同策略等。该层次的管理者需要努力识别最稳固的、最具有盈利可能的市场区域,以发挥其竞争优势。如果从战略构成要素的角度来看,核心竞争力的营造与竞争优势的建立是该层次战略的重要组成部分。

(三)职能战略

职能战略考虑如何有效组合企业内部资源来实现总体战略和业务单元战略。它更注重企业内部主要职能部门的短期战略计划,以使职能部门的管理人员能够清楚地认识到本职能部门在实施企业总体战略和业务单元战略中的责任与要求。该战略将思考如何提升企业的运作效能以使企业获得较佳的效率、品质,以及顾客回应方面的能力。由于该战略直接处理诸如生产、市场、服务等一线的事务,因此该战略更强调"如何将一件事情做正确"。

二、企业资源计划系统

企业资源计划(enterprise resource planning,ERP)系统是借用一种新的管理模式来改造企业旧的管理模式,是先进的、行之有效的管理思想和方法。ERP 的概念是美国 Gartner 公司于 1990 年提出的。企业资源计划的概念是由物料需求计划、制造资源计划逐步演变并结合计算机技术的快速发展而来的。它是整合了企业管理理念、业务流程、基础数据、人力物力、计算机硬件和软件于一体的企业资源管理系统。企业资源计划贯穿于企业供应链和价值链中,包括企业的人、财、物及供应链中各环节的资源。

ERP 系统把客户需求和企业内部的制造活动以及供应商的制造资源整合在一起,形成了一个企业完整的供应链,其核心管理思想主要体现在以下三个方面。

1. 体现了对整个供应链资源进行管理的思想

在知识经济时代,仅靠自己企业的资源不可能有效地参与市场竞争,还必须把经营过程中的有关各方(如供应商、制造厂、分销网络、客户等)纳入一个紧密的供应链当中,才能有效地安排企业的产、供、销活动,满足企业利用全社会一切市场资源快速高效地进行生产经营的需求,以期进一步提高效率和在市场上获得竞争优势。换句话说,现代企业竞争不是单一企业与单一企业之间的竞争,而是一个企业供应链与另一个企业供应链之间的竞争。ERP 系统实现了对整个企业供应链的管理,适应了企业在知识经济时代赢得市场竞争的需要。

2. 体现了精益生产、敏捷制造和同步工程的思想

ERP 系统支持对混合型生产方式的管理,其管理思想表现在以下两个方面。其一是精益生产的思想,它是由美国麻省理工学院提出的一种企业经营战略体系,即企业按大批量生产方式组织生产时,把客户、销售代理商、供应商、协作单位纳入生产体系,企业同其销售代理、客户和供应商的关系,已不再是简单的业务往来关系,而是利益共享的合作伙伴关系,这种合作伙伴关系组成了一个企业的供应链,这即是精益生产的核心思想。其二是敏捷制造的思想。当市场发生变化,企业遇到特定的市场和产品需求时,企业的基本合作伙伴不一定能满足新产品开发生产的要求。这时,企业会组织一个由特定的供应商和销售渠道组成的短期性或一次性供应链,形成"虚拟工厂",把供应和协作单位看成是企业的一个组成部分,运用同步工程组织生产,用最短的时间将新产品打入市场,时刻保持产品的高质量、多样化和灵活性,这即是敏捷制造的核心思想。

3. 体现了事先计划与事前控制的思想

ERP系统中的计划体系主要包括主生产计划、物料需求计划、能力计划、采购计划、销售执行计划、利润计划、财务预算和人力资源计划等,而且这些计划功能与价值控制功能已完全集成到整个供应链系统中。

另外,ERP系统通过定义与事务处理相关的会计核算科目与核算方式,以便在事务处理发生的同时自动生成会计核算记录,保证了资金流与物流的同步记录和数据的一致性,从而实现了可以根据财务资金现状,追溯资金的来龙去脉,并进一步追溯所发生的相关业务活动,改变了资金信息滞后于物料信息的状况,便于实现事中控制和实时做出决策。

此外,计划、事务处理、控制与决策功能都在整个供应链的业务处理流程中实现,要求在每个流程业务处理过程中最大限度地发挥每个人的工作潜能与责任心,流程与流程之间则强调人与人之间的合作精神,以便在有机组织中充分发挥每个人的主观能动性与潜能。它实现了企业管理从"高耸式"组织结构向"扁平式"组织机构的转变,提高了企业对市场动态变化的响应速度。总之,借助IT技术的飞速发展与应用,ERP系统得以将很多先进的管理思想变成为现实中可实施应用的计算机软件系统。

三、企业再造

企业再造也译为"公司再造"、"再造工程"。它是1993年开始在美国出现的关于企业经营管理方式的一种新的理论和方法。所谓"再造工程",简单地说,就是以工作流程为中心,重新设计企业的经营、管理及运作方式。

企业再造也被认为是继全面质量管理后的第二次管理革命。企业再造有两个方面与传统的管理模式不同:一是从传统的从上而下的管理模式变成信息过程的增值管理模式;二是企业再造不是在传统的管理模式基础上的渐进式改造,而是强调从根本上着手。

四、企业形象

(一)企业形象的概念

企业形象设计识别系统(corporate identity system,CIS),是指将企业经营理念与精神文化整体传达给企业内部与社会大众,并使其对企业产生一致的认同感或价值观,从而达到形成良好的企业形象和促销产品的设计系统。

（二）企业形象设计产生的背景

CIS 是 20 世纪 60 年代由美国首先提出，70 年代在日本得以广泛推广和应用，CIS 是现代企业走向整体化、形象化以及系统管理的一种全新的概念，是企业大规模化经营而引发的企业对内对外管理行为的体现。当前国际市场竞争越来越激烈，企业之间的竞争已经不仅仅是产品、质量、技术等方面的竞争。企业欲求生存必须从管理、观念、形象等方面进行调整和更新，制定出长远的发展规划和战略，以适应市场环境的变化。

（三）企业形象设计的主要内容

CIS 包含三个部分，即理念识别(mind identity，MI)、行为识别(behavior identity，BI)和感官识别(visible identity，VI)三部分，其中 MI 是 CI 的根本，是企业的精髓所在，体现企业经营的理念精神；BI 则要求企业在经营运作中以全体员工统一的行为要求和行为准则，包括应用统一的语言、统一的行动来给公众展示企业的形象；而 VI 则是企业在企业标志设计、企业广告宣传中以特定的色彩、图案、语言表达来体现企业形象。

CIS 网站则是指在网络上通过视觉表现为主要手段将企业特有的形象识别系统表达出来，使企业形象在外部公众中形成统一的共识，以其结构组织、页面风格、层次关系等表现出企业的营销主题：是致力于树立品牌，还是注重建立与客户的关系；是宣传企业独特的产品和服务，还是定位于某些顾客群体。只有表达这些要点后，才能决定采用何种技术手段与艺术表现形式来实现其目的、站点结构、内部链接及结构布局等。

五、知识管理

所谓知识管理，是指在组织中建构一个量化与质化的知识系统，让组织中的资讯与知识，透过获得、创造、分享、整合、记录、存取、更新、创新等过程，不断的回馈到知识系统内，形成永不间断的累积，个人与组织的知识成为组织智慧的循环，在企业组织中成为管理与应用的智慧资本。知识管理有助于企业做出正确的决策，从而应对市场的变迁。一般来说，知识管理是一种着眼长远的经营策略。

★ 复习思考题

1. 简述中外早期的管理思想。
2. 泰勒所提出的科学管理理论有哪些主要内容？如何客观评价泰勒科学管理理论？
3. 简述法约尔所提出的管理十四项原则。
4. 简述人际关系学说的主要内容。如何客观评价梅奥人际关系学说？
5. 现代管理理论主要有哪些主要内容？如何客观评价现代管理理论？
6. 简述管理理论的最新发展。

第二篇
决 策

GUANLIXUE
GAILUN

第三章 管理的前提

【学习目标】

了解：管理道德培育的途径；企业管理道德的失衡表现和成因；管理信息的系统的开发步骤。

理解：道德与管理道德的定义；道德发展阶段；社会责任的概念与内涵；企业应承担的社会责任；组织文化的概念；管理信息的作用；管理信息的系统的定义。

掌握：管理道德的内容和特点；管理道德的影响因素；两种不同的社会责任观；组织文化的基本特征及其具体内容；管理信息的定义；管理信息的特征。

运用：道德的发展阶段论，分析你的道德观；根据企业应承担的社会责任内容，分析你熟悉的企业表现。

第一节 管理道德

一、道德与管理道德

（一）道德与管理道德的概念

1. 道德的概念

道德，就是依靠社会舆论、传统习惯、教育和人的信念的力量去调整人与人、个人与社会之间关系的一种特殊的行为规范，是规定行为是非的惯例和原则。一般来说，道德是社会基本价值观一个约定俗成的表现，人们一般都会根据自己对社会现象的理解、社会认同的形态，形成与社会大多数人认同的道德观，大多数人能够知道该做什么、不该做什么，哪些是道德的、哪些是不道德的。

道德一般可分为社会公德、家庭美德、职业道德三类。其中职业道德，是同人们的职业活动紧密联系的符合职业特点所要求的道德准则、道德情操与道德品质的总和，是从事一定职业的人在职业劳动和工作过程中应遵守的与其职业活动相适应的行为规范。职业道德是从业人员在职业活动中应遵守或履行的行为标准和要求，以及应承担的道德责任和义务。

2. 管理道德的概念

管理道德作为一种特殊的职业道德，是从事管理工作的管理者的行为准则与规范的总和，是特殊的职业道德规范，是对管理者提出的道德要求。

对管理者自身而言,可以说是管理者的立身之本、行为之基、发展之源;对企业而言,是对企业进行管理价值导向,是企业健康持续发展所需的一种重要资源,是企业提高经济效益、提升综合竞争力的源泉,可以说管理道德是管理者与企业的精神财富。

(二)管理道德的发展阶段

国外学者的研究表明,一个人的道德发展要经历三个层次,每个层次又分两个阶段。随着阶段的上升,个人的道德判断越来越不受外部因素的影响。

1. 第一层次:前惯例层次

在这一层次,管理道德观受个人利益支配。按怎样对自己有利制定决策,并按照什么行为方式会导致奖赏或惩罚来确定自己的利益。在这一阶段上,行为者认为凡是对自己有利的行为就是道德的,对自己不利的行为就是不道德的。这一层次的两个阶段如下。

阶段 1——遵守与处罚阶段。

一个人处于遵守与处罚阶段时,之所以会去做一些他认为对的事,是因为他要避免处罚,获得赞许。换句话说,行为的即时性结果决定了好坏、对错。例如,一个处于此发展阶段的员工之所以没有收受贿赂,是因为他担心被抓到的概率很高,而且被抓到后的处罚很重。

阶段 2——工具阶段。

处于工具阶段的人则认为其他人也有需求存在,因此可以通过满足他人的需求,来换得自己需求的满足,所以常通过交易、交换或协议来满足自利。例如,如果雇主愿意付较高的加工费,则员工愿意加班来赶工出货。

2. 第二层次:惯例层次

在这一层次,道德观受他人期望的影响,包括遵守法律,对重要人物的期望做出反应,并保持对人们的期望的一般感觉。这种道德观,有良性的,也有恶性的。一些真正为企业整体利益着想的道德观就是良性的;相反,以个别人期望为是非标准的管理道德观就是恶性的。这一层次的两个阶段如下。

阶段 3——人际阶段。

处于人际阶段的人则认为表现出合宜的行为,可以取悦于朋友、同仁、家人或其他自己所在乎的人。这种所谓合宜的行为,往往符合传统上大多数人的期望,一直处于此一阶段的人常会看重其行为是否会造成其他人的紧张、不安或不悦,并尽力避免这样的行为。例如,有些员工之所以不愿意表现太好,是因为他们认为太好的表现会招致同事的压力而遭到排挤,不如采取"和稀泥"的工作方式,可能比较容易维持良好的人际关系。

阶段 4——法律与命令阶段。

处于法律与命令阶段的人则认为,适当的行为是把自己的职务做好、尊重职权以及维护社会秩序。抱持着这样的观点的人认为个人只是群体的一部分,每个人作为群体的一员,都有其角色与义务,每个人都应该严格遵守组织的规则与上司的命令。例如,有些公司允许每位员工每年可以请一定天数的带薪病假。可是如果员工没病却仍请病假,此时便被认为是不道德的,因为这违反了公司的规定。

3. 第三层次:原则层次

在这一层次,道德观受个人用来辨别是非的道德准则的影响。这些准则可以与社会的规则或法律一致,也可以与社会的规则或法律不一致。这种管理道德观强调个性和个人英雄主义,认为人如果压抑自己,不充分施展和发展自我,违背自己内心的是非观,是不道德的。这一层次的两个阶段如下。

阶段5——社会合约阶段。

处于社会合约阶段的人认为在法律和命令之上,存在着许多互相冲突的个人观点,因此,虽然大多数人都应遵守法律和命令,但若有必要,有时是可以变更法律和命令的。例如,生命与安全是一种绝对的价值,不容挑战。在此一阶段,应追求"大多数人的最大福利",当法律和命令违反了基本的社会价值时,便可以违反法律和命令。又如,员工可以拒绝在缺乏防护措施的状况下担当某些危险性的工作,虽然就其职务内容来说,这可能是其职务的一部分,但因其违反了基本的社会价值,所以可以加以拒绝。

阶段6——四海皆准原则阶段。

处于四海皆准原则阶段的人则认为,一个人应该由其良知来决定适当的行为,而良知又基于四海皆准的道德原则。所谓四海皆准的道德原则是基于公正、公利、人权、个人自主等的。例如,一个人可能因为组织的行为违反社会的公平、正义,而不愿为这个组织工作。最明显的是,当组织采取不当的竞争手段时,虽然并未违反法律的规范,但对处于四海皆准原则阶段的人来说,却可能仍会认为这是不道德的行为。

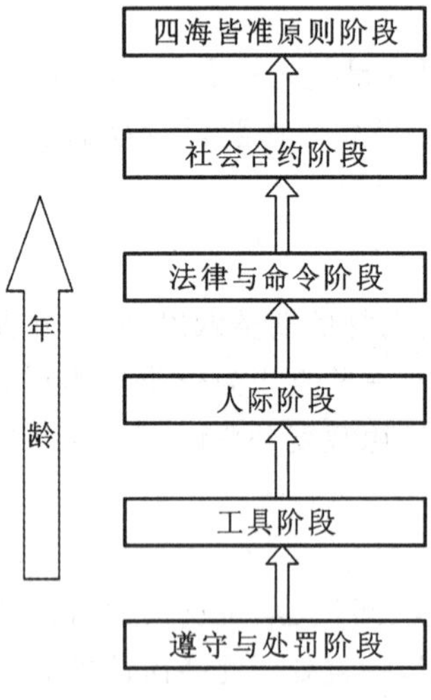

道德发展阶段理论只是指出了从最低层次到最高层次的所有发展阶段,并不是每个人都会完整经历这些阶段,有些人甚至可能一直停留在初级阶段,如图3-1所示。

道德发展的最低层次是前惯例层次。在这一层次,个人只有在其利益受到影响的情况下才会做出道德判断。道德发展的中间层次是惯例层次。在这一层次,道德判断的标准是个人是否维持平常的秩序并满足他人的期望。道德发展的最高层次是原则层次。在这一层次,个人试图在组织或社会的权威之外建立道德准则。

有关道德发展阶段的研究表明:第一,人们一步一步地依次通过这六个阶段,而不能跨越;第二,道德发展可能中断,可能停留在任何一个阶段上;第三,多数成年人的道德发展处在阶段4上。

图3-1 道德发展阶段论

二、管理道德的内容与特点

(一)管理道德的内容

1. 制订管理目标的目标道德

任何管理都是组织的管理。但是,组织管理者的思想道德水平如何,又直接关系到管理水平的高低和管理目标的实现。因为组织者在制订管理目标时,不仅要考虑到管理目标的可行性,而且要考虑到管理目标的道德性,才能使管理目标成为有效的目标。组织管理者为了使其管理目标可行,或多或少地都要考虑它的目标的道德性。

原始社会的氏族公共事务管理,其目标是为了获取必要的物质生活资料,其道德目标是为了维护氏族组织成员的生存。

奴隶主阶级和封建地主阶级在强化国家管理中的镇压职能时,其社会管理目标也考虑到要把阶级冲突保持在一定的"秩序"的范围内,用"礼"或"仁"规范人们的行为,使民众懂得如何安分守己,不要"犯上作乱"。其道德目标就是保护国家利益,也就是维护剥削阶级的利益。

与以往剥削阶级强化国家管理目标不同,资本主义从其产生的那一天起,就致力于生产力的发展。因此,资产阶级进行社会管理的最基本方面是进行生产管理。但是,资产阶级在制订其生产管理目标时,基于追求更多的剩余价值,往往很少考虑其目标的道德性,所以总是达不到其应该达到的有效管理。

社会主义生产的管理目标是为了发展生产力,使生产达到最佳的经济效益,与此相适应的道德目标是为了实现人民群众的共同富裕。这种管理目标与道德要求的一致性,只有在社会主义条件下才能真正实现。

2. 实现管理目标的手段道德

手段是为实现一定目的或目标而采取的一定的途径、方法、办法和策略的总和。任何组织管理目标的实现,都要通过一定的手段。至于采取什么样的手段,达到什么样的效果,则取决于组织管理者对手段的选择。而所选择的手段是否正当,即手段是否道德,会直接影响管理目标的实现。在阶级社会里,不同的阶级在实现其管理目标时采取的手段是各不相同的。

奴隶主阶级民主派曾要求对奴隶采取一些怀柔的、宽容的政策,以利于稳定社会秩序。但奴隶主阶级贵族派却继续坚持严厉的压迫政策,激起了奴隶们的极大反抗。

封建地主阶级在反对奴隶主阶级专制制度的革命斗争中,曾经采取过一些小恩小惠的政策,给农民一些好处,对吸引农民参加革命确实起了较好的作用;但封建地主阶级掌权之后,又采取更加严厉的手段剥削和压迫农民,结果导致农民起义连绵不断。

资产阶级高举"自由、民主、博爱"管理道德的革命大旗,对封建专制制度采取了无情揭露和批判的斗争手段,这对于吸引广大工人阶级和劳动群众参加革命,也起到了积极的作用。但是,资产阶级掌权之后,由于仍然奉行极端利己主义的道德原则,因而在其实现生产管理的目标过程中,又采取了各种各样的不正当手段,如延长工时、增加劳动强度、招收童工、压低工资等,残酷地压迫和剥削工人,以此来达到其追求高额剩余价值的目的。正如恩格斯所说,资产阶级总是"采取不道德的手段达到不道德的目的"。

与资产阶级不同,无产阶级在掌握国家政权之后,要求一切组织管理者在为实现其管理目标而选择的所有手段,都必须是正当的,必须符合社会主义道德的要求。它坚决反对一些组织管理者为达到其私利而采取不正当手段的做法。

3. 处理人际关系的规范道德

人际关系管理是社会管理的重要内容。一定社会的人际关系管理,除受社会性质决定之外,还受血缘、地缘、业缘等因素的影响,从而造成这种管理的复杂性和管理层次的多样性。调整和协调不同的人际关系或同一种人际关系中的不同层次的人际关系,需要有不同层次的道德规范,即处理和协调邻里人际关系、老乡人际关系与处理和协调家庭人际关系、夫妻人际关系的道德规范是各不相同的。中国长期流传的"清官难断家务事"的说法,虽是老话,却说明了人际关系管理的复杂性。特别是在社会主义市场经济的条件下,有的人滥用等价交换的原则,使人际交往中出现许多"关系网"现象,如"人情大于公章"的现象,以及"杀熟"现象,即在经济交往中既"吃里"又"扒外"的现象,使人们感到信用危机、世风日下、道德滑坡。在这种情况下,如何规范人们的交往关系,使人们的人际关系沿着平等、和睦、协调和有序的健康方向发展,就成为管理道德建设中的一项重要内容。

4. 人事管理的用人道德

任何的组织管理,都是通过人来执行其管理职能,通过人的活动来实施的。因此,如何管理好人、如何用人,不仅要考虑人的知识、经验和能力,而且要考虑人的思想道德素质。事实上,中国历代的许多朝代管理的决策都重视用人的德才要求。从战国时代的客卿、养士到汉代的举贤士;从魏九品官人法门阀士族制,到隋唐的科举制、明清的八股文取士等取才用人制度,都要求入选者不仅要有才,而且要有德,即忠君爱国、举孝廉、不犯上。当代西方资产阶级在网罗人才的过程中,也很重视其所用人才的政治、宗教和道德的因素。在社会主义社会里,我们的用人制度,更应该重视德的要求,必须坚持用人的德才兼备和知人善用的原则,反对"任人唯亲"、"以权谋私"的做法,使我们的人事管理科学化、规范化、道德化。

5. 财物管理的行为道德

物资钱财是实现组织管理目标的物质基础。没有物资钱财的组织根本不可能进行管理。但是,有了物资钱财的组织,也不一定能实现有效的管理目标,因为物资钱财总是要交给组织机构的人员去掌握和运用的。这时,财物管理人员的道德素质的高低与财物的道德风险就会成正比。如果管钱管物的人连"君子爱财,取之有道"、"非我之物勿用"等最起码的道德意识都没有,必然会利欲熏心,贪污挪用,化公为私,这就必然动摇或削弱组织管理的物质基础。近年来,我国连续出现了许多巨大的贪污案件,以及贪污人员的低龄化,都足以说明我国财物管理制度的薄弱和财物管理人员道德意识的缺失。因此,如何规范财物管理人员的行为,加强财物管理方面的道德建设和道德教育,也是管理道德的一项非常重要的内容。

(二)管理道德的特点

1. 管理道德具有普遍性

管理道德是人们在参与管理活动中依据一定社会的道德原则和基本规范为指导而提升、概括出来的管理行为的规范,它适用于各个领域的管理。无论是行政管理、经济管理、企业管理、文化管理,还是单位、部门、家庭和邻里的人际关系管理,都应当遵守管理道德的原则和要求。

2. 管理道德具有特殊的非强制性

人类最初的管理,是属于公权的、人人都可以平等参加的管理,没有强制性。与之相应的,调整管理行为的规范,即管理道德也没有强制性。正如恩格斯所指出的:"酋长在氏族内部的权力,是父亲般的、纯粹道德性质的,他手里没有强制的手段。"人类社会进入阶级社会以后,管理被打上阶级的烙印,具有阶级的性质和内容。它依靠国家或组织的权力实行管理活动,具有强制的性质。但是,与此相适应的管理道德并没有改变其非强制的性质。不过,管理道德在内容上侧重于调整和约束组织管理者的管理行为,在社会作用上则侧重于依靠被管理者的舆论影响管理者的行为,从而调整管理者与被管理者之间的关系,使其具有特殊性。

3. 管理道德具有变动性

人类的管理活动是随着人类的社会实践的发展而不断变化的,作为调整管理行为和管理关系的管理道德规范,也必然随着管理的变化和发展而不断改变自己的内容和形式。原始社会的公共事务管理性质单纯、形式单一、内容简单、发展极其缓慢,与之相应的管理道德的内容简单、规范少、发展缓慢。到了近代,随着管理内容的复杂化、管理方式的制度化和管理目标的多样化,与此相应的管理道德的内容也随之增加和丰富,形式也多样化。特别是当代科学管理的迅速发展,进一步推动了管理道德的变化和发展。因此,如何在这种变动性中适时调整道德的结构和层次,概括出反映新的时代特点和当代科学管理水平的新的管理道德规范,以满足具有中国特色的社会主义管理发展的需要,这是摆在我们面前的一项新的任务。

4. 管理道德具有社会教化性

道德教化是一个古老的概念,重视教化是中国传统文化的一个优良传统。中国古代的思想家大都重视德治,所以都强调道德教化的作用。孔子主张用"仁爱"的道德原则教化人,认为人只要做到"仁",就能自爱,就能"爱人",对人宽容、忠恕。孟子发展了孔子的仁爱思想,提出"亲亲而仁民,仁民而爱物"的思想,认为"仁"就是"爱之理,心之德"。此外,儒家还把公正、廉洁、重行、修养、举贤仁能等,都看作"仁爱"教化的结果,要求管理者都应具备这些道德品质。当代中国的社会主义管理道德,应当吸收中国传统文化中的合理的道德教化思想,高度重视管理道德的教化作用。尤其应当强调组织管理者的道德示范和引导作用,使管理道德的意识、信念、意志、情感更加深入人心,并化为人们的自觉行为,这对于有效促进社会主义管理目标的实现具有非常重要的作用。

三、管理道德的影响因素

在实际生活中,我们常会遇到这样一些问题:推销员贿赂采购代理人引诱其做出购买行为,这是道德的吗?如果推销员用自己的佣金进行贿赂,情况又怎么样?这中间有什么不同吗?如果一份工作无须拥有高学历的人去做,而一个人为了获得它压低了自己的学历,这是道德的吗?公车私用是道德的吗?用单位电话打私人电话是道德的吗?请单位的秘书打私人信件是道德的吗?这些本身就是道德判断的问题。和社会责任一样,道德也是管理学研究的新课题,通常来说道德是指那些用来明辨是非的规则或原则。这些规则或原则旨在帮助决策人判断某种行为是正确的或是错误的,或是这种行为是否为组织所接受。那么影响管理者道德的因素有哪些呢?一般来讲有以下几个因素。

(一)外部因素的影响

外部因素的影响主要包括早期教育因素、组织的管理体制及制度因素、组织文化因素、社会大环境因素等。

1. 早期教育因素的影响

个人早期受的教育、生活环境,尤其是在其幼、童年时期所处环境的熏陶、所受教育的程度对其今后的观念的形成起到至关重要的影响,通过这时期感知、认知事物,其个人的道德观初步形成。"孔融让梨"就是早期教育对其道德影响的表现。

2. 组织的管理体制及制度因素的影响

组织的管理体制是否有利于组织发展,组织领导者是否为管理者创造一个工作、发展的平台,组织是否做到组织结构科学合理、规章制度是否健全完善、人才培训培养机制是否激励有效等,都对管理道德的形成起到较大影响。正如张瑞敏评价他在海尔集团充当的角色时,认为"第一是设计师,在企业发展中如何使组织结构适应企业发展;第二是牧师,不断地布道,使员工接受企业文化,把员工自身价值的体现和企业目标的实现结合起来"。

3. 组织文化因素的影响

一个组织有较强的、积极向上的组织文化就可以抵御外来风险,化解内部冲突。在走上市场经济之路以来,许多企业注重实施企业文化建设,形成具有企业自身特色的文化。例如,海尔文化,不仅使海尔集团的知名度进一步提升,而且使企业的凝聚力进一步增强,员工的亲和力进一步增强,从而形成了海尔人良好的职业道德、行为准则。

4. 社会大环境因素的影响

一定时期社会上大多数人的世界观和价值观也会从外部影响、甚至改变个人的管理道德观。尤其是在社会转型期,多种因素综合导致了一些人的道德观危机,如社会不同层次的管理道德问题、职业圈子中的管理道德问题、企业内部日常管理中面临的管理道德问题等。

(二) 内在因素的影响

内在因素的影响主要包括管理者自身的意志、能力、信念因素、自身责任感因素等。

1. 个人意志、能力和信念

个人意志坚强、个人能力较强、个人信念坚定的管理者对事物判断比较准确,无论身处顺境还是逆境,无论是外部诱惑如何,其大多数会在道德准则判断与道德行为之间保持较强的一致性,不会因一时之事、一念之差而做出不正确的选择;反之则会在道德准则判断与道德行为之间做出不正确的选择。

2. 个人责任感

责任感是每个人对工作、组织、社会等所作出行为的负责态度。有较强责任感的人,是一个能自觉承担社会责任、积极履行职责和正确行使职权的管理者,敢于、勇于对自己行为负责,很少出现违背道德准则的情况;反之,缺乏责任感的人,对自己行为的后果不愿承担责任,甚至认为"事不关己",推卸责任,则缺乏最基本的道德素质。上述几种因素基本上决定了一个人管理道德观的形成,不同的道德观导致了相应的管理行为,造成各种各样的管理道德问题。

四、管理道德失衡的表现、成因与培育

(一) 管理道德的失衡表现

企业是市场的主体,下面我们以企业为例,探讨在市场经济条件下管理道德的失衡表现。

在市场经济体制转轨过程中,激烈的市场竞争使得一些单纯以经济利益为导向的企业唯利是图。因此,在企业经营管理活动中,经常出现应该遵守的道德规范与实际上不讲道德经营的高度分裂,由此产生了企业管理的道德失衡。

1. 企业与顾客的关系方面

欺骗性的广告宣传,在营销和推广上夸大其词,生产不安全或有损健康的产品。有些经营者明知产品含有危害人体健康的成分,但故意向消费者隐瞒真相,而大力宣传其对消费者有利的方面,或信口开河、擅自夸大产品的功效。

2. 企业与竞争者的关系方面

假冒其他企业的商标,生产假冒伪劣产品,侵犯他人商业秘密,损害竞争对手商业声誉,不遵守市场游戏规则,挖墙脚等。特别是企业间不讲信誉,彼此拖欠和赖账,不履行合同。

3. 企业与员工的关系方面

有些企业盲目追求利润,不顾员工的生存和工作环境,侵犯员工的健康权利;有些企业在招聘、提升和报酬上采取性别、种族歧视,侵犯隐私;有些企业对员工的工作评价不公正,克扣薪水等。

4. 企业与政府的关系方面

财务欺诈,偷税漏费,官商勾结,权力腐败,商业贿赂,地方保护主义,国有企业改革中的"内部人"控制现象等。

5. 企业与自然环境的关系方面

企业为追求高利润,对治理污染采取消极态度。对排放"三废"等造成的污染不实施治理而是继续偷偷地排出。特别是一些化工、印染、造纸等工厂规模小,对废水缺乏必要的处理,严重污染环境。

(二)管理道德失衡的成因

1. 经济体制不完善

在我国,由于市场经济体制还不完善,容易造成竞争无序,使企业管理道德缺乏约束。甚至出现经营活动缺乏公平竞争制度,经营"游戏"规则混乱的局面。在此局面中,由于国家政策控制的原因,造成地区、行业、单位的竞争起点不同,从源头上造成了竞争无序;加上市场体系不完善,未能形成众多统一开放的全国大市场,使得地方保护主义泛滥,一些官员从当地经济发展和自己政绩、利益需要出发,非但没有取缔无序竞争,反而搞地区封锁和部门分割,鼓励、纵容包庇无序竞争、违法经营。

2. 信息不对称

信息传递的滞后和扭曲,使企业管理失衡成为可能。经营活动中出现一些欺骗、失信现象的最直接原因就是信息不对称。在市场经济条件下,市场信息风云变幻,使得信息难以控制。拥有信息多的一方就可能欺骗另一方,加上媒体广告片面宣传的推波助澜,为不法企业欺诈行为开了方便之门。只要有利可图,或者欺诈带来的收益人丁为进行欺诈所付出的成本投入,欺骗、失信就会不知疲倦地连续下去。这样造成企业管理道德的失衡。

3. 企业价值取向的偏颇

建立社会主义市场经济的目的是为了满足人民群众日益增加的物质文化需要。社会主义市场经济的道德价值观,仍然是坚持集体主义原则,以全心全意为人民服务为核心。然而,在经济转型的特殊环境条件下,部分企业价值取向出现了偏颇,过分强调企业利润最大化,功利主义的趋向严重,忽视甚至侵害他人的利益。这些企业为了私利,不择手段,违法经营,使企业丧失道德,逃避责任,造成企业管理道德的失衡。

4. 消费者自我保护意识差

相对经营者而言,消费者处于弱势地位。为此国家颁布了一整套法律制度,目的是为了保护消费者的人身财产安全,维护公平交易和消费者切身利益。然而由于消费者法制观念落后,自我保护意识极其薄弱,许多消费者面对迅速形成的立法内容无从掌握和运用,越来越多的法律规定难以起到维护消费者权益的作用,而是成为一纸空文。这样消费者的行为往往姑息迁就了企业不道德的经营行为。

(三)管理道德的培育

1. 抓好管理道德教育

(1)提高管理道德认识。这包括管理者对其管理的地位、性质、作用、服务对象、服务手段等方面的认识。对管理道德价值的认识是培育管理者管理道德的前提,就是要认识管理道德的实质、内涵,充分认识到管理道德对个人、企业乃至社会的重要性。只有提高对管理道德的认识,才能在思想上重视、在行动上实施、在发展中提升。

(2)培养管理道德情感。这就是管理者在处理自己和职业的关系及评价管理行为过程中形成的荣辱好恶等情绪和态度。主要包括对所从事管理工作的荣誉感、责任感,对服务对象的亲切感,热爱本职工作,敬业乐业等。管理道德情感一经形成,就会成为一种稳定而强大的力量,积极影响人们管理道德行为的形成和发展。

(3)锻炼管理道德意志。这就是人们在履行管理义务的过程中所表现出来的自觉地克服一切困难和障碍、做出抉择的力量和精神。是否具有坚毅果敢的管理道德意志,是衡量每个管理者管理道德素质高低的重要标志。

(4)坚定管理道德信念。这就是管理者对所从事管理工作应具备的道德观念、道德准则和道德理想发自内心的真诚信仰。管理者一旦牢固地确定了管理道德信念,就能自觉地、坚定不移地履行自己的义务,并能据此来鉴别自己或他人的行为。培养和确立管理道德信念,是每个管理者管理道德修养的中心环节。

2. 提炼、规范管理道德准则

管理道德建设的过程,就是管理者管理道德素质形成和不断完善的过程,这需要管理者把管理道德认识、管理道德情感、管理道德意志和管理道德信念等与所从事的管理工作、企业的实际情况等结合起来,注重吸收西方道德观中合理的成分,广泛继承中华民族传统道德观的精华,提炼出体现管理特色的管理道德准则,使管理者了解、明确管理道德规范,认清管理道德的标准和行为准则,以利于管理者形成良好的管理道德。

通过提炼管理道德标准,实行管理道德的规范化管理,使管理者自觉地对照管理道德准则时刻检查自己、规范自己行为,将管理道德准则内化成管理道德认识,从而培养成良好的管理道德行为习惯,既有利于管理者自身建设与发展,又有利于企业管理水平提高与发展。

3. 树立典型,加强引导

在管理道德建设过程中,树立典型、发挥榜样示范的作用是重要的。典型引导是激励人们自觉规范道德行为的有效途径。

(1)注重发挥企业领导者管理道德的表率作用。企业领导者是企业的精英,是高层管理者,其模范、表率行为对其他管理者管理道德的形成具有更直接的效果。对企业领导者来说,管理价值、道德价值高于物质利益,企业领导人应把国家、员工赋予的职位当作国家、企业贡献,为员工服务的机会,"先天下之忧而忧,后天下之乐而乐",勇于负责,不计得失,自强不息,以身作则,讲真话、办实事、"言必信、行必果",树立领导者良好的管理道德,这对推动整个层面管理道德的形成起着举足轻重的作用。

（2）树立典型人物，做好舆论导向，发挥引导作用。像牛玉儒等现实生活中涌现出来的典型人物，他们的感人事迹、表现出来的道德品质是人们所景仰的，在这些典型人物身上也充分体现出了优秀的管理道德。因此，大力宣传典型，把道德规范人格化，有利于使管理者以典型人物为榜样，学习典型人物的人格，激发自身去追求典型人物所拥有的优秀的理想人格，并且以这种理想人格为标准而塑造自己，促进管理者管理道德水平的形成和提高。

4. 把管理道德行为列入岗位考核内容

管理者是否具有管理道德，不是看其是否会背诵管理道德的多少规范条款，而要看他是否能理解管理道德，把管理道德要求与自己的工作相结合，落实到实际行动中、具体工作中，形成稳定的职业行为。管理道德规范化、制度化，就会成为管理者的习惯行为，就会在管理工作中发挥巨大作用，也必将在企业内形成良好的道德风尚，使企业步入良性的发展轨道。因此，企业应将管理道德建设纳入管理者岗位考核内容之一，加强检查、考核、奖惩，使每一个管理者不断地自我对照准则检查，不断地修正自己的行为方向，最终养成良好的管理道德。管理者是管理道德的主体，管理道德是对管理者行为的规范和制约，一个合格的管理者也必然是一个有道德的管理者，做有道德的管理者，应该是每一个管理者的职业准则。在当今时代，管理者和企业应注重开展和加强管理道德培育，提高管理者的管理道德，使管理者有所为、有所不为，养成良好的管理道德行为，才能有效地提升企业管理水平，获取更大的效益，实现长效发展。

第二节 社会责任

在全面建设小康社会的起点、体制转轨的关键时刻，中央提出了两个关系经济社会发展全局的重大命题：一是树立和落实科学发展观，实现以人为本，全面、协调、可持续发展；二是构建社会主义和谐社会。

进入21世纪，中国改革和发展进入了一个新阶段。一方面，消费结构升级、工业化、城市化构成拉动经济增长的"三驾马车"，使中国蕴涵着巨大的经济增长潜力；经济全球化使中国更深刻地融入国际分工，跨国投资和国际产业结构转移向着有利于中国的方向转变，使我们具备了经济持续增长的极为有利的条件。另一方面，我们的经济增长方式却存在着缺陷，经济与社会、人与资源环境的矛盾凸显，可持续发展面临严峻挑战。现在，城市与农村、东部与中西部、高收入与低收入、经济与社会、人与资源环境的不均衡已经到了相当严重的程度。高投入、低效率、重污染的经济增长机制越来越受到资源环境的制约，社会不稳定因素也在逐渐增长。构建社会主义和谐社会是党、政府和全体人民的繁重任务，是全面建设小康社会所追求的更高目标。除政府外，企业是当今社会最有力量的组织。在建设社会主义和谐社会中，企业处于特殊的地位，应发挥重要的作用，承担重要的社会责任。

企业承担社会责任是社会发展的必然要求。近年来，由于部分企业对民工实行短期"剥夺式"的用工制度，让民工对当地劳动用工环境深感失望，导致在一些城市出现"民工荒"，使得部分企业的生产经营遇到了困难。当前，社会责任标准SA8000已在欧美国家开始强制推广，它突破了传统守则的形式，把非经营性、非技术性的抽象道德、精神、理念层面的内容标准化了，这一标准不仅被越来越多的国家、国际组织和企业所接受，而且很多跨国公司为了提升品牌形象,也纷纷加入了这一运动,以此调整自己的价值观,重塑自己的企业文化。它们不仅率先垂范,并要求合作企业、配套企业、供应商,包括发展中国家的制造基地,都要遵守企业社会责任守则。对中国企业"社会责任"、"劳工保护"的要求,也越来越多地出现在一些跨国公司订单的附加条件中。这种认证将劳工权利与订单挂钩,通过强调劳动力的重要性,消除以劳动密集型降低成本的优势,这对中国出口企业无疑是一种新的考验。

社会责任成为一项被人关注的议题,始于20世纪60年代初期。20世纪60年代以前,企业追求单一经济目标被认为是理所当然的。20世纪60年代以后,部分团体开始关心少数群体和弱势群体是否受到了企业的公平待遇,促使管理者在制定管理决策时,开始考虑到其对社会的冲击与社会责任的问题。这些问题所牵涉到的企业问题相当广泛,包括定价、启用员工、产品品质以及设厂地点等。

社会责任一般是以企业为主体来研究的。下面我们以企业为例,来探讨社会责任的有关问题。

一、社会责任的概念

所谓社会责任,就是企业在追求利润最大化的同时或经营过程中,应当对所有利益相关者承担相应的责任,以求不仅在经济方面,更在社会、环境等领域获得可持续发展的能力。

社会责任的内涵包括以下四个方面。

(1) 守法是应尽的义务而不是社会责任。组织因单纯遵守法律而采取的行为都不应算是社会责任,社会责任应在法律要求之外。例如,企业遵守法律规定而不排放废气或废水,不能算是尽社会责任,这只是守法而已。

(2) 社会责任应该不仅仅是追求利润。虽然企业是以赢利为主要目的的组织,但赢利不应是企业存在的唯一目的。因此,企业的社会责任应该被界定为超出追求利润的活动之外。

(3) 社会责任应是厂商的自愿活动而非被迫性的活动。企业之所以尽社会责任,应是自动自发,基于社会公众的认知,而对社会的回馈。因此,被迫性的活动不应是企业的社会责任,而只可能是企业营运的必要条件。例如,社区强制要求厂商支付的"回馈金"不应算是企业的社会责任,而只是为了能在该社区营运所必须支付的代价。

(4) 社会责任的主要目的是对社会公益有所裨益,因社会责任而产生的利润等经济结果应是附带而来,并非主体本身。企业尽社会责任若最终能对企业产生利润的贡献,应是一种"无心插柳"的结果。如果企业因为想获利而尽社会责任,那便是一种"将本求利"的赢利行为,而不应归为社会责任。例如,企业因为想要提升企业形象而参与公益活动,不应被认为是一种社会责任,因为就实质面来看,这种活动和企业营销中的推广活动并无差别。因此,社会责任若有利润出现也应是附带而来,并非当初的本意。

二、两种不同的社会责任观

总的来说,社会责任有古典观与社会经济观两种主要观点。古典观的观点认为管理的唯一社会责任就是使利润极大化;社会经济观的观点则认为管理的责任远超过创造利润,其中应包含保护及增进社会的福利。

（一）古典观的观点

古典观又称纯经济观，其代表人物当推著名经济学家、诺贝尔奖获得者米尔顿·弗里德曼。他认为，企业应该在商言商，管理者的目的和责任就是替公司所有者也就是股东，赚取最大的利润。基于这样的观点，此派学者反对企业负担社会责任，其所持的主要论点有以下几点。

(1) 违反利润极大化原则。追求经济利益的极大化就是企业尽其社会责任的表现，至于其他事务，自有其他机构负责。

(2) 混淆目的。追求社会目标会混淆企业的主要目的——提高经济生产力。当经济与社会目标都无法达到时，社会所受到的伤害将会更大。

(3) 成本。许多的社会责任活动无法自负盈亏，总是要其他人来负担成本，企业若是吸收这些成本，自然必须以较高售价将它们转嫁给消费者。

(4) 太大的权力。企业已经是我们社会中最有权力的机构之一，追求社会责任则将使企业的权力更大。

(5) 缺乏能力。企业领导者的眼光与才能都是针对经济目标的，他们在面对与社会责任相关的问题时，并不一定擅长。

(6) 缺乏负责的基础。政治人物追求社会目标，也为其行为负责，但企业人士并不符合这样的模式，他们对社会大众并无直接的社会责任。

(7) 缺乏广泛的社会支持。社会对于企业界参与社会活动并没有广泛的支持，大众对于这个问题的意见往往是有分歧的。事实上，这个议题常引起热烈的争论，而在如此分歧支持下的行动则常导致失败。

（二）社会经济观的观点

社会经济观的观点认为，企业应该不仅对股东负责任，也对社会整体负责任，因为股东不是唯一支持企业存在的因素。例如，企业的"有限责任"便是由社会所承担，因此企业的责任不能仅局限在股东上。

支持"企业应负社会责任"的此派学者，其主要论点有以下几点。

(1) 满足公众期望。自 20 世纪 60 年代以来，社会对企业的期望已增加了许多，社会大众普遍认为企业应同时追求社会及经济目的。

(2) 增加长期利润。负担社会责任的企业通常会有较稳定的长期利润，这是因为担负社会责任的企业会获得良好的社会关系以及较佳的企业形象。

(3) 承担道德责任。企业应该有企业良心，也应该负社会责任，因为负责行为的本身就是对的。

(4) 塑造公众形象。改善公众形象可使企业获得更多的顾客、更好的员工、更容易取得资金以及其他的好处。而企业可以用追求社会目标来塑造良好的公众形象。

(5) 创造更好的环境。企业的参与可以解决困难的社会问题，创造更好的生活品质与更符合员工所需的社区，因而可以吸引与留住专业人才。

(6) 减少政府进一步的干预。政府的规范会增加经营成本与限制管理决策的弹性，但企业可以因为负担社会责任而期待政府的干预减少。

(7) 权力与责任的平衡。企业在社会上拥有很大的权力，自然也应承担相同分量的责任，以求平衡。当权力明显超过其所应尽的责任时,如此的不平衡会鼓励那些危害大众利益的不负责任行为。

(8) 符合股东权益。长期而言,社会责任会增加股票的价值;股票市场会认为尽社会责任的公司其风险较小,且较经得起考验,因而预期会有较高的投资报酬率。

(9) 拥有资源。企业本身拥有支持公众与慈善活动所需的财务资源、专家技术及管理才能。

(10) 预防胜于治疗。处理社会问题经常费钱费时,因此企业应在问题初露征兆时即予以处理,以减少未来耗费在产品与服务之上所需的管理精力。

三、社会责任和经济绩效的关系

虽然古典观与社会经济观对企业的社会责任的看法持相反的意见,但是两种看法之间并不是完全对立的,原因是他们对这一问题的研究所选择的时间框架不同。古典观在研究社会责任与经济绩效的关系时,是通过分析年度报表内容来进行的,得出的是企业短期财务绩效与社会责任的矛盾冲突;而社会经济观研究的是一个企业长期发展过程中企业社会责任与经济绩效之间的关系。尽管在社会责任和经营业绩的度量方面存在着一些困难,但大量的实证研究证明社会责任与经济绩效之间的正相关关系。

事实上,我们在研究企业的经济绩效与社会责任的相互关系时,应该从更长的时间跨度、更大的空间领域来进行。即不仅要从一个企业长远的生存和发展的角度来研究企业的经济绩效与社会责任的关系,而且要从全社会企业群体这个范畴来研究企业经济绩效与社会责任的关系。

首先,从一个企业整个的生存与发展的过程来看,企业的社会责任支出虽然增加当前的经营成本,然而,正是这些社会支出增强了企业内部员工的凝聚力和工作热情,提高了企业的公众形象与社会信誉,从而为企业创造了更多的利润回报。这些企业的社会支出虽然在一定时期内增加了企业的经营成本,但从长期看,这种投资由于改善了企业在公众心目中的形象、吸引了大量人才等,可以增加收益,并且所增加的收益足以抵补企业当初所额外支付的成本,从这种意义上讲,企业在利他的同时也在利己,早期社会责任的付出将获得日后的丰硕利润回报。

其次,从整个社会企业群体的发展来看,企业的社会责任行为也没有明显降低企业的经济绩效。例如保护品牌形象、避免贸易制裁、提高生产效率、保障股东权益、满足消费者需求、增强企业守法意识等。

四、社会责任的具体体现

企业社会责任包括两个方面:一是在企业之内,要构造各个利益主体之间的和谐氛围;二是在企业之外,要主动承担对自然环境、对社会各利益相关者的义务。具体表现如下。

1. 企业对环境的责任

企业既受环境的影响又影响着环境。从自身的生存和发展角度看,企业有承担保护环境的责任。企业对环境的责任主要体现在三个方面。

第一,企业要在保护环境方面发挥主导作用,特别要在推动环保技术的应用方面发挥示范作用,有社会责任的企业有着强烈的环境保护意识,它们积极采用生态生产技术。生态生产技术主要是指,这种技术利用生态系统的物质循环和能量流动原理,以闭路循环的形式,在生态过程中实现资源合理而充分的利用,使整个生产过程保持高度的生态效率和环境的零污染。企业要紧密跟踪生态生产技术的研究进展,在条件许可的情况下,将最新的生态生产技术应用到生产中去,使研究出来的生态生产技术能尽快转化为生产力,造福于人类。在这样做的过程中,企业自身的发展得到了有力的保证。

第二,企业要以"绿色产品"为研究和开发的主要对象。企业研制并生产绿色产品既体现了企业的社会责任,推动了"绿色市场"的发育,也推动着环保宣传教育,提高了整个社会的生态意识。

第三,企业要治理环境。污染环境的企业要采取切实有效的措施来治理环境,"谁污染谁治理",不能推诿,更不能采取转嫁生态危机的不道德行为。

2. 企业对员工的责任

员工是企业最宝贵的财富,企业对员工的责任主要体现在如下四个方面。第一,不歧视员工。现代企业的一个显著特征是员工队伍的多元化。为了调动各方面的积极性,企业要同等对待所有员工,不搞三六九等。第二,定期或不定期培训员工。决定员工(尤其是高素质员工)去留的一个关键因素是员工能否在本企业中得到锻炼和发展的机会。有社会责任的企业不仅要根据员工的综合素质,把他们安排在合适的工作岗位上,做到人尽其才,才尽其用,而且在工作过程中,要根据情况的需要,对其进行培训,如到国外或到国内的学校、科研机构和兄弟单位学习深造。这样做既满足了员工自身的需要,也满足了企业的需要,因为通常情况下,经过培训后的员工能胜任更具挑战性的工作。第三,营造一个良好的工作环境。工作环境的好坏直接影响到员工的身心健康和工作效率。企业不仅要为员工营造一个安全、关系融洽、压力适中的工作环境,而且要根据本单位的实际情况为员工配备必要的设施。第四,善待员工的其他举措。例如,推行民主管理,提高员工的待遇,对工作表现好的员工予以奖励等。

3. 企业对顾客的责任

"顾客是上帝",忠诚顾客的数量以及顾客的忠诚程度往往决定着企业的成败得失。企业对顾客的责任主要体现在如下五个方面。第一,提供安全的产品。安全的权利是顾客的一项基本权利,企业不仅要让顾客得到所需的产品,还要让他们得到安全的产品。产品的安全越来越受到企业(尤其是知名企业)的重视。第二,提供正确的产品信息。企业要想赢得顾客的信赖,在提供产品信息方面不能弄虚作假,欺骗顾客。第三,提供售后服务。企业要重视售后服务,要把售后服务看作对顾客的承诺和责任,要建立与顾客沟通的有效渠道,如设立意见箱、热线电话等,及时解决顾客在使用本企业产品时遇到的问题和困难。第四,提供必要的指导。在使用产品前或使用过程中,企业要尽可能为顾客提供培训或指导,帮助他们正确使用本企业的产品。第五,赋予顾客自主选择的权利。在市场经济下,顾客拥有自主选择产品的权利。企业不能限制竞争,以防止垄断或限制的出现给顾客带来的不利影响。

4. 企业对竞争对手的责任

在市场经济下,竞争是一种有序竞争。企业不能压制竞争,也不能搞恶意竞争。企业要处理好与竞争对手的关系,在竞争中合作,在合作中竞争。有社会责任的企业不会为了暂时之利,通过不正当手段挤垮对手。

5. 企业对投资者的责任

企业首先要为投资者带来有吸引力的投资报酬。那种只想从投资者手中获取资金,却不愿或无力给投资者以合理报酬的企业是对投资者极不负责的企业,这种企业注定被投资者抛弃。

此外,企业还要将其财务状况及时、准确地报告给投资者。企业错报或假报财务状况,是对投资者的欺骗。

6. 企业对所在社区的责任

企业不仅要为所在社区提供就业机会和创造财富,还要尽可能为所在社区做出贡献。有社会责任感的企业意识到通过适当的方式把利润中的一部分回报给所在社区是其应尽的义务。它们积极寻找途径参与各种社会行动,通过此类活动,不仅回报了社区和社会,还为企业树立了良好的公众形象。

第三节 组织文化

一、组织文化的概念

对组织文化的界定向来是众说纷纭,莫衷一是。比较经典的是西方学者希恩于1984年下的定义:"组织文化是特定组织在适当处理外部环境和内部整合过程中出现的种种问题时,所发明、发现或发展起来的基本假说的规范。这些规范运行良好,相当有效,因此被用作教导新成员观察、思考和感受有关问题的正确方式。"

就组织特定的内涵而言,组织是按照一定的目的和形式而建构起来的社会集团,为了满足自身运作的要求,必须要有共同的目标、共同的理想、共同的追求、共同的行为准则以及相适应的机构和制度,否则组织就会是一盘散沙。而组织文化的任务就是努力创造这些共同的价值观念体系和共同的行为准则。从这个意义上来说,我们可以将组织文化的概念概括为,组织文化是指处于一定经济社会文化背景下的组织,在长期的发展过程中逐步生成和发展起来的、日趋稳定的、独特的组织精神和价值观,以及以此为核心而形成的行为规范、道德准则、群体意识、风俗习惯等。这些因素不仅影响一个组织目标的制订和实现,而且直接影响该组织管理者的管理行为。同时,它也是组织中成员的一种共同认知,能够强烈地影响组织成员的态度和行为。

二、组织文化的基本特征

组织文化本质上属于"软文化"管理的范畴,是组织的自我意识所构成的文化体系。组织文化是整个社会文化的重要组成部分,既有社会文化和民族文化的共同属性,也有自己的不同特点。

1. 组织文化的核心是组织价值观

任何一个组织总是要把自己认为最有价值的对象作为本组织追求的最高目标、最高理想或最高宗旨,一旦这种最高目标和基本信念成为统一本组织成员行为的共同价值观,就会构成组织内部强烈的凝聚力和整合力,成为统领组织成员共同遵守的行动指南。因此,组织价值观制约和支配着组织的宗旨、信念、行为规范和追求目的。在这个意义上来说,组织价值观是组织文化的核心。

2. 组织文化是以人为主体的人本文化

人是整个组织中最宝贵的资源和财富,也是组织活动的中心和主旋律,因此组织只有充分重视人的价值,最大限度地尊重人、关心人、依靠人、理解人、凝聚人、培养人和造就人,充分调动人的积极性,发挥人的主观能动性,努力提高组织全体成员的社会责任感和使命感,使组织和成员成为真正的命运共同体和利益共同体,这样才能不断增强组织的内在活力和实现组织的既定目的。

3. 组织文化的管理方式是以柔性管理为主

组织文化是以一种文化的形式出现的现代管理方式,也就是说,它通过柔性的而非刚性的文化引导,建立起组织内部合作、友爱、奋进的文化心理环境,以及协调和谐的人群氛围。自动地调节组织成员的心态和行动,并通过对这种文化氛围的心理认同,逐渐地内化为组织成员的主体文化,使组织的共同目标转化为成员的自觉行动,使群体产生最大的协同合力。事实证明,由柔性管理所产生的协同力比刚性管理制度有着更为强烈的控制力和持久力。

4. 组织文化的重要任务是增强群体凝聚力

组织中的成员来自于五湖四海,不同的风俗习惯、文化传统、工作态度、行为方式、目的愿望等都会导致成员之间的摩擦、排斥、对立、冲突乃至对抗,这往往不利于组织目标的顺利实现。而组织文化通过建立共同的价值观和寻找观念共同点,不断强化组织成员之间的合作、信任和团结,使之产生亲近感、信任感和归属感,实现文化的认同和融合,在达成共识的基础上,使组织具有一种巨大的向心力和凝聚力,这样才有利于组织成员采取共同行动。

三、组织文化的内容

组织文化是组织长期形成的,渗透到企业活动的方方面面,内涵十分丰富。

（一）组织文化的外在内容

组织文化的外在内容就是指那些以精神的物化产品和精神行为为表现形式的、人们通过直观的视听能感受到的、符合组织文化实质的内容。它包括组织的标志、工作环境、规章制度和经营管理行为等几部分。

1. 组织标志

它是指以标志性的外化形态,来表示本组织的组织文化特色,并且和其他组织明显地区别开来的内容,如组织的名称、标准字体、象征物、代表色及标志性建筑等。

2. 工作环境

它是指职工在组织中办公、生产、休息的场所,包括办公楼、厂房、俱乐部、图书馆等。

3. 规章制度

并非所有的规章制度都是组织文化的内容,只有那些可以激发职工积极性和自觉性的规章制度,才是组织文化的内容,其中最主要的就是民主管理制度。

4. 经营管理行为

再好的组织哲学或价值观念,如果不能有效地付诸实施,就无法被员工接受和认同,也就无法成为组织的文化。组织在生产中以"质量第一"为核心的生产活动、在销售中以"顾客至上"为宗旨的市场推广活动、组织内部以"建立和谐人际关系"为目标的公共关系活动等等,这些行为都是组织哲学、价值观念、道德规范的具体实施,是它们的直接体现,也是组织文化不断得以巩固和凸显的过程。

(二) 组织文化的内在内容

组织文化的内在内容是组织文化的根本,是最重要的部分。组织文化的内在内容包括组织哲学、价值观念、道德规范、组织精神等几个方面。

1. 组织哲学

它是一个组织的全体成员所共有的对世界事物的一般看法。组织哲学是组织最高层次的文化,它主导、制约着组织文化其他内容的发展方向。从组织管理史的角度来看,组织哲学已经经历了从"以物为中心"到"以人为中心"的转变。

2. 价值观念

所谓价值观念,是人们基于某种功利性或道义性的追求而对人们(个人、组织)本身的存在、行为和行为结果进行评价的基本观点。价值观不是人们在一时一事上的体现,而是在长期实践活动中形成的关于价值的观念体系。

组织的价值观,是指组织职工对组织存在的意义、目的、宗旨的价值评价和为之追求的整体化、个异化的群体意识,是组织全体职工共同的价值准则。只有在共同的价值准则基础上才能产生组织正确的价值目标。有了正确的价值目标才会有奋力追求价值目标的行为,组织才有希望。因此,组织价值观决定着职工行为的取向,关系着组织的生死存亡。以企业为例,只顾企业自身经济效益的价值观,就会偏离社会主义方向,不仅会损害国家和人民的利益,还会影响企业形象;只顾眼前利益的价值观,就会急功近利,搞短期行为,使企业失去后劲,导致灭亡。

3. 道德规范

它是组织在长期的生产经营活动中逐渐形成的,是人们自觉遵守的道德风气和习俗,包括是非的界线、善恶的标准和荣辱的观念,等等。

4. 组织精神

它是一个组织在经营和发展的过程中,基于自身特定的性质、任务、宗旨、时代要求和发展方向,由领导人积极倡导、全体员工自觉实践而形成的代表职工全部价值观念的团体精神。

组织精神要通过组织全体职工有意识的实践活动体现出来,因此,它又是组织职工观念意识和进取心理的外化。

组织精神是组织文化的核心,在整个组织文化中起着支配的地位。组织精神是组织的组织哲学、价值观念、道德观念的综合体现和高度概括,反映了全体职工的共同追求和共同的认识。它以价值观念为基础,以价值目标为动力,对组织哲学、管理制度、道德风尚、团体意识和组织形象起着决定性的作用。可以说,组织精神是组织的灵魂。

组织精神通常用一些既富于哲理,又简洁明快的语言予以表达,便于职工铭记在心,时刻用于激励自己;也便于对外宣传,容易在人们脑海里形成印象,从而在社会上形成个性鲜明的企业形象。例如,海尔集团"真诚到永远",百事可乐"Live for now",美的公司"原来生活可以更美的",标致汽车"Motion & Emotion"。同样的,英特尔一直不断地重复着自己产品打败自己产品的令竞争对手不寒而栗的现代企业故事;3M公司强调创新至上,企业内部已达到了想扼杀一个新创意都很难的境界了;惠普公司管理上的创新导致其在20世纪70年代初就取消了员工上班打卡制度。从它们的口号与行动中,我们理解了这些组织的鲜明文化所带来的巨大成功。

除上述四个主要内容外,组织文化的内在内容还包括组织的管理思维方式、组织心理等内容,这些都是我们在进行更深入的研究时需要关注的。

四、组织文化的结构

所谓组织文化的结构,是指构成组织文化要素在空间的排列顺序。如果从现代系统论的观点看,组织文化的结构有三个层次:表层文化、中介文化和深层文化。

表层文化一般表现为物质文化,包括厂容厂貌、组织环境、办公设施。

中介文化一般表现为制度文化,包括规章制度、组织机构、管理机制、管理水平、教育培训、娱乐活动等。

深层文化表现为观念文化,包括组织目标、组织精神、价值观念、组织宗旨、组织道德、团体意识等。

在这三个层次中,观念文化是基础、核心和灵魂,它虽然是无形的,但始终制约、调整着组织及其成员的行为倾向和方式。组织文化的这三个层次互相联系,互相依赖,互相影响和互相转化,构成组织文化的统一体。

五、组织文化的功能

从耗散结构的理论来看,功能是指组织系统影响和改变其他系统以及抵抗与承受其他系统的影响和作用的能力,同时也是系统从其他系统中取得物质、能量、信息而发展自己的能力。组织文化作为一种自组织系统,也具有许多独特的功能。

(一) 自我内聚功能

组织文化通过培育组织成员的认同感和归属感,建立起成员与组织之间的相互依存关系,使个人的行为、思想、感情、信念、习惯与整个组织有机地统一起来,形成相对稳固的文化氛围,凝聚成一种无形的合力与整体趋向,以此激发出组织成员的主观能动性,为组织的共同目标而努力。

(二) 自我改造功能

组织文化能从根本上改变员工的旧有价值观念,建立起新的价值观念,使之适应组织正常实践活动的需要。尤其对于刚刚进入组织的员工来说,为了减少他们个人带有的在家庭、学校、社会所养成的心理习惯、思维方式、行为方式与整个组织的不和谐或者矛盾冲突,就必须接受组织文化的改造、教化和约束,使他们的行为与组织保持一致。

(三) 自我调控功能

组织文化具有的这种软性约束和自我协调的控制机制,往往比正式的硬性规定有着更强的控制力和持久力,因为主动的行为比被动的适应有着无法比拟的作用。

(四) 自我完善功能

组织在不断的发展过程中所形成的文化积淀,通过无数次的辐射、反馈和强化,会不断地随着实践的发展而更新和优化,推动组织文化从一个高度向另一个高度迈进。也就是说,组织文化不断地深化和完善一旦形成良性循环,就会持续地推动组织本身的上升发展,反过来,组织的进步和提高又会促进组织文化的丰富、完善和升华。国内外成功组织和企业的事实表明,组织的兴旺发达总是与组织文化的自我完善分不开的。

(五) 自我延续功能

组织文化的形成是一个复杂的过程,往往会受到社会环境、人文环境和自然环境等诸多因素的影响,因此,它的形成和塑造必须经过长期的耐心倡导和精心培育,以及不断的实践、总结、提炼、修改、充实、提高和升华。同时,正如任何文化都有历史继承性一样,组织文化一经固化形成,就会具有自己的历史延续性而持久不断地起着应有的作用,并且不会因为组织领导层的人事变动而立即消失。如美国英特尔公司的领导人历经数次变动,但其经过多年培育出来的创新精神仍然存在,成为公司不断进取的精神支柱和追求卓越的公司信条。

六、塑造组织文化的主要途径

(一) 选择价值标准

由于组织价值观是组织文化的核心和灵魂,因此选择正确的组织价值观是塑造组织文化的首要战略问题。选择组织价值观有以下两个前提。

1. 要立足于本组织的具体特点

不同的组织有不同的目的、环境、习惯和组成方式,由此构成千差万别的组织类型,因此必须准确地把握本组织的特点,选择适合自身发展的组织价值观,否则就不会得到广大员工和社会公众的认同与理解。

2. 要把握住组织价值观与组织文化各要素之间的相互协调

因为各要素只有经过科学的组合与匹配才能实现系统整体优化。在此基础上,选择正确的组织价值标准要抓住四点。

(1) 组织价值标准要正确、明晰、科学,具有鲜明特点。

(2) 组织价值观和组织文化要体现组织的宗旨、管理战略和发展方向。

(3) 要切实调查本组织员工的认可程度和接纳程度,使之与本组织员工的基本素质相和谐,过高或过低的标准都很难奏效。

(4) 选样组织价值观要坚持群众路线,充分发挥群众的创造精神,认真听取群众的各种意见,并经过自上而下和自下而上的多次反复,审慎地筛选出既符合本组织特点又反映员工心态的组织价值观和组织文化模式。

(二) 强化员工认同

选择和确立了组织价值观和组织文化模式之后,就应把基本认可的方案通过一定的强化灌输使其深入人心。

1. 大力宣传

充分利用一切宣传工具和手段,大张旗鼓地宣传组织文化的内容和要求,使之家喻户晓,人人皆知,以创造浓厚的环境氛围。

2. 树立榜样人物

典型榜样是组织精神和组织文化的人格化身与形象缩影,能够以其特有的感染力、影响力和号召力为组织成员提供可以仿效的具体榜样,而组织成员也正是从英雄人物和典型榜样的精神风貌、价值追求、工作态度和言行表现之中深刻理解到组织文化的实质和意义。尤其是组织发展的关键时刻,组织成员总是以榜样人物的言行为尺度来决定自己的行为导向。

3. 培训教育

有目的的培训与教育,能够使组织成员系统接受和强化认同组织所倡导的组织精神和组织文化。但是,培训教育的形式可以多种多样,当前,在健康有益的娱乐活动中恰如其分地融入组织文化的基本内容和价值准则,往往不失为一种有效的方法。

(三) 提炼定格

1. 精心分析

在经过群众性的初步认同实践之后,应当将反馈回来的意见加以剖析和评价,详细分析和仔细比较实践结果与规划方案的差距,必要时可吸收有关专家和员工的合理化意见。

2. 全面归纳

在系统分析的基础上,进行综合的整理、归纳、总结和反思,采取去粗取精、去伪存真、由此及彼、由表及里的方法,删除落后的、不为员工所认可的内容与形式,保留进步的、卓有成效的、为广大员工所接受的内容与形式。

3. 精练定格

把经过科学论证的和实践检验的组织精神、组织价值观、组织文化,予以条理化、完善化、格式化,加以必要的理论加工和文字处理,用精练的语言表述出来。建构完善的组织文化需要经过一定的时间过程。因此,充分的时间、广泛的发动、认真的提炼、严肃的定格是创建优秀的组织文化所不可缺少的。

(四) 巩固落实

1. 建立必要的制度

在组织文化演变为全体员工的习惯行为之前,要使每一位成员都能自觉主动地按照组织文化和组织精神的标准去行事,几乎是不可能的。即使在组织文化已经成熟的组织中,个别成员背离组织宗旨的行为也会经常发生。因此,建立某种奖优罚劣的规章制度是十分必要的。

例如,就连具有高度文明和自律精神的新加坡,也少不了近乎苛刻的处罚制度。

2. 领导率先垂范

组织领导者在塑造组织文化的过程中起着决定性的作用,他本人的模范行为就是一种无声的号召和导向,会对广大员工产生强大的示范效应。所以任何一个组织如果没有组织领导者的以身作则,要想培育和巩固优秀的组织文化是非常困难的。这就要求组织领导者观念更新、作风正派、率先垂范,真正肩负起带领组织成员共建优秀组织文化的历史重任。

(五)丰富发展

任何一种组织文化都是特定历史的产物,所以当组织的内外条件发生变化时,需要不失时机地调整、更新、丰富和发展组织文化的内容和形式。这既是一个不断淘汰旧文化性质和不断生成新文化特质的过程,也是一个认识与实践不断深化的过程,组织文化由此经过循环往复达到更高的层次。

第四节 管理信息

管理信息与管理道德、社会责任和组织文化构成了管理的前提。

管理的本质——决策,以及管理的各项职能——计划、组织、领导、控制,都需要一定数量和质量的管理信息作为依据和前提。管理信息的获取、处理、维持及分配是管理的一项基础性工作。

一、管理信息的定义

1. 信息的定义

信息在不同的学科中有不同的定义。在管理学科中,通常把信息定义为数据经过加工处理后得到的结果。为了准确理解信息的这一定义,需要比较信息和数据。

信息和数据是两个既有密切联系又有重要区别的概念。数据是记录客观事物的性质、形态和数量特征的抽象符号,如文字、数字、图形和曲线等。数据不能直接为管理者所用,因为其确切含义往往不明显。信息由数据生成,是数据经过加工处理后得到的,如报表、账册和图纸等。信息被用来反映客观事物的规律,从而为管理工作提供依据。

为了更好地理解信息和数据之间的联系和区别,我们举一个例子。会计做账时,要有各种发票和单据,这些发票和单据对会计来说就是原始数据,会计要对这些数据进行分类登记、汇总和其他的加工处理,制成满足不同需要的账册、报表和分析资料,这些就是对管理者有用的信息。

2. 管理信息的定义

管理信息是指那些以文字、数据、图表、音像等形式描述的,能够反映组织各种业务活动在空间上的分布状况和时间上的变化程度,并能给组织的管理决策和管理目标的实现有参考价值的数据、情报资料。管理信息是专门为某种管理目的和管理活动服务的信息。

二、管理信息的基本要求

无论对管理者来说，还是从管理控制工作职能的角度来看，对管理信息具有以下基本要求。

1. 管理信息的准确性

即信息必须真实、客观地反映实际情况。虚假的信息往往对组织决策者产生误导，使其做出错误的判断和决策，从而给组织造成损害。

2. 管理信息的及时性

信息具有时间价值，在管理活动中，信息的加工、检索和传递一定要快，只有这样，才能使管理者不失时机地对生产经营活动做出反应和决策。如果信息不能及时地提供给各级主管人员及相关人员，就会失去信息支持决策的作用，甚至有可能给组织带来巨大损失。

3. 管理信息的可靠性

信息的可靠性除与信息的精确程度有关外，还与信息的完整性成正比关系。完整性是指管理信息的收集和加工不仅应全面、系统，而且应具有连续性。企业的生产经营活动是一个复杂的系统，而从外部影响企业经营的环境因素又是众多的，因而，企业必须全面收集反映企业各方面的信息，才能保证统一地指挥、协调、控制企业内部的活动，才能使企业适应外部环境的要求。同时，客观世界是永恒变化的，其发出的信息也是连续不断变化的，因而只有对这些不断变更的信息进行连续的收集和加工，才能正确地把握事情的本质，从而为主管人员的决策提供可靠的依据。

4. 管理信息的适用性

管理控制工作需要的是适用的信息。由于不同的管理职能部门，其工作业务性质和范围不同，因而其对信息的种类、范围、内容等方面的要求是各不相同的，因此，信息的收集和加工处理应有一定的目的性和针对性，应当是有计划的收集和加工。

三、管理信息的特性

1. 有效性

有效性是管理信息的首要特征，它对于管理目的和管理活动的需要必须有效，对管理过程中的调查预测、计划目标、战略决策、组织结构、人员配备、监督控制等都要有用，包括信息的时间上要及时，数量上要适当，质量上要准确，内容上要适用。有效性也是信息的中心价值，如果信息在时间上不及时、数量上不足够、质量上不准确、内容上不适用的话，那么这种信息不仅无益，反而有害。

2. 共享性

共享性就是通常所说的资源共享的重要内容。从管理信息角度来说，它的共享性主要表现在不同领域、不同层次、不同部门、不同单位往往都可共同使用某种信息资源。正确认识和顺应这一特征，对于建立管理信息系统并发挥其重要作用具有重要的意义，也可充分发挥信息的共同作用,避免在信息的收集、加工、传输、储存等方面的重复劳动,在现代社会中,信息资源的国际共享,互联网的建立,信息高速公路的诞生,使信息的共享性达到前所未有的程度。

3. 等级性

信息虽然具有共享性和有效性,但是管理信息又是分级的,同时处在不同级的管理者对同一事物所需要的信息也不同,就是同一单位不同层次的管理者对信息的需要也有明显差异。从信息需要的重要性上可分为战略级、战术级和作业级。战略级主要指高层管理者需要的关系到全局和长期利益的信息,例如,决定医院的新建、改建、扩建或停止等。战术级为部门负责人需要的关系局部和中期利益的信息,例如,医务处(科)、护理部对每月业务工作情况的计划和运行情况结果比较分析、控制质量标准等。作业级是关系基层业务的信息,例如医院每天门急诊和住院人次及各种统计数据、考勤等。

4. 不完全性

对于某种客观事实的真实情况往往是不可能完全得到的,数据的收集或信息的转换与主观思路关系甚大,所以只有舍弃无用的和次要的信息才能正确地使用信息,这也就是信息的综合性。管理者必须全面地收集信息并进行综合分析、加工,才能充分认识和考虑各种内外因素引起的积极的或消极的影响程度,才能保证信息在决策、计划、控制等科学管理上发挥重要作用,做到统筹兼顾、综合平衡、协调发展。

5. 经济性

所谓信息的经济性就是信息同样存在着投入产出的问题,对于信息的投入是必要的,但也要重视费用效益的分析,要求花费成本尽可能少而获取的信息数量和价格量尽可能大,这就要求管理者既要重视对信息部门的经济投入,强调它们对于管理的重要性,健全信息管理组织和人员配备,又要注意信息的经济性和实用性。

6. 滞后性

信息是由数据转换而来的,因此它不可避免地落后于数据,而且信息的使用价值必须经过转换才能得到,这种转换也必须从数据到信息再到决策,最后取得效果,它们在时间关系上是,从前一个状态转换为后一个状态的时间间隔总不会是零,这就是信息的滞后性。同时又由于信息是有寿命的,许多信息的寿命衰老很快,因此要重视及时转换,否则信息难以转换,不转换就会失去信息的价值。

四、管理信息的重要作用

有些单位对信息的收集比较完善,但信息资源却没有得到充分利用,没有为经济管理发挥应有的作用,这是非常可惜的。因此,强调管理信息的作用,开发信息资源,非常必要。管理信息的重要作用主要表现在以下方面。

1. 管理信息具有重要的心理作用

在管理实践中,管理信息能够发挥重大的心理作用。有经验的管理成功人士都知道,员工的士气能够产生巨大的力量,促使组织成员鼓足干劲、努力地工作以完成组织的目标或帮助组织走出困境。如何提高员工士气,方法有很多。其中之一就是恰当地向员工发布各类信息,搞好宣传工作,这就是管理信息的心理作用。例如,在管理实践中,有的企业定期将企业技术进步和销售额增长的指标向员工公布,以鼓舞大家的工作热情;将员工在完成产量和成本指标方面的情况及奖惩结果定期公布,以落实责任制,激励先进者,鞭策后者;有时企业也把企业的经营困境状况告诉全体员工,以统一认识,增强员工的危机感,促使其将自己与企业的命运联系起来,主动地努力工作。

2. 管理信息是进行预测的基础

预测是对未来环境进行估计。它是根据调查研究所获得的客观事物过去和现在的各种信息资料,运用科学的预测方法和预测模型,对事物未来一定时期内的发展方向所做出的判断和推测。可见,预测是以掌握信息为基础的,要做出科学的预测,除了要有科学的预测方法之外,充分拥有信息资料是基本的前提。管理信息的预测作用对于管理来说是相当重要的,没有预见就没有科学的管理,管理者必须充分发挥信息的预测作用。

3. 管理信息的流动是进行管理控制的基本手段

管理的本质在于处理信息,管理的艺术在于驾驭信息。在企业的生产经营活动中,总是贯穿着物流和信息流,信息流伴随着物流同时流动,并反作用物流,控制着其流动过程。管理者正是通过驾驭信息流来控制物流,进而达到管理和控制生产经营活动过程的目的,以实现企业或组织的目标。在现代的管理活动中,无论采用哪种方法进行控制,都必须做到两点:①系统要力图保持自身稳定于某种状态之中,当发生偏离时,系统首先应能及时察觉,并采取必要的纠正措施,以使系统的活动趋于相对稳定,这称为"维持现状;"②系统要力图使自己从某种现存状态过渡到某种期望的状态,即在某些情况下,组织内外环境发生变化,从而对组织提出新的要求,主管人员应当改革和创新,开拓新局面。这时,就应当对原有的计划进行修订,确定新的现实目标,并采取措施突破现状,达到新计划的期望状态,这称为"突破现状。"在以上两种情况下,信息都起着非常重要的作用。

★ 复习思考题

1. 什么是道德和管理道德?怎样理解道德发展阶段论?
2. 管理道德一般包括哪些内容?具有哪些特点?
3. 影响管理道德的因素有哪些?如何强化管理道德的培育?
4. 简述企业管理道德失衡的具体表现及形成原因。
5. 何谓社会责任?一般来说,企业的社会责任具体表现在哪些方面?
6. 讨论两种不同的社会责任观对企业和社会的影响。
7. 什么是组织文化?其特点是什么?
8. 组织文化的内容是什么?
9. 组织文化的结构和功能是什么?
10. 何谓管理信息?对管理信息有哪些要求?
11. 管理信息具有哪些基本特征?其重要作用有哪些?

第四章 管理决策

【学习目标】
了解：决策的定义、分类；决策的影响因素。
理解：决策的基本过程。
掌握：决策的作用、原则；正确决策的基本要求、决策的定性方法与定量方法。
运用：联系实际运用决策的原则和要求；联系实际运用量本利分析法、决策树法解决决策问题。

第一节 决策概述

决策是管理的本质和核心，管理的各项职能——计划、组织、领导和控制都离不开决策。可以认为，整个管理过程都是围绕着决策的制定和组织实施而展开的。

对于企业的主管人员来说，决策是最重要、最困难的、最花费精力和最冒风险的事情。因此，近年来决策活动引起了管理学家、心理学家、社会学家以至数学家和计算机科学家们的极大关注，成为一门独立研究领域，形成决策科学。

在管理的四项职能中，几乎都会遇到决策问题，也就是说，决策并不只限于计划工作。

一、决策概述

（一）决策的定义

关于决策的定义，不同的学者看法不同。

本书认为，决策是指为了实现组织确定的目标，运用一定的科学理论方法，在对组织内外部环境影响因素进行充分、全面、系统分析的基础上，提出若干预选方案，并评价各种备选方案，从中选择出作为员工行动纲领的最满意方案。

简单说，决策是为了达到一定的目标，从两个或两个以上的备选方案中选择一个的过程。

（二）正确决策的基本要求

科学的决策应该具有目的性、可行性、选择性、满意性和动态性等特点，应该通过认真的研究，实事求是地分析，去粗取精，去伪存真，由此及彼，由表及里，把握住事物的变化规律，从而做出合理、可行的判断。为了保证决策的正确和合理，对决策有以下基本要求。

1. 决策的前提：抓住问题的要害，明确决策的目标

决策过程的第一阶段，首先要求找出关键性问题和问题的要害。要找出为什么对这个问题而不是其他问题进行决策的理由。如果找不到关键问题或者抓不住问题的主要方面，就解决不了问题，那么所做的各种决策就不可能是合理的、让人满意的。

此外，决策是为实现组织的某一目标而开展的管理活动，没有目标就无从决策，没有问题则无须决策。决策的目标可以是一个，也可以是相互关联的几个形成的一组。实践证明，失败的决策，往往是由于决策目标不正确或者不明确。决策者犹豫不决，通常也是由于目标很模糊或者设立得不合理。

因此，在决策前，要解决的问题必须十分明确，要达到的目标必须具体，可衡量、可检验。

2. 决策的条件：至少有两个以上的可行方案

决策过程的第二阶段强调要找到几个可能的行动方案。决策的基本含义是在多个可行方案中选择最优方案，"多方案抉择"是科学决策的重要原则。如果只有一种方案，就没有选择余地，那么就无从判断方案的优劣，更谈不上"最优"了。

拟定多个可行方案的过程，实际上是一个创新的过程。每个可行的方案都必须满足下列条件：第一，能够实现预期目标；第二，各种影响因素都能够定性或者定量地分析；第三，不可控因素的发生概率能够大致估计出来。

在制定可行方案时，要注意穷尽所有可能的方案，并保证各个方案之间是相互排斥的，也就是说，可行方案本身要尽量相互独立，不要相互包含。

3. 决策的结果：选择一个合理满意方案

决策过程的第三个阶段是对各个可行方案进行评价和抉择。每一个可行方案，都会对目标的实现产生积极的作用和影响，同时也有消极的作用和影响。因此，必须对每一个方案的可行性进行分析研究。可行性研究是决策的重要环节。决策方案除了在技术和经济上必须可行之外，还必须考虑社会、政治、文化等方面的因素，使决策的负面作用减少到可以接纳的范围内。通过可行性分析，确定出每个方案的经济效益和社会效益以及可能带来的潜在问题，进而比较各个方案的优劣，从中选择最优方案。

进行方案的选择时，往往会遇到多个目标相互冲突所产生的困难，也即"鱼和熊掌不能兼得"。然而现实中，"鱼和熊掌兼得"的例子比比皆是，而这也正是人们真正想要实现的目标。为了解决目标决策的困难，通常的方法是根据目标的相对重要性排出先后顺序，然后经过加权求和的方式将其综合为一个目标；或者将一些次要目标看作主要目标决策的限制条件，从而以最优化该主要目标为原则来选择方案。

科学决策理论认为，追求最优方案既不经济又不现实。因此，科学决策要遵循"满意原则"，即追求的是诸多方案中，在现实条件下，能够使主要目标得以实现，其他次要目标也足够好的可行方案。

4. 决策的重点：方案的比较分析

决策过程实际上是一个选择的过程，选择性是决策的重要特征之一。每个可行方案都具有独特的优点，也隐含着缺陷，因此，必须对每个备选方案进行综合分析与评价，确定每一个方案对目标的贡献程度和可能带来的潜在问题，以明确每一个方案的利弊。而通过对各个方案之间的相互比较，可明晰各方案之间的优劣，为方案选择奠定基础。

5. 决策的实质：主观判断过程

决策是人做出的，所以必然受到人的主观意志的影响。决策有一定的程序和规则，但它又受诸多价值观念和决策者经验的影响。在分析判断时，参与决策人员的价值判断、经验会影响决策目标的确定、备选方案的提出、方案优劣的判断及满意方案的抉择。因此，决策从本质上而言，是管理者基于客观事实的主观判断过程。

正因为决策是一个主观判断的过程，因此对于同一个问题，不同的人有不同的决策选择结果是正常现象。尽管如此，在管理实践中，还是要求管理者能够在听取各方面不同意见的基础上，根据自己的判断做出正确的选择。

（三）决策在管理中的地位和作用

决策是管理者从事管理工作的基础，在管理活动中具有重要的地位和作用。

1. 决策贯穿于管理过程始终

西蒙认为，管理就是决策。决策是管理者经常要进行的工作，管理者的主要意图需要通过决策来实现，决策贯穿于组织的各项管理活动中。如表 4-1 所示，从目标的确定、资源的分配、组织机构的建立、人员的招聘及对下属的奖惩、纠偏措施的实施等，都需要管理者做出决策。

表 4-1 决策贯穿于管理各职能

计 划	组 织
什么是组织的长远目标？	需要招聘多少人员？
采取什么策略来实现组织目标？	工作如何分配？
组织的短期目标应该是什么？	权力如何分配？
组织资源如何配置？	采取何种组织形式？
领 导	控 制
如何对待积极性不高的员工？	组织中哪些活动需要控制？
在一定环境中采用何种领导方式为好？	如何控制这些活动？
如何解决所出现的纷争？	偏差多大时才采取纠偏措施？
如何贯彻某项新措施？	出现重大失误时怎么办？

2. 决策正确与否直接关系到组织的生存与发展

组织的兴衰存亡常常取决于管理者特别是高层管理者的决策正确与否。长期以来，决策是以个人的知识、智慧和经验判断为基础的，这对于一些情况简单、容易掌握和判断的问题尚可应付，即使失误了影响也不大，易于扭转。但在现代，管理者所面临的许多复杂问题，已经远远不是经验决策所能解决。很多问题都涉及巨额的投资、各方面利益的平衡及众多关系的处理，需要运用多学科的知识审慎判断；而竞争的加剧又需要反应灵敏、及时决策。这就要求决策必须科学化，并努力提高决策的正确率。

3. 决策能力是衡量管理者水平高低的重要标志

决策是一项创造性的思维活动，体现了高度的科学性和艺术性。有效的决策取决于三个方面：一是具有有关决策原理、概念和方法等知识；二是具有收集、分析、评价信息和选择方案的娴熟技能；三是具备经受风险和承担决策中某些不确定因素的心理素质。由于管理者所面临的问题常常涉及众多的因素，错综复杂，因此需要管理者具有多方面的才能方可做出正确的决策,加上决策在管理中的重要作用,决策能力便成为衡量管理者水平高低的重要标志。

(四)决策与组织绩效

一个好的决策会选择出恰当的目标和行动方案,促进组织绩效的提高,不好的决策则会导致差的组织绩效。管理者需要不断寻找改善其决策水平的方法,以提高组织绩效;同时,他们要确保不犯严重的决策错误。

经典的成功决策案例包括利兹·克莱本在20世纪80年代做出的为加入劳动大军的女性生产服装的决策。这一决策使她的公司成为最大的服装生产企业之一。另一个是由比尔·盖茨做出的决策——他花费5万美元从西雅图的一家小公司购买了一套计算机操作系统,然后把它卖给了IBM,用于新一代的IBM个人计算机,这一决策促成了盖茨和微软一度成为美国最富有的人和最富有的计算机软件公司。

经典的决策失败案例则包括美国国家航空航天局做出的发射"挑战者号"航天飞机的决策,这一决策导致了1986年7位宇航员的丧生。另一个失败案例是数字设备公司的创建人肯·奥尔森在20世纪80年代做出的继续留在大型市场,而不允许公司的工程师们研制个人计算机的决策。因为他坚信"个人计算机只是小孩的玩具"。这一错误的决策使肯·奥尔森失掉了CEO的职位,并差一点毁掉公司。

二、决策的原则和依据

(一)决策的原则

决策的原则是指决策所必须遵循的指导原理和行为准则。它是科学决策指导思想的反映,也是决策实践经验的概括。决策原则具体有满意原则、分级原则、集体决策与个人决策相结合原则及整体效用原则。

1. 满意原则

满意原则是针对最优化原则提出来的。"最优化"的理论假设是把决策者作为完全理性的人,决策是以绝对理性为指导,按照最优化准则行事的结果。对决策者来说,要想使决策达到最优,首先要能够获得有关的全部信息;其次,能够真实了解全部信息的价值,并据此制定所有可能的方案;最后,能够准确预期到每个方案在未来的执行结果。

但在现实中,上述这些条件往往得不到满足。具体来说,一是组织内外存在的事物对组织都会直接或间接地产生影响,但决策者很难完全搜集到这些信息;二是对于搜集到的有限信息,决策者的利用能力也是有限的,从而决策者只能制定数量有限的方案;三是任何方案都要在未来实施,而人们对未来的认识是不全面的,对未来的影响也是有限的,从而决策所预测的未来状况可能与实际状况有出入。现实中的上述状况决定了决策者难以做出最优决策,而只能做出相对满意的决策。

我们讲的"满意"决策,就是能够满足合理目标要求的决策。具体包括以下内容。

(1)决策目标追求的不是使企业及其期望值达到理想的完善,而是使它们能够得到切实的改善,实力得到增强。

(2)决策备选方案不是越多越好、越复杂越好,而是要达到能够满足分析对比和实现决策目标的要求,能够较好地抓住外部环境提供的机会,并能较好地利用内部资源。

（3）决策方案选择不是避免一切风险，而是对可实现决策目标的方案进行权衡，做到"两利相权取其重"、"两弊相衡取其轻"。

2. 分级原则

决策在组织内分级进行，是组织业务活动的客观要求，主要原因如下。

（1）组织需要的决策一般都非常广泛、复杂，是高层管理者难以全部胜任的，必须按其难度和重要程度分级决策。

（2）组织管理的重要原则是责权对等、分权管理。实现分级决策，把部分重复进行的、程序化的决策权下放给下属，有利于分权管理。所以说，分级决策是分权管理的核心。

（3）组织都建立有领导制度和层级管理机构。而领导制度和层级管理机构的有效运行，必须遵循一定的规则，其中包括确定决策机构的具体形式、明确决策机构同执行机构之间的关系，等等。这些规则的建立和运行也要以决策的分级原则为基础。

当然，无论决策分几级进行，在每一级中都只能有一个决策机构，以免政出多门，令人无所适从。

3. 集体决策与个人决策相结合原则

（1）决策既要充分利用机会，减少风险，又要有人敢于负责，能够抓住机遇，当机立断。否则，就会错失良机。因此，既不能事事集体决策，大家参与；又不能事事个人决策，一人拍板。要坚持集体决策与个人决策相结合的原则。根据决策事务的轻重缓急，对那些带有战略性、非程序化的、非确定性的有关组织全局的决策等，实行集体决策，其他的应酌情选个人决策或集体决策。

（2）决策作为决策者的意志反映，由少数人进行，意见最易统一；而决策得到顺利实施，就需要有较多的人参与，反映各方面人士的意见，把不同看法、意见、分歧解决在决策过程之中。因此，组织在建立决策体系时，应注意发挥个人的主动性和集体的积极性，把决策的制定和执行紧密地衔接起来。

决策要有效地进行，必须做到科学化和民主化，实事求是地按客观规律办事。无论是集体决策，还是个人决策，都要建立在广泛的民主基础之上，在民主的基础上实行集中，这是提高决策质量的保证。从这一意义上讲，集体与个人相结合的原则，反映了决策科学化和民主化的客观要求。

4. 整体效用原则

组织作为独立个体，它内部有许多单元。这些单元与组织之间存在着局部和整体的关系。组织作为社会的一环，又是社会的一个单元，同社会存在着局部与整体的关系。局部与整体，无论在组织内部，还是在社会内部，利益并不总是一致的。因此，决策者在做决策时，应正确处理组织内部各个单元之间、组织与社会、组织与其他组织之间的关系，在充分考虑局部利益的基础上，要把提高整体效益放在首位，实现决策方案的整体满意。

（二）决策的依据

信息的数量和质量直接影响着决策的水平。这要求管理者在决策之前以及决策过程中，应尽可能地通过多种渠道搜集信息，作为决策的依据。但这并不是说管理者要不计成本地搜集各方面的信息。管理者在决定搜集什么样的信息、搜集多少信息以及从何处搜集信息等问题，要进行成本——收益分析。只有在所搜集的信息带来的收益超过因此而付出的成本时，才应该搜集信息。

所以说,适量的、高质量的信息是决策的依据,信息量过大固然有助于决策水平的提高,但对组织而言可能不经济,而信息量过少则使管理者无从决策或导致决策达不到应有的效果。

三、决策的影响因素

(一)环境

环境对组织决策的影响是不言而喻的,这种影响来自以下两方面。

(1)环境特点首先影响组织活动的选择。例如,在一个相对稳定的市场环境中,企业的决策相对简单,大多数决策都可以在过去决策的基础上做出;如果市场环境复杂,变化频繁,那么企业就可能要经常面对许多非程序性的、过去所没有遇到过的问题,需对经营方向和内容经常进行调整。

(2)管理者对环境的习惯反应模式也影响着组织的活动选择。即使在相同的环境背景下,不同的管理者可能做出不同的反应。而这种调整组织与环境之间关系的模式一旦形成,就会趋向固定,影响着组织对行动方案的选择。

(二)过去决策

"非零起点"是一切决策的基本特点。因此,当前的决策不可能不受过去决策的影响。在大多数情况下,组织决策绝不是在一张白纸上进行初始决策,而是对初始决策的完善、调整或者是改革。组织过去的决策是当前决策的起点;过去选择的方案的实施,不仅伴随着人力、物力、财力等资源的消耗,而且伴随着内部状况的改善,带来了对外部环境的影响。过去决策对目前决策的制约程度,主要由过去决策与现任决策者的关系决定。如果过去的决策是由现任的决策者制定的,由于决策者通常要对自己的选择及其后果负责,也为了保证决策的连续性,因此决策者一般不愿对组织的活动进行重大的调整,而趋向于仍将大部分资源投入到过去未完成的方案执行中。相反,如果现在的主要决策者与组织过去的重大决策没有很深的渊源关系,则会易于接受重大改变。

(三)决策者对风险的态度

决策是人们确定未来活动的方向、内容和行动的目标,由于人们对未来的认识能力有限,目前预测的未来状况与未来的实际情况不可能完全相符,因此做任何决策都必须冒一定程度的风险。风险指的是一种不确定性。人们对待风险的态度是不同的,愿意承担风险的组织和决策者,通常会在被迫对环境做出反应以前就已采取进攻性的行动;而不愿承担风险的组织和决策者,通常只对环境做出被动的反应。愿冒风险的组织和决策者经常进行新的探索,而不愿承担风险的组织和决策者,其活动则要受到过去决策的严重限制。因此决策者的风险偏好对决策的选择就会产生直接的影响。

(四)组织文化

组织文化制约着组织及其成员的行为以及行为方式。在偏向保守与怀旧的组织中,人们总是根据过去的标准来判断现在的决策,总是担心在变化中会失去什么,从而对将要发生的变化产生怀疑、害怕和抵抗的心理与行为;相反,在具有开拓、创新气氛的组织中,人们总是以发展的眼光来分析决策的合理性,总是希望在可能产生的变化中得到什么,因此渴望变化、欢迎变化、支持变化。显然,欢迎变化的组织文化有利于新决策的实施,而抵御变化的组织文化则可能给任何新决策的实施带来灾难性的影响。在后一种情况下,为了有效实施新的决策,必须首先通过大量工作来改变组织成员的态度,建立一种有利于变化的组织文化。因此,决策方案的选择不能不考虑到为改变现有组织文化而必须付出的时间和费用的代价。

第二节 决策类型

组织决策涉及面广、层次多,几乎每个部门、每个层次的管理者都要面临决策问题。不同问题的决策需用不同的方法和技术,由不同的决策者去承担。因此,进行决策分类有利于不同的决策者从不同的层面和侧重点来把握决策问题的特征,采取相应的方法来科学决策。决策可按如下不同的要求分类。

(一)按照决策的时间长短分类

按照决策的时间长短可将决策分为中、长期决策与短期决策。

1. 中、长期决策

中、长期决策又称中、长期战略性决策,是指在较长时间内,一般为3～5年,甚至于15～20年才能实现的决策,主要是涉及组织今后发展方向的长远性、全局性的重大决策,如投资方向的选择、人力资源的开发和组织规模的确定等。

2. 短期决策

短期决策又称短期战术决策,是指1年以内或更短时间内实现的决策,一般是为实现长期战略目标而采取的短期策略手段,如企业产品营销、物资储备以及生产中资源配置等。

(二)按照决策的作用范围分类

依据决策的作用范围和重要程度,决策可分为战略决策、管理决策和业务决策三种。

1. 战略决策

战略决策是关系到企业全局重大问题的决策,如企业的发展方向、经营方针、产品开发等。由于此类决策事关企业的生存和发展,一般由企业最高管理层进行决策。战略决策又分为总体战略决策和职能战略决策。战略决策主要是为了适应外部环境的变化而采取的对策,以谋求长期发展。战略决策影响的时间长,所以风险也大。

2. 管理决策

管理决策又称战术决策,是为了实施战略决策而制定的具体战术,如企业计划的制订、资金的安排、生产计划的落实、设备的更新等方面的决策,一般由组织的部门经理等中层管理者做出。

3. 业务决策

业务决策又称日常管理决策,是指企业日常活动中有关业务的决策。业务决策的目标主要是提高活动效率,保证管理决策的顺利实施,如库存量的决策、生产批量的决策等,此类决策一般由基层管理者进行。

（三）按照决策的性质分类

西蒙根据决策的性质，将决策分为程序化决策和非程序化决策。

1. 程序化决策

程序化决策又可称规范性决策或常规决策，是指经常出现的、有章可循的决策。它有相对稳定的决策结构，决策主体可以凭借经验或建立的程序，重复使用，因而可以广泛地应用运筹学和电子计算机设施等手段。

2. 非程序化决策

非程序化决策又称非规范或非常规决策，是指新出现的具有大量不确定因素，缺乏可靠的数据、资料，无常规可循，必须进行特殊处理的决策。国外有人称之为不良结构决策，因为它具有极大的偶然性与随机性，所包含的风险较大，要求决策主体充分发挥创造性，依靠智囊团和自身丰富的知识和经验与高超的经营艺术，来做出科学的决策。

（四）按照决策条件（或称自然状态）的可控程度分类

按决策条件（或称自然状态）的可控程度不同，决策可分为确定性决策、风险性决策、不确定性决策。所谓自然状态，是指决策面临的未来环境和条件。

1. 确定型决策

确定性决策面临的是一种比较确定的自然状态，可选方案的预期结果是相对明确的，因而方案之间的比较和择优是不难做到的。

2. 风险型决策

风险性决策面临的是多种可能的自然状态，可选方案在不同自然状态下的结果不同，未来会出现哪一种自然状态，决策者事前虽难以肯定，但却可以预测其出现的概率。

3. 不确定型决策

不确定型决策面临的是可能会出现的自然状态和可选方案所带来的结果不能作出预计的决策。它主要是凭决策者的主观意志和经验来决策，因而，不同的决策者，对同一个问题可能有完全不同的方案选择。由于不定因素更多，决策风险就会更大。

（五）按照决策的主体分类

按照决策的主体不同，决策可分为集体决策与个人决策。两者的区别在于决策主体的不同。集体决策的主体是多个人，而个人决策则由单个人做出。

相对于个人决策，集体决策的优点是：①能更大范围地汇总信息；②能拟定更多的备选方案；③能得到更多的认同；④能更好地沟通；⑤能做出更好的决策等。集体决策的缺点如花费较多的时间、产生"从众现象"以及责任不明等。

（六）按照决策的使用方法分类

按照决策目标和方法的不同，可分为定量决策和定性决策两类。

定量决策又称非计量决策。它是指决策目标有明确的数量标准，并可用数学模型进行的决策。

定性决策是指决策目标难以量化，主要依赖决策者的经验进行判断的决策。

（七）按照拟订决策的层次分类

根据拟订决策层次的不同，可分为高层决策、中层决策和基层决策。

1. 高层决策

高层决策是指组织中最高管理人员（CEO、厂长、经理）所做出的决策。

它所要解决的是组织全局性的和长期性的以及与外界环境相关的重大决策问题，大部分属于战略决策、战术决策，极少数属于日常业务决策。

2. 中层决策

中层决策是由组织的中层管理人员所进行的决策。它所涉及的问题多属于安排组织一定时期的生产经营任务，或者是为了解决一些重要问题而采取一些必要措施的决策。一般属于战术决策和部分业务决策，有时也参与制订某些战略决策。

3. 基层决策

基层决策是指组织内由基层管理人员所进行的决策。它主要解决作业任务中的问题。主要包括两方面的内容：一方面是经常性的作业安排，例如，每天每个作业组织的任务安排等；另一方面是生产经营活动中偶然要解决的问题，例如，生产设备发生故障等，这类决策问题技术性较强，要求及时解决，不能拖延时间。以上三个层次所进行的决策范围如图4-1所示。

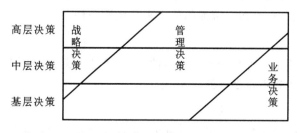

图 4-1　不同层次的决策

第三节　决策过程

典型的决策制订的过程包括以下七个步骤，如图4-2所示。

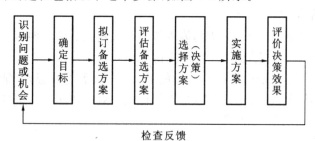

图 4-2　决策制定的过程

一、识别问题或机会

管理者在日常工作中要对来自组织内部及外部环境中的大量信息进行监控，从中筛选出与其工作责任范围相关的信息。管理者试图通过对这些信息的分析,发现来自外部环境中的威胁和可能被本组织利用的机会,以及组织中正在发生的不平衡状态。一旦发现了这些威胁、机会或不平衡状态,管理者要判断是否有必要采取行动,使组织内部恢复平衡,或避免即将到来的威胁,或努力使环境机会转变为本组织的机会。

（一）识别问题

一切决策都是从问题开始的。所谓问题,就是现实状态与期望状态之间的差异。期望状态又是什么呢？①可以是组织过去的绩效;②组织预先设置的目标;③组织中其他一些单位的绩效或是其他组织中类似单位的绩效。决策者要在全面调查研究、系统收集环境信息的基础上发现差距,确认问题,并抓住问题的要害。

（二）抓住机会

导致必须决策的问题是各种各样的,可以是消极的,也可以是积极的。消极的问题,例如,生产设备突然发生故障,管理者必须决定是进行修理还是更新;积极的问题,例如,管理者经过深思熟虑,为了改善本企业的竞争地位而做出的开发新产品的决策。换言之,这里有待进行决策的"问题",实际上是一种"机会",而不是前一种消极意义上的"麻烦"。决策者抓住机会做出的决策往往能使组织产生一次巨大飞跃。

二、确定目标

一旦决定要采取某些行动,还必须对行动所要达到的效果提出明确的要求,这也就是说要明确决策的目标,包括数量和质量方面的目标。决策目标是制订和实施决策的基础,确定的目标只有含义明确、内容具体,才能对控制和实施决策起到指导和依据作用。明确决策目标,要注意以下几点。

（一）决策目标应有明确的内涵

例如,提高经济效益的目标,必须明确具体内容是指什么,是销售额还是利润,是资金周转还是费用水平。

（二）要明确决策目标是否有附加条件

企业管理中的目标基本上是有条件的。因此,在明确目标时,必须严格明确规定约束条件。例如,要求产品的花色增加10%,同时要求保持原有的产品结构,并且不得降低资金周转速度和减少利润。后两者就是附加条件。

（三）要明确衡量目标实现的具体标准

（1）对决策目标预定达到的要求应当有具体的衡量标准,以便为拟订方案提供参考依据,同时作为检查决策执行结果的尺度。

（2）无论决策目标的内容及性质如何,其衡量标准都应尽量做到量化,以利于监督、控制和检查评价。

（四）要区分目标的重要程度和主次顺序

管理决策常常面临多目标的情况,尤其是战略决策,所提出的问题经常需要达到两个或两个以上的目标,问题的解决也有赖于同时满足这些目标的要求。

因此，必须根据重要性将目标区分为必须达到的目标和希望达到的目标。

可以说，在决策过程中实际重要的并不是对各种备选方案的选择，而是对决策目标的选择，因为决策目标是选择决策方案的依据。

（五）确定决策目标，要做到需要和可能的统一

确定决策目标，不仅应根据管理需要，还要考虑可能。主观愿望必须切合实际，才有可能实现。因此，只有将主观需要与客观条件提供的可能性结合起来，决策目标才更有利于实现决策的可行性原则。

三、拟订备选方案

决策的本质是对方案的选择，但选择的前提和基础是必须拟订出各种较高质量的能够解决问题或达到一定目标的备选方案。组织在某个特定时期想要解决的中心问题或达到的中心目标可能只有一个，但行动方案却可以有多个。这些可供选择的不同方案之间必须能够相互替代、相互排斥，但不能出现某个方案被其他方案包容的现象，被包容的方案在进入比较选择程序之前就必须被舍弃。

这一步骤就是要设计有价值的备选方案，即寻找达到目标的途径。通常是在充分研究有关信息数据的基础之上，运用智囊技术制订多种可供选择的、具有可行性的行动方案。这一步骤需要创造力和想象力，在提出备选方案时，管理者必须将试图达到的目标牢记在心，而且要提出尽可能多的方案。

在方案拟订过程中，应体现如下基本要求。

（一）方案应具有整体详尽性

所拟订的备选方案应包括所有可行方案。只有这样，才能为比较、评价和选择方案提供充分的余地，以保证最终选定方案的最优性。

（二）方案应具有相互排斥性和可比性

各方案的总体设计、主要措施和预设效果应有明显的区别，既不能让方案 A 的措施包括在方案 B 中，也不能使方案 A 成为方案 B 的实现途径。坚持相互排斥性的目的在于，比较选择时便于从若干备选方案中选择一个。如果各方案内容接近甚至相同，就失去了选择的意义。但是，在坚持相互排斥性的同时，各种备选方案之间又应当是可以比较的，如果没有可比性，同样会给选择带来不便。

四、评估备选方案

管理者在形成了一组备选方案后，就必须对每一种备选方案的优点及缺点进行评价，即以价值准则为尺度，对上述备选方案所可能产生的结果进行评价和估量，以确定最优的方案。良好评价的关键在于，在准备定义机会或威胁的基础上，确定出可能影响各备选方案选择的甄选标准。做出不良决策的原因之一就在于管理者没能确定出决策的关键标准。在这一步骤中，可建立各种备选方案的物理或数学模型，进行模拟或求解，并借助于可行性分析和决策技术等科学方法，使评估工作尽可能地客观和科学。有些时候，一些最差的管理决策之所以产生的根

源可以追溯到对于备选方案的不良评价上。一般而言,成功的决策者通常使用四个标准来对备选方案的正反两方面进行评价。

(一)合法性

管理者必须确保备选方案是合法的,不违反任何国内、国际法律。

(二)合乎伦理

管理者必须确保备选方案是合乎伦理道德的,不会对任何利益相关集团带来不必要的损害。有时,管理者做出的很多决策对于某些利益相关者是有利的,而对其他利益相关者则是有害的。在分析每一种备选方案的行动过程时,管理者对于其决策可能产生的影响应该相当清楚。

(三)经济可行性

管理者起码要具备评价每种方案的价值或相对优势/劣势的能力。在评估过程中,要使用预定的决策标准(如想要的质量)以及每种方案的预期成本、收益、不确定性和风险;最后对各种方案进行排序。例如,管理者会提出以下的问题:该方案的预期成本是多少?与该方案有关的不确定性和风险有多大?

(四)实用性

管理者必须确定他们是否拥有实施备选方案的资源和能力,并确保备选方案的实施不会影响其他组织目标的实现。

五、选择方案(决策)

比较备选方案的利弊得失,然后选择一个确定的为决策方案。决策方案不一定能对每个特定的指标都达到最佳,而只需决策目标的综合效果最佳。甚至,决策者考虑到实施方案所承受的风险程度,可以舍弃最佳决策方案而取风险程度较小的决策方案。由于上述原因,同时鉴于有些指标的不可度量和难以进行比较,决策者在方案选优时需要运用效用理论来权衡利弊。

1. 选择满意方案时有用的规则

使执行该方案过程中可能出现的问题数量减少到最少,而执行该方案对实现组织目标的贡献最大。从经济的角度上讲,就是力图用尽可能小的代价换取尽可能大的效果,从而实现最好的决策效益。

2. 决策者需要注意的事项

(1)统筹兼顾。尽可能保持组织与外部结合的连续性,充分利用组织现有的结构和人员条件。

(2)注意反对意见。反对意见不仅可以帮助决策者从多种角度去考虑问题,而且可以提醒决策者防范一些可能会出现的弊病。

(3)要有决断的魄力。在众说纷纭的情况下,决策者要在充分听取各种意见的基础上,根据自己对组织的理解和对形势判断权衡各方利弊,做出决断。

六、实施方案

方案的实施是决策过程中至关重要的一步。在方案选定以后,管理者就要制订实施方案的具体措施和步骤。一个优秀的决策者必须具备两种能力,既有决策的能力,又有化决策为有效行动的能力。具体应从以下几个方面做好组织实施方案工作。

(1) 做好方案实施的宣传与教育工作。
(2) 制订相应的具体措施,保证方案的正确实施。
(3) 确保与方案有关的各种指令能被所有有关人员充分接受和彻底了解。
(4) 应用目标管理方法,把决策目标层层分解,落实到每一个执行的单位和个人。
(5) 建立重要工作报告制度,以便及时了解方案进展情况,及时进行调整。

七、评价决策效果

一个方案实施可能需要较长的时间,在这段时间内,形势可能发生变,而初步分析是建立在对问题或机会的初步估计上的,因此管理者要不断对方案进行修改和完善,以适应变化了的形势。同时,连续性活动因涉及多阶段控制而需要做定期的分析。

由于组织内部条件和外部环境的不断变化,管理者要不断修正方案来减少或消除不确定性,定义新的情况,建立新的分析程序。具体来说,职能部门应对层次、各岗位履行职责情况进行检查和监督,及时掌握执行进度,检查有无偏离目标,及时将信息反馈给决策者。决策者则根据职能部门反馈的信息,及时追踪方案实施情况,对与既定目标发生部分偏离的,应采取有效措施,以保证既定目标的顺利实现;对客观情况已发生重大变化,原先目标已确定无法实现的,则要重新寻找问题或机会,确定新的目标,重新拟定可行的方案,并进行评估、选择和实施。

需要说明的是,管理者在以上各个步骤中都要受到本人的个性、态度、行为方式,伦理和价值观以及文化等诸多因素的影响。其中,个性、态度和行为都是行为决策理论所反复强调的。

第四节 决策方法

为了保证影响组织未来生存和发展的管理决策尽可能正确,必须利用科学的方法。决策方法可以分为两类:一类是定性决策方法;另一类是定量决策方法。前者注重于决策者本人的直觉,后者则是注重于决策问题各因素之间客观的数量关系。把决策方法分为两大类只是相对而言的。在具体使用中,两者不能截然分开。两者密切配合、相辅相成,已成为现代决策方法的一个发展趋势。

一、定性决策方法

定性决策方法又称为决策的软技术,它是指建立在心理学、社会学、创造学等社会科学的基础上的一种凭借个人经验,充分发挥人的创造力对问题进行分析、做出决策的方法。

这种方法适用于受社会经济因素影响较大的、因素错综复杂以及涉及社会心理因素较多的综合性的战略问题。由于该方法简单易行、经济方便,是企业界决策采用的主要方法。定性决策方法主要有如下几个。

（一）头脑风暴法

头脑风暴法又称智力激励法、BS 法。它是由美国心理学家奥斯本于 1939 年首次提出、1953 年正式发表的一种激发创造性思维的方法。它是一种通过小型会议的形式，让所有参加者在自由愉快、畅所欲言的气氛中，自由交换想法，并以此激发与会者创意及灵感，使各种设想在相互碰撞中激起脑海中的创造性"风暴"。它适合于解决那些比较简单、严格确定的问题，例如，研究产品名称、广告口号、销售方法、产品的多样化研究等，以及需要大量的构思、创意的行业，如广告业。奥斯本为该决策方法的实施提出了四项原则。

（1）对别人的建议不做任何评价，将相互讨论限制在最低程度内。

（2）建议越多越好，在这个阶段，参与者不要考虑自己建议的质量，想到什么就应该说出来。

（3）鼓励每个人独立思考，广开思路，想法越新颖、奇异越好。

（4）可以补充和完善已有的建议以使它更具说服力。头脑风暴法的目的在于创造一种畅所欲言、自由思考的氛围，诱发创造性思维的共振和连锁反应，产生更多的创造性思维。这种方法的活动时间应在 1~2 小时，参加者以 5~10 人为宜。

（二）德尔菲法

德尔菲法是在 20 世纪 40 年代由赫尔姆和达尔克首创，1946 年经过美国戈尔登和兰德公司进一步发展而成的。这种方法也称为专家意见法或函询调查法，它是对传统专家会议法的改进和发展。德尔菲是古希腊地名，相传太阳神阿波罗在德尔菲杀死了一条巨蟒，成了德尔菲主人。阿波罗不仅年轻英俊，而且对未来有很高的预见能力。在德尔菲有座阿波罗神殿，是一个预卜未来的神谕之地，于是人们就借用此名，作为这种方法的名字。

德尔菲法依据系统的程序，采用匿名发表意见的方式，即专家之间不得互相讨论，不发生横向联系，只能与调查人员发生联系，通过多轮次调查专家对问卷所提问题的看法，经过反复征询、归纳、修改，最后汇总成专家基本一致的看法，作为预测决策的结果。这种方法具有广泛的代表性，较为可靠。德尔菲法的具体实施步骤如下。

1. 认真选择咨询专家

在组织内部和外部挑选研究某一特殊领域的专家成立一个小组。坚持"百花齐放、百家争鸣"方针，在学术见解、学科领域、年龄结构、理论水平、实践经验、投入程度等方面作全面考虑，精心挑选可供咨询的专家。专家人数视待决策问题或机会的复杂程度而定，或十几人或上百人不等。

2. 精心设计征询表

向所有专家提出需要预测决策的问题及有关要求，并附上有关这个问题的所有背景材料，同时请专家提出还需要什么材料。然后，由专家做书面答复。具体要求如下。

（1）问题含义要明确，以免应答者对问题产生不同的理解，出现答非所问的情况。

（2）问题具有独立性，对一个问题的回答不应以对另一个问题的回答为条件。

（3）回答问题的方法要统一，否则就难以对预测的结果做出比较。

3. 采用背靠背方式寄出咨询调查表

使用德尔菲法要经过几轮调查，图 4-3 所示为德尔菲法的一般程序。

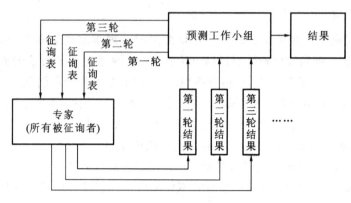

图 4-3　德尔菲法程序图

第一轮,把意见征询表寄给专家小组的成员,请他们填写意见。预测小组收回调查表后,进行初步的统计和计算,发现具有共识性的意见和看法。

第二轮,将第一轮得到的相对比较集中的意见再反馈给每位专家,要求他们以此为参考,重新填写意见。如果某一专家做出的第二轮预测仍与多数人的意见不符,则要求他陈述理由,说明为什么他的意见不同于大多数人的意见。预测工作小组收到调查表后,就要根据新的数据重新进行统计和计算。

第三轮,将第二轮统计结果及有些专家的陈述理由告之每位专家,请他们在这个基础上进行新的预测。

一般来讲,经过三轮或四轮调查后,专家意见将会比较集中,这时就可以把最后调查所得到的结果作为专家小组的意见。

(三) 经营单位组合分析法

经营单位组合分析法是由美国波士顿咨询公司为大企业确定和平衡其各项经营业务发展方向及资源分配而提出的战略决策方法。其前提假设是,大部分企业都经营着两项以上的业务,这些业务是扩张、维持还是收缩,应该从企业全局的角度加以确定,以便使各项经营业务能在现金需要和来源方面形成相互补充、相互促进的良性循环局面。

1. 主要内容

这种决策方法主张,在确定各经营业务发展方向的时候,应综合考虑企业在该市场上的相对竞争地位,以及该项经营业务的市场增长情况。

1) 相对竞争地位

通过企业在该项业务经营中所拥有的市场占有率与该市场上最大的竞争对手的市场占有率的比值(即相对市场份额)来表示,它决定了企业在该项业务经营中获得现金回笼的能力及速度。较高的市场占有率可以带来较大的销售量和销售利润额,从而能使企业得到较多的现金流量。

2) 市场增长情况

反映该项业务所属市场的吸引力,它主要用该市场领域最近两年平均的业务增长率来表示,并且将业务增长率在10%以上的划定为高增长业务,10%以下的则为低增长业务。

业务增长率对活动方向的选择有两方面的影响:①它有利于市场占有率的扩大,因为在稳定的行业中,企业产品销售量的增加往往来自于竞争对手市场份额的下降;②它决定着投资机会的大小,因为业务增长迅速,可以使企业迅速收回投资,并取得可观的投资报酬。

2. 企业经营单位组合图及其决策选择

1）企业经营单位组合图

根据上述两个标准——相对竞争地位和业务增长率,可将企业的经营单位分成四大类,如图 4-4 所示。

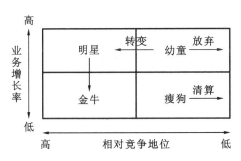

图 4-4　企业经营单位组合图

2）决策选择

企业应根据各类经营单位的特征,选择合适的活动方向,如表 4-2 所示。

表 4-2　不同经营单位的决策选择

单位类型	对策选择	利润率	投资需要量	现金流
明星	维持或提高市场占有率	高	高	零或略小于零
金牛	增加市场份额	高	低	为正且大
幼童	提高市场占有率； 收缩/放弃	零或负 低或负	非常高 不需投资	为负且大 正数
瘦狗	收缩/放弃/清算	低或负	不需投资	正数

"明星"经营单位的市场占有率和业务增长率都较高,因而所需要的和所产生的现金都很多。"明星"经营单位代表着最高利润增长率和最佳投资机会,因此企业就需要投入必要的资金,增加它的生产规模。

"金牛"经营单位的特征是市场占有率较高,而业务增长率较低。较高的市场占有率为企业带来较多的利润和现金,而较低的业务增长率只需要较少的投资。"金牛"经营单位所产生的大量现金可以满足企业的经营需要。

"幼童"经营单位的业务增长率较高,而目前市场占有率较低,这可能是企业刚刚开发的很有前途的领域。由于高增长速度需要大量的投资,而较低的市场占有率只能提供少量的现金,所以企业面临着选择:是投入必要的资金,以提高市场份额,扩大销售量,使其转变为"明星",还是认为刚刚开发的领域不能转变成"明星"而应及时放弃。

"瘦狗"经营单位的特征是市场份额和业务增长率都较低。由于市场份额和销售量都较低,甚至出现负增长,"瘦狗"经营单位只能带来较少的现金和利润,而维持生产能力和竞争地位所需的资金甚至可能超过其所提供的现金,从而可能成为资金的陷阱。因此,对这种不景气的经营单位,企业应采取收缩/放弃的战略。

3. 经营单位组合分析法的步骤

(1) 把企业分成几个不同的经营单位。
(2) 计算各个经营单位的市场占有率和业务增长率。
(3) 根据其在企业中占有资产的比例来衡量各个经营单位的相对规模。
(4) 绘制企业的经营单位组合图。
(5) 根据每个经营单位在图中的位置,确定应选择的活动方向。

经营单位组合分析法以"企业的目标是追求增长和利润"这一假设为前提。对拥有多个经营单位的企业来说,它可以将获利较多而潜在的增长率不高的经营单位所产生的利润投向那些增长率和潜在获利能力都较高的经营单位,从而使资金在企业内部得到有效的利用。

二、定量决策方法

定量决策方法又称决策"硬"方法,它是指应用数学模型,或借助电子计算机进行决策的一种方法,即运用数学的决策方法,其核心是把同决策有关的变量与变量、变量与目标之间的关系,用数学关系表示,即建立数学模型,然后通过计算求出答案,供决策参考。近年来,计算机的发展为数学模型的运用开辟了更广阔的前景。现代企业决策中越来越重视决策"硬"方法的运用。因此,学会运用数学方法进行企业决策是非常重要的。

运用定量决策技术,可以把企业管理经常出现的常规问题编成处理程序,供下次处理类似问题时调用,因此这种方法经常在程序化决策中被广泛应用;同时,它可以把决策者从日常的常规管理事务中解放出来,把主要精力集中在非程序化的战略决策问题上。

根据问题或机会的性质、未来情况的可预测程度以及相应的解决方式,可以把决策面临的状态分成三种典型的状态——具有高可预测性的确定状态、具有一定可预测性的风险状态、具有高度不可预测性的不确定状态。下面分别讨论这三种定量决策方法。

(一)确定型决策方法

常用的确定型决策方法有直观判断法、线性规划法、盈亏平衡分析法、ABC风险法、经济批量法、投资效果分析法等,这里主要介绍直观判断法、线性规划法和盈亏平衡分析法。

1. 直观分析法

【例4-1】 某厂拟订购一台机床生产螺杆,年产量定为1 000件,售价为110元/件,现有A、B、C三种型号机床可供选择,有关数据如表4-3所示,要求投资回收期越短越好,试进行决策。

表4-3 直观分析法表

型　　号	投资额/万元	加工成本/(元/件)	年生产能力/(件/年)
A	2	100	>1 000
B	3	90	>1 000
C	1.8	95	800

注:由于C型年生产能力只有800件,因此要达到年生产量1 000的标准,需两台。

投资回收期 $T=$ 投资额 $/[$ 年产量 $\times($ 售价－成本$)]$

由此求得 $T_A=20\,000/[1\,000(110-100)]=2(年)$

$T_B=30\,000/[1\,000(110-90)]=1.5(年)$

$T_C=(18\,000\times 2)/[1\,000(110-95)]=2.4(年)$

根据计算,以购 B 型机床为宜,作决策时还应充分考虑其他相关因素,并作综合考虑。

2. 线性规划法

线性规划法是在一些线性等式或不等式的约束条件下,求解线性目标函数的最大值或最小值的方法。运用线性规划建立数学模型的步骤如下。

(1) 确定影响目标大小的变量,列出目标函数方程。
(2) 找出实现目标的约束条件。
(3) 找出使目标函数达到最优的可行解,即为该线性规划的最优解。

【例 4-2】 某企业生产桌子和椅子两种产品,它们都要经过制造和装配两道工序,有关资料如表 4-4 所示。假设市场状况良好,企业生产出来的产品都能卖出去,试问何种组合的产品使企业利润最大?

表 4-4 线性规划法表

	桌子(T)	椅子(C)	工序可用时间(h)
在制造工序上的时间(h)	2	4	48
在装配工序上的时间(h)	4	2	60
单位产品利润(s)/元	8	6	—

这是一个典型的线性规划问题。

第一步,确定影响目标大小的变量。在本例中,目标是利润,影响利润的变量是桌子数量 T 和椅子数量 C。

第二步,列出目标函数方程。

$$s=8T+6C \qquad ①$$

第三步,找出约束条件。在本例中,两种产品在一道工序上的总时间不能超过该道工序的可利用时间,即

制造工序

$$2T+4C\leqslant 48 \qquad ②$$

装配工序

$$4T+2C\leqslant 60 \qquad ③$$

除此之外,还有两个约束条件,即非负约束

$$T\geqslant 0,\quad C\geqslant 0$$

从而线性规划问题成为如何选取 T 和 C,使 s 在上述四个约束条件下达到最大。

第四步,求出最优解最优产品组合。通过图解法或联立方程②、③,可求出上述线性规划问题的解为 $T=12$ 和 $C=6$,即生产 12 张桌子和 6 把椅子使企业的利润最大,最大利润为 $s=8T+6C=(8\times 12+6\times 6)$元$=132$ 元。

3. 盈亏平衡分析法(量本利法)

盈亏平衡分析法又称量本利分析法,它是根据盈亏平衡点来选择经济合理的产量。它被

广泛运用于利润预测、目标成本的控制、生产方案的优选、制定价格等决策问题。现在,盈亏平衡分析法已经成为决策的有力工具,日益为企业经营管理者所重视。

1) 图解法

图解法是用图形来考察产量、成本和利润的关系的方法。在应用图解法时,通常假设产品价格和单位变动成本都不随产量的变化而变化,所以销售收入曲线、总变动成本曲线和总成本曲线都变成了直线。

【例 4-3】 某企业生产某产品的总固定成本为 60 000 元,单位变动成本为每件 1.8 元,产品价格为每件 3 元。假设某方案带来的产量为 100 000 件,问该方案是否可取?

利用例 4-3 中的数据,在坐标图上画出总固定成本曲线、总成本曲线和销售收入曲线,得出量本利分析图,如图 4-5 所示。

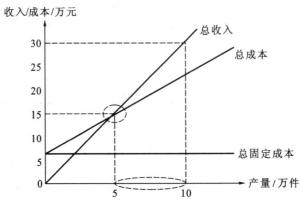

图 4-5 量本利分析图

从图 4-5 中可以得出以下信息,供决策分析之用:

①不同产量的总收入线;

②不同产量的总成本线;

③不同产量的总利润,即各个产量上的总收入与总成本线间的距离;收入线在成本线下方为亏损,在上方为盈利;

④不同产量的变动成本,即各个产量上的总成本与总固定成本之差;

⑤保本产量,即方案带来的产量与保本产量之差总收入与总成本线相交(二者相等)时的产量(本例中为 5 万件)。

在例 4-3 中,由于方案的产量(10 万件)大于保本产量(5 万件),有相当盈利,所以该方案可取。

2) 代数法

代数法是用代数式来表示产量、成本和利润的关系的方法。

量本利分析的基本公式如下:

$$s = R - C = Q \cdot (p - v) - F \qquad ①$$

式中:s——利润;

R——销售收入;

C——总成本;

Q——销售量;

p——销售单价；

v——单位变动成本；

F——总固定成本。

根据公式①，可以求得以下一系列参数。

(1) 保本产量 Q_0。

在公式①中，当 $\pi=0$，即：$s=R-C=Q\cdot(p-v)-F=0$ 时，企业不亏不盈，这时的产量 Q_0 为保本产量：

$$Q_0 \cdot (p-v) = F, \quad Q_0 = F/(p-v) \qquad ②$$

式中：Q_0——盈亏平衡点的产销量。

(2) 保本销售收入 R_0。

因为 $\quad R_0 = Q_0 \cdot p, \quad Q_0 = F/(p-v)$

所以 $\quad R_0 = Q_0 \cdot p = [F/(p-v)] \cdot p = F/(1-v/p) \qquad ③$

式中：R_0——盈亏平衡点销售收入；

$1-v/p$——临界贡献率。

企业在满足社会需要的前提下，要自负盈亏，尽可能多获利，这样，为求得一定目标利润下的产销量已成为量本利分析的一个重要问题，可用以下公式④、⑤表示。

(3) 保目标利润的产量 Q_π。

在公式①中，设目标利润为 π，则

$$s = Q_\pi \cdot (p-v) - F, \quad Q_\pi = (F+s)/(p-v) \qquad ④$$

(4) 保目标利润的销售收入 R_π。

因为 $\quad R_\pi = Q_\pi \cdot p, \quad Q_\pi = (F+s)/(p-v)$

所以 $\quad R_\pi = Q_\pi \cdot p = [(F+s)/(p-v)] \cdot p = (F+s)/(1-v/p) \qquad ⑤$

3) 盈亏平衡分析法在经营决策中的运用

(1) 分析企业的经营安全率。

$$经营安全率 L = (Q-Q_0)/Q \times 100\%$$

式中：$Q-Q_0$——安全余额，余额越大，说明企业经营状况越好；越接近于0，说明企业经营状况越差，发生亏损的可能性越大。

此时，企业应及时采取措施，如调整产品结构，增加适销对路的产品，降低单位变动成本，开辟新的市场等来提高经营安全率。经营安全率是相对指标，便于不同企业和不同行业的比较。企业经营安全率的经验标准如表 4-5 所示。

表 4-5 经营安全检验标准

经营安全率 L	40%以上	30%～40%	20%～30%	10%～20%	10%以下
安全等级	很安全	安全	较安全	值得注意	危险

(2) 预测一定销售量下的利润水平。

【例 4-4】 某企业生产销售一种产品，单位变动成本 5 元，年固定成本 3 000 万元，销售单价 20 元，据市场预测，年销售量为 300 万件，企业可获利多少？

根据公式①

$s = R - C = Q \cdot (p-v) - F = [300 \times (20-5) - 3\,000]$ 万元 $= 1\,500$ 万元

企业每年可获利润1 500万元。

(3) 企业目标成本的确定。

目标成本是根据预计销售收入和目标利润计算出来的,即:目标成本＝预计销售收入－目标利润。

【例 4-5】 设某厂生产一种市场急需的产品,提出两套方案,有关数据如表 4-6 所示。试用量本利原理对两种方案从利润方面进行比较决策,如表 4-6 所示。

表 4-6 量本利表

指　标	方案甲(新建生产线)	方案乙(技改)
固定成本 F/万元	10	3.89
单位变动成本 V/(元/件)	40	46
单价 P/(元/件)	80	80
最大产量 Q_{max}/件	2 000	1 600

① 对方案甲进行比较决策。

保本产(销)量为

$$Q_0 = F/(P-V) = 100\ 000/(80-40) = 2\ 500(件)$$

显然,因 $Q_0 > Q_{max}$,故此方案必然导致亏损。

最大产量时的利润为

$$s = (P-V)Q_{max} - F = -20\ 000(元)(亏损)$$

② 对方案乙进行比较决策。

保本产(销)量为

$$Q_0 = F/(P-V) = 38\ 900/(80-46) = 1\ 144(件)$$

因 $Q_0 < Q_{max}$,故可能盈利(当产销量 $Q_{max} \geqslant Q_0$ 时)。

最大产量时的利润为

$$s = (P-V)Q_{max} - F = 15\ 500(元)$$

(二) 风险型决策方法

常用的风险型决策方法是决策树分析法。决策树分析法的基本原理也是以决策矩阵为依据,通过计算做出择优决策,所不同的是,决策树是运用树状图形来分析和选择决策。决策树决策具有层次清晰,一目了然,计算简便等特点。决策树模型如图 4-6 所示。

(1) □——决策点,是对几种可能方案选择的结果,即最后选择的最佳方案。如果所做的决策属于多级决策,则决策树图形的中间可以有多个决策点,以决策树"根"部的决策点为最终决策方案。由决策点引出方案枝 $A_1, A_2, \cdots, A_n$,n 表示备选方案的数目。

(2) 〇——状态节点,代表备选方案的经济效果(期望值),通过对各状态节点经济效果的对比,按照一定的决策标准就可以选出最佳方案。由状态节点引出的分枝称为状态枝(亦称概率枝),状态枝的数目表示可能出现的自然状态数目,每个分枝上方要注明该状态出现的概率。

(3) △——结果节点(在状态枝的末端)。可将每个方案在各种自然状态下取得的损益值标注于结果节点的右端。

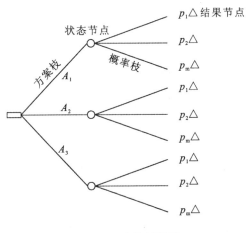

图 4-6　决策树模型

(4) 单级决策与多级决策。

单级决策：如果一个决策树，只在树的根部有一个决策点，称为单级决策。

多级决策：如果一个决策树，不但在树的根部有决策点，而且在树的中间也有决策点，称为多级决策。

多级决策是比较复杂的决策，其中间的决策点只能接在状态点后的状态枝的末端。中间决策点可引出新的方案枝、状态点、状态枝和结果节点。在决策树的决策点上，决策人可凭期望值的大小选择方案；在状态节点上分出去的状态分枝是随机的。

进行决策时，在状态节点计算期望值，在决策点上比较各方案的期望值大小，择优决策。

下面通过举例来说明决策树的原理和应用。

【例 4-6】 某企业为了扩大某产品的生产，拟建设新厂。据市场预测，产品销路好的概率为 0.7，销路差的概率为 0.3。有三种方案可供企业选择，如表 4-7 所示。

表 4-7　决策树原理和应用表

方案的自然状态		年获利/万元	概率	投资额/万元	服务期/年
方案 1 新建大厂	销路好	100	0.7	300	10
	销路差	−20	0.3		
方案 2 新建大厂	销路好	40	0.7	140	10
	销路差	30	0.3		
方案 3	新建小厂	销路好	40	0.7	140	3
		销路差	30	0.3		
	三年后扩建		95		200	7

方案 1：新建大厂，需投资 300 万元。据初步估计，销路好时，每年可获利 100 万元；销路差时，每年亏损 20 万元。服务期为 10 年。

方案 2：新建小厂，需投资 140 万元。销路好时，每年可获利 40 万元；销路差时，每年仍可获利 30 万元。服务期为 10 年。

方案 3：先建小厂，三年后销路好时再扩建，需追加投资 200 万元，服务期为 7 年，估计每年获利 95 万元。

问哪种方案最好?

(1) 首先画出该问题的决策树,如图 4-7 所示。

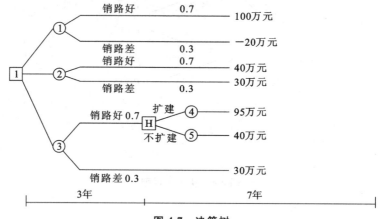

图 4-7 决策树

(2) 计算净收益。

方案 1(结点①)的期望收益为

$$[0.7×100+0.3×(-20)]×10-300=340(万元)$$

方案 2(结点②)的期望收益为

$$(0.7×40+0.3×30)×10-140=230(万元)$$

结点④的期望收益为

$$95×7-200=465(万元)$$

结点⑤的期望收益为

$$40×7=280(万元)$$

结点④的期望收益比结点⑤的期望收益好,所以销路好时,扩建比不扩建好。

方案 3(结点③)的期望收益为

$$(0.7×40×3+0.7×465+0.3×30×10)-140=359.5(万元)$$

通过上述计算可知:建大厂比建小厂好,但先小后大比不进行试验而直接建大厂更好,故应选先小后大的方案 3 为决策方案。

需要说明的是,在上面的计算过程中,我们没有考虑货币的时间价值,这是为了使问题简化。但在实际中,多阶段决策通常要考虑货币的时间价值。

(3) 方案的灵敏度分析。

在风险型决策中,概率值与期望值的准确性如何,对决策的影响是很大的。但是,对于一次性行动的决策,尤其是时间较长的决策,由于客观状态的概率及损益值难以准确估算,而且在决策过程中,客观情况在经常变化,因而这些数据也将随之变化,所以,必须分析概率与损益值的变化对决策的影响程度,这种分析就称为方案的灵敏度分析。进行灵敏度分析的方法是将概率值、损益值在可能产生误差的范围内变化几次,看各次期望值误差大小。若它们稍加变动,期望值便变动很大,原先的最优方案为另一方案所替代,则该数据就称为敏感性数据,该方案称为不稳定方案;否则,就是稳定方案。

在图 4-7 中可知,当产品畅销时的概率为 0.7,滞销的概率为 0.3 时,建大厂的经济效益比建小厂好,但是,若畅销的概率由 0.7 变为 0.5,而滞销的概率由 0.3 转为 0.5 时,情况又如何呢?

建大厂期望值 $=[(100×0.5)+(-20×0.5)]×10-300=100$(万元)

建小厂期望值 $=(40×0.5+30×0.5)×10-140=210$(万元)

从期望值中可以看到,这时的决策应是建小厂,而不是建大厂。为了找出这个敏感性数据的准确数字,我们必须找出两个方案期望值相等时的转折概率。

设 P 为畅销时的概率,则 $1-P$ 就为滞销时的概率,若两方案的期望值相等时,则其概率为

$$[100P+(-35)×(1-P)]×10-300=[40P+30×(1-P)]×10-140$$

则
$$1250P=810$$

求得
$$P=0.65$$

即当 $P=0.65$ 时,建大厂和建小厂的期望值相等,当 $P>0.65$ 时,以建大厂为好,当 $P<0.65$ 时,以建小厂为宜。

应该指出,由于风险型决策主要用于一次性行动和较长时间的战略决策,决策执行之后,将会对企业的生产经营活动产生极大的影响,因而在利用该法作决策时,必须注意的是:

(1) 要有一个强有力的参谋机构,集中一批专家帮助出谋划策,而且专家的面要广,要有经验,要有敏锐的洞察力和机智的判断力;

(2) 要结合企业的具体情况,发动企业普通员工参与决策;

(3) 由于决策问题不仅受到如概率、损益值等定量因素的影响,而且还受到政治、社会、心理等因素的影响,因此,必须将定量决策与定性决策很好地结合起来,以提高决策的准确性。

(三) 不确定型决策方法

不确定型与风险型决策的主要区别在于:不确定型决策不能进行期望值的计算。因此,就不能依据期望值计算的结果按照各种不同的标准进行决策。其原因是解决这类问题所提出的方案中只能预测到可能出现的几种自然状态,而每种自然状态发生的概率由于缺乏资料或经验都无法估计。所以对不确定型问题的决策只能计算出各种方案在可能出现的几种自然状态下的收益值或损失值,并根据计算结果按照决策者个人的特点、经验和对未来状况的分析判断能力来进行决策。

不确定型决策常用的方法有冒险法、保守法和折中法。采用何种方法取决于决策者对待风险的态度。下面通过举例来介绍这些方法。

1. 保守法(小中取大法)

这种决策方法的运用,往往是决策者认为形势比较严峻,在未来发生的各种自然状态中,最坏状态出现的可能性较大。因此,决策时总是基于最坏的结果,即从各个行动方案的最坏状态中选取效益值最大的方案为决策方案。其特点是体现了决策者保守悲观的态度,故称悲观原则。这种方法是瓦尔德(Wald)首创的,因此在国外也称 Wald 决策原则。

采用小中取大法进行决策时,首先计算各方案在不同自然状态下的收益,并找出各方案中在最差自然状态下的收益,然后进行比较,选择在最差自然状态下收益最大或损失最小的方案作为所要的方案。

此法适于那些规模小、资金薄弱、经不起大的经济冲击的企业和怕担风险、稳重型的决策

者。

【例 4-7】 某企业打算生产某产品。据市场预测,产品销路有三种可能:销路好、销路一般和销路差。生产该产品有三种方案:a. 改进生产线;b. 新建生产线;c. 与其他企业协作。据估计,各方案在不同情况下的收益如表 4-8 所示。问企业该选择哪个方案?

表 4-8 各方案在不同情况下的收益

自然状态 收益/万元 方案	销路好	销路一般	销路差
a. 改进生产线	180	120	−40
b. 新建生产线	240	100	−80
c. 与其他企业合作	100	70	16

在例 4-7 中,a 方案的最小收益为 −40 万元,b 方案的最小收益为 −80 万元,c 方案的最小收益为 16 万元,经过比较,c 方案的最小收益最大,所以选择 c 方案。

2. 冒险法(大中取大法)

与保守法恰好相反,它是决策者设想任何一个行动方案,都是收益最大的自然状态发生,决策时总是基于最好的结果,并且争取好上加好。其特点是表现了决策者的乐观态度,故称乐观原则。

采用大中取大法进行决策时,首先计算各方案在不同自然状态下的收益,然后进行比较,选择在最好自然状态下收益最大的方案作为所要方案。

如在例 4-7 中,a 方案的最大收益为 180 万元,b 方案的最大收益为 240 万元,c 方案的最大收益为 100 万元,经过比较,b 方案的最大收益最大,所以选择 b 方案。

3. 后悔值最小法

后悔值最小法也称为机会损失最小值决策法。所谓后悔值是指当某种自然状态出现时,决策者由于从若干方案中选优时没有采取能获得最大收益的方案,而采取了其他方案,以致在收益上产生了某种损失,这种损失就称为后悔值。

采用这种方法进行决策时,首先计算各方案在各自然状态下的后悔值,然后找出各方案的最大后悔值,最后从各方案的最大后悔值中选取后悔值最小的方案作为最优方案。

$$\text{某方案在某自然状态下的后悔值} = \text{该自然状态下的最大收益} - \text{该方案在该自然状态下的收益}$$

在例 4-7 中,在销路好这一自然状态下,b 方案(新建生产线)的收益最大,为 240 万元。在将来发生的自然状态是销路好的情况下,如果管理者恰好选择了这一方案,他就不会后悔,即后悔值为 0。如果他选择的不是 b 方案,而是其他方案,他就会后悔(后悔没有选择 b 方案)。比如,他选择的是 c 方案(与其他企业协作),该方案在销路好时带来的收益是 100 万元,比选择 b 方案少带来 140 万元的收益,即后悔值为 140 万元。各个后悔值的计算结果见表 4-9。

由表中看出,a 方案的最大后悔值为 60 万元,b 方案的最大后悔值为 96 万元,c 方案的最大后悔值为 140 万元,经过比较,a 方案的最大后悔值最小,所以选择 a 方案。

表 4-9　各方案在各自然状态下的后悔值

自然状态 后悔值/万元 方案	销路好	销路一般	销路差
a.改进生产线	60(240−180)	0(120−120)	56(16+40)
b.新建生产线	0(240−240)	20(120−100)	96(16+80)
c.与其他企业合作	140(240−100)	50(120−70)	0(16−16)

4. 折中法(加权平均值法)

保守法和冒险法都以各方案不同状态下的最大或最小极端值为标准。但在多数场合下，决策者往往既非完全的保守者，亦非极端的冒险者，而是喜欢介于两个极端中间的某一位置的决策方案。具体确定方法如下：首先找出各方案在所有状态下的最大值和最小值；其次根据自己的冒险偏好程度，给定最大值一个乐观系数 $a(0<a<1)$，那么，相应的最小值的系数就是 $1-a$；再次，用给定的系数和对应的各方案最大值和最小值计算各方案的加权平均值；最后，加权平均值最大的方案就是最佳方案。我们再看上例(取 $a=0.7$)：

a 方案：　　　　　　　$180\times0.7+(-40)\times0.3=114$
b 方案：　　　　　　　$240\times0.7+(-80)\times0.3=144$
c 方案：　　　　　　　$100\times0.7+16\times0.3=74.8$

b 方案的加权平均值是 144，为最大，故选择 b 方案。

★ 复习思考题

1. 什么是决策？决策的原则和依据各是什么？
2. 为了保证决策的正确性和合理性，对决策有哪些基本要求？
3. 如何理解决策在管理中的地位和作用？
4. 战略决策、战术决策与业务决策之间有何区别？程序化决策与非程序化决策之间有何区别？
5. 决策过程包括哪几个阶段？决策过程要受到哪些因素的影响？
6. 简述定性决策的方法。
7. 确定型决策方法、风险型决策方法和不确定型决策方法各有哪些？

第五章 管理与环境

【学习目标】
了解：组织的社会责任，对组织环境管理和控制的一般方法。
理解：管理与环境的相互关系，组织环境的分析方法，组织文化的概念。
掌握：组织环境的构成，内外部环境的构成，组织文化的基本特征及其具体内容。
运用：用 SWOT 分析法，分析当前的就业环境。

第一节 组织环境

任何组织都不是独立存在、完全封闭的。组织存在于由内外部各种因素构成的环境中，在与环境中其他组织之间的相互作用中谋求自身目标的实现。环境是组织生存发展的土壤，既为组织活动提供发展的条件，又起限制作用。要进行组织的管理，就必须了解和把握环境对组织的影响，环境要素的种类及特点等，就需要对组织的环境进行研究。

一、组织环境的定义

组织环境，是指存在于一个组织内部和外部的影响组织业绩的各种力量与条件因素的总和，它既包括组织外部环境，同时也包括组织内部环境。管理者要实现目标，提高管理效率，进行科学决策，不仅要掌握组织文化、自身拥有的资源情况，同时还要了解政治、经济、文化、科技、竞争者、供应商、顾客等组织外部环境因素。

二、组织环境的构成

（一）组织的外部环境

一般来说，外部环境为企业生存发展提供了条件，但同时也必然会限制到企业的生存和发展，要利用机会避开和化解威胁，企业就必须认识外部环境，对外部环境因素进行分析。

一切外部环境都会给组织活动带来影响，但影响有直接与间接之分。按照环境因素是对所有相关组织都产生影响还是仅对特定组织具有影响区分为宏观环境因素和微观环境因素。

1. 宏观环境

宏观环境又称一般环境，也称为大环境，是指可能对这个组织的活动产生影响，但其影响的相关性却不清楚的各种外部环境因素的总和,主要包括政治、经济、社会文化、技术、自然资源等因素。

宏观环境是间接影响组织业绩的外部因素,但任何一个组织都不可能不受这些因素的影响,因为任何一个组织都是社会这一个大系统中的子系统,不可能脱离整个社会而独立存在,因此,管理者必须认真分析和研究自己组织所处的一般环境。

2. 微观环境

管理者通常将大量的注意力集中于组织的微观环境的分析。

微观环境是组织的具体环境,也称为任务环境因素或小环境,是指与实现组织目标直接相关的那些环境因素的总和。一般来说,它是由对组织绩效产生积极或消极影响的要素组成的。作为一个企业,比较典型的微观环境包括供应商、消费者、竞争者、政府管理部门及战略伙伴等,这些因素直接影响企业的业绩。

(二) 组织的内部环境

组织环境除了宏观外部环境和微观环境以外,还包括组织内部环境。组织内部环境,是指存在于一个组织内部的影响组织业绩的各种力量与条件因素的总和。

组织内部环境一般包括组织经营条件和组织文化两部分。组织经营条件是指组织所拥有的各种资源的数量和质量情况,包括资金实力、人员素质、科研力量等。组织文化是指处于一定经济社会文化背景下的组织,在长期的发展过程中逐步生成和发展起来的日趋稳定的独特的组织精神和价值观,以及以此为核心而形成的行为规范、道德准则、群体意识、风俗习惯等。这些因素不仅影响一个组织目标的制定和实现,而且直接影响该组织管理者的管理行为。

图 5-1 所示概括了组织环境的构成。

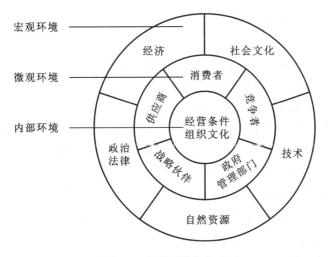

图 5-1 组织环境的构成

在图 5-1 中,宏观外部环境处于外层,它对于所有组织的影响都是间接的、潜在的、长期的和均等的。比如,通货膨胀率的提高、人口的老龄化等,虽然不会影响企业的日常经营,但从长期看,肯定会对企业的经营产生渐进性的影响。

微观环境包括那些对日常交易产生影响的因素,它与组织的相关程度较高,对于组织的影响都是直接的、明显的、非长期的和不均等的,它直接影响着企业的日常经营和绩效。例如,企业的竞争者、供应商和消费者。

大量研究表明,组织经营管理行为的改变是微观环境因素作用的结果,而组织微观环境的变化又是受宏观环境因素驱动的。因此,在分析把握组织外部环境形势时,首先应当考察分析宏观环境因素的变动趋势,在此基础上再来分析微观环境及组织自身行为的变化。

需要注意的是,组织还有其内部环境,它是由那些处于组织内部的要素所构成的,如员工、管理模式(特别是组织文化),因为组织文化决定了组织内部员工的行为方式和组织对外部环境适应能力的高低。

组织作为一个开放的系统,从外部输入资源并向外部输出产品与服务。

三、研究组织环境的意义

组织的外部环境变动,是组织决策者事先难以准确预料,也是组织自身不可控的,一个组织只有认识周围的环境,了解它们的发展变化,才能较好地适应它们,为组织求得生存和发展的机会。因此,研究组织得所面临的环境,其重要的现实意义在于以下两个方面。

(一)掌握组织与环境的互动关系

1. 组织要了解和认识多变的环境

组织界线具有的可渗透性特征本身就意味着组织与外部环境之间必然会互相发生影响。但值得注意的是,与内部环境相比,组织的外部环境更复杂、更动荡,蕴藏着更多的不确定性,也更加难以预测。这就要求,在处理组织和环境的互动关系上,组织首先要主动了解并认识环境,在此基础上主动适应环境的变化,寻求和把握组织生存和发展的机会。

2. 组织要主动适应多变的环境

组织要主动了解和认识多变的环境,并不是说要被动地去适应环境。环境是多方面的,如果组织单纯被动地适应环境,将永远无法跟上环境的变化。从环境发生变化到组织识别这种变化并采取相应的措施,存在着时间差,也就是说,组织采取的措施滞后于环境的变化。很多企业发现市场某种商品畅销,便立即组织力量生产,产品生产出来之后,却发现市场已趋于饱和,结果造成生产能力的大量闲置。因此组织必须设法尽快地、主动地选择环境,改变甚至创造适合组织发展所需要的新环境。只有这样,才能在激烈竞争的环境中生存与发展。一味地被动适应只能导致组织的消亡,主动进攻才是最好的生存策略。

3. 组织可以反作用于环境

组织可以反作用于环境,这并非单纯理论上的推导,现实中许多企业正是这样做的。为提高产品质量,往往不是坐等或毫不犹豫地接受供应商提供的原材料和零部件,而是主动到众多的供应商中间去选择,甚至主动向供应厂家提供技术管理人才,提供资金援助,进而获得高质量的原材料及零部件投入。目前,许多企业不惜耗巨资做广告,目的就是激起消费者对本企业产品的需求,改变市场环境。

(二)认识外部环境对组织的作用

任何组织要实现自身生存与发展的目的,都要从外部环境取得必要的能量、资源、信息,如人力、财力、物力和有关信息等,并对这些输入进行加工、处理,然后将生产出的产品与劳务输出给外部环境。组织与外部环境间的关系表现为两个方面:其一是社会环境对组织的作用;其二是组织对外部环境的适应。

1. 外部环境对组织的决定性作用

首先,一个组织是否应该组建,要根据所在的环境、社会需要和可能的条件来决定。离开社会需要,组织的存在就失去了意义;符合社会需要而条件不具备,组织也无法组建。其次,组织要开展生产活动,就必须筹集各种生产要素——人、财、物,但这需要从外部环境中获得。最后,组织的产出——产品和劳务,又必须拿到组织的外部去交换,才能获得收益,维持和扩大其生产经营活动。

2. 外部环境对组织的制约作用

外部环境对组织的制约作用,主要是指社会外部环境作为外在条件对组织生存发展的限制与约束,表现为它以一定的条件、标准、规范来限制、约束组织的各种活动。

这里仅以法律环境为例来说明外部社会环境对组织的制约。在市场经济条件下,国家调整组织内部、组织与组织之间、组织与消费者及社会各界、组织与政府之间以及涉外经济活动的利益关系和商务纠纷,主要通过法律手段和经济手段。这样,组织的生产经营活动就必然面临大量的国内和国际法律环境。国内与组织经营管理直接关联的基本法律,大体上包括关于组织营销与竞争行为的法律;组织社会责任的法律;组织内部关系的法律,等等。此外,还有涉外经济活动的法律规范、国际惯例等。可以这么说,组织生活在庞大而复杂的法律环境之中。这些法律规范体系以一定的标准衡量组织进入市场运行的资格;衡量组织在市场中动作的合法性,制止和惩罚"犯规动作"。由此可见,法律规范对规范和控制组织行为具有重要制约作用。

同样,外部环境能够提供的资源种类、数量和质量也制约着企业的生产经营活动。

3. 外部环境对组织的影响作用

外部环境对组织的影响作用,主要是指某一事物行为对其他事物或周围的人或社会行为的波及作用。它主要表现为环境本身的发展变化对组织发展的波及,常以潜在的形式发挥着作用。例如,技术在发展,消费者收入在提高,教育在不断普及,不同的民族文化或同一文化区域里人们的不同观念也在经常更换。环境的种种变化,可能会给组织带来不同程度的影响。

(1) 为组织的生存和发展提供新的机会。例如,新资源的利用可以帮助企业开发新的产品。

(2) 环境的变化对组织的生存造成某种威胁。例如,技术条件或消费者偏好的变化可能会使企业产品不再受欢迎。组织要继续生存,就必须及时地采取措施,积极地利用外部环境在变化中提供的有利机会,同时也要采取对策,努力避开这种变化可能带来的威胁。

综上所述,我们可以看到,组织具有不断地与外部环境进行物质、能量、信息交换的性质和功能,组织和环境进行的物质的交换不断地改变着组织,从而影响到管理行为的改变。环境本身并不会直接影响管理行为,而是通过对组织的影响来改变管理行为,环境对管理行为的影响是间接性的。

第二节 外部环境因素

一、宏观环境因素

宏观环境因素是组织的一般环境因素,也称为大环境因素。现代组织的经营管理活动日益受到外部环境的作用和影响。组织首先必须全面地、客观地分析和掌握外部环境的变化,以此为基础和出发点来制定组织的目标并实现自身目标。应当指出的是,尽管组织的宏观环境包含的因素很多,但对某一行业或某一组织来说,试图分析所有因素及其影响,不但困难,而且也没有必要。重要的是认清哪些是关键影响因素,然后只对关键因素做分析就可以了。

宏观环境分析的目的或任务主要有两点:一是通过分析,考察与某一行业或组织有重大关系的宏观环境因素将发生怎样的变化;二是评价这些变化将会给行业或组织带来什么样的影响,以便为组织制定发展战略奠定基础和提供依据。

宏观环境因素主要包括政治环境、经济环境、社会文化环境、科技环境和自然资源环境等。

(一) 政治环境

政治环境包括组织所在地区的政治制度、政治形势、方针政策和国家法令法规等,这些都会对一个组织产生重大影响。

政治环境主要表现在地区的稳定性和政府对各类组织或活动的态度上。地区稳定性是一个组织在制定其长期发展战略时所必然要考虑的,如果一国与某国的关系经常处于不好或不稳定的状态,该国的企业就会难以在对方国家开办实业并取得好的效益。政府对各类组织的态度则决定了各个组织可以做什么,不可以做什么。例如,政府若认为金融、保险业要以国营为主,其他民营企业就很难涉足金融、保险业。

自从实行改革开放政策以来,我国的政治环境基本上是稳定的。与此同时,我国的不少企业已进军国际市场,在不少国家开办了实业。与众多的国家开展着贸易,这就要求我们企业的管理者对这些国家的主要政治环境的变化有一定的预见能力。

(二) 经济环境

经济环境因素是影响组织,特别是作为经济组织的企业活动的重要环境因素,它主要包括宏观和微观两个方面。

宏观经济环境主要指一个国家的人口数量及其增长趋势,国民收入、国民生产总值及其变化情况以及通过这些指标反映的国民经济发展水平和发展速度。人口数量众多既为企业经营提供了丰富的劳动力资源,降低了劳动成本,提供了庞大的市场需求,但又可能因其收入不高,基本生活需求难以满足,从而构成经济发展的障碍。经济繁荣为企业等经济组织的发展提供了良好的发展机会,而宏观经济衰退则可能给所有经济组织带来生存和发展的困难。

微观经济环境主要指企业所在地区或所需服务地区的消费者的收入水平、消费偏好、储蓄情况、就业程度等因素。这些因素直接决定着企业目前和未来的市场大小。假定其他条件不变,一个地区的就业率越高,收入水平越高,那么该地区的购买力就越高,对某种产品或服务的需求就越大。

（三）社会文化环境

社会文化环境主要是指组织所在国家或地区的人口的教育水平、风俗习惯、道德观和价值观等。

社会文化环境通过人口结构（人口数量、年龄结构、人口分布）和生活方式（家庭结构、教育水平、价值观念）这两方面影响一国的经济活动。它们对劳动力的数量和质量、就业机会、所需商品和服务的类型等产生重大的影响。例如，有的国家或地区，把服装式样如何看成是显示自己社会地位的一种象征，因此他们很讲究服装的式样并很愿意为此花钱；而在有的国家，人们对服装的式样并不讲究，只要经济实用即可。对于从事国际贸易的服装企业，就必须要注意到这些国家在风俗习惯上的差异。再如，为了保证顺利达成一笔商业交易，支付给政府官员和可以施加影响的人一笔费用，有的国家认为这是贿赂，有的国家则认为是正当的报酬。人是社会中的人，要受到人们普遍接受的各种行为准则的约束。道德准则或社会公德虽然大多没有形成法律条文，但对于约束个人或集体行为仍具有事实上的作用和威力，任何组织的行为都不能不考虑社会文化和伦理道德的影响。

（四）科技环境

科技环境是指一个企业所在国家或地区的技术水平、技术政策、新产品的开发能力以及技术发展的动向等。通常由所在国家或地区的技术水平、技术政策、科研潜力和技术发展动向等方面的因素构成。技术的影响体现在新产品、新机器、新工具、新材料和新服务上。技术带来的影响主要是可以取得更高的生产率和更高的生活水准，更多的休闲时间和更加多样化的产品。企业要想在市场上立于不败之地，就应该十分注意自身技术、设备的更新，尽可能采用最新的技术，生产出受社会欢迎的新产品。作为一个管理者，尤其是企业高层决策人士，必须留意企业外部的技术环境，了解当前新技术发展的趋势，使企业处于新技术领先位置，至少不能失去竞争力。

（五）自然资源环境

自然资源环境指地理位置、气候条件以及资源状况等自然因素对组织，尤其是企业带来的影响。常说的"天时"主要是指相关的国家政策；"地利"主要取决于地理位置、气候条件以及资源状况等自然因素。相对于其他一般环境因素而言，自然资源环境是相对稳定的。

地理位置是制约组织活动、特别是企业经营的一个重要因素，当国家在经济发展的某个时期对某些地区采取倾斜政策时尤其如此。例如，我国沿海地区的开放政策促进了投资环境的改善，吸引了大批外资，给这些地区的各类组织提供了充分的发展机会。此外，企业是否靠近原料产地或产品销售市场，也会影响到资源获取的难易和交通运输成本等。对于任何组织来说，不仅要有效地利用、开发资源环境，而且还要很好地保护自然环境。

二、微观环境因素

微观环境因素是组织的具体环境因素，也称为任务环境因素或小环境因素。宏观环境对组织的影响常常通过微观环境因素的变化来对组织起作用。

微观环境分析的目的或任务是：对企业的行业环境进行分析，搞清楚企业的顾客需求、合作关系、竞争结构和程度，使企业明白其在所处的行业环境中将面临怎样的机会与威胁，并通过自身的努力，在一定程度上引导、改良组织的微观环境。

不同的组织有不同的微观环境。与宏观环境相比，微观环境对组织的影响更为直接和具体，因此，绝大多数管理者也更为重视。以企业为例，构成其具体环境的要素主要包括组织的供应商、消费者、竞争者、政府管理部门及战略伙伴等，他们与企业形成了协作、竞争、服务、监督的关系。

（一）供应商

一个组织的供应商，又称为资源供应者，是指向该组织提供资源的人或单位。这里所指的资源不仅指设备、人力、原材料、资金等，还包括信息、技术和服务等。

对大多数组织来说，金融部门、政府部门、股东是其主要的资金供应者，学校毕业生分配部门、劳动人事部门、各类人员培训机构、人才市场、职业介绍所是其主要的人力资源供应者，各新闻机构、情报信息中心、咨询服务机构是主要的信息供应者，大专院校、科研机构、发明家是技术的主要源泉。

由于组织在其运转的每一个阶段中，都依赖资源供应，一旦主要的资源供应发生问题，就会导致整个组织运转的减缓或终止。因此，管理者一般都力图避免在不了解供应资源的情况下进行有关决策。为了使自己避免陷入困境，在战略上一般都应努力寻求所需资源的稳定供应，并避免过分依赖于一两个资源供应者。

（二）消费者

消费者又称为服务对象或顾客，是指从组织购买产品或服务的个人或组织，如企业的客户、商场中的购物者、医院中的病人、学校中的学生等。组织是为满足顾客需要而存在的，如果一个组织失去了其服务对象，该组织也就失去了其自身存在的基础。一个企业如果其生产的产品无人问津，就必然破产；一个政府如果不能为社会公众服务，就必然得不到社会公众的支持。因此，组织的服务对象是影响组织生存与发展的主要因素，而任何一个组织的服务对象对组织来说又是一个潜在的不确定因素。

顾客的需求是多方面的，而且经常会发生变化，而成功地拥有顾客，又必须满足顾客的需求。为此，管理者必须深入市场，分析顾客心理，根据顾客需求的变化，及时推出满足顾客需求的新产品、新服务；唯有如此，企业才能生存和发展。

（三）竞争者

一个组织的竞争者是指与其争夺资源、服务对象的人或组织。任何组织，都不可避免地会有竞争对手。像可口可乐公司和百事可乐公司，通用汽车公司和丰田汽车公司，苹果公司的对手有IBM、联想集团等，铁路运输有公路、水路、航空运输等与之竞争。这些竞争者之间不是相互争夺资源，就是相互争夺顾客。

基于资源的竞争一般发生在许多组织都需要同一有限资源的时候，最常见的资源竞争是人才竞争、资金竞争和原材料竞争。对经济资源的竞争可能来自于不同类型的组织，而当各部门竞争有限资源时，该资源的价格就会上扬。例如，当资金紧缺时，利率就会上升。

基于顾客的竞争一般发生在同一类型的组织之间。这些组织或许其提供的产品或服务方式不同，但它们的服务对象是同一的，则同样会发生竞争，如航空部门与铁路运输部门之间、铁路与公路运输部门之间就可能为争夺货源和客源而展开竞争。

竞争也不限于国内。随着中国对外开放政策的实施,国内的各类组织不仅面临着国内的竞争,而且还将直接面对来自国外的竞争。在这种情况下,竞争者之间有时可能会出现某种程度的联合。没有一个组织在管理中可以忽视其竞争对手,否则就会付出沉重的代价。所以说,竞争对手是管理者必须了解并及时做出反应的一个重要的环境因素。

(四)政府管理部门

政府管理部门主要是指如国务院、各部委及地方政府的相应机构,如工商行政管理局、卫生防疫站、税务局、物价局、房产局等。政府管理部门拥有特殊的官方权力,可以制定有关的政策法规,规定价格调整幅度,征税,对违反法律的组织采取必要的行动等。而这些对一个组织可以做什么和不可以做什么以及能取得多大的收益,都会产生直接的影响。

有的组织由于其组织目标的特殊性,更是直接受制于某些政府部门。如我国的电信业、医药业和饮食业,就各自受到信息产业部、卫生防疫管理部门的直接管理。

政府的政策法规一方面会影响组织的运行成本,另一方面则会限制管理者决策的选择余地。为了符合政府的政策法规和政府管理部门的要求,组织就必然要付出一定的成本。例如,为了取得消防管埋部门的认可,企业必须按规定安装消防设备;某些政策法规规定了组织可以做什么和不可以做什么,从而影响到管理者的决策,如劳动保护条例等,对组织的招工、用人、辞退决策带来了一定的限制。

(五)战略伙伴

战略伙伴是指代表着社会上某一部分人的特殊利益的群众组织,如妇联、工会、消费者协会、环境保护组织等。它们虽然没有像政府部门那么大的权力,但却同样可以对各类组织施加相当大的影响。它们可以通过直接向政府主管部门反映情况,通过各种宣传工具制造舆论以引起人们的广泛注意,从而对各类组织的经营管理活动施加影响。事实上,有些政府法规的颁发,部分是对某些社会特殊利益代表组织所提出的要求的回应。

由上可见,任何组织都不是孤立的。组织把环境作为自己输入的来源和输出的接受者,必须遵守当地的法律,并对竞争做出反应。正因为如此,供应商、消费者、竞争者、政府管理部门及战略伙伴等可以对某一个组织施加影响,而管理者也必须对这些环境因素的影响做出适当的反应。

组织外部的环境因素随着时间的推移是在不断变化的,对于一个组织来说,哪些因素是宏观环境因素,哪些因素是微观环境因素,主要取决于组织的目标定位,即组织所提供的产品或服务的范围及其所服务的细分市场。生产同一种产品的企业,由于其各自的产品市场定位不同,其环境也不同。例如,两个饮料生产企业,一家专门生产儿童饮料,一家生产保健饮料。对于这两家企业,人口结构、饮食习惯、国民经济发展水平、政府对食品卫生的有关规定、饮料生产技术的发展等是它们在经营中都必须加以考虑的。进一步讲,对前一家企业而言,还要考虑国家的计划生育政策、儿童在社会中的地位等宏观环境因素和儿童的口味、儿童的数量、所需的原辅材料供应情况、儿童饮料市场竞争情况等;而对后一家企业,将更关心保健技术的发展、保健品市场需求及竞争情况、国家对保健品生产的特殊规定等。企业是这样,其他组织也是如此。如同样是学院,工商管理学院和工学院由于其专业方向和学生就业去向不同,其环境也不同。在这些组织中的管理者,面临的将是不同的公众。由上可知,对一个组织的发展有重大影响的环境因素,对于另一个组织可能根本不重要,即使最初看起来它们是同一类型的组织。

三、外部环境的特征

组织外部环境可以理解为对组织各项活动具有直接或间接作用的各种条件和因素的总和。如果把组织各项活动的内部条件与外部环境相比较,就不难发现组织外部环境至少有以下几个方面的基本特征。

（一）复杂性

管理的外部环境是一个多种环境因素的组合体,影响很复杂。

一方面,外部环境对组织及其管理活动的影响是复杂的、多方面的。其中有些影响是积极的,有些影响是消极的,甚至相互矛盾和冲突;同样的外部环境对某个企业来说可能是机会,而对另一个企业来说可能是威胁。

另一方面,在外部环境中,其他环境因素相对于某一特定环境因素来说又是环境,各环境因素之间又相互影响、作用和制约,这些进一步加大了外部环境的复杂性。

（二）客观性

组织环境是客观存在的,它不随着组织中人们的主观意志为转移,不管你想不想、愿意不愿意,组织环境都是客观存在的,而且它的存在客观地制约着组织的活动。

（三）不确定性

外部环境的不确定性包括以下三层含义。

第一,外部环境的变化速度。由于社会生产力的发展和生产关系的变革,外部环境总是处于不断发展变化之中。当然,伴随着外部环境的变化,各种环境因素不可能同步、同程度地变化。一般来说,技术、经济环境,尤其是市场环境属于巨变环境,它们无时无刻不在发生变化;社会环境变化较慢;而自然环境则可能长期保持基本不变。

第二,有关环境的信息和情报的不确定性。人们对外部环境的了解可以是直接的,但更多是间接的。如借助新闻媒介,对特殊现象进行分析预测,等等。信息情报本身不准确和信息传递中的失真都会使信息接收者无法准确掌握其变化。

第三,管理者制订计划决策时所考虑的目标时间期限。期限越长,对环境的了解就越不准确。

（四）整体综合性

管理的外部环境包括很多环境因素,各因素之间具有一定的独立性,但它们是作为一个整体对管理工作起作用的,这种作用具有综合性质。在某一特定的时期内,不同的外部环境因素对组织的影响程度可能不同,管理者很难准确地区分开来自外部环境的影响到底是哪种因素所致。因此,管理者必须把外部环境作为一个整体,考虑其综合影响。

第三节　内部环境因素

管理环境除了外部环境以外,还包括组织的内部环境。内部环境要素由若干要素组成,组织之所以能在社会中存在,就在于具有连续不断地将资源转换为社会所需要的产品和服务的能力。因此,就企业来说,如果把它看成是一个投入产出的系统,其内部条件可以分为三大组成要素:一是需要投入的资源要素;二是需要将这些资源加以合理组织、使用的管理要素;三是资源要素与管理要素的有机结合而产生的能力要素。这三大要素又由若干因素组成:资源要素包括人财物力资源、技术资源、市场资源、环境资源等;管理资源包括计划、组织、控制、人事与激励、组织文化等;能力要素包括供应能力、生产能力、营销能力和科研开发能力等,如表5-1所示。在所有这些要素中,对管理行为影响较大的内部环境因素主要是经营条件和组织文化。

表 5-1　企业内部环境的三大要素

资 源 要 素	管 理 要 素	能 力 要 素
人力资源	计划	供应能力
企业总人数	决策系统	供应组织与人员
人员结构	信息渠道	资金来源与利率
财务资源	计划程序的科学性	与供应者的关系
资产总值	宗旨、目标	资金利润率
资产负债比率	组织	生产能力
流动资产、固定资产比率	组织结构	生产规模
物力资源	组织协调	生产的灵活性
厂房	集权与分权	工艺和流程
设备	控制	劳动生产率
基础设施	控制标准	库存、成本、质量
技术资源	控制制度	营销能力
专利、诀窍、情报	人事与激励	市场定位的准确性
科研、技术设备	人事考核和政策	营销组合的有效性
市场资源	考核晋升奖罚制度	营销组织与人员
销售渠道	职工士气参与程度	销售费用
用户关系	组织文化	市场占有率
商标、商誉	价值观	科研开发能力
环境资源	经营哲学	组织与人员
公用设施	精神	开发经费与设施
地理位置与气候	职业道德、风貌	已有开发成果

一、经营条件

任何组织的经营活动都需要借助一定的资源来进行,经营条件主要是要分析组织内部各种资源的拥有状况和利用能力,这些资源的拥有情况和利用情况影响甚至决定着组织活动的效率和规模。组织活动的内容和特点不同,需要利用的资源类型也有区别。但一般来说,任何组织的活动都离不开人力资源、财务资源及物力资源。

（一）人力资源

人力资源质量的高低往往是决定一个组织核心竞争力的关键性因素。在人力资源要素中,组织需要考虑的主要是本组织人力资源总量是否平衡和人员结构是否合理的问题。如果存在人力资源总量过剩的情况,就要考虑采取不同的办法减少现有的人员数量;如果本组织人力资源总量不足,则要采取相应的办法招聘人才。在人员结构问题上,主要是高层次人才不足和低层次人才过剩的问题。目前很多组织都普遍存在人员总量过剩和结构不合理的问题。针对这一难题,组织一方面可以通过绩效考核等办法选拔并激励优秀人才,淘汰不符合岗位要求的人员,另一方面可以通过建立人才的流动机制,积极引进组织需要的高层次人才,并通过相应的培训机制提高现有人员的素质和能力。

（二）财务资源

财务资源是一种能够获取和改善组织其他资源条件的资源,因此可以认为是反映组织活动条件的一项综合因素。分析财务资源就是分析组织的资金拥有情况,即各类资金的数量;构成情况,即自有资金和债务资金的比重;筹措渠道,是通过债务市场还是通过商业银行;利用情况,组织是否把有限的资金使用在最需要的地方;分析组织是否有足够的财务资源去组织新业务的拓展、原有活动条件和手段的改造,在资金利用上是足够还是有潜力可挖,等等。

（三）物力资源

物力资源主要是分析组织活动过程中需要运用的物质条件的拥有数量和利用程度。比如,要分析企业拥有多少设备和厂房,它们与目前的技术发展水平是否相适应,企业是否应对其进行更新改造,机器设备和厂房的利用状况如何,企业能否采取措施提高其利用率等。

二、组织文化

对于任何一个组织来说,都有自己特殊的生存条件和历史传统,在长期的生产经营活动过程中,逐渐地形成了自己独特的哲学信仰、意识形态、价值取向和行为方式,即每个组织都有自己特定的组织文化。这种软约束力,对组织的发展产生着无法取代的作用力。正如美国哈佛大学教授迪尔和肯尼迪曾经指出的那样:"每个企业（事实上也是组织）都有一种文化。不管组织的力量是强还是弱,文化在整个组织中都有着深刻的影响,它实际上影响着企业中的每一件事:从某个人的提升到采用什么样的决策,以至职工的穿着和他们所喜爱的活动。"

由于组织文化的重要作用,我们将在第五章中作详细讨论。

第四节 组织环境的管理

从以上对组织环境的论述中可以看到,环境对管理有着重大的影响。外部环境决定了一个组织可以做什么和不可以做什么,它一方面限制了管理者的行动自由,另一方面又扩大了他们寻求外来资源与支持的机会。内部环境决定了该组织中的管理者能够做什么、可以怎么做,以及做到何种程度等。在内外部环境允许的范围内,管理者才能有所作为。因此,管理者的工作成效,通常取决于他们对环境影响的了解、认识和掌握的程度,取决于他们能否正确、及时和迅速地做出反应。为此,任何一个组织的管理者都必须学会如何管理其环境。

一、组织环境的分析

组织要想选择甚至改变和创造环境,必须加强对环境的管理,而分析环境是对环境进行管理的重要一步。

(一)识别环境的不确定性程度

组织环境对管理者有重要的影响,但并不是所有的组织环境都是一样的。要管理环境,首先必须了解组织所处的环境。如何衡量环境的不同?美国学者邓肯提出从两个不同的层面来确定组织所面临的环境不确定性程度,如表5-2所示,即用环境变化程度和环境复杂程度来衡量。

表5-2 组织环境的分类

	静态(稳定)	动态(不稳定)
简单	Ⅰ.低不确定性 外部环境要素少,而且要素相似;要素维持相同或缓慢变化	Ⅲ.高-中程度不确定性 少量外部环境要素,而且要素相似;要素常常变化并且不可预测
复杂	Ⅱ.低-中程度不确定性 大量的外部环境要素,而且要素不相似;要素维持不变或缓慢变化	Ⅳ.高不确定性 大量外部环境要素,而且要素不相似;要素常常变化且不可预测

(1)低不确定性,即相对简单和稳定的环境。在这种环境中的组织会处于相对稳定的状态。在这种环境下,管理者对内部可采用强有力的组织结构形式,通过计划、纪律、规章制度及标准化等来管理,如公用事业行业。

(2)低-中程度不确定性,即相对复杂而稳定的环境。一般来说,处于这种环境中的组织为了适应复杂的环境都采用分权的形式,强调根据不同的资源条件来组织各自的活动。不管怎样,它们都必须面对众多的竞争对手、资源供应者、政府部门和特殊利益代表组织,并作出管理上的相应改变,如汽车制造业。

(3)高-中程度不确定性,即动荡而简单的环境。处于这种环境中的组织一般处于相对缓和的不稳定状态中,面临这种环境的组织一般采用调整内部组织管理的方法来适应变化中的环境。例如,在市场销售方面采取强有力的措施,以应付快速变化中的市场形势,如音像制品行业。

(4)高不确定性,即动荡而复杂的环境。面对这种环境,管理者必须强调组织内部各方面及时有效的相互联络,并采用权力分散下放和各自相对独立决策的经营方式。如高新技术企业。

(二)时刻关注组织的行业环境

组织不仅在一般环境中生存,而且在特殊领域内活动,一般环境对不同类型的组织均产生某种程度的影响,而与具体领域有关的特殊环境则直接、具体地影响着组织的活动。

企业是在一定行业中从事经营活动的,行业环境的特点直接影响着企业的竞争能力。美国学者波特认为,影响行业内竞争结构及其强度的主要有现有厂商、潜在的竞争者、替代品制造商、原材料供应者以及产品用户等五种环境因素,如图5-2所示。

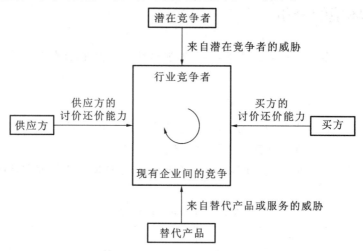

图 5-2 影响行业竞争的五种环境因素

1. 对现有竞争对手的研究

企业面对的市场通常是一个竞争市场。同种产品的制造和销售通常不止一家企业,多家企业生产相同的产品,必然会采取各种措施相互争夺市场份额,从而形成激烈的市场竞争。对现有竞争对手的研究首先要找到主要的竞争对手。为了在众多的同种产品的生产厂家中找到主要的竞争对手,可以用销售增长率、市场占有率、产品的获利能力三项指标来判断。另一方面在找出竞争对手之后,要研究其所以对本企业构成威胁的主要原因,找出主要对手的竞争实力的决定因素,以帮助企业制定相应的竞争策略。此外,还要时刻关注竞争对手的发展动向,要收集有关资料,密切注视竞争对手的发展方向,分析竞争对手可能开发哪些新产品,从而帮助企业先走一步,争取时间优势,使企业在竞争中处于主动地位。

2. 对潜在竞争对手的研究

一种产品的开发成功,会引来许多企业的加入。这些新进入者既可给行业注入新的活力,促进市场竞争,也会给原有厂家造成压力,威胁它们的市场地位。新厂家进入行业的可能性大小,既取决于由行业特点决定的进入难易程度,又取决于现有厂商可能做出的反应。原有厂商可能采取的反击措施,迫使那些可能的进入者认真思考、慎重决策。

3. 对替代品生产厂家的分析

对替代品生产厂家的分析主要包括两项内容。一是确定哪些产品可以替代本企业提供的产品,这实际上是确认具有同类功能产品的过程。二是判断哪些类型的替代品可能对本企业经营造成威胁。这项工作相对来说比较复杂,为此需要比较这些产品的功能实现能够给使用者带来的满足程度与获取这种满足所需付出的费用。如果两种相互可以替代的产品,其功能实现可以带来大致相当的满足程度,但价格却相差悬殊,则低价格产品可能对高价产品的生产和销售造成很大威胁;相反,如果这两类产品的功能与价格之比大致相当,则相互间不会造成实际的威胁。

4. 用户研究

用户在两个方面影响着行业内企业的经营。其一,用户对产品的总需求决定着行业的市场潜力,从而影响行业内所有企业的发展边界;其二,不同用户的讨价还价能力会诱发企业之间的价格竞争,从而影响企业的获利能力。用户研究也因此而包括两个方面的内容:用户的需求(潜力)研究和用户的讨价还价能力研究。需求研究主要包括总需求研究、需求结构研究、用户购买力研究;用户的价格谈判能力是受众多因素综合作用的结果,这些因素主要有购买量的大小、企业产品的性质、用户后向一体化的可能性、企业产品在用户产品形成中的重要性,等等。

5. 供应商研究

企业生产所需的许多生产要素是从外部获取的。提供这些生产要素的经济组织,类似于用户的作用,也在两个方面制约着企业的经营:一是这些经济组织能否根据企业的要求按时、按量、按质地提供所需生产要素,影响着企业生产规模的维持和扩大;二是这些组织提供货物时所要求的价格决定着企业的生产成本,影响着企业的利润水平。因此,供应商的研究也包括两个方面的内容:供应商的供货能力,或企业寻找其他供货渠道的可能性,以及供应商的价格谈判能力。这两个方面是相互联系的,综合起来看,需要分析的因素主要有是否存在其他货源、供应商所处行业的集中程度、寻找替代品的可能性、企业后向一体化的可能性。

波特的这一模型也适用于其他类型的组织,这一模型帮助人们深入分析组织所在的各种行业竞争压力的来源,使人们更清楚地认识到组织的优势和劣势,以及组织所处行业发展趋势中的机会和威胁。

(三)内、外部环境的综合分析

管理要通过组织内部的各种资源整合来实现其目标,因此组织在分析外部环境的同时,必须同时分析其内部环境,即分析组织自身的能力和局限,找出组织所特有的优势和存在的劣势。

任何组织的发展过程,实际上都是不断在其内部环境、外部环境及其管理目标三者之间维持需求动态平衡的过程。组织的内、外部环境绝对不能割裂开来。如果一个组织实力很强,竞争优势很明显,那么外部环境中的不确定性对该组织便不会构成太大的威胁。相反,那些不具任何特色的组织,即使外部环境再有利,也不会有快速的发展。因此,应将外部环境中存在的机会和威胁与组织内部的优势和劣势进行对比分析,以便充分发挥组织的优势,把握住外部环境的机会,避开组织内部的劣势和外部环境对组织的威胁。SWOT 分析法是最常用的内、外部环境综合分析技术。

1. SWOT 分析法定义

SWOT 分析法又称道斯矩阵,是一种评估组织自身的优势 S(strengths)与弱点 W(weakness),同时对外部环境的机会 O(opportunities)、威胁 T(threats)进行分析辨别,制定有效战略计划的方法。如图 5-3 所示。

2. 内涵

1) 优势 S

组织拥有比竞争对手更强的资源,能使组织获得更好的绩效。例如,管理者精明能干、富有经验;员工

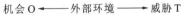

图 5-3 SWOT 分析矩阵

队伍素质较高;技术先进、设备精良、材料优质;财力雄厚,与金融界关系良好;品牌知名度高等。

2) 弱点 W

组织面对的是导致绩效低下或制约改善绩效的不利条件。例如,管理者缺乏能力和经验;员工素质不高;设备老化、技术不高;财务负担过重;品牌地位差劣。

3) 机会 O

现在或将来组织所面对的、比竞争对手更为有利的环境和条件;例如,组织产品的市场需求上升;组织的新技术、新产品受到市场普遍欢迎等。

4) 威胁 T

现在或将来组织所面对的、比竞争对手更为不利的环境和条件;例如,组织产品的市场需求下降,市场上出现了强有力的对手;新技术、新产品取代了本组织的产品;新法规、新政策的实施对本组织的产品不利等。

3. 意义

SWOT 分析法已广泛应用于各行各业的管理实践中,成为最常用和有效的工具。

(1) 它把内外部环境有机地结合起来,进而帮助人们认识和把握内外部环境之间的动态关系,及时地调整组织的经营策略,谋求更好的发展机会。

(2) 它把错综复杂的内外部环境关系用一个二维平面矩阵反映出来,直观而且简单。

(3) 它促使人们辩证地思考问题。优势与劣势、机会和威胁都是相对的,只有对比分析才能识别。例如从一般意义上讲,耐磨程度是衡量鞋的质量的重要指标,所以鞋商一般会因自己生产的鞋经久耐用而骄傲,并将此作为自身的优势;然而随着收入水平的提高,顾客已不关心鞋的耐用性,而是关心款式,在这样的环境下,这家鞋厂原有的优势便不再是优势。目前,许多企业的管理人员都陷入"高质量的产品"没有人买的困境中,他们所谓的"高质量"大多是企业自我的感觉和判断。

(4) SWOT 分析法可以组成多种行动方案供人们选择,加上这些方案又是在认真的对比基础上产生的,因此可以提高决策的质量。

二、组织环境的管理

外部环境是客观存在的,它对每一个企业都有影响,对企业的发展和管理的实施起着决定与制约的作用。但是,人类认识世界的目的是为了改造世界。在环境面前,企业也并不是只能无所作为而任凭环境摆布的。管理者必须抓好环境管理,充分地认识环境、分析环境,能动地适应环境,将环境对自己的不利影响减少到最低限度,求得内部管理与外部环境的动态平衡。

(一) 影响和改变环境

企业是一个特殊的组织,不论从理论还是实践方面,企业都不是单纯被动地适应环境,而可以主动适应甚至影响和改变环境。一般来说,企业可以通过下列措施影响环境的变化,使之有利于自己的发展。

1. 通过广告来影响环境

企业发布广告是有选择、有目地向目标市场传播信息的过程。广告有利于消费者建立和巩固品牌信任和顾客忠诚度。尤其对于产品和服务差别较小的企业来说,顾客的信任可以极大地改善竞争地位。例如,广告让消费者了解企业,了解企业对消费者做出的承诺,这对消费者的购买决策有重大的影响。未来生产相同产品的企业越来越多,消费者的选择余地也就越来越大。拥有良好品牌和声誉的企业,从某种程度上就减少了对消费者的依赖,甚至可以在交易中占据优势。

2. 签订有利的长期合约

企业可以通过与有良好声誉的供应商、销售商签订长期合约,在供应数量和价格方面作出规定。这样,在一定时期内企业与供应商、销售商之间稳定的合作关系会直接影响企业与环境的关系,降低不确定性,减少波动。

3. 与其他企业经营管理上的合作

现在国外许多大企业间高层主管交互任职的情况颇为盛行,一家企业的总经理可能是另一家企业的执行董事。这种管理合作不仅可为企业提供横向、纵向的联系,新鲜的决策思考角度,而且可帮助企业成为相对的整体增强实力,减少对外界的依赖,增强对环境的影响力。

4. 兼并、收购和建立战略联盟

竞争与合作并存的外部环境中,企业兼并、收购那些对其经营造成威胁的个人,可以减少竞争压力。企业对相关产业中企业的并购则是企业实现多样化或一体化经营的重要途径,这也会改变企业在本行业中的竞争地位,改变其与上下游企业竞价的实力。在彼此势均力敌的竞争对手间建立战略联盟,在某些经营活动中取长补短,既可以加强合作减少竞争,又可以降低双方面临的不确定性。

5. 影响政府和权力机关的决策

国家和政府是市场经济规则的制定者,是企业组织经营活动的"裁判"。国家、政府的有关决策对企业有强制性的约束力,对企业的生存发展至关重要。由于企业是现代社会的重要单元,是市场经济的微观主体,企业特别是明星企业或者是联合起来的企业的意见和要求对政府决策有相当的影响力。

(二)选择与控制环境

如果企业管理者可以决定环境,他们中的大多数人都会选择稳定的、其变化可预测的环境。这样,企业对环境的依赖程度将会有所减弱,管理者的决策工作也将变得更为简单。如果企业只能被动地适应环境,而不能对外部环境中的不确定性控制到可管理的范围内,那么企业作为一个相对独立的开放系统将无法保持相对稳定的经营。实际上,企业可以主动地适应环境。如果企业具有主动适应环境变化的能力,那么企业对环境的依赖性就会降低,就可以在主动适应环境的战略措施保障下,能相对独立、相对稳定地组织其投入产出的经济活动。

为了更好地控制环境,企业可以选择以下战略措施。

1. 选择适当的经营领域

每年都有很多企业倒闭或产生,有很多企业进入或退出。如果能够选择,企业当然应该放弃不利的经营领域,根据自身的情况选择环境不确定性较小的经营领域,更好地控制环境。对于某些一时难以退出正在经营的领域的企业来说,他们也可以选择多样化的策略以便减少对单一产品的依赖性。当然,多样化在减少企业对环境的依赖性的同时,也会给企业带来经营成本和经营难度的增加。这是管理上的一种"两难选择",需要企业管理层从长远的角度做出决策。

2. 聘请合适的高级管理人员

企业的成败在很大程度上取决于高层管理者的能力。优秀的高级主管不仅能充分运用其所学的知识和才能使企业得到发展,而且运用其与外部社会建立的良好关系,使企业更好地认识甚至影响环境。竞争对手的高级主管人员受到青睐,不仅因为他们具有丰富的经验和较强的能力,更重要的是其知晓竞争对手的许多重要信息。了解竞争对手的信息可以使本企业在竞争中"知己知彼"。有些企业乐于聘请卸任的政府官员,最看重的也是他们与政府的联系,更好地了解政府的决策信息。

不论是竞争对手还是政府,都是企业外部环境的组成部分,吸收竞争对手的高管和卸任官员,通过他们的知识、能力、信息、社会关系,更好地了解外部环境,也是企业减少对环境依赖性的重要策略之一。

3. 密切监视环境变化

环境的任何变化都需要一个过程,但能够做到先知先觉的企业极少。这是因为发现环境变化的早期信号和界定正在发生的变化程度都不是轻而易举的事情。为了使企业更好地适应环境变化,密切监视环境变化是非常重要的。组织中担任这一责任的人员应当是销售代表、市场调查员、采购人员、公共关系专家、人事招聘经理等,因为他们经常从事企业与外部环境进行人、财、物等生产要素和产品服务的交流工作,更便于了解外部环境。

4. 采取适当措施缓冲环境变化造成的压力

环境的不确定性决定了企业必然会遭到环境变化的冲击。如果企业没有任何缓冲压力的保护性措施,很容易在短期内受到巨大的损失。企业一般可以从投入和产出两方面采取缓冲措施,如加强原材料库存控制、内部成本控制、内部管理的强化、适当的成品库存等。

当然,采取缓冲措施也会给企业带来成本的增加。因此只有当缓冲措施带来的期望收益高于增加的成本时,企业所采取的缓冲措施才是经济合理的。

5. 采取措施,减少环境波动

对一些企业来说,需求总是有时间性、季节性要求的。例如,对电话的使用,上班期间是高峰,电信部门就通过高峰期收正常价,夜间及公休日等使用低谷期收取半价或优惠价来进行调控。再比如,在旅游旺季,游客的大量增加使得旅游企业无力满足市场需求,只能根据客人预订的先后次序来安排房间和床位。通过采取相应的手段,使企业不至于在环境波动时茫然失措,而是仍可以有条不紊地进行活动。

★ 复习思考题

1. 组织所面临的环境有哪些?
2. 研究组织所面临的环境,其重要的现实意义何在?
3. 能否控制和管理环境?怎样控制和管理环境?

第三篇
计 划

GUANLIXUE
GAILUN

第六章 计划与计划工作

【学习目标】
了解:计划的作用、种类;计划工作的程序。
理解:计划的性质和内容。
掌握:计划的概念、原理。
运用:联系实际说明计划职能对社会组织的极端重要性。

管理者作了决策之后,该如何实施决策确定的最优方案呢?这首先需要对决策的实施制订计划。所以,计划是决策的逻辑延续。计划通过将组织在一定时期内的活动任务分解给组织的各个部门、环节和个人,从而不仅为这些部门、环节和个人在该时期的工作提供了具体的依据,而且为决策目标的实现提供了保证。同时,计划工作又是组织、领导、控制和创新等管理活动的基础,是组织内不同部门、不同成员行动的依据。

"凡事预则立,不预则废",计划对企业的管理和经营具有至关重要的作用。很多企业在实践中不善于作计划,或者盲目地作计划,使企业受到巨大损失,甚至倒闭。本章首先介绍计划的基本概念、内容和作用;进而分析计划的多种类型;最后,介绍计划原理和制订过程,为读者在认识决策的基础上,更深层次地了解和把握计划的本质和制订计划的程序。

第一节 计划概述

一、计划的含义

(一)计划的概念

计划是管理的首要职能。它是关于组织未来的蓝图,是管理过程中在配置资源和采取行动之前,在预见未来的基础上对组织将来所要实现的目标和实现目标的途径做出系统的、具体的、详细的、周密的筹划和安排,以保证组织活动有条不紊地进行。

计划既是组织在未来一定时期内的行动目标和方式,又是组织、领导、控制和创新等管理活动的基础。古人所说的"运筹帷幄",就是对计划职能最形象的概括。

计划不是人们的临时反应,而是一种有意识的活动。计划还是一种需要运用智力和发挥创造力的过程,它依赖于整个组织所有员工的知识和经验。计划相对于企业管理者,就像地图对于旅行者,有助于企业把握机遇,实现发展目标。

计划有名词和动词两层含义，即计划与计划工作是两个不同的概念，彼此有一定联系。

1. 计划的名词含义

计划具有名词的含义，是指用文字、符号和指标等形式表述的，组织在未来一定时期内，关于目标和行动方案的管理文件。计划是一种结果，它是一系列计划工作的成果。

2. 计划的动词含义

计划的动词含义即计划工作，它又有广义与狭义之分。

从广义上讲，计划工作就是制订计划、执行计划和检查计划三个紧密衔接的过程。

从狭义上讲，计划工作就是制订计划，即根据实际情况，通过科学的预测，权衡客观的需要和主观的可能，提出在未来一定时期内所要达到的目标，以及实现目标的途径。

计划工作有两个关键词：一是目标，二是途径。制订计划要明确未来要达到的目标。目标的设定，可能来自公司董事会的要求，可能来自上级的要求，也可能是管理者自己设定的目标，或者在竞争环境下必须要实现的目标。在明确目标的前提下，还要确定实现目标的途径。途径主要指过程、重点工作、方法、措施和保障体系等。

人们身边有很多计划。例如，中国中央政府和省市地方政府的国民经济和社会发展五年规划（计划），该规划每五年制订一次，2006—2010年为第十一个五年规划期，该规划明确了规划时期的奋斗目标、重点任务和政策措施。又如，企业的生产计划、新产品研发计划、营销策划、员工培训计划、财务预算等。再如，学校的教学计划、培养计划、课程日程表等。还有，大型游艺活动的安排表、旅游日程计划等。

（二）计划的内容

一份完整的计划必须包括哪些内容呢？计划的内容实际上包含了计划在时间和空间两个维度展开时的原因、内容、时间、主体、地点与方法。无论是广义的计划工作，还是狭义的计划工作，都包含5W1H的内容，即制订计划需要回答一些基本问题。

(1) What（做什么）。首先，计划的目的是为了实现组织所提出的各项目标，每一项计划都是针对一个特定的目标的，因此，一项计划首先要明确该项计划所针对的目标、任务、内容及要求。

(2) Why（为什么做）。明确计划工作所要进行的原因和目的，说明进行这项工作或实现相应目标的意义或重要性。

(3) When（何时做）。规定计划中各项工作的开始和完成时间，以便进行有效的控制和对资源、能力的平衡。

(4) Who（谁去做）。规定由哪些部门和职员负责实施计划。

(5) Where（何地做）。规定计划的实施地点或场所，了解计划实施的环境条件和限制，以便合理安排计划实施的空间。

(6) How（怎么做）。制订计划的措施以及相应的政策和规则，对资源进行合理分配和集中使用，对生产能力进行平衡，对各种派生计划进行综合平衡等。

除此之外，为了在实施过程中明确在什么情况下需要修改计划，在一项计划中还应该说明该项计划有效的前提条件；为了增强计划的适应性，要说明当实际情况与计划前提条件不符合时应采取的措施；需投入多少资源；为了便于在情况发生较大变化、计划实施条件不具备时，能够判断是应该放弃该项计划还是要竭尽全力、创造条件完成计划。

另外，一个完整的计划还应该包括控制标准和考核指标，从而告诉实施计划的部门和人员，做成什么样，达到什么标准才算完成计划，目的在于把计划的执行控制在计划预先设定的框架之中，最终为实现组织目标服务。综上所述，一项完整的计划应包含的要素如表 6-1 所示。

表 6-1　一项完整的计划应包含的要素

要　素	内　　容	所要回答的问题
前提	预测、假设、实施条件	该计划在何种情况下有效
目标（任务）	最终结果、工作要求	做什么（What）
目的	理由、意义、重要性	为什么做（Why）
战略	途径、基本方法、主要战术	如何做（How）
责任	人选、奖惩措施	谁做、做得好坏的结果（Who）
时间表	起止时间、进度安排	何时做（When）
范围	组织层次或地理范围	涉及哪些部门或何地（Where）
预算	费用、代价	需投入多少资源
应变措施	最坏情况计划	实际与前提不相符怎么办

人们常说，要"做正确的事"和"正确地做事"。"做正确的事"涉及正确地选择所要做的工作，是方向性选择；"正确地做事"是如何正确地展开已经明确的工作，是事务性展开。显然，"做正确的事"更为重要。在 5W1H 中，与"做正确的事"相关联的有 What 和 Why（做什么？为什么做？），这在计划制订中，是关于目标和方向的基本问题。

（三）计划与决策

计划与决策是怎样的关系？两者中谁的概念更广一些，有没有包含与被包含的关系？这些问题引起了很多管理学者的热烈讨论。

有人认为，计划是管理的首要职能，而决策只是计划过程中的一项工作内容；也有人认为，计划在管理职能中处于主要地位，包括形势分析、机会估量、未来预测、拟订方案和编写文字计划等，而决策只是对两个或者两个以上的方案进行选择；也有学者认为，管理就是决策。

通过第五章管理决策的学习可知，决策并不仅仅是对几种方案进行选择的问题，它实质是一个贯穿管理各项职能的过程。从这个角度出发可认为，计划和决策既有区别又有联系。

两者的区别在于：决策是关于组织活动方向、内容以及方式的选择；而计划是对组织内部不同部门和不同成员在一定时期内行动任务的具体安排，它详细规定了不同部门和成员在该时期内从事活动的具体内容和要求。

两者的联系在于：①决策是计划的前提，计划是决策的逻辑延续，决策为计划的任务安排提供了依据，计划为决策所选择的目标的实现提供了保证；②在实际工作中，计划和决策总是相互渗透，有时甚至是不可分割地交织在一起的，这一点也可以从决策过程和计划工作程序的轮廓体现出来，如图 6-1 所示。

二、计划的性质

计划是对未来的承诺和管理，其性质可以概括为五性：目的性、首位性、普遍性、效率性和

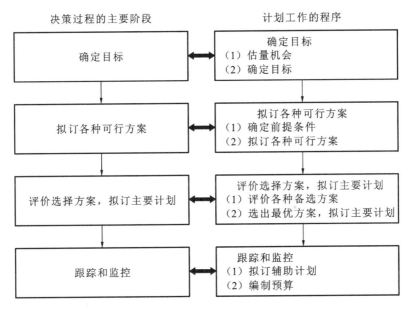

图 6-1　决策过程与计划工作程序比较分析图

创造性。

1. 目的性

每一个计划都是为了实现一定的目标而编制的,当我们制订计划时,其实已经确定了希望或者必须达到的结果。

2. 首位性

计划是管理的首要职能,组织、领导、控制和创新等其他职能都是在制订了计划之后才能开展的。而且,在有些情况下,计划是唯一付诸实施的管理职能。例如,某企业集团打算在一个偏远小城开发市场,但是经过研究和周密计划后,发现目前在偏远地带开拓市场很不合算,决定暂时不再考虑此事,从而也就无所谓组织、领导、控制和创新了。

3. 普遍性

计划是所有管理人员的共同职能,无论是总经理、部门主管,还是一线员工,都要做计划。高层管理人员通常做战略计划,生产线上班组长则做一般的工作计划,即计划工作的特点和范围会随着各级主管人员职权的不同而不同。另外,为了保证实现组织的目标,高层管理人员制订了总体计划后,其他各级管理人员必须以总体计划为依据,根据其职权范围制定相应的计划,给予协作和补充。

4. 效率性

计划工作不仅要确保实现目标,而且要确保实现目标的途径和方法是对资源的最优配置,即提高效率,也就是我们常说的"做正确的事,正确地做事"。

计划工作的效率,是以实现企业的总目标和一定时期的目标所得到的利益,扣除制订和执行计划所需的费用以及预计不到的损失之后来衡量的。经济学和管理学中,效率通常是用投入产出之比来衡量的,比如我们常用的资金利润率、劳动生产率和成本利润率等量化形式。但在计划工作的效率这一概念中,不仅包括这些量化形式,还包括个人和集体的满意度等主观评价。所以,既能够实现产出大于投入,又能够兼顾国家、集体和个人三者利益的计划才是有效率的计划,才称得上完美计划。

5. 创新性

计划工作总是针对要解决的新问题和可能发生的新变化、新机会而做出决定的,它是对变化的未来管理活动的事先设计和安排,所以计划可谓是一个创新性的管理过程。正如研发新产品这种创新活动一样,计划是对管理活动的创新。

6. 动态性

由于环境条件有变化,原有计划或者被更新和修改,或者被新计划所替代。当一种状态要求一整套全新的目标时,新的计划就会代替原有的计划。因此,计划一直处于变动或修改阶段,但并不是被取消。

三、计划的作用

计划是一项重要的管理工作,计划的最终成果是对未来发展的行动方针做出预测和安排,尽管各项管理职能都必须考虑组织的未来,但都不可能像计划那样以谋划未来为主要任务。无论是规划、预算、还是政策、程序,都是为了未来的组织行动有明确的目标和具体的方案作指导。在管理过程中,人们把计划列为第一位,即计划、组织、领导和控制。人们认为计划是火车头,而组织、领导和控制活动为一列牵引着的火车车厢。因为计划工作指出方向,减少变化带来的影响,尽可能避免重复、遗漏和浪费,并制定标准以利于控制。因此,有效的计划是一切成功的秘诀。

1. 提供方向

计划为管理工作提供了基础,是管理者行动的依据。通过清楚地确定目标和如何实现这些目标,可为未来的行动提供一幅路线图,从而减少未来活动中的不确定性和模糊性。

2. 合理配置资源

任何一个组织的资源都是有限的,计划就是要对组织有限的资源在空间和时间上做出合理地配置与安排,即达到资源配置和使用的最优化。因为计划工作说明并确定了组织中每一部门应做什么,为什么要做这些事,应在什么时候去做。目的和手段都很明确,通过计划对管理活动的各个方面进行周密的安排,综合平衡,减少了重复和浪费活动,并协调各项活动,使之与其他有关活动相配合。

3. 适应变化,防患于未然

计划通过预计变化来降低不确定性。为了制订合理的计划,管理者必须不断关注组织外部环境的动态变化,预测未来环境的变化趋势,这就迫使管理者习惯于在决策时考虑多种不可控因素的影响,并采取措施加以预防。当然,在"计划不如变化快"的市场经济年代,再好的计划也不能消除变化,因此计划工作的开展是为了预测各种变化和风险,并对它们做出最为有效的反应,而不是为了消除变化。

4. 提高效率,调动积极性

由于目标、任务、责任明确,可使计划得以较快和较顺利地实施,并提高经营效率。通过清楚地说明任务与目标之间的关系,可制定出指导日常决策的原则,并培养计划执行者的主人翁精神。

5. 为控制提供标准

计划尤其是中短期计划总是通过具体的计划指标来体现的,正是这些具体的计划指标使管理者能将实际的业绩和目标进行对照,有利于对计划进行监督和检查,及时纠正偏差、进行控制。通过计划明确组织行为的目标,规定实施目标的措施和步骤,来保证组织活动的有序性。计划不仅是组织行动的标准,同时也是评定组织效率的标准。所以说没有计划也就无所谓控制。

四、影响计划有效性的因素

（一）组织层次

图 6-2 所示为组织的管理层次与计划及决策类型之间的一般关系。在大多数情况下,基层管理者的计划活动主要是制订作业计划,当管理者在组织中的等级上升时,他的计划角色就更具有战略导向性。对于大型组织的最高管理者,他的计划任务基本上都是战略性的。而在小企业中,所有者兼管理者的计划角色兼有战略和作业两方面的性质。

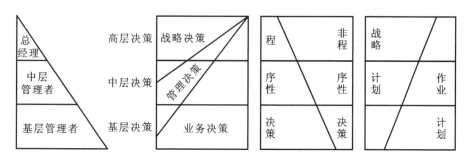

图 6-2 组织层次与计划及决策类型的关系

（二）组织的生命周期

组织都要经历一个生命周期,开始于幼年期,然后是成长、成熟,最后是衰退。在组织生命周期的各个阶段上,计划的类型并非都具有相同的性质,计划的时间长度和明确性应当在不同的阶段上不断地调整。

在幼年期,各类不确定性因素很多,目标是尝试性的,要求计划也能随时按照需要进行调整。所以,计划工作的重点放在方向性、指导性上,计划的期限应该比较短。

在成长期,随着目标更确定,不确定性因素减少。因此,计划工作的重点可放在具体的操作性上,但是为了保持灵活性,仍然应该侧重于短期计划。

当组织进入成熟期,组织面临环境的不确定性和波动性最少,计划工作的重点可放在长期性、具体的可操作性上。

当组织进入衰退期时,组织面临的变化和波动性又增多了,这时的目标要重新考虑,资源要重新分配,计划工作的重点又重新放在短期的、指导性计划上来。

（三）环境的不确定性程度

一方面，若环境波动的频率高，则组织的计划重点应放在短期计划上；反之，计划的重点则可偏向于长远的规划上；另一方面，若环境变化的幅度大，计划的内容重点则应放在指导性的内容上，反之，组织的计划则可侧重于操作性的具体内容方面。

（四）组织文化

组织文化是指组织在长期的实践活动中形成的，并且为组织成员普遍认可和遵循的具有本组织特色的价值观念、团体意识、行为规范和思维模式的总和。组织文化有强弱之分，带有很强的组织特征。在强有力的组织文化中，组织成员对于组织的立场有着高度一致的看法，组织对员工应该做什么、怎样做都十分清楚，组织文化对员工的影响相当深远。从而，这种目标和行动的一致导致了内聚力、忠诚感和组织承诺。在强文化背景下，组织成员所共有的价值体系也会对计划工作的重点产生影响。在手段倾向型的组织文化中，组织的计划更侧重于具体的操作性内容；而在结果倾向型的组织文化中，组织的计划则会倾向于目标性和指导性内容。

总之，在不断变化的世界上，计划必须是灵活的。因为，环境变得更具有动态性和不确定性，所以不可能准确地预测未来。因此，管理良好的组织很少在非常详细的、定量化的计划上花费时间，而是开发面向未来的多种方案。

五、计划工作的原理

原理反映了客观事物的本质及其运动规律。管理原理是对管理过程中基本规律的一种理论概括，是管理现象的抽象和总结，是对各项管理制度和管理方法的高度综合与概括。制订计划，应该遵循以下原理。

（一）限定因素原理

限定因素是指妨碍目标实现的因素。限定因素原理是指在计划工作中，越是能够了解和找到对达到所要求的目标起限制性和决定性作用的因素，就越能够准确地、客观地选择可行的方案。限定因素原理表明，主管人员在制订计划时，必须全力以赴找出影响计划目标实现的主要限定因素或者战略因素，有针对性地采取得力的措施。这就像哲学中的矛盾论所要求的，处理问题要抓住主要矛盾和矛盾的主要方面，否则将造成事倍功半。

（二）许诺原理

在计划工作中，选择合理的计划期限应该是有规律可循的。许诺原理是指任何一项计划都是对完成某项工作所做出的许诺，许诺越大，实现许诺所需的时间就越长，因而实现许诺的可能性就越小。一般来说，确定计划的期限会考虑到经济成本问题，如果期限太长，当然会越费钱；但是短期计划又存在着实现不了目标的风险，那么如何确定计划期限呢？关于合理确定计划期限的问题体现在许诺原理上，即计划工作要确定一个期限，这个期限的长短取决于决策中所许诺的完成任务所必需的时间。案例 6-1 中的企业就很好地利用了许诺原理。

【案例 6-1】

由于出现了意料之外的原材料大幅度涨价，某企业为了保证实现年度生产经营计划的利润目标，需要补充制订一个增加销售收入的计划，那么这个计划的期限至少要多长时间呢？这个计划至少要在一年中的什么时间以前制订并实施才能确保实现呢？根据许诺原理，该计划期限主要取决于从增加订货到最后实现销售收入的最短周期。对于该企业来说,从接收订单、签订合同到完成工程图设计,一般要两个月的时间。进行生产准备、投产到出产品的生产周期一般也为两个月。商品通过铁路发运,整个运输过程的延续时间均为半个月左右,结算周期一般为一个月以上,而且有逐渐延长的趋势。因此,计划期限应定为半年,也就是说,计划工作的开始时间至少要在六月底以前。这也是为什么该企业每年要在六月底以前审查年度计划完成情况的原因。

按照许诺原理,计划必须有期限要求,事实上对于大多数情况来说,完成期限往往是对计划的最严厉的要求;此外,必须合理地确定计划期限,并且不应随意改变计划期限;再有,每项计划的许诺不能太多,因为许诺(任务)越多,则计划时间越长。如果主管人员实现许诺所需的时间长度比他可能正确预见的未来期限还要长,如果他不能获得足够的资源,使计划具有足够的灵活性,那么他就应当果断地减少许诺,或是将他所许诺的期限缩短。例如,他所许诺的如果是一项投资的话,他就应当采取加速折旧提取等措施使投资的回收期限缩短,以减少风险。

(三) 灵活性原理

计划的灵活性是指当出现意外情况时,有能力和余地改变方向但却不用花费太多代价。所以,灵活性原理即制订计划时要有灵活性,要留有余地。但是,执行计划一般不应该留有余地,比如执行一个生产作业计划必须严格准确,否则组装车间可能出现停工待料,或者出现在制品大量积压的现象。

对于主管人员来说,灵活性原理是计划工作中最主要的原理,特别是在承担的任务重、目标的期限长的情况下,灵活性便显示出它的作用。当然,灵活性只是在一定程度内是可行的,它的限制条件如下。

(1) 不能总是以推迟决策的时间来确保计划的灵活性。因为未来很难完全预料,如果我们一味等待收集更多的信息,尽量地将未来可能发生的问题考虑周全,当断不断,就会坐失良机,招致失败。

(2) 使计划具有灵活性是要付出代价的,甚至由此得到的好处可能补偿不了它的损失,这就不符合计划的效率性。

(3) 有些情况往往根本无法使计划具有灵活性。如某个派生计划的改动,可能导致全盘计划的改动甚至落空。例如,企业销售计划在执行过程中遇到困难,可能实现不了既定的目标。如果允许其灵活处置,则可能危及全年的利润计划,从而影响到新产品开发计划、技术改造计划、供应计划、工资增长计划、财务收支计划等许多方面,以致使企业的主管人员经过反复权衡之后,不得不动员一切力量来确保销售计划的完成。

为了确保计划本身具有灵活性,在制订计划时,应量力而行,不留缺口,但要留有余地。在国外,现在也多强调实行所谓的"弹性计划",即能够适应变化的计划。

(四) 改变航道原理

计划制订出来之后,计划工作者就要管理计划,促使计划的实施,必要时可以根据当时的实际情况做出必要的检查和修订。这就像航海一样,船长必须经常核对航线是否准确,一旦遇到障碍应该绕道而行。这就是改变航道原理,具体可以表述为:计划的总目标不变,但是实现目标的"航道"可以因实际情况而变。这个原理和灵活性原理是不同的,灵活性原理是指制订计划时应保证计划本身具有适应性,而改变航道原理是指执行计划时要具备应变能力。因此,计划工作者应经常地检查计划和修订计划，以达到预期的目标。

第二节 计划的种类

按照不同的标准，可将计划分成不同的类型，但是各种类型的计划不是彼此割裂的，而是由分别适用于不同条件下的计划所组成的体系。

最常用的分类方法根据计划的表现形式、计划的职能、计划的期限、计划范围的广度和计划的明确性程度进行分类。表 6-2 列出了不同的计划类型。

表 6-2 计划的类型

分类标准	类型	分类标准	类型
表现形式	宗旨、使命、目标、战略、政策、程序、规则、规划、预算	层次	战略性计划、战术性计划和作业计划
		期限	长期计划、中期计划和短期计划
职能	供应计划、生产计划、营销计划、新产品开发计划、财务计划、人事计划、后勤保障计划	明确性	指导性计划、指令性计划
		内容	专项计划、综合计划

一、按计划的表现形式分类

计划的不同表现形式是计划多样性的重要方面，确定计划形式对于发挥计划职能有着重大意义。计划的主要表现形式有宗旨、使命、目标、战略、政策、程序、规则、规划、预算等，它们之间其实是一个抽象到具体的层次体系，如图 6-3 所示。

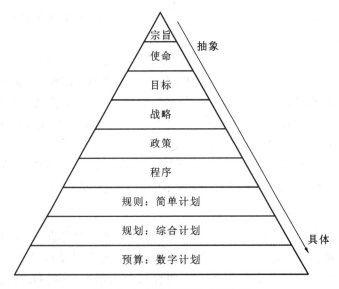

图 6-3 计划的表现形式层次图

(一) 宗旨

一个组织的宗旨可以看作是它最基本的目标,也是组织继续生存的目的和原因。宗旨可以概括为两类:一类是对组织以外的自然、社会所做的贡献;另一类是组织内部的成员生存和发展的必需条件。这两者之间彼此相连、相辅相成。

(二) 使命

明确了组织宗旨以后,管理者要选择能最好地实现这一宗旨的服务领域或事业。被选定的服务领域或事业就是组织使命。例如,一家旅行社和一家电子企业同样为了创造利润,一个选择了提供旅游服务,一个选择提供电子产品。一所学校和一家法院同样服务于社会,前者的使命是教书育人,后者的使命是解释和执行法律。总之,使命是组织实现宗旨的手段,而不是宗旨存在的理由,组织为了自己的宗旨,可以选择不同的使命。

(三) 目标

组织使命说明了组织要从事的事业,目标更具体说明组织从事这项事业的预期结果。目标包括在一定时期内组织的目标和各个部门的具体目标等两方面的内容。目标不仅是计划的终点,也是组织工作、人事工作、领导工作和控制活动所要达到的结果。

(四) 战略

组织的使命和目标只能指明组织的服务领域和预期结果,而要实现组织的使命和目标必须创造或具备各方面的基础条件,例如,资源条件、技术条件、市场条件、人员条件等,这些基础条件就是组织战略实施的结果。战略是为实现组织长远和全局的重大问题进行的谋划。

(五) 政策

政策是指在决策或处理问题时用来指导和沟通思想与行动的规定。政策规定了组织活动的范围与界限,鼓励什么与限定什么,以保证行动同目标的一致性,有助于目标的实现。作为明文规定的政策,一般列入计划之中,而一项重大的政策,则往往单独发布。政策规定了范围与方向,但目的不是要约束下级使之不敢擅自决策,而是鼓励下级在规定的范围内自由处置问题,主动承担责任,将一定范围内的决策权授予下级,使下级在不违反政策的前提下,尽可能发挥自己的判断潜力,做出更符合实际的决定。为了有助于组织目标的实现,政策必须保持一贯性和完整性。

(六) 程序

程序规定了如何处理一些重复发生的例行问题的标准方法,所以也是一种计划。通俗地说,程序就是办事手续,是真正的行动指南而不是思想指南,即对所要进行的行动规定时间顺序,也是一种工作步骤。管理者一般把反复出现的业务编制成程序,一旦该项业务再次出现,就可以调用原来编好的程序。程序是一种经过优化的计划,它是对大量日常工作过程及工作方法的提炼和规范化。管理的程序化水平是管理水平高低的重要标志。

(七) 规则

规则是对具体场合和具体情况下,允许或不允许采取某一种特定行动的规定。它是最简单的一种计划,政策、规则和程序之间容易混淆,所以要特别注意区分。规则和政策之间的区别在于规则在应用中不具有自由处置权,而政策在决策时则有一定自由处置权(虽然有时不是很广泛);规则与程序之间的区别在于规则不规定时间顺序,可以把程序当成一系列规则的总和。规则和程序实质上是压抑思考的,所以有些组织只是在不希望它的员工运用自由处置权的情况下才加以采用。

(八)规划

规划是为实施既定方针所必需的目标、政策、程序、规则、任务分配、执行步骤、使用资源和其他要素的复合体。规划有大有小,大的规划如某公司为了长期发展的大目标,制定了"五年规划",小的规划如某个家庭一次搬家可以制定一个改变家具摆放的规划。组织的规划是一种综合性、粗线条、纲要性的计划。

(九)预算

预算作为一种计划,是一种用数字表示预期结果的一种报告书,也称为"数字化"计划。例如,企业中的财务收支预算,预测出未来一段时期的现金流量、费用收入、资金支出等的具体安排。预算还是一种主要的控制手段,是计划和控制工作的连接点——计划的数字化产生预算,而预算又将作为控制的衡量基准。

二、按照计划的职能分类

计划也可以按照职能分类,不过这里的职能是指企业的职能,并非管理职能。按照职能可以将企业的经营计划分为供应计划、生产计划、营销计划、新产品开发计划、财务计划、人事计划、后勤保障计划等。这些职能计划通常是企业相应的职能部门要制订和执行的计划,所以按照职能划分的计划体系,是与企业的组织结构体系并行的,所以,依据组织结构之间的各层依赖和影响关系,可以确定各种职能计划之间的依赖程度和影响程度,有助于估计各种计划执行期间可能出现的变化和问题,有助于将资源在各种职能部门做更加有效的分配。

三、按计划的层次分类

按照计划的层次划分,可以将计划分为战略计划、战术计划和作业计划,分别由组织的高层、中层和基层管理者制定。

(一)战略计划

战略计划是指应用于整个组织的,为组织设立总体目标和寻求组织在所对应的环境中的地位的计划,其任务是设立总体目标,其特点主要表现为长远性、整体性、单值性、有较大的弹性;是战术性计划的依据;是组织活动能力的形成与创造过程;由高层管理者制定;一般有5年甚至更长的时间间隔。

(二)战术计划

战术计划是一种局部性的、阶段性的、规定总体目标如何实现的细节的计划。其任务是指导组织内部某些部门的共同劳动,以完成某些具体的任务,实现某些具体的阶段性目标。其特点主要表现为局部性、阶段性;在战略性计划指导下制定的,是战略性计划的落实;其实施则是对已经形成的能力的应用;由中层管理者制定;时间根据战略计划而定,为战略计划服务。

(三)作业计划

作业计划是给定部门或个人的具体行动计划。其任务是假定目标已经存在,只是提供实现目标的方法。其特点主要表现为个体性、可重复性和较大的刚性,一般情况下是必须执行的命令性计划;由基层管理者或作业者制定;有较短的时间间隔,如月、周、日计划。

例如,国内著名的网站搜狐将企业定位在"办成百年老店"的战略目标,为了有效实施这项战略计划,将战略计划分解成许多的战术计划,而战术计划再分解成具体的作业计划,形成了计划体系,逐项实施作业计划,定期检查,一定时间再考察战术计划的实施状况,目标是实现战略计划。

四、按计划期限的长短分类

(一)长期计划

长期计划描述了组织在较长时期(通常为5年以上)的发展方向和方针,规定了组织的各个部门在较长时期内从事某种活动应达到的目标和要求,绘制了组织长期发展的蓝图。长期计划主要回答两个方面的问题:一是组织的长远目标和发展方向是什么,二是怎样达到本组织的长远目标。例如,一个企业的长期计划要指出该企业的长远经营目标、方针和策略等,一般包括企业产品发展方向、企业的发展规模、科研方向和技术水平、主要的技术经济指标等内容。

(二)中期计划

中期计划是指计划在1年以上、5年以下的计划。中期计划来自长期计划,只是比长期计划更为具体和详细,它主要起协调长期计划和短期计划之间关系的作用。长期计划以问题、目标为中心,中期计划则以时间为中心,具体说明某个时间段应达到的目标和采取的措施。

(三)短期计划

短期计划是指计划期为1年或1年以内的计划。它具体地规定了组织的各个部门在目前到未来的各个较短的时期阶段,特别是最近的时段中,应该从事何种活动,从事该种活动应达到的要求,因而为各组织成员在近期内的行动提供了依据。

例如,北京大学、清华大学正在实施"建设成为国际一流大学"的战略目标,涉及时间达20年之久的长期计划,但是这项战略目标又包括许多2~3年的中期计划,而中期计划又包括若干1年之内的短期计划。从宏观到微观,从长期到短期,既有战略的高度,又有实施的可操作性,便于检查和考核计划的实施状况。

总之,长期计划为组织发展指明方向,中期计划则为长期计划赋予了具体的内容,为组织发展指明了具体路径,短期计划则为组织规定行进的步骤。长期计划、中期计划和短期计划依次是整体与部分之间的关系,共同形成一个体系,在制订与执行计划过程中,将长期计划、中期计划与短期计划结合起来具有重要意义。

五、按计划的明确程度分类

(一)指导性计划

指导性计划只规定一些重大方针,而不涉及明确的、特定的目标或特定的活动方案。这种计划可为组织指明方向、统一认识,但并不提供实际的操作指南。

（二）指令性计划

指令性计划则恰恰相反，要求必须具有明确的可衡量目标以及一套可操作的行动方案。组织通常根据面临的环境的不确定性和可预见性程度的不同，选择制订这两种不同类型的计划。

六、按计划的内容划分

按照计划的内容划分，可以将计划分为专项计划和综合计划。

（一）专项计划

专项计划是指为完成某一特定任务而拟订的计划。

（二）综合计划

综合计划是指对组织活动所做出的整体安排。

综合计划与专题计划之间的关系是整体与局部的关系。专项计划是综合计划中某些重要项目的特殊安排，专项计划必须以综合计划做指导，避免同综合计划相脱节。例如，国家针对整个社会的协调、可持续发展而制定的"十一五"规划，是一项涉及政治、经济、文化、技术、军事、自然资源等各方面的综合性计划；而针对当前某些地方社会治安比较差的状况，制订社会治安整顿专项计划，主要内容就是惩治犯罪行为，扭转社会风气。

第三节 计划工作的程序

计划不是一次性的活动，而是无限的过程。随着条件的改变、目标的更新以及新方法的出现，计划过程一直在进行。因为企业经营的环境持续变化，所以需要对计划进行更新和修改。计划编制过程中必须采取科学的方法。计划工作的一般程序如图6-4所示。

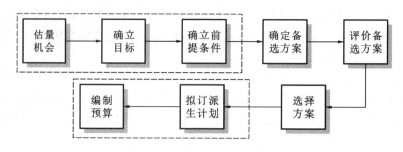

图 6-4 计划工作的一般程序

一、估量机会

对机会的估量，要在实际的计划工作开始之前就着手进行，它虽然不是计划的一个组成部分，但却是计划工作的一个真正起点。其内容包括：对未来可能出现的变化和机会进行初步分析,形成判断;根据自己的长处和短处搞清自己所处的地位;了解自己利用机会的能力;列举主要的不肯定因素,分析其发生的可能性和影响程度;在反复斟酌的基础上,定下决心,扬长避短。

二、确立目标

计划工作的第一步,是在估量机会的基础上,为组织及其所属的各部门确定计划工作的目标。在这一步上,要说明基本的方针和所要达到的目标,说明制定战略、政策、规则、程序、规划和预算的任务,指出工作的重点。

三、确立前提条件

确定一些关键性的前提条件是计划工作的关键环节之一。

所谓计划工作的前提条件就是计划工作的假设条件,换言之,即计划实施时的预期环境。负责计划工作的人员对计划前提了解得越细、越透彻,并能始终如一地运用它,那么计划工作将会做得越协调。

按照组织的内外环境,可以将计划工作的前提条件分为外部的和内部的两种;还可以按可控程度,将计划工作前提条件分为不可控的、部分可控的和可控的三种。前述的外部前提条件多为不可控的和部分可控的,而内部前提条件大多是可控的。

(一) 外部和内部的前提条件

1. 外部的前提条件

外部的前提条件包括如下几类。

(1) 一般环境类,包括经济、政治、技术、社会和伦理等条件。

(2) 产品市场类,包括影响产品和服务需求的各种条件。

(3) 要素市场类,包括土地、劳动力、材料、零部件和资本等要素。可以看出这三类前提是相互作用,彼此影响的。

2. 内部的前提条件

内部的前提条件包括投在厂房和设备方面等固定资产方面的资金、企业的战略和政策、已经拟订的主要计划、已经做出和批准了的对市场的预测、既定的组织机构等。

(二) 可控和不可控的前提条件

(1) 企业无法控制的前提条件:人口增长、未来的价格水平、税收和财政政策。

(2) 企业在一定程度上可控制的前提条件:企业的市场占有率水平、企业员工思想的稳定性等。

(3) 企业可以完全控制的前提条件:企业自定的市场开拓政策、对风险性产品研发的投资、产品投放市场的时机与方式等。

对于可控的前提条件,企业应当在将来的计划中制定出具体的影响、控制和改变的措施和策略;对于不可控的前提条件,企业需要在计划中拟订出适应或改变的办法。

四、确定备选方案

根据确定的前提条件,拟订各种可能的方案。一般来说,最显眼的方案往往并不是最好的方案;对过去采用的方案修改和补充的方案也未必就是最佳方案。拟订方案需要充分发挥员工的主动性和创造性,提出尽可能多的方案,但是,方案也不是越多越好,要注意对方案的数量加以限制,把精力集中在最有希望的可行方案上,提高计划工作的整体效率。

五、评价备选方案

根据组织和各部门的目标对各种方案进行权衡比较,对其进行评价。评价实质上是一种价值判断,它一方面取决于评价者所采用的标准;另一方面取决于评价者对各个标准所赋予的权重。

显然,确定目标和确定计划前提条件的工作质量,直接影响到方案的评价。在评价方法方面,可以采用定性方法和运筹学中较为成熟的矩阵评价法、层次分析法以及在条件许可的情况下采用多目标评价方法。在评价备选方案时,应当注意以下几个问题:①仔细考察每个备选方案的制约因素和隐患;②着眼于总体的效益去衡量方案;③不仅要考虑到每个备选方案的定量因素,而且还要考虑到它们的定性因素;④动态地考察计划的效果,不仅要考虑执行方案时带来的收益,而且还要考虑到执行方案时带来的损失,尤其是那些潜在的损失。

六、选择方案

选择方案是整个计划流程中最为关键的步骤。实际上,选择方案是在评价方案的基础上,对备选方案进行优劣排序,然后进行选择的过程。为了保持计划的灵活性,有时候会遇到同时有两个可取的方案,在这种情况下,必须确定首先采取哪个方案,并将另外一个方案进行细化和完善,作为后备方案。将所选择的方案和计划用文字形式正式地表述出来,作为一项管理文件,即清楚地确定和描述5W1H 的内容。

七、拟订派生计划

完成选择方案以后,还要对计划内容所涉及的下属部门制订支持总计划的派生计划。派生计划就是总计划的分计划和行动计划。总计划要依靠派生计划来保证,派生计划是总计划的基础。例如,某企业决定开拓新市场时,需要拟定很多辅助计划,如筹集资金计划、广告计划、员工培训计划等。

八、编制预算

编制预算,其实就是把计划转化为预算,使之数字化、定量化,通过数字来反映整个计划。编制预算主要有两个目的:第一,计划必然涉及资源的分配,只有将其数字化后才能汇总和平衡各类计划,分配好各类资源;第二,预算可以成为衡量计划是否完成的标准。定性的方案内容,往往在可比性、可控性以及奖惩等方面比较难以把握,而定量的方案内容,则具有较强的约束力。

★ 复习思考题

1. 简述计划的概念和性质。
2. 计划有哪些类型?
3. 举例说明计划的作用。
4. 计划工作的原理是什么?举例说明其在实践中的应用。
5. 简述计划工作的程序。

第七章 计划工作的方法

【学习目标】
了解:滚动计划法的概念及其编制方法。
理解:目标管理法的优缺点;网络计划技术法的概念及其编制方法。
掌握:目标管理的概念及其实施过程;甘特图的概念及其编制方法。
运用:联系实际分析目标管理的过程及优缺点。

计划工作的效率高低和质量的好坏在很大程度上取决于所采用的计划方法。计划方法为制订切实可行的计划提供了手段。在计划的质量方面,现代计划方法可以确定各种复杂的经济关系,提高综合平衡的准确性,能够在众多的方案中选择最优方案,还能够进行因果分析,科学地进行预测;在效率方面,由于采用了现代数学工具并以计算机技术作为基础,大大加快了计划工作的速度,这使得管理人员可以借助于许多科学的方法来进行计划。总之,现代计划方法具有许多优点,已经逐渐为计划工作所普遍采用。计划的方法多种多样,在此仅对几种常见的方法作一简介。

第一节 目标管理

一、目标

(一)目标的含义

目标即目的和宗旨的具体化。对目标的简单理解,就是组织在某一方面、某一预定时期内所要达到的成果指标。例如,某一地区在某一计划年度内人口出生率要控制在千分之几,某公司计划年度实现多少利润等。

从完整意义上来说,目标是组织根据宗旨提出的在一定时期内通过努力争取达到的理想状态或期望获得的成果,它包括组织的目的、任务、具体的目标项目和指标,以及指标的时限。

组织的目的是任何一个组织最基本的目标,也就是出发点。例如,军队的目的是保家卫国,学校的目的是教书育人。这些目标都是很抽象的,也是基本的。组织的任务是把组织目的明确化和具体化。

(二)目标的作用

目标的作用可以概括为以下四个方面。

1. 灯塔作用

目标主要为管理工作指明方向。管理是一个为了达到一定目标而协调集体活动作出努力的过程。如果不为了达到一定目标,就无须进行管理。因此,目标的作用首先在于为管理工作指明方向。

2. 激励作用

目标对组织成员具有激励作用。从组织成员个人的角度来看,目标的激励作用主要表现在:一是人只有明确了目标后才能调动起潜在的积极性;二是个人只有在达到目标之后,才会产生成就感和满意感。当然,要使目标对组织成员具有挑战性。

3. 凝聚作用

组织是一个社会的协作系统,它是靠目标使组织成员联系起来的。一个组织的凝聚力大小受到很多因素的影响,其中一个主要的因素就是目标必须是组织成员共同追求的,或者变成了组织成员共同追求的,才能够极大地激发组织成员的工作热情、奉献精神和创造力,使组织成员紧密团结、齐心协力而形成一个生机勃勃的集体。

4. 考核标准

目标是考核一个组织所有成员工作成绩的客观标准。大量管理实践证明,单凭上级管理者的主观印象和价值判断作为考核下属的依据是不科学的,因而不利于调动下属人员的积极性。科学的方法应是根据明确的目标进行考核。

(三) 确定目标的原则

1. 明确具体原则

为使目标发挥出在组织中的应有作用,组织的目标,不论是组织的总目标,部门的分目标及个人的小目标都要制定得明确、具体而不能含糊、空洞。要做到以下"四明确"。①目标的执行者明确,组织的每一层次的每一项目标,都必须同具体的工作部门或个人的责任挂钩。②目标标准明确,即所期望达到的数量或质量界限必须清楚。有些目标本身就是数量指标,如产量、销售额、利润等。但也有相当多的目标难以数量化,如"为民造福"、"提高员工素质"等,对这类目标应尽量设法使目标衡量标准详细、具体。③实现目标的时限要明确,要求在什么时间内达到目标,必须在设立目标时加以说明。④保证措施明确,要有明确的配套保证措施,确保目标的实现。

2. 先进可行原则

组织设立的目标,既要有先进性,又要有可行性。先进可行性包含两层含义。一是目标的标准要先进合理。目标的标准如果太高,员工达不到,则会使员工失去信心而放弃努力。如果太低,员工不需要努力就可达到,也不具有鼓舞作用。合适的标准应该是大部分员工经过努力可以达到而不努力则达不到的水平。二是实现目标的方式、手段、途径是可行的,有可操作性。无法操作实施的目标是毫无意义的,这种可行性既包括经济可行性、技术可行性,也包括政治法律的可行性。

3. 民主性原则

组织目标的设立,不能凭管理者的主观决断,一定要充分发挥员工的积极性和民主性,认真听取不同意见,集思广益。这样制订出来的目标才能保证其科学性和客观性,也能够让组织成员接受。组织的目标是靠组织成员的共同努力实现的,只有组织成员参与制定,并为成员所接受的目标,才能保证目标的实现。

4. 全局性原则

组织目标的设立实际上是一项系统工程,在目标的设立过程中一定要坚持全局性原则。所谓全局性原则,就是要做到局部服从整体,小目标服从大目标。这一条原则既体现在处理组织与外部的关系之中,也体现在组织内部各部门、各个环节的关系之中。从处理与外部的关系看,全局性原则要求组织在设立目标时必须考虑到社会的需要,所设立的目标必须符合国家宏观规划的要求。从组织内部来说,全局性原则要求各部门根据组织目标设立本部门具体的目标,部门所属基层目标以部门目标为依据,成员的工作目标服从本单位目标的要求,决不允许各部门、基层单位借口局部利益来损害组织的整体利益。从时间上来看,要求组织在各阶段的短期目标服从长期目标,以通过短期的有效活动来实现长期目标,而不能以短期利益损害组织的长远利益。

5. 可考核性原则

可考核性原则指定量化原则。可考核是目标明确要求的进一步深化,也是设立目标的关键因素。要使目标具有可考核性,最重要的是尽可能使目标标准具有可度量性,即定量化。一般数量目标是便于考核的,而质量目标难以考核。对于质量目标,可借用详细说明规划或与其密切联系的其他可量化因素,以及完成日期等办法来提高其可考核的程度。

二、目标管理

(一) 目标管理的由来

目标管理出现于 20 世纪 50 年代中期的美国,是以泰勒的科学管理理论和行为科学理论(特别是其中的参与管理)为基础而形成的管理制度。

目标管理在国外称为现代企业之导航,这种管理方法特别适合于对各级管理人员进行管理,所以被称为"管理中的管理"。

美国的管理学家彼得·德鲁克对目标管理的发展并使之成为完整体系做出了重大贡献。1954 年,德鲁克在《管理的实践》一书中,首先提出了"目标管理和自我控制"的主张。之后他又提出,企业的目的和任务必须化为目标,企业的各级主管必须通过这些目标对下级进行领导,以此来达到企业的总目标;如果某个范围没有特定的目标,则这个范围必定被忽视,如果没有方向一致的分目标来指导各级主管人员的工作,特别是企业规模很大、人员很多时,发生冲突和浪费的可能性就很大。德鲁克的主张在企业界和管理学界产生了极大的影响,对形成和推广目标管理起了巨大的作用。1965 年沃迪因发展了这一概念,他把参与目标管理的人员扩大到整个企业的范围,逐步成为西方许多国家所普遍采用的一种系统地制定目标并进行管理的有效方法。

我国从 1978 年开始,在一些大企业中试行这种管理方法,取得了显著的成效。目前,我国各级组织中实行的计划指标层层分解、归口管理的办法,也有些类似于目标管理。实践证明,这是一种有效的科学管理方法。

（二）目标管理的概念

目标管理的概念可简单地表述为：是让组织的管理者和员工亲自参加目标的制定，在工作中实行"自我控制"并努力完成工作目标的一种管理制度或方法。

目标管理的概念可详细地表述为：组织的最高领导层根据组织所面临的形势和社会需要，制订出一定时期内组织经营活动所要达到的总目标，然后层层落实，要求下属各部门管理者，以至每个员工根据上级制定的目标制定出自己工作目标和相应的保证措施，形成一个目标体系，并把目标完成的情况作为各部门或个人工作绩效评定的依据。

目标管理以明确的目标为考核标准，员工以目标为导向，能够形成良好的预期，由此大大激发员工努力工作的热情。

（三）目标管理的特点

目标管理与其他管理方法相比较，具有以下特点。

1. 具有目标体系，是一种总体的管理

实行目标管理要根据组织的宗旨，确立组织某一时期特定的战略目标，以此为重点，把组织的工作目的和任务转化为全体员工的明确目标。目标管理理论把组织看作一个开放的系统进行动态控制，在组织内部建立一个纵横交错、相互联系的目标体系，把目标层层展开并用目标卡片的形式将其明确固定下来。具有鲜明的科学性、系统性和完整性。目标体系把全体员工有机地组织起来，使人们产生整体观念和团结愿望，有利于发挥集体的力量。因而目标管理能够发挥组织各部门和全体员工的积极性，是一种全方位的管理，可以取得全面的管理效果。

2. 实行参与式管理，是一种民主的管理

目标管理实际上也是一种参与式管理制度，即全体员工参与管理，实行民主管理。在制订目标时，尽量尊重目标制订者的愿望，使人们增强责任感和提高工作热情。目标管理要重视协商、讨论和意见交流，而不是命令、指示和独断专行。

3. 实行自我控制，是一种自觉的管理

目标管理是一种"主动"的管理方式，自觉地努力追求目标的实现，以积极的行动代替空洞的言论，以自我要求代替被动从属，以自我控制代替被人把持。目标管理注重人性，以目标激励员工，把员工隐藏的潜力挖掘出来，并以自我控制实现组织和个人目标。这种主动自觉的管理方法更能适应现代经济的发展，能使组织在激烈的竞争中立于不败之地。

4. 注重管理实效，是一种成果管理

目标管理非常强调成果，注重目标的实现，重视目标的评定，因此也称为根据成果进行组织管理的方法。实行目标管理后，由于有了一套完整的目标考核体系，能够根据员工实际贡献的大小，如实评价员工的表现。因为目标管理注重成果，从而能够促进员工的勤学向上和能力挖掘，进而大大提高组织的劳动生产率。

（四）目标管理的实施过程

实施目标管理主要有确定总体目标、分解目标、组织实施、检查与业绩评价四个关键阶段或环节。

1. 确定总体目标

企业的总目标代表企业的发展方向和要求，应具有先进性和可行性。目标的先进性具体表现为确定总体目标时,既要考虑市场的现有需求,也要考虑市场潜在需求。目标的可行性要求制定目标必须从企业的实际出发,同时又体现企业发展的要求。企业的目标应是多方面的,既有营销方面的,也有生产、管理、技术、社会责任、员工素质等其他方面,多个目标中应有主次之分。应当指出,有少数企业,只有赢利目标而没有其他目标,这是十分危险的,也是注定要失败的。因为过分强调赢利目标,会使我们过多地考虑眼前利益而忽视长远利益。

2. 分解目标

科学、合理的目标分解是形成有效的目标管理体系的前提和基础,是保证企业良好运行的关键。目标分解的基本顺序是:将总目标分解为各部门的分目标,再将各部门的分目标分解为每一个成员的目标。在目标分解过程中,应注意分目标是实现总目标的手段,分目标应能保证和总目标在时间上的协调和平衡。目标的分解通常需要高层管理者向下属解释组织的总体目标,由管理者与下属共同确定分目标,如图7-1所示。在确定下一层次的目标时,具体目标应由下属人员自己确定。因为下属人员自己确定目标,就会对自己所承诺的目标负责,能够信守自己的目标并努力去完成。

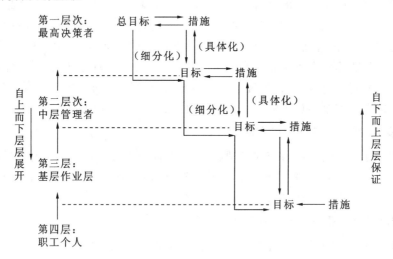

图 7-1 组织目标展开图

3. 组织实施

在实施目标管理的过程中,首先要做好资金、设备、材料等资源的准备工作,做好人员的配备及必要的培训,要使每一个员工都明确自己的目标,领会目标管理的精神实质;其次,要建立目标管理责任制,根据任务需要进行授权,把目标管理与责任制结合起来,实现责、权、利的有机结合,这是目标管理顺利实施的重要保证;最后,目标管理强调自我管理和自我控制,各级管理者要努力为下属人员创造条件,要及时帮助他们解决工作中出现的问题,协调好各种矛盾和冲突。

4. 检查与业绩评价

为了保证目标的实现,管理者应建立必要的检查和反馈制度,对各分目标完成的数量、质量,以及存在的问题应及时进行了解和反馈,并根据信息反馈情况,对整个目标体系进行认真的检查和评价,如果存在偏差或遗漏,则及时进行修订和补充。对于最终结果,应当根据目标进行评价,并根据评价结果进行奖惩。

（五）目标管理的评价

目标管理作为一种管理方式与其他管理方式一样有其优点与不足，这是一个组织在运用目标管理方式之前首先应该认识清楚的。

1. 目标管理的优点

1）形成激励

当目标成为组织的每个层次、每个部门和每个成员自己未来时期内计划达成的一种结果，且实现的可能性相当大时，目标就成为组织成员们的内在激励。特别当这种结果实现时，组织如果有相应的奖励，目标的激励效用就更大。从目标成为激励因素来看，这种目标最好是组织每个层次、每个部门及组织每一个成员自己制订的目标。他人强加的目标有时不但不能成为激励，反而成为一种障碍。

2）有效管理

目标管理方式的实施可以切实地提高组织管理的效率。目标管理方式比之计划管理方式在推进组织工作进展，保证组织最终目标完成方面更胜一筹。因为目标管理是一种结果式管理，不仅仅是一种计划的活动式工作。这种管理迫使组织的每一层次、每个部门及每个成员首先考虑目标的实现，尽力完成，因为这些目标是组织总目标的分解，故当组织的每个层次、每个部门及每个成员的目标完成时，也就是组织总目标的实现。在目标管理方式中，重在分解目标的确定，而不规定各个层次、各个部门及各个组织成员完成各自目标的方式、手段，这样给了大家一个创新的空间，这就有效地提高了组织管理的效率。

3）明确任务

目标管理使组织各级主管及成员都明确了组织的总目标、组织的结构体系、组织的分工与合作及各自的任务。这些方面职责的明确，使得主管人员深深懂得：为了完成目标必须给予下级相应的权力，而不是大权独揽、小权也不分散。另一方面，在目标管理实施的过程中，各级主管及成员会发现组织体系存在的缺陷，主动帮助组织对自己的体系进行改造。

4）自我管理

目标管理实际上也是一种自我管理的方式、或者说是一种引导组织成员自我管理的方式。在实施目标管理的过程中，组织成员不再只是做工作、执行指示、等待指导和决策，组织成员此时已成为有明确规定目标的单位或个人。一方面组织成员们已参与了目标的制订，并取得了组织的认可；另一方面，组织成员在努力工作实现自己的目标过程中，可以自己决定实现目标的方式、方法，进行自我管理和自我控制。

5）控制有效

目标管理方式本身也是一种控制的方式，即通过目标分解后的实现，最终保证组织总目标实现，其过程就是一种结果控制的方式。目标管理并不是目标分解下去便没有事了，事实上组织高层在目标管理过程中要经常检查、对比目标，进行评比，看谁做得好，如果有偏差就及时纠正。从另一个方面来看，一个组织如果有一套明确的可考核的目标体系，那么其本身就是进行监督控制的最好依据。

2. 目标管理的不足

哈罗德·孔茨教授认为，目标管理尽管有许多优点，但也有许多不足，对这样的不足如果认识不清楚，那么可能导致目标管理的不成功。

1）强调短期目标

大多数目标管理中的目标通常是一些短期的目标,年度的、季度的、月度的,等等。短期目标比较具体、易于分解,而长期目标比较抽象、难以分解,另一方面短期目标易迅速见效,长期目标则不然。所以,在目标管理的实施中,组织似乎常常强调短期目标的实现而对长期目标不关心。这样一种概念如果深入组织的各个方面、组织所有成员的脑海中和行为中,将对组织发展产生负作用。

2）目标设置困难

真正可用于考核的目标很难设定,尤其组织实际上是一个产出联合体,它的产出是一种联合的不易分解出谁的贡献大小的产出,即目标的实现是大家共同合作的成果,这种合作中很难确定你已做多少,他应做多少,因此可度量的目标确定也就十分困难。一个组织的目标有时只能定性地描述,尽管我们希望目标可度量,但实际上定量是困难的。例如,组织后勤部门有效服务于组织成员,虽然可以采取一些量化指标来度量,但完成了这些指标,可以肯定地说未必达成了"有效服务于组织成员"这一目标。

3）无法权变

目标管理执行过程中目标的改变是不可以的,因为这样做会导致组织的混乱。事实上目标一旦确定就不能轻易改变,也正是如此使得组织运作缺乏弹性,无法通过权变来适应复杂多变的外部环境。

第二节 滚动计划法

随着市场经济体制的确立和发展,企业生产任务中不确定部分所占的比重越来越大。往往在制订生产计划时,具体落实的任务项目不足,只能靠预测数安排计划,可是一旦接到订货,交货期又十分紧迫。何况,市场需求又总在变动;年初估计的某些需求到年中就可能变化,出现其他新的需求。这些情况要求企业必须加强经营管理,采用有效的计划方法提高生产计划的应变能力。近年来,我国企业引进了滚动计划、弹性计划、分层计划等新的计划方法,取得了一定的效果。其中滚动计划法用得比较广泛,下面简要介绍这种方法。

一、滚动计划法的定义

滚动计划法也称滑动计划法,是按照"近细远粗"的原则制订一定时期内的计划,然后按照计划的执行情况和环境变化,调整和修订未来的计划,并逐期向后移动,把短期计划和中期计划结合起来的一种计划方法。

滚动计划法是一种动态编制计划的方法。它不像静态分析那样,等一项计划全部执行完了之后再重新编制下一时期的计划,而是在每次编制或调整计划时,均将计划按时间顺序向前推进一个计划期,即向前滚动一次,按照制订的项目计划进行施工,对保证项目的顺利完成具有十分重要的意义。

滚动计划法是一种编制具有灵活性的、能够适应环境变化的长期计划方法。每次调整时,保持原计划期限不变,而将计划期限顺序向前推进一个滚动期,因此,滚动计划法是一种定期修改未来计划的方法。

二、滚动计划法的编制

（一）滚动计划法的指导思想

由于长期计划所涉及的时间期限比较长，而计划又是面对未来的工作，未来的不确定性因素很多，必然会有许多情况事先无法准确地预测和估计，如果一定要将长期计划制订得像短期计划那样具体，势必影响计划工作的经济性。所以，滚动计划法的基本思想如下。

在编制长期计划时，就应采取"近具体、远概略"的方法，对近期计划制订得尽量具体，以便于计划的实施；对远期计划只规定出大概的要求，使员工明确奋斗的方向。然后根据计划在具体实施过程中发现的差异和问题，不断分析原因，并结合对内外环境情况的分析予以修改和调整。在计划的实施过程中将远期结合逐渐予以具体化，使之成为可实施的计划，进而把长期计划与短期计划有机地结合起来。这样既保证了计划工作的经济性，又能使计划与实际情况相吻合，提高计划工作的科学性。

滚动式计划方法是一种编制具有灵活性的、能够适应环境变化的长期计划的方法。每次调整时，保持原计划期限不变，而将计划期限顺序向前推进一个滚动期，因此滚动计划法是一种定期修改未来计划的方法。

（二）滚动计划法的编制方法

把计划期分成若干时间间隔（年、季、月），即滚动间隔期。最近的时间间隔中的计划为实施计划，内容订得比较具体详细，以后，各段间隔期内的计划为预安排计划，订得逐渐简略。随着计划的执行，在下一个滚动间隔期开始，根据企业外部和内部条件的变化，对以后几个间隔期的计划进行修订或调整，并把计划期向后延伸产生出新的实施计划和预安排计划。如此重复安排，把静态固定的计划变成动态跟踪的计划。图 7-2 所示为年度内季、月、旬滚动计划法示意图。

图 7-3 所示为五年期的滚动计划法示意图。

滚动计划法既可用于编制长期计划，也可用于编制年度、季度生产计划和月度生产作业计划。不同计划的滚动期不一样，一般长期计划按年滚动；年度计划按季滚动；月度计划按旬滚动等。

三、对滚动计划法的评价

滚动计划法虽然使得计划编制工作的任务量加大，但由于计算机的广泛应用，表现出十分明显的优点。其优点主要有以下三点。

（1）使计划更加符合实际。由于人们无法对未来的变化做出准确估计，所以计划往往不够准确，计划期越长，不准确性越大。而滚动计划法相对缩短了计划期，从而提高了准确性和计划的质量。

（2）使短期计划、中期计划和长期计划相互衔接，并且根据环境的变化及时进行调节，使各期计划基本一致，保证了计划的连续性。

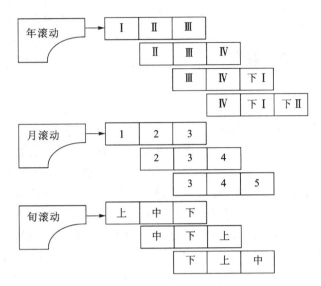

图 7-2 季、月、旬滚动计划法示意图

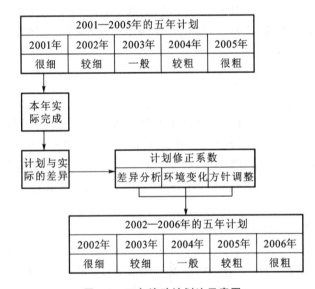

图 7-3 五年滚动计划法示意图

(3) 大大增加了计划的弹性。每一阶段的计划都根据上一阶段的实际情况再加上环境状况的估计而修订的结果,这样使计划更能适应环境的变化,提高了企业在剧烈变化的环境中的应变能力。

需要指出的是,滚动间隔期的选择要适应企业的具体情况,如果滚动间隔期偏短,则计划调整较频繁,优点是有利于计划符合实际,缺点是降低了计划的严肃性。一般情况是,生产比较稳定的大量大批企业宜采用较长的滚动间隔期,生产不太稳定的单件小批生产企业则可考虑采用较短的间隔期。

采用滚动计划法,可以根据环境条件变化和实际完成情况,定期地对计划进行修订,使组织始终有一个较为切合实际的长期计划作指导,并使长期计划能够始终与短期计划紧密地衔接在一起。

第三节 甘特图法

甘特图是由亨利·甘特于 1910 年开发的,他通过条状图来显示项目、进度和其他相关的系统进展情况。横轴表示时间,纵轴表示要安排的工作内容,线条表示在整个期间内计划和实际任务完成情况,线条之间有平行与先后两种关系,其中平行关系表示工作内容同时进行,先后关系表示必须前一工作完成后才能开始后一工作的先后顺序。

甘特图作为一种控制工具,直观地表明计划任务的起始时间,以及实际进度与计划要求的对比,帮助管理者掌握实际进度偏离计划的情况,既简单又实用,使管理者对计划任务的完成情况可以一目了然,以便对计划工作进行正确的评估。

例如,图书出版要经过编辑加工、设计版式、制图、校对、设计封面与印刷等工序,如图 7-4 所示。项目管理者可以根据计划安排与实际执行情况的比较,对落后计划的工序采取纠正措施,保证不再有延迟发生,尽量如期或提前完成任务。

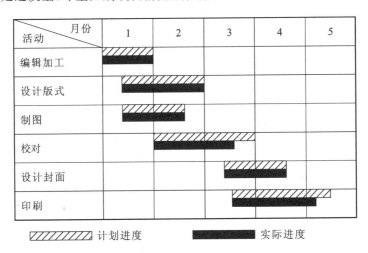

图 7-4 图书出版的甘特图

第四节 网络计划技术

一、网络计划技术概述

网络计划技术是一种利用网络理论来安排工程计划从而求得最优的计划方案,并用来组织和控制计划的执行,以达到预期目标的科学管理方法。常用的方法有关键线路法、计划评审技术法和组合网络法等。

网络计划技术于 20 世纪 50 年代后期在美国产生和发展起来。1956 年,美国的一些工程师和数学家组成了一个专门小组首先开始了这方面的研究。1958 年,美国海军武器计划处采用了计划评审技术法,使得北极星导弹工程的工期由原计划的 10 年缩短为 8 年。1961 年,美国国防部和美国国家航空航天局规定,凡承制军用品必须用计划评审技术制订计划上报。从那时起,网络计划技术就开始在组织管理活动中被广泛地应用。

二、网络计划技术的基本原理

网络计划技术的基本原理是:利用网络图表达计划进度的安排及其中各项工序(作业)之间的相互关系,形象地反映出整个工程或任务的全貌,在此基础上进行网络分析,计算网络时间,确定关键线路和关键工序,利用时差不断改善网络计划,求得工期、资源与成本的优化方案。所以网络计划技术是充分合理地利用资源,通过协调从而达到提高效率和增加经济效益的一种科学的计划制定方法。

三、网络图

网络图是网络计划技术的基础,它是表达一项计划任务时的进度安排、各项作业(工序)之间的相互衔接关系,以及所需的时间、资源的图解模型。任何一项任务都可分解成许多步骤的工作,根据这些工作在时间上的衔接关系,用箭线表示它们的先后顺序,画出一个由各项工作相互联系、并注明所需时间的箭线图,这个箭线图就称作网络图。图 7-5 所示即一个简单的网络图。

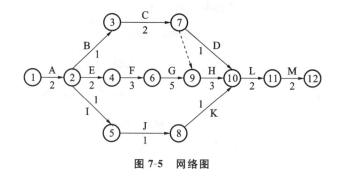

图 7-5 网络图

(一)网络图的构成

网络图主要由活动、事项和线路三部分组成。

1. 活动

活动是指一项作业或一道工序。一项完整的生产任务可以划分为若干个活动,在网络图上用箭头表示。一般来说,完成活动需要消耗资源和时间,如零部件的整修、加工等。一般的活动既要消耗资源又要占用时间,但有些活动虽然不消耗资源,却占用时间,如油漆的干燥、酿酒的发酵过程等。

活动一般用"→"表示,箭尾表示活动的开始,箭头表示活动的结束,箭头指示活动进行的方向,箭线上方注明活动的名称,箭线下方表明活动所需的时间。

一般情况下,箭头的长短与时间无关。标准网络图中,箭线的长短与时间要成正比。一道工序完成之后,紧接着开始进行的工序称为该工序的紧后工序。同样一道工序只有在前面工序活动完成后才能开始,前面紧接着的工序称为本工序的紧前工序。

一项工程或计划任务开始前没有紧前工序,任务结束后没有紧后工序。虚活动是一种特殊活动,只是用来表示活动之间相互依存和相互制约的逻辑关系,它不消耗资源也不占用时间,用虚箭线"--▶"表示。

2. 事项(结点)

事项是表示一项活动的开始和结束,它是相邻活动的分界点或衔接点。在网络图中,它是两条或两条以上箭线的交接点,故称结点。事项用标有号码的圆圈"○"表示,网络图中只有一个起点事项,表示一项工作或计划的开始,只有一个终点的事项,表示工程或计划的结束,其余的事项都有双重的意义,既是前项活动的结束又是后项活动的开始,事项既不消耗资源,也不占用时间,仅仅表示某项活动开始或结束瞬间的一个符号。

3. 线路

在网络图中,线路是指从始点开始,顺着箭头所指的方向,连续到达终点为止的通道。一般网络图中有多条线路,一条线路各工序活动的作业时间之和称为路长。在所有各条线路的路长中,总有一条最长的线路,也就是需要工时最多的线路,称为关键线路。关键线路用粗箭头或双箭线表示。关键线路上的工序称为关键工序。网络图分析主要是找出工程或计划任务的关键线路。在实践中,关键线路并不是唯一的,而且经常发生变化,即在一定条件下,非关键线路与关键线路可以相互转换。

例如,图 7-5 中从始点①连续不断地走到终点⑫的路线有四条:

(1) ①→②→③→⑦→⑩→⑪→⑫(路长 10);
(2) ①→②→③→⑦→⑨→⑩→⑪→⑫(路长 12);
(3) ①→②→④→⑥→⑨→⑩→⑪→⑫(路长 19);
(4) ①→②→⑤→⑧→⑩→⑪→⑫(路长 9)。

关键线路为第(3)线路。

(二) 网络图的绘制方法

每项计划任务都是由许多作业活动所组成的,这些活动之间存在着相互依存、相互制约的关系。组织安排计划必须服从于客观存在的这种逻辑关系,才能使这些作业活动顺利进行,保证任务按期完成。依据这些逻辑关系,绘制网络图时可以用顺推法和逆推法。

(三) 网络图的绘制原则

(1) 两个结点之间只允许有一条箭线。若两结点之间有数条平行的作业活动,须增加结点和引入虚工序加以解决。

(2) 在网络图中不允许出现"闭路循环"。若出现"闭路循环",在使用电子计算机时会出现死环,而没有结论。

(3) 每个网络图中只能有一个始点,一个终点,即所谓"一源"、"一汇"。中间不允许出现死结点和终结点。

(4) 箭线的首尾都必须有结点,不能在一条线的中间引出另一条箭线来。

例如,挖掘排煤管,当挖沟达到一定长度后,排煤管即可开始,此后挖沟与排煤同时进行。

(5) 结点的编号不能重复。

(6) 网络图的编号原则:网络图中的结点要统一编号;每个结点都应编一个顺序号,由左向右、由上向下、由小到大不能重复；对某一项活动,箭尾的编号小于箭头编号。

（四）网络时间的计算

网络图画出后,要进行网络时间的计算。需要计算的时间包括作业时间、事项(结点)时间、工序时间和时差。

1. 作业时间的确定

作业时间是指在一定技术组织条件下,为完成某一项作业或一道工序所要花费的时间。也就是每一项活动的延续时间。确定作业时间有两种方法。

1）单一时间估计法

单一时间估计法也称为确定时间估计法,是指对各项活动的作业时间只确定一个时间值。这个时间值是根据大多数人的经验估计的最大可能的一个作业时间。它适用于不可知因素较少、有经验可借鉴的情况。

2）三种时间估计法

三种时间估计法也称为不确定时间估计法,是指根据概率论和数理统计的理论,先估计三个时间然后再求最可能的平均时间的方法。其计算公式为

不确定时间的作业时间＝(最乐观时间＋4×最可能时间＋最保守时间)/6

2. 结点最早开始时间的计算

结点最早开始时间是指该作业最早可能开始的时间,它等于代表该作业的箭线尾所接触事项最早开始时间。其计算方法为

某结点最早开始时间＝前一结点最早开始时间＋前一结点至该结点的作业时间

结点最早开始的时间在图上用"□"表示。计算结点的最早开始时间规则是从网络图的开始结点开始,起点时间为零,顺箭线方向,自左向右,用加法逐个结点计算,有多条线的取最大值,直至终点。

3. 结点最迟完工时间

结点最迟结束时间是指以该结点为结束的各工序最迟必须完工的时间,目的是为了保证后续工序按时开始,或整个工程按期完工。其计算公式为

某结点最迟结束时间＝后一结点的最迟结束时间－该结点到后一结点的作业时间

计算结点的最迟结束时间,是从网络的终点开始,逆箭线方向自右向左,用减法逐结点计算。终点的最迟结束时间等于终点的最早开始时间。多线路的结点取线路中最小值,直到网络的始点。结点的最迟结束时间在图上用"△"表示。

4. 时差的计算

时差是指某道工序的机动时间或宽裕时间。如某道工序可在最早开始开工,又可在最迟时间结束完工,这两个时差若大于该工序的作业时间,就产生时差。

时差越大机动时间就越多,潜力就越大;反之机动时间就少。在实际工作中多给出工序的总时差,它是在不影响整个工程最早完工日期的前提下,各工序在最早开始与最迟结束这两个时间范围内可以灵活的时间。

工序总时间＝(工序最迟时间－工序最早时间)－作业时间

5. 关键线路的计算

在网络图中,时差为零的关键工序连接起来的路线,即关键线路。一般有以下三种确定方

法。

1) 最长路线法

这种方法是从网络的起点结点顺箭线方向到结束点,有许多线路,计算其中需时间最长的路线,即关键线路。

2) 时差法

这种方法先计算出各工序的总时差,工序总时差为零的工序连接起来,即关键线路。

3) 破圈法

这种方法从网络图的起始结点开始,顺着箭线的方向找出由几个结点围成的圈,即由两条不同的线路形成的环。如果形成圈的线路作业时间不等,可将其中作业时间短的一条线路删去,保留下来的是作业用时长的一条线路。这样依次破圈,直至到结束结点,最后留下来的就是关键线路。

【例 7-1】 某项工程的作业程序及所需时间如表 7-1 所示。

表 7-1 某工程的作业程序及所需时间

作业名称代号	A	B	C	D	E	F	G	H	I	L
紧前作业	—	A	A	B	B	C	C	E,F	D,E,F	G
作业时间/天	4	8	2	3	5	6	8	15	4	6

(1) 根据资料绘制网络图;(2) 计算事项最早开工时间和最迟完工时间;(3) 计算工序时差;(4) 确定关键线路与总工期。

(1) 绘制网络图,如图 7-6 所示。

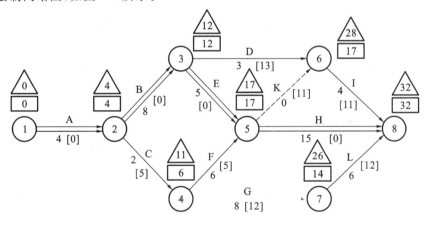

图 7-6 网络计划图

(2) 为了计算方便,作业最早开工时间记在符号"□"内,最迟完工时间记在符号"△"内。

(3) 用每一作业上最迟完工时间减去最早开始时间就得出每一个工序的时差,即 △ — □ = 时差,将时差值记在[ ]内标到作业箭线旁。

(4) 通过计算得知,该网络图的总工期为 32 天,关键线路为 A—B—E—H 线路,即

①—②—③—⑤—⑧

(五) 网络图的优化

网络图的优化就是通过利用时差,不断改善网络计划的最初方案,在满足既定的条件下,使之获得周期最短、成本和资源的最有效利用的方案。最优的网络计划应该是工期短、资源

省、成本低的计划方案。要达此目的须对网络计划进行优化,主要有时间优化、时间-资源优化、时间-成本优化。

1. 时间优化

时间优化即在人力、材料、设备、资金等资源基本有保证的条件下,寻求最短的生产周期,一是采取措施,在压缩各工序作业时间的同时,利用时差,从非关键线路上抽调部分人力、物力集中用于关键线路,以缩短关键线路的时间。尤其要在关键线路上寻找最有利的工序来压缩作业时间,可以收到缩短工期的良好效果。二是在工艺技术许可的条件下,采取改变工序衔接关系、组成平行交叉作业等方法缩短生产周期。

2. 时间-资源优化

这是指在资源有限的条件下,寻求最短的生产周期,或在一定周期的条件下,使投入的资源量最小。

3. 时间-成本优化

这是在工期一定的条件下,求得最低成本,或者是在成本既定的条件下,寻求最短工期。

四、对网络计划技术的评价

网络计划技术虽然需要大量而烦琐的计算,但在计算机广泛运用的时代,这些计算已大都程序化了。这种技术之所以被广泛地运用是因为它有一系列的优点。

(1) 该技术能把整个工程的各个项目的时间顺序和相互关系清晰地表明,并指出了完成任务的关键环节和路线。因此,管理者在制订计划时可以统筹安排,全面考虑,又不失重点。在实施过程中,管理者可以进行重点管理。

(2) 可对工程的时间进度与资源利用实施优化。在计划实施过程中,管理者调动非关键路线上的人力、物力和财力从事关键作业,进行综合平衡。这既可节省资源,又能加快工程进度。

(3) 可事先评价达到目标的可能性。该技术指出了计划实施过程中可能发生的困难点,以及这些困难点对整个任务产生的影响,准备好应急措施,从而减少完不成任务的风险。

(4) 便于组织与控制。管理者可以将工程,特别是复杂的大项目,分成许多支持系统来分别组织实施与控制,这种既化整为零又聚零为整的管理方法,可以达到局部和整体的协调一致。

(5) 易于操作,并具有广泛的应用范围,适用于各行各业,以及各种任务。

★ 复习思考题

1. 目标的定义是什么?制订目标应坚持哪些原则?
2. 什么是目标管理?它有什么特点?目标管理的实施过程包括哪些步骤?
3. 目标管理的基本思想是什么?其有什么优、缺点?
4. 滚动计划法的基本思想是什么?
5. 什么是网络计划技术?如何评价网络计划技术?

第四篇

组 织

GUANLIXUE
GAILUN

第八章 组织与组织设计

【学习目标】
了解:组织工作的内容;组织的分类;组织运行中应处理好的关系。
理解:组织的作用;组织工作的概念与特征;组织设计的影响因素;各类组织结构的优缺点。
掌握:组织的概念;组织设计的任务和程序;组织设计的原则;管理幅度和管理层次。
运用:组织层次结构、部门结构、职权结构设计的原理和方法分析身边的组织结构状况。

计划活动在一定意义上是一种思考活动,但仅仅有这些思考活动,再美好的理想也只停留在大脑之中,要使理想化为宏图,还必须动员起组织中的人、财、物资源,去实施理想,这就涉及管理中的组织职能。

管理者都是在组织中工作的,因此学习管理学要能够了解组织,认识组织的结构并能设计组织。组织结构是对组织的复杂性、正规化和集权化程度的一种量度。管理者可以依据职能、产品、顾客、地区或过程进行组织的设计。哈罗德·孔茨认为,组织结构的设计应该明确谁去做什么,谁要对什么结果负责,并且消除由于分工含糊不清造成的执行中的障碍,还要提供能够反映和支持企业目标的决策和沟通网络。管理者可供选择的结构设计方案有多种,有许多结构设计既可以是机械式的,也可以是有机式的,这要取决于各种权变因素。另外组织的设计与管理还要受到环境的影响,因此还要适时地对组织结构进行变革。

第一节 组 织

一、组织的概念

(一) 组织的一般概念

组织是为了达到某些特定的目标,在分工合作的基础上构成的人的集合。组织作为人的集合,它是人们为了实现一定目的,有意识地协同劳动而产生的群体。虽然不同的组织所从事的活动各不相同,但这些组织都是有目的、有计划、有步骤地对个体行为进行协调,形成集体的行为。

理解组织的含义,一定要抓住以下几点。

（1）组织是一个人为的系统。这里所谓"人为"的系统，通常是指这一系统是由人建立的，以人为主体组成的具有特定功能的整体。由于是人为的系统，系统的功能差异较大，相同要素组成的系统可能因结构的不同而直接影响系统的功能。

（2）组织必须有特定目标。目标是组织存在的前提，不管目标是明确的，还是含糊的，组织都是为某一特定目标而存在的。组织目标反映了组织的性质及其存在的价值。

（3）组织必须有分工与协作。组织的本质在于协作。正是由于人们聚集在一起，协同完成某项活动才产生了组织。企业生产各环节建立在分工基础上的密切合作是把原材料变成产品的前提。组织功能的产生是人类协作劳动的结果。

（4）组织必须要有不同层次的权利与责任制度。权责关系的统一，使组织内部形成反映组织自身内部有机联系的不同管理层次。这种联系是在分工协作基础上形成的，是实现合理分工协作的保障，也是实现企业目标的保障。组织规模越大，权责关系的处理越显得重要。

（二）组织的管理学概念

在管理学中，组织的含义可以从静态与动态两个方面来理解。

从静态方面看，组织是指组织结构，即反映人、职位、任务以及它们之间的特定关系的网络。这一网络可以把分工的范围、程度、相互之间的协调配合关系、各自的任务和职责等用部门和层次的方式确定下来，成为组织的框架体系，就像人类由骨头确定形体一样，组织也是由结构决定其形态的。

从动态方面看，组织是指维持与变革组织结构，以完成组织的目标。企业必须根据组织的目标，建立组织结构，并不断地调整组织结构以适应环境的变化。正是从组织的动态方面理解，组织被作为管理的一种基本职能。通过组织机构的建立与变革，将生产经营活动的各个要素、各个环节，从时间、空间上科学地组织起来，使每个成员都能接受领导、协调行动，从而产生新的、大于个人和小集体功能的整体职能。

企业的组织结构是企业全体职工为实现企业目标，在管理工作中进行分工协作，在职务范围、责任、权利方面所形成的结构体系。组织机构应与企业目标的变化以及企业资源的变化保持动态适应。

二、组织的作用

（1）人力汇集作用，"积涓涓细流以成江海"，从而完成个人所不能完成的工作。
（2）人力放大作用，通过组织作用，达到人力作用放大的效果。

三、组织的分类

（一）按组织的性质分类

按组织的性质可分为经济组织、政治组织、文化组织、群众组织及宗教组织等。

（二）按组织是否自发形成分类

1. 正式组织

正式组织是为了有效实现组织目标而规定组织成员之间的职责范围和相互关系的一种结

构。它具有以下特点。

（1）不是自发形成的,反映一定的管理思想和信仰。
（2）有明确的目标,并为组织目标的实现而有效地工作。
（3）有明确的效率逻辑标准,组织成员都为提高效率而共同努力。
（4）强制性,即以明确的规章制度来约束组织成员的行为。

在正式组织中,人们应当从事由组织目标所规定的行动,并使自己的行动指向这个组织的目标。正式的组织并不意味着一成不变,相反,它的结构必须具有灵活性,才能保证每一个人在工作中都十分有效地为组织目标做出贡献。

2. 非正式组织

非正式组织是人们在共同的工作或活动中,以共同的社会感情、兴趣爱好、共同利益为基础而自发形成的组织。管理者若能对此组织的行为与关系加以研究与沟通,必可对该机构产生莫大的裨益。非正式组织的范围颇广,例如,交通车上的乘客、一楼的邻居、星期五晚上的桥牌队员及咖啡室的经常座上客等,都可包括在内。

非正式组织具有以下特点。
（1）自发性,是为了满足成员的各种心理需求而自发形成的。
（2）内聚性,相同的利益使成员之间的内聚性增强。
（3）不稳定性,环境发生变化,非正式组织就容易发生变动。
（4）领袖人物作用较大,领袖人物是自然形成的,具有较大的权威性,在非正式组织中能发挥较大作用。

非正式组织的存在,并非全是有弊无利,关键在于如何运用。管理者若能体会其影响,设法找寻那些具有影响力的非正式领袖,使之与机构目标相结合,未必不会产生良好的功用。所以研究组织时对此问题不能不加以注意。

四、组织工作的概念与特征

组织工作与管理活动中的其他工作一样,是组织的一项重要职能。在一项管理活动中,当目标和计划制订后,接下来就是为实现目标和计划进行组织工作。如果说计划工作只是一纸空文,只是一种设想或理想的话,那么组织工作则是将这种理想变为现实,它是一个实施计划的过程。

（一）组织工作的概念

组织工作是指为了实现组织的共同目标而确定组织内各要素及其相互关系的活动过程,也就是设计一种组织结构,并使之运转的过程。

（二）组织工作的特征

1. 组织工作是一个过程

组织工作是根据组织的目标,考虑组织内外部环境来建立和协调组织结构的过程。这个过程一般的步骤如图8-1所示。

2. 组织工作是动态的

组织内、外部环境发生变化时,都要求对组织结构进行调整以适应变化。组织工作不可能

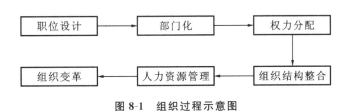

图 8-1　组织过程示意图

是一劳永逸的。

3. 组织工作要充分考虑非正式组织的影响

由于非正式组织对组织的目标有影响,组织工作必须考虑非正式组织的影响。这有助于在组织工作中设计与维持组织目标与非正式组织目标之间的平衡,避免对立,并在领导与指导时发挥非正式组织的作用。

第二节　组织设计

组织设计是组织工作中最重要、最核心的一个环节,它着眼于建立一种有效的组织结构框架,对组织成员在实现组织目标中的工作分工协作关系做出正式、规范的安排。组织设计的目的,就是要形成实现组织目标所需要的正式组织。

系统论认为,组织结构与组织功能密不可分,相互依存。组织的功能是否合理、能否正常发挥取决于组织的结构状况。同时,作为各部分之间关系形式的组织结构,又只有通过组织的运转和各部分之间的相互作用即组织功能的发挥,才能真正体现出来。

一、组织设计的任务和程序

组织设计是指组织为实现战略目标而从结构上设计分工、协调以及控制机构的活动。

管理的组织职能或者组织活动是一个具有内在逻辑的活动。正如一个大厦是由钢筋、水泥、各种硬件构成的一样,组织是由职位构成,组织结构是一种职位结构,也就是说组织是由职位构成的一座大厦。管理的组织职能恰如这样一个过程。建造构件在组织职能中意味着组织中的职位设计。把这些职位按照一定的逻辑顺序摆放成一定的形状,这在组织中称为部门化;在部门化的基础上要使各个部门各项职位能够运作起来,必须像盖大楼通水通电一样,给之以动力,使组织运动起来的动力是权力,把权力分配到各个部门、各个层次以及各个职位上,称为组织的职权配置;在此基础上,对组织结构进行上下左右的协调,称为组织结构的整合;通过整合后的组织结构,就形成了一个基本上完善的结构,这个结构是由职位构成的,有了职位还需要由人来掌握,这就涉及人员的配备问题,或者人力资源管理的问题;一个组织运行若干年之后会随着环境的变化而出现种种不适,所以组织必须主动地适应环境的变化,这就需要进行组织的改造,也就是组织变革。组织过程主要就是由以上五个环节构成的。

（一）组织设计的任务

组织设计的基本任务是分析和设计组织内各部门的职能和职权,设计清晰的组织结构,确定组织中职能职权、参谋职权、直线职权的活动范围,并建立相应的整合协调机制。

组织设计要解决两大问题:一是提供组织结构系统图;二是编制职位说明书。这些将在后面做详细阐述。

(二) 组织设计的程序

(1) 确定组织目标,组织目标是进行组织设计的基本出发点。任何组织都是为了实现一定的目标;组织无目标,就失去了存在的价值。

(2) 确定业务内容,根据组织目标的要求,来确定为实现这些目标所必须进行的业务管理项目,并按照项目的性质进行适当的分类。

(3) 确定组织机构,要根据业务工作量的范围来确定组织的规模,组织的部门设置,组织的层次结构等。

(4) 配备职务人员,根据业务工作的要求与所设置的组织机构,来选择与配备称职的职务人员及行政管理人员,并明确其职务与职称。

(5) 规定职责权限,根据组织目标的要求,明确规定各单位与各部门负责人的职责权限。

(6) 联成一体,把各子系统有机结合,成为一个完整的管理系统。

二、组织设计的原则

随着经济社会和管理的发展,组织设计的理论在不断发展,组织结构的形式有多种多样,但无论是何种结构,设计者在进行组织设计时,应注意遵循一些最基本的原则。这些原则是在大量实践的基础上总结出来的,它凝聚着前人在组织结构设计方面成功的经验与失败的教训。

(一) 目标原则

任何一个企业,都有其特定的任务和目标,每个企业及其每一个部分,都应当与其特定的任务目标相关联;企业的调整、扩张、合并或取消都应以是否对其实现目标有利为衡量标准;没有任务目标的企业是没有存在价值的。

运用此原则进行企业人事结构设计时要注意以下两点。

(1) 应当明确该企业的发展方向和经营战略是什么,这是人事结构设计的大前提。这个前提不明确,人事结构设计工作是难以进行的。

(2) 要认真分析,为了保证任务目标的实现,必须办的事有哪些;设什么机构、什么职能才能办完、办好这些事;然后,以事为中心,因事建机构,因事设职务,因事配人员。

要反对简单片面地搞上下对口,亦即不顾企业实际,上级设立什么部门,企业就设立相应的科室;也要反对因人设职、因职找事的做法。

(二) 分工协作原则

分工与协作是社会化大生产的客观要求。企业组织设计中要坚持分工与协作的原则,就是要做到分工要合理,协作要明确。对于每个部门和每个员工的工作内容、工作范围、相互关系、协作方法等,都应有明确的规定。

根据这一原则,在进行企业组织结构设计时要搞好分工,解决干什么的问题。分工时,应注意分工的粗细要适当。一般来说,分工越细,专业化水平越高,责任越明确,效率也越高,但也容易出现机构增多、协作困难、协调工作量增加等问题。分工太粗,则机构可较少,协调可减轻,易于培养多面手,但是专业化水平和效率比较低,容易产生推诿责任的现象。两者各有利弊,具体确定时就要根据实际情况,如人员素质水平、管理难易来确定,做到既需要又可能。

同时,在分工中要注意的事项如下。

(1) 必须尽可能按专业化的要求来设置组织结构。

(2) 工作上要有严格分工,每个员工在从事专业工作时,应力争达到较熟练的要求。

(3) 要注意分工的经济效益。

在协作中要注意以下事项。

(1) 要明确各部门之间的相互关系,寻找出容易发生矛盾之处,加以协调,如果协调搞不好,分工再合理也不会获得整体的最佳效益。

(2) 对于协调中的各项关系,应做到规范、有序,应有具体可行的协调配合要求以及违反规范后的惩罚措施。

(三) 命令统一原则

命令统一原则的实质,就是在管理工作中实行统一领导,建立起严格的责任制,消除多头领导和无人负责现象,保证对全部活动的有效领导和正常运行。命令统一原则对管理组织的建立具有下列要求。

(1) 在确定管理层次时,要使上下级之间形成等级链。从最高层到最基层的等级链必须是连续的,不能中断,并要求明确上下级的职责、权力和联系方式,如图 8-2 所示。

(2) 任何一级组织只能由一个人负责,实行首长负责制。

(3) 正职领导副职,副职对正职负责。

(4) 下级只接受一个上级组织的命令和指挥,防止出现多头领导的现象。

(5) 下级只能向直接上级请示工作,不能越级请示工作。下级必须服从上级的命令和指挥,不能各自为政,各行其是。如有不同意见,可以越级上诉。

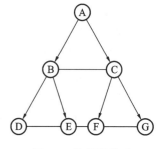

图 8-2 等级链关系

(6) 上级不能越权指挥下级,以维护下级组织的领导权威,但可以越级进行检查工作。

(7) 职能管理部门一般只能作为同级直线指挥系统的参谋,无权对下属直线领导下达命令和进行指挥。

(四) 管理幅度原则

管理幅度也称为管理宽度,它是指一个领导者直接而有效地领导与指挥下属的人数。一个领导者的管理幅度究竟以多大为宜,至今还没有统一的认识。有人认为上层领导的管理幅度应该以四人至八人为宜;公司总经理的下属人员从一人至十人不等。其实有许多著名总经理的下属人员在六人以下,平均下属人员是九人。这些不同数字反映了各种不同因素对管理幅度的影响作用。

从理论上说,当直接指挥的下级数目呈算术级数增长时,主管领导人需要协调的关系呈几何级数增长。厄威克还推导出了如下著名公式:

(领导者)需要协调的关系数目＝$(2^{n-1}+n-1)$

式中：n——管理跨度(即协调关系数)，$n \geq 1$（n 为下级人数）。

也就是说，一个主管人员领导 2 个人，就有 6 种关系需要他协调；如果直接领导的下级增到 12 人，他需要协调的关系就有近 3 万种。当然，这些关系并不会同时发生。

（五）权责对等原则

有了分工，就意味着明确了职务，承担了责任，就要有与职务和责任相当的权力，并享有相应的利益。这就是职、责、权、利相对应的原则。这个原则要求职务要实在、责任要明确、权力要恰当、利益要合理。它们的关系应当是相互对应的正方形，如图 8-3 所示。

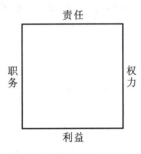

图 8-3　职、责、权、利对应示意图

根据这一原则，在设置职务时，应当实实在在，不能设置虚位，做到有职就有责、有责就有权、有权就有利。因为有责无权或责大权小，会导致负不了责任；而责小权大，甚至无责有权，又难免造成滥用权力。

（六）精干高效的原则

精干高效，既是组织设计的原则，又是企业联系和运转的要求。队伍精干，效能才高。精干，不等于越少越好，而是不多不少，一个顶一个，是能够保证需要的最少。效能包括工作效率和工作质量。队伍精干是提高效能的前提。精干高效原则，要求人人有事干，事事有人管，保质又保量，负荷都饱满。

根据这一原则，应当改变"人多好办事"的偏见。"人多好办事"、"人多热气高"是小生产的原则。用最少的人办最多的事是社会化大生产的要求。大生产的管理者认为，多一个人就多一个发生故障的因素。人员过多，不仅办不好事，还会误事。根据这一原则，还应改变过去片面强调上下对口的现象，一提搞中心任务，就搞个临时机构；一提加强什么，就增设什么机构和人员。现在相当多的企业存在"一线紧、二线松、三线肿"的情况，脱产人员越来越多，其结果，不是分工越来越细，工作质量更高，而是助长了推诿拖拉、相互扯皮，造成办事效率低下。以精干高效的原则调整企业人事结构是当前大部分企业面临的共同问题。

（七）稳定性与适应性相结合的原则

一个企业的管理组织，是保证企业各方面工作正常运转的重要机制，应当保持相对的稳定性。因为管理组织的变动，涉及人员、分工、职责、协调等各方面的调整，会对人员的情绪、工作方法、工作习惯带来各种影响，任何组织的运行都要有一个适应的过程。一个企业的组织结构，是企业实现经营战略的工具。而企业经营战略是要随着内外条件的变化而发展的，企业组织结构又应当有与经营战略保持协调一致的适应性。企业领导的责任，就是要把稳定性与适应性恰当地结合起来。企业领导必须懂得，一个一成不变的组织，是个僵化了的组织；一个经常变化的组织，则是一个创不出业绩的组织。

要求企业组织结构既有稳定性又有适应性，这两者是有一定的矛盾的。这就要求两者能够恰当地统一起来。两者的关系一般有如下四种情况，如图 8-4 所示。

（1）情况Ⅰ。既缺乏稳定的组织机构和规章，又对外部环境缺乏敏感的反应，这类企业必然失败。

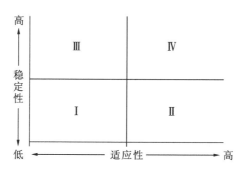

图 8-4 稳定性和适应性的关系示意图

(2) 情况Ⅱ。适应性好而稳定性差,企业内部组织陷于混乱状态,结果适应性也不起作用。这类企业将很快趋于失败。

(3) 情况Ⅲ。稳定性好而适应性差,如果外部环境稳定,这类企业可以生存和发展下去。但是,处在外部环境不稳定的条件下,企业虽能勉强生存,但由于对市场变化的反应不灵敏,企业不可能有很大的发展。我国过去的生产型企业,就大都属于这类情况。

(4) 情况Ⅳ。稳定性和适应性都好,企业充满生机和活力,这是企业组织的努力方向。

强调适应性,并不是不要稳定性。稳定性是基础,贯彻这一原则应该是在保持稳定性的基础上,进一步加强和提高企业组织机构的适应性。

(八)执行和监督分设的原则

这一原则要求企业中的执行机构和监督机构分开设置,不应合为一体。例如,企业中的质量监督、财务监督和安全监督等部门就应当同生产执行部门分开设置。这样才能使监督机构起到应有的监督作用。必要的监督和制约,有利于暴露矛盾。只有暴露矛盾,才能去解决矛盾。当然,监督机构分开设置后,又必须强调在监督的同时,加强对被监督部门的服务,做到既监督又服务。因为单纯实行监督和制约,不利于监督职能的履行,不利于搞好双方的关系。例如,质量检验人员,既要严格把住质量关,当好质量检验员;又要热心为生产服务,当好质量宣传员和技术指导员,帮助生产部门改进和提高产品质量。

三、组织设计的影响因素分析

哪些因素导致不同行业、不同企业在组织结构方面的差别呢?组织学家提出,若干重要的处境性因素,包括环境、战略、技术和规模等,都对组织结构有明显影响。权变理论强调,组织结构必须配合上述处境性因素。若配合得当,组织可以发挥优势,提高效率。因此,管理者需明了这些因素与不同组织结构之间的关系,从而合理地设计组织结构。

(一)环境对组织设计的影响

环境主要指企业外部经营环境。"不确定性"是企业外部经营环境的主要特点。环境变化对企业组织的影响主要表现:①对职务和部门设计的影响;②对各部门关系的影响;③对组织结构总体特征的影响。

(二)战略对组织设计的影响

战略是指决定和影响组织活动性质及根本方向的总目标,以及实现这一总目标的路径和方法。组织结构应因战略而异。

倾向"保守型战略"的企业领导一般面对的是,企业环境较为稳定,需求不再有大的增长变化,因而在组织设计上强调管理和生产的规范化程度。实行以严格分工为特征的组织结构、高度的集权控制、规范化的规章和程序、以成本和效率为中心的严格的计划体制。生产专家和成本控制专家在管理中,特别是在高层管理中占重要地位,信息沟通以纵向为主。

倾向"选择风险型战略"的领导则可能面对环境复杂多变,需求高速增长,市场变化很快,机遇和挑战并存。因而在组织设计上的特点是:规范化较低的组织结构、分权的控制、计划较宽泛而灵活、信息的沟通以横向为主、高层管理主要由市场营销专家和产品开发研究专家支配。

"分析型战略"介于前两者之间,它力求在两者之间保持适当的平衡,所以其组织结构设计兼具刚性和柔性的特征。

(三)技术及其变化对组织设计的影响

技术是指把资源转化为最终产品或服务的机械力和智力转换过程。任何组织都需要通过技术将投入转换为产出,因此,组织的设计就需要因技术的变化而变化。

(四)组织发展阶段对组织设计的影响

(1)创业阶段,组织结构不正规,协调降低在最低限度。

(2)职能发展阶段,组织结构建立在职能专业化的基础上。

(3)分析阶段,组织结构以产品或地区事业部为基础来建立,目的是在企业内部建立"小企业"使后者按创业阶段的特点来管理。

(4)参谋激增阶段,行政管理增加了许多参谋助手,会影响组织中的统一命令。

最后是再集权阶段。

(五)规模对组织设计的影响

组织规模是影响组织结构组成的重要因素,当组织业务呈现扩张趋势,组织员工增加,管理层次增多,组织专业化程度不断提高时,组织的复杂化程度也不断提高。

奎因和卡梅隆把组织的生命周期划为四个阶段:创业—集合—规范化—精细。考察规模对组织设计的影响要从以下几个方面考虑:规范化、分权化、复杂性、专职管理人员的数量。

(六)权力控制对组织设计的影响

斯蒂芬·罗宾斯在长期研究的基础上得出一个结论:组织的"规模、战略、环境和技术等因素组合起来,能对组织结构产生较大的影响,但即使组合起来,也只能对组织结构产生50%的影响作用,而对组织结构产生决定性影响作用的是权力控制"。组织的环境、战略、技术、发展和规模等因素只对组织结构模式的备选方案起限制性作用,但是,从多个备选方案中挑选哪一个方案,则最终由权力控制者决定。

组织结构是由多种因素决定的,既涉及生产力发展水平、组织规模的大小、组织的活动范围,又涉及社会经济制度、管理者能力、组织性质等,所以组织结构的类型多种多样,每一种形式都有自己不同的适应范围。选择何种组织结构形式,组织应该根据自己的实际情况来加以确定。

四、层次结构设计

层次结构设计,即纵向结构设计,是根据管理幅度的限制,确定管理层次,并规定各层次管理人员的职责和权限。

(一)管理幅度与管理层次的概念

1. 管理幅度

管理幅度又称管理宽度或管理跨度,是指主管人员(上级机构)所能直接而有效地监督、管理和指挥其下属的人数。由于任何一个人的知识、经验、能力、精力是有限的,所以任何一个领导者的管理幅度都是有限的。任何组织在进行结构设计时,都必须考虑管理幅度的问题。一般来说,即使在同样获得成功的组织中,每位主管直接管辖的下属数量也不相同。

2. 管理层次

管理层次是指一个组织中所设立的行政等级数目。一个组织集中了众多的员工,作为组织主管,不可能面对每一个员工直接进行指挥和管理,这就需要设置管理层次,逐级地进行指挥和管理。

(二)影响管理幅度的因素

1. 主管人员与其下属双方的素质与能力

主管的综合能力、理解能力、表达能力强,可以迅速把握问题的关键,对下属的请示提出恰当的指导建议,并使下属明确地理解,这样就可以缩短与每一位下属接触所占用的时间,管理幅度可相对大些。同样,如果下属具备符合要求的能力,受过良好的系统训练,可以根据自己的符合组织要求的主见解决很多问题,不必事事都向上级请示汇报,这样就可以减少与其主管接触的时间和次数,从而增大主管的管理幅度。

2. 主管所处的管理层次

主管的主要工作在于决策和用人。处在管理系统中的不同层次,决策与用人所用的时间比重各不相同。越接近组织的高层,主管用于决策的时间就越多,而用于指导、协调下属的时间就越少。所以,越接近组织的高层,其管理幅度就越小。

3. 下属工作的相似性

下属从事的工作内容和性质相近,则主管对每人工作的指导和建议也大体相同,同一主管可以指挥和监督较多的下属,管理幅度就可以相对大些。

4. 计划的完善程度

下属如果单纯地执行计划,且计划本身制订得详尽周到,下属对计划的目的和要求十分清楚,这样主管对下属指导所需时间就少,管理幅度就大;反之,如果下属不仅要执行计划,而且要将计划进一步分解,或计划本身不完善,那么对下属指导、解释的工作量就会相应增加,此时的有效管理幅度就小。

5. 上级管理者必须承担非管理性职责

主管作为组织不同层次的代表,往往需要花费相当多的时间去从事一些非管理性事务,例如,会见客人、参加一些仪式或典礼,这方面工作会占用大量的时间和精力,从而限制了上级管理者的管理幅度。

6. 助手的配备情况

如果下属遇到的所有问题,不分轻重缓急,都需要主管亲自处理,那么必然会占据主管大量的时间,主管所能直接领导的下属数量就会受到一定的限制。如果给主管配备了必要的助手,由助手和下属进行一般的联络,并直接处理一些明显的次要问题,则可以大大减少主管的工作量,增大其管理幅度。

7. 信息沟通技术的先进性

使用先进、高效的信息沟通技术,可以更快、更全面地了解下属的工作情况并能及时向下属传达指示,就可以增大管理幅度。

8. 工作地点的接近性

不同下属的工作岗位在地理上的分散,会增加下属与主管以及下属与下属之间的沟通难度,从而影响每个主管所能管理的下属数量。

9. 组织环境的稳定性

组织环境是否稳定,会在很大程度上影响组织活动内容和政策的调整次数与幅度。环境变化越快,变化程度就越大,组织中遇到的新问题就越多,下属向上级的请示就越频繁,上级因此必须花更多的时间去关注环境的变化,考虑应变的措施,能用于指导下属工作的时间和精力就越少。因此,环境越不稳定,各层次主管的管理幅度就越受限制。

10. 管理者的指导思想

如果上级主管的指导思想是集权,不愿更多地发挥下级人员的积极性,对下级人员进行严格的控制,则主管的管理幅度自然就小。

掌握以上影响管理幅度的因素,对组织确定有效的管理幅度和提高管理效率是十分重要的。

（三）管理幅度与管理层次的关系

1. 管理幅度、管理层次与组织规模之间的关系

管理幅度、管理层次与组织规模存在着相互制约的关系,即

$$管理幅度 \times 管理层次 = 组织规模$$

也就是说,在组织规模给定的条件下,管理幅度与管理层次成反比关系。缩小管理幅度,需增加管理层次从而形成"高耸"式组织结构;扩大管理幅度,可减少管理层次形成"扁平"式组织结构。

在管理幅度给定的条件下,管理层次与组织规模大小成正比,组织规模越大,成员数目越多,其所需的管理层次就越多,从而形成"高耸"式组织结构;反之,将形成"扁平"式组织结构。

例如,一个工厂有 36 个生产工人,如采取"扁平"式组织结构的话,就可建立两级纵向管理层,即厂长下设 2 个车间主任,厂长领导 2 个车间主任(厂长的管理幅度为 2),每位车间主任领导 18 个工人(管理幅度为 18),如图 8-5 所示。

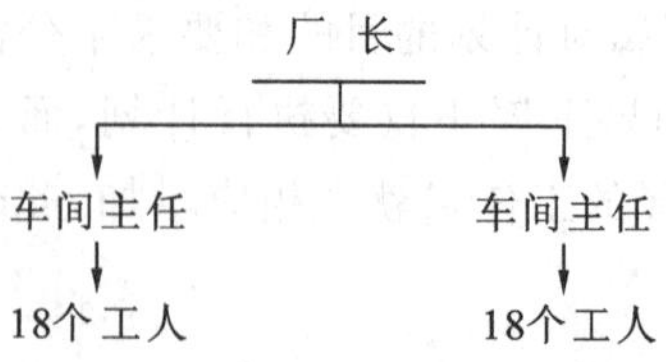

图 8-5 "扁平"式组织结构示意图

另一种是"高耸"式组织结构,在厂长下面设立 2 个车间主任,每个车间主任领导 3 个组长,每个组长领导 6 个生产工人,如图 8-6 所示。

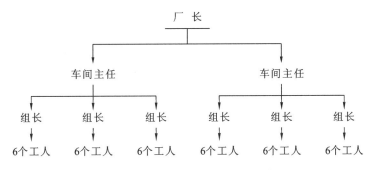

图 8-6 "高耸"式组织结构示意图

2. "高耸"式组织结构与"扁平"式组织结构的优缺点

一个组织选择"高耸"式组织结构还是"扁平"式组织结构,没有固定的标准,主要看哪一种组织结构更为有效。我们可以从表 8-1 中看出两种类型的优、缺点比较,从而帮助我们在组织结构设计中做出正确的选择。

表 8-1 "高耸"式组织结构与"扁平"式组织结构的优、缺点对比表

	"高耸"式组织结构	"扁平"式组织结构
优点	形成了紧密的管理层级,每一级管理层都可以把自己的下属置于自己严密的监督、控制和管理之下; 有高度的权威性和统一性; 管理层次多,下级提升的机会也多	层次少,缩短上下级距离,密切上下级关系,灵活而有弹性; 纵向管理层次少,沟通迅速准确; 由于管理幅度较大,被管理人员有较大的主动性、积极性、满足感; 能充分发挥下属人员的才干,有利于培训下层人员; 管理人员少,管理费用低
缺点	由于管理层次多,指令和信息沟通渠道就长,信息失真的可能性就大,沟通和协调就比较困难; 由于管理严密,影响下级人员的主动性和创造性,缺乏灵活性和适应性; 所需管理人员多,管理费用大	不便有效地监督和控制下级; 上下级协调较差; 同级间相互沟通联络联络负担重、困难大; 容易突出下属的特权和部门的利益; 管理层次少,下级受提升的机会就会减少
适用场合	工作任务要求不明确; 下属人员自由处置权太大; 工作责任重大,绩效衡量期限长; 成果不易测定或测量; 部属之间工作依赖性强	规模大,现代化管理程度高的组织; 上下级管理人员素质和能力较强; 工作地点相近,工作职能相同或相似; 工作环境稳定,干扰因素少

3. "扁平"式组织结构的优势

由上所述,不能一味地说是"扁平"式组织结构好还是"高耸"式组织结构好,只能根据具体

情况来设计,尽可能地综合两种基本组织结构形态的优点,克服它们的缺点。但是,随着社会经济的发展和技术的进步,"扁平"化将是组织结构变革的重要趋势之一,组织通过增大管理幅度、减少层次来提高组织信息收集、传递和组织决策的效率,最终发挥组织的内在潜力和创新能力,从而提高组织的整体绩效,完成组织的战略目标。

以一家具有4096名作业人员的企业为例,如果按管理幅度分别为4、8、16对其进行组织设计(这里假设各层次的管理幅度相同),那么其相应的管理层次依次为6、4、3,所需的管理人员数为1365、585、273名,如图8-7所示。

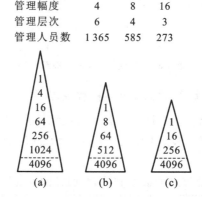

图 8-7　管理幅度与管理层次的关系

我们以前两种管理幅度作一比较:管理幅度为8时较之管理幅度为4时可以减少2个管理层次,大约精减800名管理人员。假如每个管理人员的年工资为5万元,管理幅度为8时比管理幅度为4时每年可节省4 000万元。由此可知,"扁平"式结构在效率上是有优势的,因而也成为当今世界各国看好的一种组织结构形式。

五、部门结构设计

组织结构设计包括纵向结构设计和横向结构设计。纵向设计的结果是管理权限的相对集中或分散。这一内容在第三节已介绍。横向设计是根据不同的标准,将组织活动分解成不同岗位和部门的任务。横向设计的结果,是部门的设置,即部门化。也就是说,组织中的任何活动,应当经过专业化分工而组合到各部门中去。

(一)部门的概念

所谓部门,是指组织中的管理人员按照专业化分工的要求,为完成某一类特定的任务而有权管辖的一个特定的领域。它既是一个特定的工作领域,又是一个特定的权力领域。

(二)部门划分的方法——部门化

1. 人数部门化

人数部门化是指单纯地按人数多少来划分部门。这是一种最原始、最简单的方法,曾是组织种族、部落和军队的一种重要方法,其特点为部门内的人员要在同一个领导人带领下做同样的工作,这是由于某项工作必须有若干人一起才能完成。军队中的师、团、营、连即是用此方法划分的。方法是抽取一定数量的人在主管人员的指挥下去执行一定的任务。

其优点是:仅仅考虑人力,当最终成果只取决于总的人数,或每个人的劳动都是单纯无差别时,采用这种方法是有效的。

其缺点是:随着社会的技术进步,劳动分工的不断深化,这种划分部门的方法将用得越来越少,仅限于某些组织结构的最底层。

2. 时间部门化

时间部门化是指由于经济的、技术的或其他一些原因,在正常的工作日不能满足工作需要时所采用的一种轮班的做法。这也是一种最古老的划分部门的方法,这种方法多见于组织的基层,例如,许多工业企业按早、中、晚三班制进行生产活动,那么就可以设置三个部门。此外,发电、冶金、交通、邮电、医院等组织也采用这种轮班制的方法来进行部门的划分。

其优点是:有利于连续、不间断地提供服务和进行生产,有利于设备、设施得到充分利用。

其缺点是:给管理带来的主要问题是监督、效率以及协调问题,另外中晚班的费用比较高。

3. 职能部门化

职能部门化是指按照组织的各项主要业务工作和主要管理职能来划分和设置组织横向部门,把从事相同管理职能的人和事划分为一个部门。此原则只适用于企业中各层次管理部门的划分,实现管理专业化。例如,厂部设置人事、营销、生产、财务等职能部门,车间设置相应的职能组,生产班组设立职能人员等。其组织结构如图 8-8 所示。

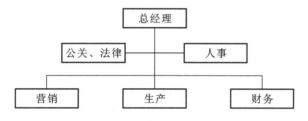

图 8-8 职能部门化组织结构

其优点是:①因为按职能划分活动类型从而设立部门是最自然、最方便、最符合逻辑的方法,也是确保高层管理者维护企业基本活动的权力与威望的最好方法;②它符合业务专业化的原则,可以带来专业化分工的种种好处,从而使人力的利用更为有效;③由于各部门只负责一种类型的业务活动,有利于工作人员的培训,相互交流,提高技术水平。

其缺点是:①由于各职能部门的管理人员长期在一个专业部门工作,形成了自己的行为模式,因而易产生"隧道视野",往往乐于从本位出发考虑问题,只忠实于自己所在的部门,而不把企业看成一个整体,部门之间难以做到协调配合,从而会降低整个企业的目标,由此易导致整个企业对外界环境变化的反应较慢;②不利于培养高级管理人员。

4. 地区部门化

地区部门化是指将某个地区或区域内的业务活动集中起来,委派相应的管理者,形成区域性的部门。一个空间分布很广的企业,由于交通和信息沟通的困难,使得总部的管理人员很难及时了解各地区情况,进行正确合理的指挥,这是产生地区部门化的一个重要原因。另一个重要原因是各地不同的文化环境、风俗习惯,造成了跨文化管理的困难,采用地区部门化可以更好地针对各地区的社会文化特点来组织生产经营活动。这一点对于跨国经营的企业显得尤为重要。其组织结构如图 8-9 所示。

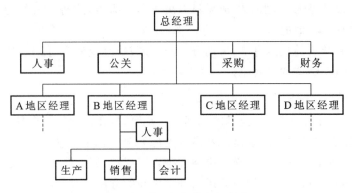

图 8-9　地区部门化组织结构

其优点是：①分权给各地区管理者，可以调动其参与决策的积极性，并加强各地区各种活动的协调，管理者可以根据本地区的市场需求情况组织生产和经营活动，可以启用熟悉当地情况的销售人员负责组织销售，同时减少旅费；②在当地组织生产可以减少运费和运送时间，降低成本；③可以增加当地的就业机会，得到当地政府的支持，并树立良好的信誉；④本地的管理者必须行使不同的管理职能，从事不同的管理活动，从而为培养全面管理人员提供了良好培训场所。

按地区划分部门也有与按产品划分部门类似的缺点，其缺点是：①需要很多具有全面管理能力的人员；②会造成一些机构重复，使管理费用增加；③会给总部高层管理者对各地区的管理控制工作造成困难。

5. 产品部门化

产品部门化是指按产品种类的不同来划分和设置横向部门，把生产同一产品的人和事划分为一个部门，由一个管理者全权负责。在这种组织结构下，产品分部主管对某产品或产品系列的所有职能活动拥有充分的职权，同时也对产品的利润负很大的责任。许多多元化经营的组织，常常采用这种划分部门的方法。

这种方法最早由于组织规模不断扩大，导致管理工作越来越复杂，职能部门化的组织中部门主管的工作负担越来越重，而管理幅度的限制使得他们难以通过增加直接下属的办法解决问题。此时按照产品重新组织组织活动就成为必要，因此，产品部门是从按照职能部门化的组织中发展而来的。其组织结构如图 8-10 所示。

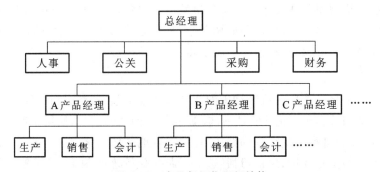

图 8-10　产品部门化组织结构

其优点有以下五点。①能使企业将多元化经营和专业化经营结合起来。整个企业向社会提供多种产品,而每个部门只专门生产一种产品或产品系列。因此既可以使企业因多元化经营而减少市场风险,又可使企业各部门因专业化经营而提高生产效率,降低劳动成本。②有利于企业加强对外部环境的适应性,以市场为主导,及时调整生产方向。各产品部门成为一个利润中心,从而有利于考察和比较不同产品对企业的贡献,因此有利于企业及时限制甚至淘汰或扩大和发展某种产品的生产,使整个企业的产品结构更加合理。③有利于促进企业的内部竞争。由于各种产品部门对企业的贡献容易辨认,因此可以导致部门间的竞争,如加以正确引导,可以促进各部门努力改善工作,从而促进企业的成长。④有利于各职能之间的协调。每个产品部门可谓"麻雀虽小,五脏俱全",各自拥有担任不同职能的人员,如在某种产品的生产、销售和服务等活动需要协调的话,将更加便利。⑤有利于高层管理者的培养。每个事业部的经理都需要独当一面,完成同一产品的制造、销售的各种职能活动,就类似于对一个完整企业的管理。因此,企业可以利用产品部门来作为培养高层管理人才的基地。

其缺点有以下三点:①必须有较多的有全面管理能力的人员;②由于总部和各事业部中的职能部门可能重叠而导致管理费用的增加;③各产品部门的负责人具有较大的决策权,可能过分强调本单位的利益而影响企业的统一指挥。为了避免失控,企业要把足够的决策权和控制权掌握在总部手里。

6. 顾客部门化

这是一种为了更好地迎合特定顾客群体的要求,在将与某类特定顾客有关的各种活动集中起来的基础上划分部门的方法。这种方法也有许多不同类型的组织采用。其组织结构如图8-11所示。

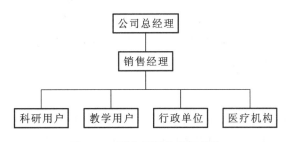

图 8-11 顾客部门化组织结构

其优点是:这种方法的最大优点是有利于重视顾客的需要,增加顾客的满意度,并有利于形成针对特定顾客的技能和诀窍。

其缺点是:①按这种方法组织起来的部门常常要求给予特殊的照顾而造成部门间的协调困难;②这种方法有可能使专业人员和设备得不到充分利用。

7. 工艺部门化

工艺部门化是指按企业产品生产或制造过程中的工艺阶段来设置部门和机构,把同工艺性质的机器设备和工人组成同一个生产单位,只负责过程中某一阶段的工作。其组织结构如图8-12所示。

其优点是:①有利于提高工人的操作技能和劳动生产率;②有利于提高工艺专业化水平,提高企业的生产效率;③有利于成员间的配合协作,在每个部门内部,工人都是从事相同或相似的工作。

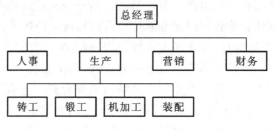

图 8-12　工艺部门化组织结构

其缺点是：①不利于调动基层管理者的积极性，只有企业高层管理者才对企业的利润负责，因此企业很难对各个部门的工作进行定量的考核；②各工艺阶段的协调较困难；③组织对外部适应能力较差。④不利于企业培养高层管理者。

除此之外，部门划分的方法还有按市场销售渠道划分、按技术或设备划分等，在此就不一一介绍了。

一个组织究竟采取何种方式划分部门，应视具体情况而定，而且往往是结合采用几种方法来划分。例如，企业职能或参谋机构一般都按职能划分；生产部门可按程序或业务划分；销售部门则可根据实际需要按地区或客户划分。再如，一所大学在中层这个管理层次上，按领域划分为系、所；按职能划分为总务处、财务处、保卫处、教务处、人事处、外事处等；按服务对象划分为研究生院、成人教育学院；按设备划分为电化教育中心、计算中心等。这种混合划分部门的方法，常常能够更有效地实现组织的目标。

部门的划分解决了因管理幅度的限制而约束组织规模扩大的问题，同时把业务工作安排到各个部门中去，有利于组织目标的实现。由于业务工作的划分难以避免地带来部门间不协调的问题，因此在划分部门的同时，必须考虑到这种不协调所带来的消极影响。

（三）部门划分的基本原则

1. 确保组织目标的实现

合理地划分部门只是组织设计的手段，而不是组织设计的根本目的，其目的是为了最终实现组织目标。所以，部门划分与部门设置应以组织的总目标为导向，一切妨碍组织目标实现的部门应给予撤销，对可有可无的部门要合并，对必不可少的部门要认真对待，对重要部门和关键部门必须精心设计，无论从人员的数量还是质量方面保证配备精兵强将。

2. 职责明确且任务均衡

1) 职责的明确性

每个部门的职责、任务必须十分明确，如每个部门具体干什么、干到什么程度、承担什么责任、如何与其他部门协作等，这在部门设计时就必须考虑好且加以明确规定。确保职责的明确性主要是做到以下两点。

一是"一事无二管"，即某一项工作只能由一个部门来管。组织内部不能有两个职能相同或类似的部门，如果某项工作几个部门都插手，就会因职责不清而相互推诿。在组织设计时，有关部门之间职能的衔接需要清楚地界定，这种界定应由两个或两个以上相关部门的负责人和专业人员根据具体情况划清责任范围，发生争议时由上级裁决，形成文件后要由共同上级批准并由行政办公室备案。随着组织的发展和情况的变化，这种界定要不断地进行，一旦发现有界定不清楚的地方应立即与有关部门联络,召开会议进行界定;如果得不到有关方面的配合,应立即请求共同上级处理或是投诉,共同上级接到投诉后,有责任在最短的时间内(一般不超过一周)召开联系界定会议或以命令形式进行裁决。只有不断地进行界定才能消除部门之间的推诿现象,做到责任明确。如果没有新的情况发生,旧的界定则应稳定有效,不要随意改变。

二是"事事有人管",避免"有事无人管",即组织内各部门相互衔接无遗漏、无空白。如组织的任何一块地方,包括走廊、室外,任何一个设备,包括传真机、打字机,任何一件工作,包括临时产生的工作,都应该有明确的职能部门负责。

2) 任务的均衡性

任务的分配要尽量平衡,避免部门与部门之间忙闲不均以及在同一部门内部的忙闲不均。均衡才是一种理想的工作运转状态。

3. 精简高效

部门设计要力戒贪多求全。现实管理活动中,有些组织业务还没完全开展起来,就一下子设置了许多部门,弄得进退两难。部门设计必须精干,该有的部门一个不能少,不能为组织目标的实现发挥作用或可有可无的部门要调整或合并,起着负作用的部门要坚决撤销。总之,一切以提高效率为前提。

4. 富有弹性

部门设置不是一劳永逸的,部门应随业务的发展、环境的变化而调整。另外,对于临时性的工作,不能设置永久性的部门,可以设置临时性部门或临时性工作单位来解决。一旦问题解决,工作任务完成,所设置的临时性部门应马上撤销。现在的许多组织机构臃肿,一个重要原因就是保留了很多早该撤销的临时性机构。

5. 横向联系

1) 横向联系设计的复杂性

在组织设计时,既要注意部门与部门之间的职责界定,做到分工明确,又要注意协调配合。因为部门的划分是相对的,组织是一个整体,每个部门都是这个整体中的一部分,一个部门的存在是以其他部门的存在为前提的,单个部门、无法实现组织的整体目标。以企业为例,部门与部门之间存在着紧密的经济技术联系,即"前道工序"与"后道工序"之间相互依存,生产部门生产产品,销售部门销售产品,它们的紧密程度可想而知。由此可见,组织结构设计时要做好横向联系设计。

但在组织设计的具体操作过程中,横向联系的设计比纵向设计复杂得多。这是因为纵向管理中上下级之间有领导与被领导的关系,下级服从上级领导和指挥,上级对下级有奖惩权,且上级是站在整个组织工作的角度,对整个组织的情况非常了解,能总揽全局。但部门与部门之间不仅没有上下级之间的权威与服从的关系,部门之间可能信息也不灵通,而且他们都是站在本部门的角度,考虑自身部门的利益多,部门与部门之间甚至还存在竞争关系。由此可见,部门之间的横向协调比上下级的纵向协调要困难得多。所以,作为组织中的部门设计要考虑其复杂性。

2) 横向联系设计的基本思路

主要应做好以下几个方面的工作:①采取一些有效的协调手段和方式,如经常召集各部门负责人会议,这种会议既能为上级决策者提供决策的有用信息,也能为各部门之间加强联系和信息交流提供良好的平台;②适当建立一些协调机构,保证联系的正常化和稳定化;③从制度上制定一些横向联系的监督和奖励机制,鼓励相互协作,反对和杜绝相互推诿。

六、职权结构设计

（一）职位设计

1. 职位的含义

组织职位是指定人们去完成任务、具有一定职责和条件的工作岗位。

在一个组织中,有些职位是常规性的,其任务是标准化和经常重复的,另一些职位则是非常规性的;有些职位对员工的限定非常严格,另一些职位则对员工如何做工作给予充分自由;有些职位以一组员工按团队的方式进行工作可取得较好的效果,另一些职位让个人单独去完成任务可能效果更好。美国管理学家斯蒂芬·罗宾斯说:"职位因任务组合的方式不同而各异,而这些不同的组合则创造了多种职位设计选择。"

2. 职位说明书

职位说明书是综合说明某一职位工作性质、任务、职责及任职资格条件等内容的规范性文件。它是在职位调查、分析和评价的基础上制订的。职位说明书可以为人员的招聘、培训、考核、奖惩和晋升等提供标准和依据。职位说明书的内容主要包括以下几个方面。

（1）职位名称,是指职位规范化的称谓,应力求简明并反映该职位的工作性质。

（2）所在单位,是指该职位所直接隶属的最小行政单位。

（3）工作项目,是指该职位承担的具体工作任务。

（4）工作描述,是指对该职位工作情况的简要描述,主要包括:工作时所受的监督指导;处理本职工作任务时所运用的工作方法、工作程序以及相应的工作权限和责任;工作过程中与其他人员的接触情况;工作效果在职权范围内的影响程度。

（5）所需知识和技能,是指胜任本职位工作所需要的文化程度、知识结构、资历以及其他能力和技术。

（6）工作标准,是指处理本职位所承担的每项工作任务时,应达到的要求及结果。

例如,A产品生产技术负责人的职务说明书应该包括以下内容:对A产品的生产情况总负责;对产品的研究与开发、生产制造、质量控制有决策权,要对结果负责;受A产品经理的直接领导,与营销负责人是平级关系,他领导三个下属;另外,担任该职务的主管人员,应该具备中层管理人员的基本素质,同时还要熟悉A产品的生产技术。

3. 职位设计的基本要求

1）因事设职

因事设职是指组织运行过程中,存在一定的工作任务需要相应成员去完成时才设计这个职位,这种工作或职位往往并不是组织目标实现过程中必须设立的岗位,可能还会阻止组织目标的实现。因为大量的管理实践证明,一个职位的存在如果不发挥正面作用就有可能发挥负面作用。唐太宗李世民对此深有感触,他说:"为官择人则治,为人择官则乱。"

2）职位工作量饱满

如果让五个人做三个人的事,就会人浮于事、效率低下,组织运作成本也会上升。因此,职位设计者要广泛深入地进行任务调查,掌握职位工作量的第一手材料,然后用目标管理中"跳起来摘桃子"的目标设置要求,确定某一职位的工作人员。

3) 突出重点,兼顾一般

在职位设计中要弄清楚哪些是关于组织目标实现的关键职位,哪些是辅助性、服务性、保障性职位,在人员配备方面就因此而有所侧重。

4) 分工明确,相互协作

在一个组织中,无论分工如何严密,都不可能取代相互协作。因此,对职位的职能划分,既要明确界定,减少推诿,又要体现相互协作关系,使各种职位形成一个有机整体。

(二) 职权设计

职权又称为管理者的制度权或法定权,是构成组织结构的核心要素,对于组织的合理构建与有效运行具有关键性的作用。

1. 职权的特征

1) 与职位紧密相连

职权是职位产生的权力,这种权力与组织中的管理职位有关,而与占据这个职位的人无关。例如,生产经理一旦调任营销或财务主管,对原部门的管理人员不再具有命令或控制的权力。职权具有相应的职责和义务。

2) 权力有限

职权只赋予某个职位的管理人员向直接下属发布命令的权力,也就是说赋予某一职位的权力,也并不意味着占据该职位的管理人员对本系统任何层次的员工都能直接指挥和发布命令。例如,生产经理负责整个企业的产品制造,但这并不意味着他可以不通过车间主任或工长而直接向某个工人分配任务。

2. 职权的类型

职权是由于在组织中占据职位而拥有的权力。职权有三种类型:直线职权、参谋职权、职能职权。与职权相对应的是职责,是必须履行的责任。职权是履行职责的必要条件与手段,职责则是行使权力所要达到的目的。

1) 直线职权

直线职权是上级指挥下级的权力,是直线人员所拥有的包括发布命令及执行决策等的权力,也就是通常所说的指挥权。

直线主管指能领导、指挥、监督下属的人员。由于管理幅度的限制而产生的自上而下的管理层次之间的关系就是直线关系。直线关系从组织的最高层,经过中间层,一直延伸到最基层,形成一条等级链。链中每一个环节的管理人员都有指挥下级人员的权力,又必须接受上级的指挥。例如,省长指挥县长,县长指挥乡长;又如,在企业生产系统中,总裁—负责生产制造的副总裁—制造分部总经理—分厂经理(厂长)—车间主任—工段长—工人,从上级到下级构成了严密的指挥链关系。由此可见,直线职权表现为上下级之间的命令权力关系,这正如管理学大师孔茨所言:"直线职权是一种直线或梯级的职权关系。"

2) 参谋职权

参谋职权是参谋所拥有的辅助性职权,包括提供咨询、建议等。

参谋关系是伴随着直线关系而产生的。随着组织规模的扩大,直线人员在管理下级的工作中有时会感觉到精力、专业知识、技能等方面力不从心，难免出现决策失误，需要一些参谋人员出谋划策，协助工作。由此可见，参谋职权是指顾问性、服务性、咨询性、建议性的职权，参谋人员旨在协助直线管理人员更好地完成组织目标。

3) 职能职权

职能职权是指参谋人员或某部门的主管人员所拥有的原属直线主管的部分权力。

在纯粹参谋的情况下，参谋人员所拥有的仅仅是辅助性职权，并无指挥权。但是，随着管理活动的日益复杂，主管人员不可能是"完人"，也不可能通晓所有的专业知识，仅仅依靠参谋的建议还很难做出最后的决定。这时，为了改善和提高管理效率，主管人员就可能将职权关系作某些变动，把一部分本属于自己的直线职权授予参谋人员或某个部门的主管人员，这便产生了职能职权。职能职权大部分是由业务或参谋部门的负责人来行使的，这些部门一般都是由一些职能管理专家所组成的。例如，一个公司的总经理统揽管理全公司的职权，为了节约时间和精力，加速信息的传递，他可能授权财务部门直接向生产经营部门的负责人传达关于财务方面的信息和建议，也可能授予人事、采购、营销、公共关系等顾问一定的职权，让其直接向直线组织发布指示。由此可见，职能职权是组织职权的一个特例，可以认为它介于直线职权和参谋职权之间。

3. 有效设计和行使职权应注意的问题

(1) 职位、职权、职责相匹配。每个成员在组织中都有自己的职位或职务，每一个职位都有相应的职权，每一项职权（决策权、指挥权、操作权、监督权等）都对应着相应的责任。

(2) 对职权进行约束。可以说，职权是把"双刃剑"，对于管理者来说，用得不好可能既伤自己也伤别人，对组织和个人都不利。由于各方面的原因，在现实的管理活动中经常会出现管理者滥用职权或越权指挥。因此，在进行职权设计时要设计与此对应的监督职位和职权，以保证管理者在职权范围内行使权力。

(3) 充分行使职权。在权力范围内，职权必须充分运用，这是组织正常运作的必要条件。如果该管不管或优柔寡断，会使矛盾和问题更加复杂或错失良机，影响组织目标的顺利实现。在职权设计过程中，经常会出现有些职权重叠交叉，所以在执行职权的时候应设法避免这种情况，以减少职权执行过程中的冲突，排除一切干扰，使职权发挥出最佳效果。

(4) 职权与其他权力相结合。著名的管理学家巴纳德认为，职权只有当下级接受其上级的指令时，才取得它的合法性。下级接不接受上级的指令，不仅取决于指令是否在其职权范围内下达，还取决于组织管理者的能力、人品。也就是说，上级管理者要想使其制度权充分发挥作用，还需要有专长和个人影响相结合。一个既没有什么专长，也没有什么人格魅力的人，或者说不受人尊敬的人作为管理者，即使职位再高，权力再大，也难以发挥作用，有时下属虽然接受其指令，也可能是出于被迫，口服心不服，这样的组织是难以有好的组织氛围的。

第三节 组织结构

众所周知，在自然科学领域，石墨与钻石都是由碳原子构成的，构成的要素一样，但两者的质地和价值简直无法相提并论。钻石为什么比石墨值钱？造成它们之间差异的根本原因就是原子间结构的差异，石墨的碳原子之间是层状结构，而钻石的碳原子之间是独特的金刚石结构。同样的道理,性能同等优良的机器零件,由于组装的经验和水平不同,装出的机器在性能上可能相差很大。一队士兵,数量上没有变化,仅仅由于组织和列阵的不同,在战斗力上就会表现出质的差异。

社会化大生产中的管理组织也是这样,由于管理系统内部分工协作的不同,所建立起来的管理组织可能发挥很不相同的效能。

一、组织结构的定义

所谓组织结构,就是表现组织各部分排列顺序、空间位置、聚集状态、联系方式以及各要素之间相互关系的一种模式。组织结构是整个管理系统的"骨架",保证管理系统人流、物流、信息流的正常流通,使组织目标的实现成为可能。

企业组织的结构形式,从传统管理到现代管理,有多种。传统的组织结构形式主要有直线型、职能型、直线职能型等。现代组织结构模式主要有事业部型、矩阵型、多维立体型等。

了解组织的结构形式,选择适宜的组织结构形式,有利于建立具有本组织特点的组织结构框架。

二、常见的组织结构的形式

(一) 直线型

直线型组织结构也称为单线型组织结构,是最早使用、也是最为简单的一种组织结构类型。"直线"是指在这种组织结构中职权从组织上层"流向"组织的基层,如图 8-13 所示。

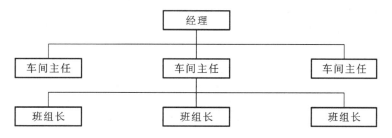

图 8-13 直线型组织结构

直线型组织结构的特点是:每个主管人员对其直接下属有直接职权;每个人只能向一位直接上级报告;主管人员在其管辖的范围内,有绝对的职权或完全的职权。

其优点是:结构比较简单;责任与职权明确;做出决定可能比较容易和迅速。

其缺点是:在组织规模较大的情况下,业务比较复杂,所有的管理职能都集中由一个人来承担,这是比较困难的;而当该"全能"管理者离职时,难以找到替代者;部门间协调差。

(二) 职能型

职能型组织结构也称为多线型组织结构,是科学管理之父泰勒首先提出的。职能型组织结构如图 8-14 所示。

职能型组织结构的特点是:按专业分工设置管理职能部门,各部门在其业务范围内有权向

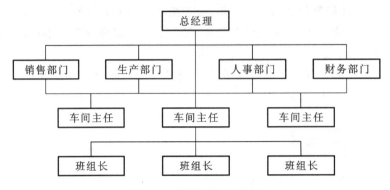

图 8-14 职能型组织结构

下级发布命令,每一级组织(如车间主任)既服从上级的指挥,也听从几个职能部门的指挥。

其优点是:①能够满足现代组织技术比较复杂和管理工作分工较细的特点,充分发挥职能机构的专业管理作用;②由于吸收专家参与管理,减轻了上层主管人员的负担,使他们有可能集中注意力去履行自己的职责。

其缺点是:①由于实行多头领导,使基层人员处于"上边千条线,下面一根针"的局面,妨碍了组织的统一指挥,易造成管理混乱,不利于明确划分职责与职权;②各职能机构往往不能很好地配合,横向联系差;③在科技迅速发展、经济联系日益复杂的情况下,对环境发展变化的适应性差;④强调专业化,使主管人员忽略了本专业以外的知识,不利于培养上层管理者。

(三)直线职能型

直线职能型组织结构又称 U 形结构,是各类组织中最常采用的一种组织形式,这种组织形式是建立在直线型和职能型基础上的。该组织结构最早是由成立于 1892 年的通用电气公司发展起来的,由铁路公司发展的高层管理方法和家族式企业发展的中层管理方法综合而成。图 8-15 所示为直线职能型组织结构。

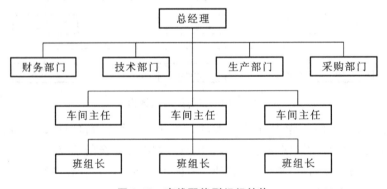

图 8-15 直线职能型组织结构

这种结构的特点是:由纵横两套系统组成,纵向为命令统一的垂直指挥系统,横向为专业分工的职能管理系统;直线主管担负着实现组织目标的直接责任,并拥有对下属的指挥权,可以对下级发布命令、指令;职能部门只是上级直线主管的参谋与助手,他们主要负责提供建议和信息,对下级进行业务指导,以贯彻直线管理的指示和意图,起参谋作用,但不能对下级直线管理人员发号施令,除非上级管理人员授予他们某种职能权力。

由于直线职能型组织结构具有以上特点,到1917年该组织结构在美国制造业占据统治地位,当时236家公司中有80%以上采用了这种结构。

其优点是:①它既保持了直线型集中统一指挥的优点,又吸取了职能型发挥专业管理职能作用的长处;②它能够做到集中领导,便于调配人力、物力和财力;职责清楚,有利于提高办事效率;③秩序井然,分工清楚,使整个组织有较高的稳定性。

其缺点是:①不同的直线部门和职能部门之间的目标不统一,相互之间容易产生不协调或矛盾,从而增加了高层管理人员的协调工作量;②由于职能组织促使职能管理人员只重视与其有关的专业领域,因而不利于从组织内部培养熟悉全面情况的管理人才;③由于分工细,规章多,信息传递路线长,使整个系统的适应性降低。所以,这种形式对中、小企业比较适宜,但对于规模较大的企业,则不太适用。

(四)事业部型

事业部型组织结构又称M形组织结构,它是由美国通用汽车公司总经理斯隆在1920年的危机中发明的,它使通用汽车公司起死回生,故又称为"斯隆模型"。

事业部型组织结构是针对企业实行多样化经营所带来的复杂管理问题而提出来的。其管理原则是"集中决策,分散经营",即在集中领导下设立多个事业部进行分权管理。这是在组织领导方式上由集权制向分权制转化的一种改革。具体来说,企业可以按产品、地区或经营部门分别成立若干个事业部。该项产品或地区的全部业务,从产品设计到产品销售,全部由事业部负责。各事业部实行独立经营、单独核算。高层管理者只保留人事决策、财务控制、规定价格幅度以及监督等大权,并利用利润等指标对事业部进行控制。事业部的经理根据企业最高领导的指示进行工作,统一领导其所管的事业部和研制、技术等辅助部门。这就克服了直线职能型组织结构中高层经理人员深陷于日常经营决策而不能自拔的重大缺陷。图8-16所示为典型的事业部型组织结构。

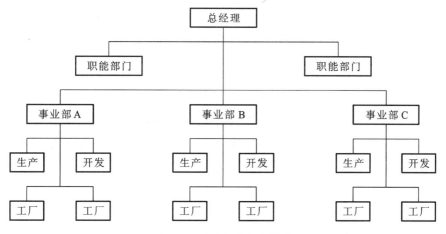

图 8-16 事业部型组织结构

事业部型组织结构的特点是:从材料采购到销售,实行一整套完整事业责任的公司内体制;各事业部独立核算,生产销售等于一个企业;采用了分权和集权相结合的体制。该结构具备三个要素:独立的利益、独立的市场、独立的自主权。

其优点是:①有利于高层管理者摆脱日常事务,集中精力关注企业的大政方针;②提高管理的灵活性、适应性;③有利于培养和训练管理人才;④各事业部之间有比较和竞争,可以克服组织的僵化和官僚化,提高对市场竞争环境的敏捷适应性。

其缺点是:①每个事业部都有完备的职能部门,增加了管理层次,造成机构重叠,管理人员增加和管理成本提高;②各部门独立经营,部门之间协调性差,各事业部往往从本位主义出发,限制了组织资源的共享,因而可能影响到组织长期目标的实现。

一般来说,事业部型组织结构对那些实行品种多样化经营的大型企业或跨国的企业公司具有很强的生命力。从1949年至1976年,有人对美国《幸福》杂志评出的美国500家大企业组织结构的调查,采用事业部型组织结构的企业所占比例从原来的20%增加到了60%。

(五) 矩阵型

矩阵型组织结构是在直线职能型结构的基础上,加上一套为完成某项任务而暂时设立的横向项目系统,是一种"临时性"的机构。矩阵型组织结构如图8-17所示。这一结构中的项目成员既受纵向职能部门的领导,又同时接受水平的项目机构的领导。它比较适用于创新工作较多或经营环境复杂多变的组织。

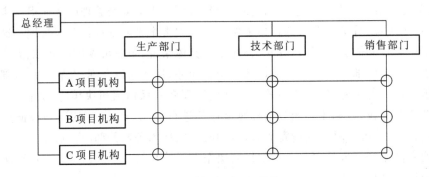

图8-17 矩阵型组织结构

其优点是:①加强了各职能部门的横向联系,有利于把组织的垂直联系与横向联系更好地结合起来,加强各职能部门之间的协作,具有较大的灵活性和适应性;②它是按一定的任务要求,把具有各种专长的有关人员调集到一起,有利于发挥技术人员的潜力;③有利于攻克复杂的技术难题;④有利于资源在不同产品之间灵活分配,因而对市场上激烈竞争的适应性较强。

其缺点是:①由于项目小组是临时性的,所以稳定性较差;②组织中的信息和权力等资源一旦不能共享,项目经理与职能经理之间就有可能会发生矛盾,协调和处理这些矛盾不仅需要良好的人际沟通能力,也需要付出更多的组织成本;③组织中成员实行双重领导,可能会出现多头指挥现象。

(六) 多维立体型

多维立体型组织结构是近年来在矩阵结构基础上发展而来的,它是系统论在管理组织中的具体应用。这种组织结构形式主要包括三类管理结构:按产品划分的事业部,它是产品利润中心;按职能机构划分的事业部,它是专业成本中心;按地区划分的事业部,它是地区利润中心。如图8-18所示。

这种组织结构下,事业部经理不能单独做出决定,而是由产品事业部经理、专业参谋部门和地区部门经理三方面共同组成产品事业委员会,对各类产品的产销进行决策。

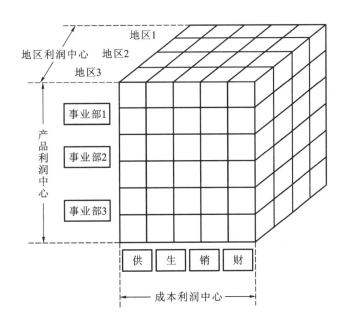

图 8-18　多维立体型组织结构

其优点是：把产品事业部经理和地区经理以利润为中心的管理与专业参谋部门以成本为中心的管理较好地结合起来了，协调了地区部门之间、产品事业部之间的关系，有助于及时互通信息、集思广益、共同决策。这种组织结构形式适合跨国公司或跨地区的大公司采用。

其缺点是：由于任何问题都必须由三方面协商，管理效率较低，有时甚至会贻误有利机遇。

（七）委员会型组织结构

委员会是由一些具有丰富经验和知识背景的专家跨部门组成的一种组织结构。委员会中各个委员的权力是平等的，并依据少数服从多数的原则决定问题。

委员会可以有多种形式。按时间长短可以分为常设委员会和临时委员会，前者是为了促进协调、沟通和合作，行使制定和执行重大决策的职能；后者是为了某一特定的目的而组成的，达到特定的目的后就解散。按职权可以分为直线式的和参谋式的，直线式的如董事会，它的决定下级必须执行；参谋式的主要是为直线人员提供咨询和建议。委员会还有正式和非正式之分，前者可以作为组织结构的一个组成部分存在，具有专门的职责和权力；后者可以在没有具体授权情况下，为了某一具体问题进行集体讨论而临时组织起来。

委员会的特点是集体决策，集体行动。

其优点是：①可以充分发挥集体的作用，避免个别领导者的判断失误，并可防止个人滥用权力；②委员会各成员地位平等，有利于反映各方面人员的利益和意见，并有利于沟通和协调；③委员会使下级人员有可能参与决策，这有利于调动人们的积极性。

其缺点是：①做出决策往往需要较长时间；②集体负责有可能造成个人责任不清；③当意见不一致时，有可能会出现委曲求全的现象；④为谋求一致或接近一致的结论或决定，委员们可能不得不维持少数人的专断，使得一个人或少数人占支配地位，而这又与设置委员会的初衷相矛盾。

第四节 组织力量的整合

设计合理的组织结构的目的,是要求组织机构的各个部门能协调地为组织目标服务,高效率地实现组织目标,这就要求组织的全体成员能和谐一致地进行工作。为此,需要整合组织中的各种力量,处理好授权与尽责、集权与分权、直线与参谋、正式组织与非正式组织等关系,使分散在不同层次、不同部门、不同岗位的组织成员朝同一方向、同一目标努力。

一、授权与尽责

在一个组织中,没有任何一个人能够承担实现组织目标所必需的一切任务,同样也没有人能够行使所有的决策权力。因此,从上到下权力的授予就变得极为必要。所谓授权就是上级给予下级一定的权力和责任,使下属在一定的监督之下,拥有相当的自主权而行动。授权者对被授权者有指挥权和监督权,被授权者对授权者负有汇报情况及完成任务之责。

(一) 授权的必要性

授权对于一个组织的发展来说是十分必要的。管理者进行授权的原因有以下几点。

(1) 可使高层管理人员从日常事务中解脱出来,专心处理重大问题。随着组织规模的扩大,由于受一定的时间和空间及生理条件的限制,管理者人员不可能事事过问,而通过授权可使管理者既能从日常事务中解脱出来,又能控制全局。

(2) 可充分发挥下级的专长,以弥补授权者自身才能的不足。随着组织的发展和环境的日趋复杂,管理者面对的问题越来越多,越来越复杂,而每一个人由于自身能力的限制,不可能做到样样精通。通过授权,可把一些自己不会或不精的工作委托为有相应专长的下属去做,从而弥补授权者自身的不足。

(3) 有利于下级工作才能和工作积极性的发挥。一方面,上级善于授权给下级,下级能在一定的权力范围内做出决策,有利于培养和锻炼其胆量和管理才能,其创造性能得到发挥,有利于增强组织的活力和组织目标的实现;另一方面,从行为科学的角度分析,授权是一种最好的激励方式之一,因为授权能让下级有一种被信任感,会受到一种精神方面的激励,从而融洽上下级关系。如果一位领导事必躬亲,大事小事都管,大权、小权都抓在自己手中不放,其下级完全在一种机械、被动的环境中工作,这样的组织将是僵化的组织、缺乏活力的组织,久而久之,将导致组织病态。

(二) 授权的基本过程

1. 任务的分配

权力的分配和委托来自于实现组织目标的客观需要。因此,首先要明确受权人所应承担的任务。所谓任务是指授权者希望被授权人去做的工作,它可能是要求写一个报告或计划,也可能是要其承担某一职务。不管是单一的任务还是某一固定的职务,都是由组织目标分解出来的作用或一系列工作的集合。

2. 权力的授予

在明确了任务之后，就要授予其相应的权力，即给予其行动的权力或指挥他人行动的权力，如有权调阅所需的情报资料，有权调配有关人员等。给予一定的权力是受权者得以完成所分派任务的基本保证。

3. 责任的明确

当受权人接受了任务并拥有了所必需的权力后，就有义务去完成所分派的工作并正确运用所委托的权力。受权人的责任主要表现为向授权者承诺保证完成所分派的任务，保证不滥用权力，并根据任务完成情况和权力使用情况接受授权者的奖励或惩处。要注意的是，受权者所负的只是工作责任，而不是最终责任。授权者可以分派工作责任，并且受权者还可以把工作责任进一步分派下去，但对组织的责任是不能分派的。受权者知识协助授权者来完成任务，对于组织来说，授权者对于受权者的行为负有最终的责任，即授权者对组织的责任是绝对的，在失误面前，授权者应首先承担责任。

4. 监控权的确认

正因为授权者对组织负有最终的责任，因此，授权不同于弃权，授权者授予受权者的只是代理权，而不是所有权。为此，在授权过程中，应明确授权者与受权者之间的权力关系，即委托-代理关系。委托人即授权者对受权人即代理人有监控权，即有权对受权者的工作情况和权力的使用情况监督检查，并根据检查结果，调整所授予权力或收回权力。

（三）授权的原则

为使授权的行为达到良好的效果，需要灵活掌握以下原则。

1. 重要原则

授予下级的权限，要使下级认为是该层次比较重要的权限。如果下级发现上级授权只是一些无关紧要的小事，就会失去积极性。

2. 明责原则

授权时，必须向受权者明确所授权事项的责任、目标及权力的范围，让他们知道自己对什么资源有管辖权和利用权，对什么样的结果负责及责任大小，使之在规定的范围内有最大限度的自主权。否则，受权者在工作中不着边际，无所适从，势必贻误工作。

3. 适度原则

评价授权效果的一个重要因素是授权的程度。授权过少，往往造成领导者工作太多，下属的积极性受到挫伤；授权过多，又会造成工作杂乱无章，甚至失去控制。授权要做到下授的权力刚好够下属完成任务，不可无原则的放权。

4. 不可越级授权

越级授权是上层领导者把本应授予中间领导层的权力直接授予基层管理者。这样做，会造成中间领导工作上的被动，扼杀他们的负责精神。如果上层领导者越级授权，是由于中层领导不力，也应该采用机构改革的办法予以调整。所以，无论哪个层次的领导者，均不可越级授权。否则，将导致机构混乱和争权夺利的严重后果。

二、集权与分权

当权力的授予或接受是在上下级之间进行时,授权就变成了分权。分权是授权的一种形式,是一个组织向下属各级进行系统授权的过程。分权是任何组织内部权力关系的基本手段。事实上,组织的不同部门拥有的权力范围不同,会导致部门之间、部门与最高指挥者之间以及部门与下属单位之间的关系不同,从而组织的结构不同。例如,同是按产品划分设立的管理单位,既可以是单纯的生产车间或与其他职能部门性质相同的单位,也可以是一个拥有相同自主权的分权化经营单位(事业部甚至分公司)。这涉及组织的集权与分权问题。前一种情况多半发生在权力相对集中的组织中,而后者则是分权化组织的主要特征。

(一) 集权与分权的概念

集权与分权是指权力的集中与分散。这里的权力是指职权,主要是决策权。一般来说,集权是指决策权集中在高层管理者手中。在集权组织中,下级部门和管理者只能根据上级的决定、指示和法令办事,一切行动听上级指挥,由上级决定做什么和怎么做。分权是指高层管理者将决策权分配给下级管理人员,以便下级能利用这些职权,随机应变地解决某些问题,更好地实现组织目标。

(二) 集权与分权的相对性

集权和分权主要是一个相对的概念。绝对的集权意味着组织中的全部权力集中在一个主管手中,组织活动的所有决策均由主管做出,主管直接面对所有的实施执行者,没有任何中间管理人员,没有任何中间管理机构。这在现代社会经济组织中显然是不可能的。而绝对的分权则意味着全部权力分散在各个管理部门,甚至分散在各个执行、操作者手中,没有任何集中的权力,因此主管的职位显然是多余的,一个统一的组织也不复存在。

所以,在现实社会中的组织,可能是集权的成分多一点,也可能是分权的成分多一点。作为管理者,需要知道的是,不是应该集权还是分权,而是哪些权力宜于集中,哪些权力宜于分散,在什么样的情况下集权的成分应多一点,何时又需要较多的分权。

(三) 影响集权与分权的主要因素

影响集权和分权的因素可能来自主观方面,也可能来自客观方面。从主观方面来说,组织领导的个人性格、爱好、能力等都会影响职权分散的程度。有的人喜欢职权多分散点,以减轻自己的负担,也相信别人会做好工作;有的人喜欢独断专行,事必躬亲,集权程度就会高一点。但一般而言,客观因素比主观因素起着更为决定性的作用。这些客观因素包括以下几方面。

1. 组织的规模

组织的规模越大,要解决的问题就越多。由于高层管理人员的时间和所拥有的信息有限,为了防止组织反应迟钝、决策缓慢,他们就必然会把更多的决策权授予下级管理人员。

2. 职责或决策的重要性

所涉及的工作或决策越重要,与此相关的权力就越可能集中在上层。如巨额的采购项目、基本建设投资,以及需要全体人员贯彻执行的统一政策的制订等,一般以集权为好。

3. 组织文化

职权分散的程度,常与该组织的创建过程有关。一般而言,从内部发展起来的或独资创办的企业,如个体私营企业,往往表现出集权化倾向;合资或联合创办的组织则往往显示出职权分散化的倾向。另外,如果一个组织中的管理者对自己的下属充分信任,那么,这一组织就更有可能采用分权化的形式,高层管理人员及组织中的员工所信奉的价值观对职权分散到什么程度有很大的影响。

4. 下级管理人员的素质

分权需要一大批素质良好的中下层管理人员来受权,如果组织中缺少合格的管理人员,高层管理者就可能倾向于集权,依靠少数人来管理组织。

5. 控制技术的发展程度

分权不等于自治,分权的目的是为了有助于组织目标的实现,如果分权危及组织的生存和目标的实现,那么,分权将被禁止。为了避免组织的瓦解,必须在分权的同时加强控制。防止在一些重大问题上失控,常常是进行集权的理由或借口。因此,控制技术的改进,将有助于管理职权的分散化。

6. 环境的影响

外部因素对集权与分权也有影响。其中,最为重要的是政府对各类组织的控制程度。政府的众多规定使得许多事情必须要由高层管理人员直接处理,从而会使分权受到一定的限制。

(四) 集权与分权的平衡

集权的优点是可以加强统一指挥、统一协调和直接控制;缺点是会使高层管理人员负担过重,经常陷于事务中,无暇考虑大政方针,并且限制了各级人员的积极性,不利于管理人员的培养,难以适应迅速变化的环境。

分权可以减轻高层管理人员的负担,增强各级管理人员的责任心、积极性和自主性,增强组织的应变能力;缺点是可能会造成各自为政、各行其是的现象,增加各部门之间协调的复杂性,并且受到规模经济性、有无合格的管理人员等因素的限制。如何在集权和分权之间恰当地权衡得失、取得良好的平衡,做到"放得开又管得住",是处理好组织集权与分权关系的核心。

在这方面,斯隆为我们提供了正确处理集权与分权关系的典范。他担任美国通用汽车公司董事长、总经理时,提出了"政策制订与行政管理相分离,分散经营与协调控制相结合"的组织管理体制。这种体制的总体精神是,集中保证整个公司的巩固和成功所必需的重大政策和规划的决策权,在此前提下,实行最大限度的职权分散化。这一体制主要有以下内容。

1. 确立两极职责

公司经营的方针、政策,由公司集中决策和控制,方针、政策的执行和运用则分散到各个部门。公司的各个经营部门,是公司的基层执行部门,是利润中心,具有较强的独立性;整个公司的生产经营活动,实际上是靠各经营部门的分工协作,在分散的情况下完成的。

2. 加强协调支援

各经营部门的分散经营活动,是在公司总管理处、部门主管及各职能部门的协调控制和支援帮助下进行的。正是由于这些协调和相互支援,使各分散的经营部门能按整个公司的总目标,积极地去完成任务。

3. 维护整体控制

始终把维护整个公司的成功与发展所必需的重大政策和方针的决策权保持在公司的最高

领导层。经营和协调均要在公司董事会及各个委员会所制订的方针、政策指导下统一进行,任何偏离大方向的行为都将及时地予以制止。这一做法在美国通用汽车公司显现出了巨大的优势。

(1) 各经营部门根据专业化协作的原则分工并分散经营,有利于组织大批量集中生产,能更好地利用各种资源以提高工作效率,并且增加了各部门工作的积极性和灵活性。

(2) 由于各部门分散的经营活动是在高层管理部门所制订的政策和制度下进行的,保证了各部门分散努力的步调一致,维护了大方向的一致性。

(3) 公司管理处出面对各经营部门进行协调控制和支援帮助,可使分散经营的各部门的分散努力在相互支援下发挥出最大效力。

(4) 由于各经营部门拥有了必需的权力,就可以及时地评价各级人员的贡献,有利于人才的培养,而领导部门则摆脱了日常行政管理事务的纠缠,真正成为一个强有力的决策机构,能集中精力来考虑大政方针。

由于这种体制适应现代化大公司的需要并在实践中显露出了卓越成效,因而受到了许多大公司、大企业的欢迎和管理学家的肯定,不少大公司都采用了这一管理体制。当然,随着经济的国际一体化、多种经营的跨国公司的大量涌现、计算机技术的不断发展、市场竞争的加剧,组织的机构越来越复杂,管理集中化和职权分散化也面临着越来越多的难题,需要我们在实践中不断探索。

三、职权的分化——直线与参谋

1. 直线与参谋的相互关系

从对组织目标实现的作用来看,直线部门是对组织目标的实现直接承担责任和做出贡献的人或部门;而参谋部门则是帮助直线部门进行工作,向直线主管提供专门服务或咨询活动,进行某些专项研究,以提供某些对策建议的人或部门。从职权的角度看,直线人员有命令和指挥下属的权力,下级必须服从;参谋人员只有参谋权和建议权,这种参谋与建议主管人员可以采纳也可以不采纳。

2. 直线与参谋的矛盾

在管理实践中,直线与参谋经常发生矛盾和冲突,从而影响组织运行效率和组织目标的实现。其矛盾主要表现在以下三个方面。

1) 直线人员不听参谋人员的意见

有许多直线人员常以怀疑的态度对待参谋人员,认为参谋人员不了解本部门的情况,想法不符合实际,只会纸上谈兵,甚至对参谋人员有偏见,认为参谋人员由于无须承担责任,他们的一些建议也难免不负责任,从而对参谋的建议不予重视。直线人员因为要对本部门的工作负全面责任,这种压力往往使他们的行为变得谨小慎微,很多情况下只根据自己的认识判断和习惯行事,而不采纳参谋人员的方案。另外,有些直线人员不愿意别人侵入自己的职权范围,对自己指手画脚。有些直线人员一开始就有可能对参谋人员采取不满或抵触情绪,让参谋机构或参谋人员形同虚设。这些现象都会挫伤参谋人员的积极性,或者导致参谋人员对直线人员不满。

2) 参谋人员过分干涉直线人员

在许多时候,参谋人员会努力获得直线主管的支持,争取直线主管采纳自己的建议。但有时有些参谋人员过分"推销"自己的观点,甚至利用上级主管的支持对下级指手画脚、发布命令,这显然会招致下级直线人员的不满,激化直线与参谋之间的矛盾。

3) 参谋人员缺乏责任感

现实管理活动中,往往会发生这样的情况,当参谋人员的建议被采纳并取得良好的效果后,参谋人员会将成绩归于自己的方案优秀,争功劳,甚至四处炫耀;当自己的方案不被采纳而管理活动又成效不佳时,可能会幸灾乐祸,这些都可能导致直线与参谋的矛盾。

3. 正确发挥参谋的作用

使用参谋能给直线人员带来很多好处。当直线人员面临重大的、情况复杂的、非例行性的,需要经济、技术、政治、法律等领域的专门知识才能做出决策时,参谋人员就显得尤为重要。参谋人员的另一个优点是,当直线主管忙于管理业务而没有时间去考虑某方面问题时,参谋人员就可抽时间去收集资料,进行分析和论证,提供参考意见。再者,有时直线人员"不识庐山真面目,只缘身在此山中",参谋人员能做到"旁观者清"。所以说,在组织管理中,尤其是现代社会组织管理活动中,参谋人员的存在是必要的。

解决直线人员与参谋人员之间的矛盾,关键是必须在保证统一指挥与充分利用专业人员的知识两方面实现平衡,从而合理安排参谋的工作,发挥参谋的作用。首先,直线人员与参谋人员要充分认识自身的角色定位,坚持"直线命令,参谋建议"的原则。其次,直线人员作为矛盾的主要方面,要注意授予参谋机构必要的职能权力,以提高参谋人员的积极性,如发言权、对下级的业务指导权。最后,还要为参谋人员提供必要的信息,使参谋人员的建议更加切合实际,从而使直线人员能从参谋人员那里获得有价值的支持。

复习思考题

1. 如何正确理解"组织"的概念?组织具有什么作用?
2. 按性质进行划分的组织有几种类型?
3. 组织结构有哪些类型?它们各有什么优、缺点?
4. 组织设计要遵循哪些原则?举例说明。
5. 如何理解组织设计的责权利对等原则和精干高效原则?
6. 影响组织设计的因素有哪些?
7. 管理幅度是如何确定的?它与管理层次关系是怎样的?
8. 部门划分应遵循哪些原则?
9. 职权有几种?彼此之间是什么关系?
10. 集权制与分权制有什么优、缺点?如何理解集权与分权的相对性?

第九章 人员配备

【学习目标】
了解:人员配备的任务、程序和原则。
理解:绩效考评的概念、意义、作用、原则和主体。
掌握:人员配备的概念与原则;管理人员的选聘标准、考评的内容及培训方法。
运用:绩效考评的程序和方法,对身边熟悉的企业或本班级年度工作进行绩效考评。

组织设计为组织系统的运行提供了基本的运行框架。为确保各项任务的顺利完成并使系统能够正常地运行,组织还必须按照组织设计的基本要求为系统配置合适的人力资源,如管理人员、作业人员及参谋人员等,并对之进行有效的管理。

第一节 人员配备概述

一、人员配备的含义和任务

(一)人员配备的含义

人员配备就是管理者为确保任务目标的实现,为每个岗位配备适当数量和类型的工作人员,并使他们能够有效地完成任务的过程。也就是说,在设计了合理的组织机构和组织结构的基础上,管理者要根据每个岗位的实际需要,进行职务分析,按照每个人的情况安排适当的工作,使其能力符合岗位的需要。

管理学中的人员配备是指对管理人员进行恰当而有效的选拔、培训和考评,其目的是为了配备合适的人员去充实组织机构中所规定的各项职务,以保证组织活动的正常进行,进而实现组织的既定目标。

传统的观点一般把人员配备作为人事部门的工作,而现代的观点则认为,人员配备不仅要包括选人、评人、育人,而且还包括如何使用人员,以及如何增强组织凝聚力来留住人员,这又同指导与领导工作紧密联系起来。

(二)人员配备的任务

人员配备既要满足组织的需要,又要考虑个人的特点、爱好和能力,因此人员配备的任务要从组织需要和个人能力两个不同的角度来看。

1. 从组织需要的角度来看

1）使组织系统开动运转

设计合理的组织系统要能够有效地运转，必须使机构中每个工作岗位都有适当的人去负责，使实现组织目标所必需进行的每项活动都有合格的人去完成。这是人员配备的基本任务。

2）为组织发展准备干部力量

组织是一个动态系统，处在一个不断变化发展的社会经济环境中。组织的目标、活动的内容需要经常根据环境的变化作适当的调整，由目标和活动决定的组织机构也会随之发生相应的变化。组织的适应调整过程往往也是发展壮大的过程。组织的机构和岗位不仅会发生质的改变，而且还会在数量上不断增加。所以，我们在为目前的组织的机构配备人员时，还需要考虑机构可能发生的变化，为将来的组织准备和提供工作人员，特别是管理干部。由于管理干部的成长往往需要较长的时间，因此组织要在使用同时或通过使用来培训未来的管理干部，要注意管理干部培训计划的制订和实施。

3）维持成员对组织的忠诚

人才流动对个人来说可能是重要的，它可以使人才自己通过不断的尝试，找到最适合自己、给自己带来最大利益的工作。但是对整个组织来说，人才流动虽然有可能给企业带来"输入新鲜血液"的好处，但其破坏性可能更大，人员不稳定、职工离职率高，特别是优秀人才的外流，往往使组织积年的培训费用付之东流，而且还可能破坏组织的人事发展计划，甚至影响企业在发展过程中的干部需要。因此，要通过人员配备，稳住人心，留住人才，维持成员对组织的忠诚。

2. 从个人能力的角度来看

1）使个人的知识和能力得到公正的评价和承认

工作的要求与自身的能力是否相符、是否感到大材小用或怀才不遇、工作目标是否具有挑战性，这些因素与人们在工作中的积极、主动、热情程度有着极大的关系。

2）使个人的知识能力不断发展，素质不断提高

知识与技能的提高，不仅可以满足人们较高层次的心理需要，而且还往往是通向职业生涯中职务晋升的阶梯。要通过人员配备，使组织中的每一个人都能看到这种机会和前景。

二、人员配备的程序

（一）确定组织中人员的数量

组织中人员的数量是根据组织机构中职务的数量而确定的。职务数量指出了组织中每种类型的职务需要的人数。如按管理层次分别确定高、中、基层管理人员的数量。按照企业法人治理结构，可以确定董事会、总经理、监事会等高层管理者的人员数量。采用事业部制的组织，要根据组织的业务内容及范围，确定按产品或顾客或地区设置的事业部及其管理人员的数量。若某个事业部采用矩阵制模式，就要确定相应的职能部门及项目经理部，从而确定基层管理人员的数量。

对新建组织来说，组织设计后，就可根据职务设计人数在社会上公开招聘；对现有组织来说，在进行了组织机构的重新设计后，要把组织的人员数量需求与组织内部现有人员状况进行

动态比较,找出空缺岗位及人员数量。

(二) 开展职务分析

组织设计确定了组织中各职位所需的人数,而职务分析则定义了组织中的职务、职责、职权以及履行职务所需的行为。如某公司人力资源部经理,其职责是什么,权力有多大,相应的薪酬多高?其工作要合乎组织要求,最少需要具备什么样的知识、技术与能力?这些是职务分析回答的问题。职务分析将决定各项职务适合的人选,并最终形成职务说明书与职务规范。

(三) 选配合适的人员

人员的选配可以从外部招聘,也可以采取内部提升、补充等办法进行。为了确保担任职务的人员具备相应岗位要求的基本知识与技能,必须用人员心理测评、素质测评等科学的人力资源管理方法对组织内外的候选人进行筛选。

(四) 制订及实施人员培训计划

人的成长是不断学习的过程。组织的规模要不断扩大,技术要不断更新,组织成员个人也要充分发展,因此人员培训就成为人员配备中的一项重要的工作。正如詹姆斯·伯克利所言,培训已不仅仅局限于新员工的岗前教育和员工的基本业务技能训练,而是变成动员、激发和启发员工发展与企业战略目标相一致的观念、态度、作为和技能的重要工具。

(五) 人员的绩效评估

人员配备是否合适;员工是否能够适应本岗位的需要;其工作业绩与组织目标的实现是否一致;这些都要通过绩效评估来完成。通过绩效评估,可以使员工了解组织是如何看待他们的工作绩效的,它也能指明员工的哪些技能已不适应目前组织发展的要求但可以通过一定的培训和发展来补救,同时绩效评估为人力资源管理提供了依据,并指导晋升、岗位轮换及解聘决策。

三、人员配备的原则

(一) 因事设职、因职择人原则

组织中机构的设置,要根据组织的发展、组织的规模,即根据组织的实际工作需要,设置相应的职位。人员配置也要在职务分析的基础上,根据职务说明书和职务规范的要求,将与职务岗位要求相匹配的人员放到相应的岗位上,以使工作能够有效优质地完成。要防止因人设岗,因人设职,否则会产生人员膨胀、机构臃肿、效率低下等问题。

(二) 量才使用原则

一个人的知识、技能和基本素养不同,适应的岗位也是不同的。同样,不同的工作要求不同的人去完成。因此,人员配备必须根据个人的特点、爱好、技能等,将他放到与之相适应的岗位,这样才能人尽其才,充分发挥个人的聪明才智。如将一个技术水平高、业务能力强、不善于处理人际关系的工程技术人员提拔到高层管理岗位上,就不是一个理智的做法。原因很简单,高级工程技术人员与高级管理人员所要求的素质结构是不同的。高级管理人员更多地要求他具有协调、组织、指挥等方面的能力。

（三）人与事动态平衡原则

组织处于不断发展过程中，组织中人的成长也是一样的，其个人能力、知识、经验会随着组织的发展而不断丰富和变化。因此，人与事的配合需要进行不断的调整，使能力平平的人调离原岗位，配备优秀人员适应新的工作。

（四）用人所长原则

用人就要对人有一个正确的认识。任何一个管理者看人要客观、实事求是，既要看优点，又要看缺点。看缺点，是为了对他作客观的评价，也是为了在人员配备时充分发挥他的优点。有效的管理者不是盲目地找通才，而是应该找最适合空缺岗位需要的人，然后把他放到最能发挥个人智慧并将缺点减弱到最小的岗位上去。

例如，三国时期的刘备，拥有诸葛亮、关羽、张飞等一批优秀人才。张飞粗犷、莽撞，但骁勇善战；关羽忠心耿耿，智勇双全；诸葛亮运筹帷幄，足智多谋。三人各有所长，刘备求人所长，为我所用，在复杂的环境中通过艰苦激烈的拼战，能够三分天下有其一，牢牢地占据川蜀这一席之地。

（五）责、权、利一致原则

责、权、利一致原则指组织的管理人员要保持权力、责任与利益的有机统一，做到在其位，谋其政，行其权，尽其责，得其利，获其荣。

（六）公开竞争原则

公开竞争原则有利于公开、公正、公平竞争，促使组织能够得到一流的人才。

第二节 管理人员的选聘

组织中的人员有管理人员、技术人员、生产作业人员；管理人员又分为高、中、基层管理人员；每一层次的管理人员又分直线型管理人员、参谋型或职能型管理人员；生产操作人员又分为技术工人与专业工人、基本生产人员与辅助生产人员。由于组织中的各项活动都是在各级管理人员的协调、计划、指挥下进行的，因此管理人员的选拔、培养与考核成为人力资源管理的核心工作。

一、管理人员需要量的确定

（一）管理人员需要量的确定原则

一般来说，确定管理人员的需要量要考虑以下三个因素。

1. 组织现有的规模、机构和岗位的需要

管理人员的配备首先是为了指导和协调组织活动的开展，因此要参照组织结构系统图，根据管理职位的数量和种类，来确定组织需要的管理人员的数量。

2. 管理人员流动的需要

不管组织做出何种努力，在一个存在劳动力市场，且市场机制发挥作用的国家，总会出现组织内部管理人员外流的现象。此外,由于自然力的作用,组织中现有的管理队伍会因病老残退而减少。要考虑未来的管理人员的需要量,按照计划对这些自然或非自然的减员进行补充。

3. 组织发展的需要

随着组织规模的不断发展,活动内容的日益复杂,管理工作量将会不断增大,从而对管理人员的需要也会不断增加。因此,计划组织未来的管理人员队伍,还必须预测和评估组织发展和业务扩充的要求。

(二) 管理人员需要量的确定方法

1. 经验估计法

经验估计法就是利用现有的情报和资料,根据有关人员的经验,结合组织的特点,对管理人员的需求加以预测。经验估计法可以采用"自下而上"和"自上而下"两种方式。"自下而上"就是由直线部门的经理向自己的主管提出用人要求和建议,征得上级主管的同意;"自上而下"就是由总经理先拟定出组织总体的用人目标和建议,然后由各级部门自行确定用人计划。最好是将这两种方式结合起来运用:先由最高管理层提出管理人员需求的指导性建议,再由各部门按指导性建议的要求,会同人力资源管理部门、工艺技术部门、职工培训部门确定具体用人需求;同时,由人力资源管理部门汇总确定整个组织的管理人员用人需求,最后将形成的管理人员需求量交由最高领导层审批。

2. 统计预测法

统计预测法是运用数理统计形式,依据组织目前和预测期的经济指标及若干相关因素,作数学计算,得出管理人员的需求量。这类方法中采用最普遍的是比例趋势法、经济计量模型法和回归分析法三种。

1) 比例趋势法

比例趋势法就是通过研究历史统计资料中的各种比例关系,如管理人员与一般员工之间的比例关系,来考虑未来情况的变动,估计预测期内的比例关系,从而计算出未来管理人员的需要量。这种方法简单易行,关键在于历史资料要准确和对未来情况变动的估计要可靠。

2) 经济计量模型法

经济计量模型法是先将管理人员需要量与影响需要量的主要因素之间的关系用数学模型的形式表示出来,依此模型及主要因素变量来计算管理人员的需要量。这种方法比较复杂,一般只在管理基础比较好的大型组织内采用。

3) 回归分析法

回归分析法是要找出对管理人员数量和构成影响最大的一种因素,如规模、经营范围等,然后再分析过去几年管理人员随这种因素变化的趋势,根据这种趋势对未来组织管理人员的需求进行预测。

二、管理人员的来源

管理人员的来源可以是多方面的,如学校、政府机关、企业、猎头公司、员工推荐等。总之,管理人员只可能来源于组织内部或外部。无论是组织内部选拔还是外部招聘都各有利弊,要根据实际需要加以选择。

（一）内部选拔

内部选拔对于组织的管理职位而言是最重要的来源。在美国进行的一项抽样调查中,大部分的管理职位是由内部选拔来填补的。这种情况在规模较大、培训机制健全的企业中更为明显。例如,IBM、Intel 及大多数企业除了招收刚刚毕业的学生外,一般不再使用外部招聘的方式,职位的空缺全部由内部选拔产生。

内部选拔是指组织成员的能力增强并得到充分证实后,被委以高级职务,从而填补组织中由于企业发展或伤、老、病、退而空缺的管理职务。

1. 内部选拔的优点

内部选拔主要有以下一些优点:①有利于调动员工的工作积极性;②由于现有员工在组织中已经工作了一段时间,他们对组织具有相当的忠诚度;③为组织节省了大量的招聘费用,如广告、招聘人员与应聘人员的差旅费、被录用人员的安置费、培训费等;④由于对内部员工有较为充分的了解,使得被选择的人员更加可靠,从而提高了招聘的质量和正确性;⑤有利于吸引外部人才;⑥有利于被聘者迅速展开工作。

2. 内部选拔的缺点

内部选拔的方法由于人员的可选择范围太小,不可避免地存在一些缺点:①申请了但没有得到职位或没有得到空缺信息的员工可能会感到不公平、失望甚至心生不满,从而影响其工作积极性,因此需要做大量的解释与鼓励工作;②由于新主管一般是从同级的员工中产生的,工作集体可能会不服气,这使新主管不容易建立领导声望;③会产生新的空缺,即被提拔人所空缺出来的职位;④最大问题是"近亲繁殖"。

（二）外部招聘

外部招聘就是根据组织制订的标准和程序,从组织外部选拔符合空缺职位要求的员工。选择员工具有动态性,特别是一些高级员工和专业岗位,组织常常需要将选择的范围扩展到全国甚至全球劳动力市场。

管理人员的外部招聘一般有校园招聘、网络招聘、猎头公司等形式。

1. 外部招聘的优点

与内部选拔相比,外部招聘有以下优点:①具备难得的"外部竞争优势";②有利于平息和缓和内部竞争者之间的紧张关系;③在内部员工还不能担负重任时,可以减少组织职位缺乏所造成的损失;④能够为组织输送新鲜血液。

2. 外部招聘的缺点

外部招聘有以下缺点:①外聘者对组织缺乏深入了解;②组织对外聘者缺乏深入了解;③外聘行为对内部员工积极性造成打击。由于这些局限性,许多成功的企业强调不应轻易地外聘管理人员,而主张采用内部培养和提升为主的策略。

三、管理人员的选聘标准

选聘管理人员有一些共同的标准,主要包括品德、知识水平和能力三大方面。品德是推动个人行为的主观力量,决定着一个人工作的愿望和干劲。知识和能力代表着一个人的智力和经验水平,它决定着一个人的实际工作能力。

(一)强烈的管理意愿

管理者首先要有强烈的管理意愿。管理意愿是决定一个人能否学会并运用管理基本技能的主要因素。现代行为科学研究表明,缺乏管理欲望的人是不可能敢作敢为的,因此也就不可能在管理的阶梯上捷足先登。

(二)良好的心理素质

由于管理工作的特殊性,作为一名管理者,除了要有强烈的管理意愿外,还要有良好的心理素质,即要具有创新精神、实干精神、合作精神。面对复杂多变的管理环境,管理人员要有创新精神,勇于开发新产品、开拓新市场、引进新技术、采用新的管理方法,要敢于冒风险,管理者要有与人合作共事的精神,能调动各方面的积极性。

(三)丰富的知识

管理是一门综合性很强的科学,涉及的学科知识比较广泛,它要求管理者既要掌握政治、法律方面的知识,把握组织的发展方向,又要熟悉经济学、管理学知识,懂得按经济规律办事,了解基本的管理理论和管理方法,还要具有社会学、心理学等方面的知识,以协调人与人之间的关系。当然,作为管理者,还要懂得工程技术方面的知识,了解基本的生产工艺和生产技术。

(四)实际工作的能力

关于管理者的能力,各国学者们提出了许多观点。我国的一些学者和专家,根据我国的具体情况,提出一个成功的管理人员应该具备以下的基本能力。

(1)创造能力。一个具有优秀创造能力的管理者,应该思维敏捷,见解独到,表达流畅。

(2)决策能力。表现为分析问题的能力,能透过现象看本质,分清轻重缓急;逻辑判断能力,能判断事物的因果关系。

(3)组织指挥能力。善于运用组织的力量,综合协调,充分发挥各种资源的潜能,能把组织目标和员工需要结合起来,把长远利益和当前工作结合起来,善于影响他人,有一定的号召力。

(4)社会活动能力。善于社交,能为他人着想,对人对事客观公正。

(5)技术能力。具有通过以往经验的积累以及新学到的知识,运用现代管理原理和方法、技术、手段、计算工具,去进行领导和管理的能力。

四、管理人员的选聘程序与方法

(一)公开招聘

当组织中出现管理空岗时,要成立管理人员选聘工作小组或由人力资源管理部门在公开的媒体上公布招聘岗位、人数、条件、工作职责及薪酬等。

目前,随着网络技术的不断发展,网络招聘或电子招聘占据了越来越重要的位置。高级管理人员的招聘一般要通过猎头公司来实现。猎头公司就是主要为企业搜寻高级人才的机构。它根据企业的需要,利用一切可以利用的渠道和关系进行人员搜寻和筛选,而且针对候选人的性格、能力、发展潜力及缺陷,做出正确而深刻的评价。另一方面,要做人才的性格测试,以考察人才的性格与用人公司的文化是否适应,然后提出报告,供用人单位筛选。

（二）初步筛选

应聘者可能很多,选聘小组不可能对每一个人进行详细研究和认识,需要进行初步筛选。对内部人员的初选可通过征求他人意见、以往的人事考核来进行;对外部人员则要通过申请表分析、面谈等方式,了解申请人的基本情况,观察他们的兴趣、观点、见解、独创性等,淘汰那些不能达到要求的申请者。

（三）采用科学的方法进行人员测试

人员测试就是使用情景性的测试方法对应聘者的某一特定行为进行观察和评价,它包括公文处理、小组讨论、即席发言、角色扮演、面谈模拟等。

（四）民意测验或履历调查

由于管理工作是通过许多人的共同努力来达到目标的,因而管理人员工作成效的高低不仅取决于管理者本人的努力,而且取决于与之合作的人的工作情况,以及管理者本人在本单位影响程度的大小。因此,经过测试以后,要对内部选拔的拟聘人员进行民意测验,对外部招聘的拟聘人员进行履历调查,以了解拟聘人员在原单位的工作表现、人际关系和工作能力。

（五）确定管理人员

一旦选定了某个人以后,就要把他介绍到工作岗位或组织中,使他适应新环境。国际的一些大公司制订了专门工作方案,使新员工尽快熟悉工作,如安排新员工参观办公楼、厂房,观看描述组织发展历史的纪录片,认识本部门的同事,了解组织的目标、宗旨和程序规则,本职位的任务、职责、工作绩效评估办法等,目的是减少新的管理人员的陌生感,使他较快地融入组织中去。

第三节 管理人员的培训

一、管理人员培训的意义

现代人力资本理论认为,员工的智力、技能、经验等是组织人力资本的重要组成部分。随着员工职位的变动,通过培训不断提高员工的技能、智力水平及与职务相关的能力,已经成为组织成长和发展的关键所在。

（一）可以提高管理人员的整体素质

通过培训,新的管理人员能够熟悉组织文化,了解组织发展史,能尽快地进入角色,融入组织;也使老的管理人员不断更新知识,学习新的管理知识,以适应建立学习型组织的要求。

（二）可以提高科研与研制新产品的能力

通过培训,使员工学习新知识,激发他们创新的欲望,提高其研制新产品的能力,从而使组织不断适应环境变化。

(三) 可以给组织带来丰厚的利润

20世纪80年代中期的一项调查表明,1美元的培训费可以在三年内实现40美元的经济效益。

(四) 可以提高管理水平

通过培训,可以使管理人员更好地理解领导的创新意图,培养管理人员与同事、下属有效相处的技能,调动员工工作的积极性和创造性,更有成效地开展工作。

二、管理人员培训的目标

(一) 传递信息

通过培训,管理人员能了解组织在一定时期内的生产技术、经营、市场等状况,熟悉组织业务,领会组织文化。

(二) 改变态度

每个组织都有自己的历史和文化,有自己一整套的价值观念、约定俗成的行为准则,管理人员只有了解并认同了这样的文化,才能在组织中有效地工作。这一点对于新聘任的管理人员来说尤其重要。

(三) 更新知识

现代组织在其生产经营过程中广泛地运用了先进的科学技术。管理者只有学习并掌握了科学技术,才能认识生产经营管理活动的规律,才能按规律行事。然而科学技术日新月异,人们知识更新的速度不断加快。目前在知识经济时代,管理人员掌握知识的多少和掌握知识的程度更是组织能否开展知识管理的关键所在。

(四) 发展能力

管理既是一门科学,也是一门艺术。作为一门科学,管理本身有其内在的规律,管理者只有通过不断学习,才能掌握;作为一门艺术,管理者要通过自身实践,在职业活动中提高管理能力。这种实践既包括他们个人在各自岗位上的实践活动,也包括组织对他们在决策、用人、创新、沟通等方面的培训。

三、管理人员培训的方法

(一) 职位轮换制

职位轮换制是组织有计划地按照大体确定的期限,让管理人员在若干不同的岗位上轮换并开展工作的做法,从而达到考察管理人员的适应性和开发管理人员的多种能力的双重目的。例如,丰田汽车公司对岗位一线工人,注意培养和训练多功能作业员,采用工作轮换的方式来训练员工,提高工人的全面操作能力。通过工人轮换的方式,使一些资深的技术工人和生产骨干把自己的所有技能和知识传授给年轻工人。对各级管理人员,丰田汽车公司采取5年调换一次工作的方式进行重点培养。每年1月1日进行工作轮换,调换的幅度在5%左右,调换的工作一般以本单位相关部门为目标。对于个人来讲,几年的岗位轮换有利于其成为一名全面的管理人才和业务多面手。

（二）驻外培训

为了使驻外业务人员适应海外文化及习俗，以便进行海外市场的开拓，发达国家的一流企业均不惜重金竞相开展驻外培训。为适应全球竞争，大众汽车公司提出培养世界性经理，在任何一个地方都像在自己家乡一样，能适应别国的文化传统，考虑问题全球化，但行动要符合本地实际情况。一个好的驻外培训计划包括：①传授文化知识，包括历史、宗教、社会制度等基本情况，特别是与本国不同的地方，通过比较，外派人员便能更深地了解两地文化差异；②让员工们做好心理准备。例如，韩国三星集团为迎接产业国际化的趋势，每年派出400名"独身业务员"到世界各地驻外培训1年，以训练一批"地区性业务专家"。

（三）设置助理职务

在高级管理层次设置助理职务，也是培训高级管理人员的良好办法。因为组织提拔管理人员一般是根据他过去在低层次岗位上的业绩来定的。一个人在较低层次上表现优异、能力突出，不一定就可以适应高层次管理岗位的需要。因此，采用设置助理职位的办法，可以检验某人是否具备担任高级管理职务的能力。

第四节　管理人员的绩效考评

组织要经常或定期对管理人员的工作进行绩效考评，以确定管理人员素质以及目标达成情况。若有管理方面的问题，通过考评，可以及早发觉并迅速制订对策。人员绩效考评是正确的人事决策的前提和依据。

一、绩效考评的概念

对绩效考评，管理学界没有一个统一的定义，但管理学者们从不同的角度，不同的侧重点对这一概念作了不同的描述。归纳起来，可以概括如下。

所谓绩效考评，又称为业绩考评，是绩效考核和评价的总称，是对人们的日常工作进行系统、全面、客观的考核和评价，根据事实和职务工作要求，考评该人对组织的实际贡献，同时强调人的特殊性，并在对人进行评价的过程中，配合对人的管理、监督、指导、教育、激励和帮助等其他人事活动，以提高组织绩效，达到组织目标。

二、绩效考评的意义和作用

（一）绩效考评的意义

绩效考评是人力资源管理现代化、合理化所不可或缺的重要方法，通过对管理人员的能力和业绩贡献加以把握，从而达成加薪、升迁、人力配置、教育培训等方面的决策。但是，必须充分了解到，绩效考评更重要的目的是如何才能使员工发挥能力，积极推进工作，从而改善公司整体绩效。因此，绩效考评是解决人力资源管理课题的一种重要手段，对有效实施人力资源管理具有重要的意义。

1. 给员工提供了自我评价和提升的机会

对员工个人而言,随着社会的发展,企业不仅仅是谋生的场所,还应该满足其社交需求、尊重甚至自我实现等高级的需求。一方面,工作成绩突出的成员,希望自己的能力得到企业当局的承认和肯定,通过工作业绩的考评则可以满足他们这方面的要求;另一方面,工作效率低的人员,如果没有给予评价,他就以为"没有消息便是好消息",不明自身的实际情况,在决定报酬和其他人事调配时,会无根据地和旁人攀比,并心生不满。

2. 使各级主管明确了解下属的工作状况

对管理者而言,经过对下属的工作业绩考评,能准确了解本部门的人力资源状况,做到心中有数,有利于提高管理工作的效率。例如,人员安置、工作指派可以安排得更恰当,培训计划制订更有依据等。

3. 有利于多种人群之间的沟通

在员工绩效考评过程中,加强了上下级之间的沟通,建立起了相互信赖的关系,及时发现工作中的问题,并加以改进。实际上,许多员工遭受挫折和失败,经常是由于他们搞不清楚组织希望他们怎么做,他们花很多精力做他们认为该做的事,而不是真正该做的事。所以,绩效考评工作起了沟通作用,排除了很多不必要的误解,改善了上下级关系。

4. 有利于推进企业目标的实现

对组织而言,通过对个人或部门业绩的考评,可以了解他们对更高层次目标的贡献程度,经过对目标和实际成绩间的差异分析,查找影响达到目标的内外部因素,便可以通过管理的各种职能作用、物质环境的调整,以及人员的共同努力,推进企业目标的实现。同时,将个人目标和企业组织的整体目标加以协调和相互联系,可以增强员工的成就感,提高组织成员的士气,促进业绩水平的提高。

(二)绩效考评的作用

绩效考评是整个人力资源开发和管理的一个总结,与人力资源管理的各环节密切相关。没有绩效考评,人力资源开发和管理就失去了标准和依据,人力资源开发和管理的改进和发展就失去了方向。同时,绩效考评积累下来的丰富实用的内部数据是人力资源开发和管理最好的信息提供者,其具体作用表现在以下五个方面。

1. 员工任用的依据

员工任用的标准应该是德才兼备,绩效考评获得的信息为准确判断员工是否符合任用标准提供了近似于唯一获得承认的根据。

2. 员工调配和职务升降的依据

企业内部员工职位的变动必须有科学的依据,才能保证员工的积极性及工作的顺利开展和完成,而通过全面的绩效考评就可以判定员工是否符合某职位对其素质和能力的要求,或者可以察觉到某人素质和能力的变化,以致在不能适应公司的发展要求时,及时予以调整和改变,以保证公司的正常运行。

3. 员工培训的依据

员工培训是人力资源开发和管理的一个最关键的环节,而且根据当今发展的趋势,企业正向学习型组织转变,员工培训逐渐成为企业发展的核心所在。而要了解员工的优势和劣势,就必须通过对员工个人的绩效考评来获得。同时,培训的效果如何也需要通过绩效考评来判定。

4. 确定员工奖酬的依据

员工奖酬主要指除工资以外的奖励,在工作结束后根据完成情况给予奖励是激发员工积极性和满足员工物质需要的必要手段。但要运用得合理,做到令员工心服必须以绩效考评的结果为依据。

5. 激励的手段

在绩效考评的过程中,员工可以看到成绩,坚定信心;同时也可以看到自己的缺点和不足,明确努力的方向,以便将来可以做得更好。

三、绩效考评的主体

由谁来考评,是绩效考评一个很重要的问题。它关系到考评的信度和效度,同时也是维持绩效考评公正权威的一个重要因素。绩效考评是一个复杂的系统。考评主体的多样化,有助于多层次、多角度地进行考评,这对整个绩效考评系统的稳定是很重要的。

(一)绩效考评主体的界定

在大多数组织中,人力资源部门负有协调设计和执行绩效考评方案的责任。但值得注意的是,直线管理人员自始至终都起着十分关键的作用。这些人对考评方案负有实际实施的职责,如果评价方案想取得成功,没有他们的参与简直是不可想象的。

这个问题直接涉及考评的结果和质量,因此在实际工作中必须根据实际情况进行慎重的选择。

1. 由直接的主管进行考评

由主管进行考评,也称为上级为下级考评,这是大多数考评体系中普遍采用的方法。选用这一评价方式有以下几个原因。

(1)主管通常处于最佳的位置来观察员工的工作业绩。

(2)主管对特定的单位负有管理的责任。当评价下层的任务被移交给其他人时,主管者的威信就可能受到削弱。

(3)下层的培训和发展在每个管理者的工作中是一个不可缺少的环节,同时也排除了同事之间互相考评的一些弊端,具有一定的公平性。

从不好的方面来看,主管可能会强调员工业绩的某一方面,而忽视其他方面。此外,主管操纵评价,从而为对员工做出的加薪和提升决策提供依据,这是众所周知的。在项目或矩阵组织机构中,职能领域的基层主管还可能缺少足够观察业绩的机会来对业绩进行考评。但在多数情况下,直接领导仍将可能继续负责绩效评价的工作。

2. 由同事进行考评

由同事进行考评办法可以有效地预示某人的发展潜力,即谁应该被提升、谁应该被免职。这种方法潜在的问题是互相吹嘘,因为所有的同事坐在一起互相考评,碍于面子和各自的利益容易出现高估的情形。长期以来,同事评价的拥护者认为,如果在一个合理的长时期内,工作小组比较稳定,并且完成了需要相互影响的任务,受全面质量管理观念所激励的组织,都在不断地增加使用该工作小组,包括那些自我管理的工作小组。因此,在这些小组内,同事的评价可能会越来越流行。

3. 由考评委员会进行考评

许多组织都采用由考评委员会对雇员的工作进行考评。考评委员会成员通常由员工的直接主管及3~4名其他主管组成。所以,他们完全凭事实说话,排除了直接主管自己考评的许多感情因素,所以更真实、公平、有效。

4. 自我评估

员工对工作行为的自我评估,也是许多组织经常采用的一种方式,它通常是与主管的评估相联系的。如果员工理解了他们所期望取得的目标以及将来评价他们所采用的标准,则他们往往处于评价自己业绩的最佳位置。很多员工都最清楚自己在工作中哪些做得好、哪些是他们需要改进的。如果给他们机会,他们就会客观地评价自己的工作业绩并采取必要的措施进行改进。另外,由于员工发展是自我的发展,所以自我考评的员工会变得更加积极和主动。自我评价对那些特别重视员工参与的经理们具有很大的吸引力。但是,通常情况是,员工做出的自我评价,通常高于主管和同事做出的评价。因此,这种方法须慎重使用。

5. 由下属对主管的行为进行考评

现在有许多组织都提倡下属用不记名的方式对他们的主管的工作进行评估,这一过程又称为"向上的反馈"。在整个组织中实行这种方式的考评,有助于顶层管理者重新审视他们的管理风格,明确一些潜在的问题,并按照对管理者的要求来采取一些正确的行为。这种考评方式对促进管理者的发展和改进工作更有价值。有些管理者断言,由下属来考评管理者是可行的。他们是根据下属处于一个较有利的位置来观察他们领导的管理效果。这种方法的拥护者认为,负责人将会特别意识到工作小组的需要,并且会将经营管理工作做得很好。而反对者则认为,管理者会追赶一种流行的竞赛,而员工有可能会担心遭到报复。如果这种方法有效的话,有一点相当关键,必须对考评者的姓名进行保密。

6. 小组考评

小组考评是指使用两个或两个以上熟知员工业绩的经理,组成一个小组来对员工进行绩效评价。例如,如果一个人常常与数据处理经理和财务经理一起工作,那么这两人可能会一起参与对这个人的绩效评价。这种方法的优点是,它通过利用旁观者来增加评价的客观性程度。其缺点是,它削弱了直接领导的作用。此外,由于经理们的单位不同,要把他们在同一时间组织在一起进行小组评价可能有些困难。

7. 360°考评

许多公司把"向上的反馈"扩展为"360°考评"形式。在这种形式下,一个员工的工作行为信息是来自其周围的所有的人,包括其上级、下属和同事及外部顾客,这种考评通常被用于培训和发展,有时也可用于对工资的晋级。

(二)对绩效考评主体的要求

绩效考核是一项标准化的工作,但也最容易受绩效考评实施者主观方面的影响。所以,为了使绩效考评更加真实、精确,有必要对绩效考评的主体进行规范,尽可能将主观方面的影响降至最小。

(1)要求绩效考评主体公正地对待被考评者。绩效考评主体更应该是一位公正的裁判,做到公平、客观,对事不对人,不应存在偏见;否则,即使有科学的考评手段、方法,也无济于事。

(2)要求绩效考评实施者对被考评者的业务有相当的了解。通过精确的了解,可以正确、客观地评估被考评者所取得的成绩和其努力程度。同时,对不同业务的被考评者应做出相应的判断,体现差异性原则。

(3)要求绩效考评主体熟练掌握考评的基本原理及相关实务,特别是考评范围内的知识,要能熟练地运用到实践中。

(4)要求绩效考评者主体能与被考评者进行有效的沟通和交流,这是非常重要的。由于绩效考评主体与被考评者的关系不同,其沟通和交流的方式也有所差异,如与上级进行沟通,具有一定的难度,这就需要绩效考评主体各显神通了。

(5)要求绩效考评主体尽量避免知觉上的差错,如晕轮效应、从众心理等,至少要求他们具有心理学方面的知识。

四、绩效考评的原则

建立评估考核制度及实施评估考核时,在宏观把握上,必须遵循一定的基本原则;在具体操作上,必须遵循实务原则,这些原则既是评估考核制度建立的重要理论依据,又是良好的、行之有效的人力资源管理考核体系应满足的基本条件。

(一)基本原则

1. 公开与公平

公开与公平原则,即建立公开的开放式的评估考核制度。开放式的评估考核制度首先是评价上的公开和绝对性,借此而取得上下认同,推行考核。其次是评价标准必须是十分明确的,上下级之间可通过直接对话,面对面地沟通进行考核工作。公开的同时,要注重公平。员工考评应依照明确的考评细则,对事不对人,尽量避免掺入主观因素和感情色彩。

2. 反馈与修改

反馈与修改原则要求考评的结果,要及时反馈给被考评者。好的东西坚持下来,发扬光大;不足之处,应加以修改和弥补。

在现代人力资源管理系统中,缺少反馈的评估考核没有多少意义。既不能发挥能力开发的功能,又没有必要作为人管理系统的一部分独立出来。顺应人力资源管理系统需要,必须构筑起反馈系统。

3. 定期化与制度化

评估考核是一种连续性的管理过程,因而必须定期化、制度化。评估考核既是对员工能力、工作绩效,工作态度的评价,又是对他们未来行为表现的一种预测。因此,只有程序化、制度化地进行评估考核,才能真正了解员工的潜能,才能发现组织中的问题,从而有利于组织的有效管理。

4. 可靠性与正确性

可靠性又称为信度，是指某项测量的一致性和稳定性。评估考核的信度是指评估考核方法应保证收集到的人员能力、工作绩效、工作态度等信息的稳定性和一致性，它强调不同评价者之间对同一个人或一组人评价的结果应该大体一致。如果考核因素和考核尺度是明确的，那么，测评者就能在同样的基础上评价员工，从而有助于改善信度。

正确性又称为效度，是指某项测量反映其所测量内容的准确程度。评估考核的效度是指评估考核方法测量人的能力与绩效内容的准确程度，它强调的是内容有效，即考评事项能真实反映特定工作内容(行为、结果和责任)的程度。

可靠与正确是保证评估考核有效的充分必要条件，所以一个评估考核体系要想获得成功，就必须具备良好的信度和效度。

5. 可行性与实用性

所谓可行性是指任何一次考评方案所需时间、人力、物力、财力要为使用者的客观环境条件所允许。因此，它要求在制订考评方案时，应根据考评目标，合理设计方案，并对考评方案进行可行性分析。

所谓实用性，包括两个方面的含义：一方面，指考评工具和方法应适合对应考评目的的要求，要根据考评目的来设计测评工具；另一方面，指所设计的考评方案应适应所在行业、部门、岗位的人员素质的特点和要求。

(二) 实务原则

为了要确切而有效地进行评估考核，各级主管都应该遵循的一些原则，以下提到的是堪称重要支柱的实务原则。

1. 考核基准的明确化

评估考核到底要用什么标准来进行，比如说其目的、考评方式、考评类别、考评项目、比重、考评等级的尺度等内容都应该要很明确。至于评定基准明确化的方式，若能由上司向员工直接说明，是最为理想的办法，此为第一选择。若员工不知道上司用什么标准来衡量自己，又不了解考核尺度在那里，就很容易引起对考核的不安，进而演化成不信任。若要摒除这种反面结果，就应该对考核对象公开考评的尺度与内容，使其彻底地明确化，这是非常重要的大前提。

2. 评定期间的限定

评估考核人员最容易犯的毛病之一，就是只参考上次或前任主管的考核结果，而径自做出考评。较极端的情形，就是提出与上次一模一样的考核要求。这种做法虽然很容易，但事实上却是非常不恰当的。如果过去的优业业绩延续到下一期的考评中去，则会使员工以为稍稍松懈一下也不要紧，从而产生缅怀过去业绩的"怀旧病"型员工。特别是在以工作业绩、勤务态度为重点的考核里，更应该以现在的状态为基准，因此，考评期间的界定一定要严格遵守。

3. 考核人员的多数化

评估考核是一种"以人考核人"的制度，只要是人创造出来的制度，不管考评方法、考评基准、尺度等设计如何客观公正，其评定结果还是不可避免地会加入考评者主观的倾向。因此，对于同一受考人的考评最好有两个以上的人参与，防止因主观意识或个人情感而造成误差，从而将弊端减少到最低限度。受考人的直属主管可作为第一考评者;而往上一层的主管为第二考评者(一级主管)。以此往上推,而在各考核者之间也需要针对考核结果做一定的调整和内容统一。

4. 对第一次考核的尊重

第一次考评者和受考人有日常接触,所以最了解其实际情况,他对部属负有指导的责任,最了解其工作实况。对考评的结果,首先应尊重第一次考评者的结论。

五、绩效考评的内容

由于管理人员的贡献本身不易衡量,其业绩有很强的非直接性。如一个人力资源管理部门的主管的工作对组织的运营至关重要,但他究竟给组织的收益做了多少贡献却难以定量,同时,管理人员的工作绩效容易受各种客观因素的影响,如经济大环境、行业发展状况等。因此,考评的内容不能只侧重于平时的表现,或技能、潜力等某一方面,而应全面。

(一) 贡献考评

贡献考评是考核和评估管理人员在一定时期内担任某个职务过程中对实现企业目标的贡献程度,即评价和对比组织要求某个管理职务及其所辖部门提供的贡献与该部门的实际贡献。贡献考评时应注意以下两点。

(1) 应尽可能地把管理人员的个人努力与部门的成就区别开来,即力求在所辖部门的贡献或问题中辨别出有多大比重应归因于主管人员的努力,这是非常困难也是非常重要的。因为在个人提供的努力程度不变的情况下,外部完全有可能发生不可抗拒的、但对部门目标的实现起着重要的促进或阻滞作用的变化。许多组织中往往存在着这样的陷阱部门:从某一时刻开始,担任该部门主管的人员纷纷落马,即使能力很强的人来到这里任职,也无回天之力。这种部门的产生与环境有关,与组织的内部管理体制有关。如果在考评时不考虑这些因素的话,将外部环境的变化所造成的部门绩效的下降归因于管理人员的工作能力有问题,那么,对管理人员来说是不公平的。

(2) 贡献考评既是对下属的考评,又是对上级的考评。贡献考评是考核和评估具体管理人员及其部门对组织目标实现的贡献程度。而某个管理人员及其部门对组织目标的贡献程度的大小取决于管理人员的领导能力,取决于部门人员的合作及工作的努力状况,也取决于上级主管领导对该部门的工作的指导和要求情况。如果上级主管领导不力,这位管理人员及部门努力方向不明,从而不能提供有效的管理,那么,其主要责任应在上级主管领导而非该管理人员。

(二) 能力考评

能力考评的目的是通过考察管理人员在一定时间内的管理工作,评估他们的现实能力和发展潜力,即分析他们是否符合现任职务所具备的要求,任现任职务后其素质和工作能力是否有所提高,是否能够担任更重要的管理工作。

但是管理者的能力是通过日常具体工作反映出来的,难以用常规的打分、测试的办法来加以考核。因此,哈罗德·孔茨认为最佳的考评办法是利用管理的基本方法和原则作为考评的标准。同时,他提出了七十三个独特的检查性问题,以提高考评的客观性。

六、绩效考评的工作程序与方法

(一) 确定考评内容

领导者考评管理人员的目的不同,考评的内容也有差异。如用于奖金分配的考评,主要考评管理人员对企业盈利的贡献度;提薪考评是根据管理人员过去年度的工作业绩,以预计被考评人下一年度可能发挥多大作用,决定其未来相应的工资水平;职务考评主要考察管理人员工作熟练程度以及能力水平和工作的适应性;晋升考评则是对管理人员的全面评价。

(二) 确定考评者

传统的考评方法一般是由上级主管对下级进行的考评,是垂直的、单向的过程。

这种上级主管作为唯一考评者的做法存在许多弊端:①考评结果只反映了上级一个人的意见,员工可能认为考评结果不公正;②单一的上级评估过于主观,考评结果的效度不理想,因为一旦上级对某个管理人员形成了某种固定的印象,这个印象将会左右其对某个管理人员的评价;③单一上级考评的过程往往导致抗拒,不能有效地激励员工;④容易造成管理人员"唯上"的工作作风,使他们只想取得上级主管的赏识,做表面文章,搞形式主义。

(三) 选择考评方法

组织进行管理人员绩效考评的方法有很多,如目标管理法、维度考核清单法、业绩表评估法、排列评估法等,必须根据组织的实际需要加以选择。

1. 目标管理法

目标管理法就是根据目标管理的基本原理,在期末时将管理人员的工作业绩与期初时所确定的目标进行比较,以确定被考评人对实现组织目标的贡献程度。这是一种不重过程只重结果的考评方法。它考评的是管理者的综合水平,只要目标确定得合理,就可以剔除考评者个人的好恶、对被评者的看法以及与被考评者的私人关系等主观因素的影响,使考评结果更公正。

2. 维度考核清单法

它适合于对管理性、事务性工作的人员进行考评。它可以对员工的工作能力、潜力、人际沟通能力、忠诚性等做出考评。因为公司中的许多管理人员的工作对于企业利润的获得同样是不可或缺的,但其业绩和贡献却很难量化出来,如公司的人事主管、财务主管等。这种方式不以工作的结果为主,而是着重于管理人员在工作过程中表现出来的品质和行为,也就是说着眼于"这个人怎么样""有什么样的潜质""是如何工作的"等。

(四) 确定考评结果并对被考评人进行反馈

与盛田昭夫一起创立索尼公司的井深大曾说过:"绩效管理应是经理与员工一起完成的,没有员工参与的绩效管理,那就是填表和交表,因此认为这种过程毫无意义也就不足为奇了。"由此可见,将考评结果向被考评人反馈是组织绩效管理的重要组成部分。在进行绩效考评结果的反馈时,要注意以下五点。

1. 对事不对人

要尽量描述事实而不是妄加评论,应避免使用"没能力""太差劲"等,而应当客观陈述发生的事实及自己对该事实的感受,要把焦点放在以数据为基础的考评结果,而不是当事人个人的责任与过错上。

2. 谈具体,避一般

要针对被考评人的具体行为或事实进行反馈,避免做泛泛的、抽象的一般性评价,如"你的表现非常出色",或"大家对你很不满意"等。模棱两可的反馈不仅起不到激励或批评的效果,反而使被考评人产生不确定感,找不到自己的差距或问题。

3. 不但找差距,而且分析原因

指出被考核人存在的问题不是考评的目的,而是通过考评促进被考评人一起诊断分析,问题中哪些是被考评个人的原因所造成的,哪些是客观因素的影响,然后对症下药,制定出相应的对策,改进工作。

4. 注意批评的艺术

绩效考核结果反馈时要将沟通的重心放在"我们",多使用"我们应该如何解决这个问题",或"我们一起分析一下,看看问题出在哪里了"等语言,而不是指手画脚地去训导,说:"你应该……,不应该……"。

5. 具体分析,因势利导

对于雄心勃勃的员工,要告诉他们有雄心是他们具有优良的品质,但不可过分,太急于要求提拔或奖励可能会适得其反,要说明公司的政策是论功行赏,用事实分析他们的情况;对于绩效好的员工,在表扬他们的同时,要帮助他们找出自身的不足,以促进其快速成长;对于绩效不好的员工,要注意沟通的艺术,明确地而不是含糊其辞地指出他们存在的问题,并和他们一起分析原因,提出改进错误的建议。切记在反馈时不要一味地指责。

★ 复习思考题

1. 职务分析与人员配备有什么关系?如何通过职务分析来合理地配备人员?
2. 组织人员配备的主要原则有哪些?
3. 内聘制与外聘制各有什么优点和缺点?
4. 选聘管理人员应有哪些标准?
5. 对管理人员进行培训有何意义?
6. 绩效考评的意义和作用是什么?
7. 绩效考评应遵循哪些基本原则?
8. 管理人员绩效考评主要有哪些内容?其工作程序与方法是什么?
9. 你认为在员工招聘过程中通过面谈和各种测试对应聘者私生活的涉及程度应当有什么限制吗?
10. 在企业快速成长期,会有大量新员工进入,新老员工常常会产生观念、利益冲突。如果你是CEO,你如何处理这些矛盾和冲突?
11. 有的组织在对管理人员绩效考评后采取末位淘汰制,你怎么看?
12. 你认为工作轮换制是否适用于技术型管理人员,如组织的技术主管、财务主管?

第十章 组织变革

【学习目标】
了解：组织变革的内容和程序；组织变革的发展趋势。
理解：组织变革的含义和意义；组织变革阻力产生的原因和克服的方法。
掌握：组织变革的原因、目标、内容和方式。
运用：组织变革的过程和程序，分析我国的经济体制改革。

第一节 组织变革的一般规律

当今的组织正面临一个复杂多变的大环境：劳动力的多元化，技术更新加快，全球经济一体化，全球市场竞争剧烈，以及世界政治格局多元和多变，这就要求适时地对组织进行变革。管理者作为组织变革的推动者，可以改变组织的复杂性、正规化和集权化，或者进行组织结构再设计来变革结构；通过改革工作流程、方法和思维方式而变革组织文化。

一、组织变革的含义和意义

（一）组织变革的含义

组织变革就是组织根据内外环境的变化，以改善和提高组织效能为根本目的，及时对组织中的要素进行结构型变革，以适应未来组织发展的要求而进行的一项活动。组织变革也是组织创新与再造，就是在组织经营活动中，管理人员应对组织现在用来进行价值创造和运作的程序方法加以反思和设计，丢弃那些不符合组织发展目标的落后的东西，从而实现新的组织。

（二）组织变革的意义

迈克尔·哈默和詹姆斯·钱皮在《公司再造》一书中把 3C，即顾客（customers）、竞争（competition）、变革（change）看成是影响市场竞争最重要的三种力量，并认为这三种力量中尤以变革最为重要。

任何一个组织，无论过去如何成功，都必须随着环境的变化而不断地进行自我调整并与之相适应。组织变革的根本目的就是为了提高组织的效能，特别是在动荡不定的环境条件下，要想使组织顺利地成长和发展，就必须自觉地研究组织变革的内容、阻力及其一般规律，研究有效实现管理变革的具体措施和方法。

二、组织变革的原因

推动或影响组织变革的因素可以分为外部环境因素和内部环境因素两方面。

（一）外部环境因素

外部环境因素主要有社会、政治、经济、技术、资源、市场竞争（尤其是竞争对手）、社会价值观的变化等，这些因素都影响着组织的兴衰。例如，市场上出现了新产品、新的服务项目，老产品的提价或降价等，都会迫使竞争对手做出相应的调整。从技术方面看，当代科学技术发展日新月异，新产品层出不穷，对组织形成了强大的压力，组织结构不适时变革，就会有被时代淘汰的危险。组织发展所依赖的环境资源，如原材料、资金、能源、人力资源、专利使用权等对组织具有重要的支持作用。组织必须要能克服对环境资源的过度依赖，同时也要及时根据资源的变化顺势变革组织。另外，经济的繁荣与萧条、物价的涨跌、生活费用的波动、投资者的变化、社会文化和社会价值观的变化等，都会影响组织经营，推动组织变革。

（二）内部环境因素

内部环境因素有很多种，如企业目标、人员素质、权力系统、人际关系、经营范围和经营方式的调整等。

三、组织变革的类型

依据不同的划分标准，组织变革可以有不同的类型。

（一）按照变革的不同侧重分类

按照变革的不同侧重，分为四种类型。

1. 战略型变革

战略型变革是指组织对其长期发展战略或使命所做的变革。如果组织决定进行业务收缩，就必须考虑如何剥离非关联业务；如果组织决定进行战略扩张，就必须考虑购并的对象和方式，以及组织文化重构等问题。

2. 结构型变革

结构型变革是指组织需要根据环境的变化适时对组织的结构进行变革，并重新进行权力和责任的分配，使组织变得更为柔性、灵活、易于合作。

3. 流程主导型变革

流程主导型变革是指组织紧密围绕其关键目标和核心能力，充分应用现代信息技术对业务流程进行重新构造。这种变革会对组织结构、组织文化、用户服务、产品质量、生产成本等各方面产生重大的改变。

4. 以人为中心的变革

组织中人的因素最为重要，组织若不能改变人的观念和态度，组织变革就无从谈起。以人为中心的变革是指组织必须通过对员工的培训、教育引导等，使他们能够在观念、态度和行为方面与组织保持一致。

（二）按照变革的复杂性和不确定性分类

按照变革的复杂性和不确定性，分为三种类型。

1. 适应型变革

适应型变革是指引入经过试点的比较成熟的管理实践，属于复杂性程度较低、确定性较高的变革。适应型变革对员工的影响较少，潜在的阻力较小。

2. 创新型变革

创新型变革是指引入全新的管理实践，例如，我国改革初期实施弹性工时制或股份制，往往具有较高的复杂性和不确定性，因此容易引起员工的思想波动和担忧。

3. 激进型变革

激进型变革是指实行大规模、高压力的变革和管理实践，包含高度复杂性和不确定性，变革的代价很大。

四、组织变革的目标

组织变革的目标是增加三个适应性，即组织更具环境适应性，管理者更具环境适应性，员工更具环境适应性。

（一）组织更具环境适应性

环境因素具有不可控性，组织要想阻止或控制环境的变化可能只是自己的一厢情愿。组织要想在动荡的环境中生存并得以发展，就必须顺势变革自己的任务目标、组织结构、决策程序、人员配备、管理制度等，只有如此，才能有效地把握各种机会，识别并应对各种威胁，使组织更具环境适应性。

（二）管理者更具环境适应性

一个组织中，管理者是决策的制订者和组织资源的分配人。在组织变革中，管理者必须要清醒地认识到自己是否具备足够的决策、组织和领导能力来应对未来的挑战。因此，管理者一方面需要调整过去的领导风格和决策程序，使组织更具灵活性和柔性；另一方面，要能够根据环境的变化要求重构层级之间、工作团队之间的各种关系，使组织变革的实施更具针对性和可操作性。

（三）员工更具环境适应性

组织变革的最直接感受者就是组织的员工。组织如若不能使员工充分认识到变革的重要性，顺势改变员工对变革的观念、态度、行为方式等，就可能无法使组织变革措施得到员工的认同、支持和贯彻执行。需要进一步认识到的是，改变员工的固有观念、态度和行为是一件非常困难的事，组织要使人员更具环境适应性，就必须不断地进行再教育和再培训，更多地重视员工的参与和授权，要能根据环境的变化改造和更新整个组织文化。

五、组织变革的内容和方式

（一）组织变革的内容

组织变革具有互动性和系统性，组织中的任何一个因素改变，都会带来其他因素的变化。然而,就某一阶段而言,由于环境情况各不相同,变革的内容和侧重点也有所不同。综合而言,组织变革过程的主要变量因素包括人员、结构、任务、技术和组织目标,具体内容如下。

1. 人员的变革

这是从人事方面着手进行的变革。通过改变人的思想观念、目标价值,以及提高人的素质来开展组织工作的变革。对人的思想与行为的变革,是其他变革的基础和保证。

2. 结构的变革

这是对体制、结制、责任权力关系等方面的变革。即通过改革组织所有制形式、产权结构及组织内部的结构形式,以及部门与管理幅度的调整、精简机构等来实现组织变革,这项变革往往是组织变革过程中的重点和难点。

3. 技术与任务的变革

这是指对业务流程、技术方法的重新设计,包括更换设备、工艺、技术、方法等。

4. 目标的变革

这种变革由战略变革决定。

(二) 组织变革的方式

任何组织都不会是一成不变的,任何组织都不会是完美无缺的,随着组织内部条件和外部环境的变化,一个富有生命力的组织为了适应这种变化,必然会及时地做出相应的调整,也就是进行组织的变革,以达到组织的自我发展和自我完善。组织的变革有三种基本的方式。

1. 改良式的变革

这种方式是在原有的组织结构框架内做些日常的小改变,修修补补。如局部改变某些科室职能,新设某些机构,新任命某些人员,或者小范围地精简、合并或撤销某些部门等。它是一种局部的变革,涉及面不广,震动不太大,引起的阻力也较小,它有利于组织全局的稳定发展,因而在大多数正常情况下是实行组织变革的有效方法。

2. 革命式的变革

这种方式是断然采取革命性的措施,彻底打破原有框架,在短期内迅速完成组织机构的重大改组。例如,从直线职能制结构改组为事业部制结构,组织与组织之间进行合并,组织内部进行分立等。

这种变革方式涉及面广,波及组织的方方面面,因而引起的震动很大,所引发的阻力也可能不小,因此,需要组织领导人具有非凡的魄力,并事先制订出周密的计划。这种变革一旦取得成功,往往会使组织脱胎换骨,重新焕发生机和活力;而一旦失败了,则也有可能使组织从此一蹶不振,元气大伤。这就需要组织的最高领导者十分谨慎地从事。

3. 计划式的变革

这种方法是先对改革方案进行系统研究,制订全面规划,设计出理想的变革模式,然后有计划、有步骤、分阶段地实施。这是一种比较理想的组织变革方式,在实际工作中得到普遍采用。

第二节 组织变革的过程与程序

一、组织变革的过程

组织变革的过程是一个复杂的充满各种感情和力量摩擦的困难过程,有时还伴随着巨大的风险。学者们研究了有效的变革过程,提出了能够适合组织部门和个人的变革步骤。

（一）变革准备

要求管理层对变革做广泛宣传,让人们感到变革非常有必要并且愿意接受变革。

（二）实施变革

构想并提出新的理念和方法。需要管理者指派专人在变革过程中指导个人、部门或整个组织,使新的观点和方法得到认同和接受。这需要一定的时间过程,因为只有变革带来预期效果时,才会真正得到认同和接受。

（三）巩固变革成果

通过采取适当手段(措施)的促进和支持,使变革成果成为新的行为规范和方式。

采取上述变革的过程模式,能够防止常见的变革流于形式的积弊,即变革之初,人们不愿意或不能够改变已经习惯了的观念和行为方式,在推进变革过程中,人们勉强应付,结果经过一段时间之后,又重新回到老路上去了。

二、组织变革的程序

（一）发现变革征兆,寻找变革机会

变革的第一步是寻找机会的阶段,或者说是弄清市场需要的阶段。这就需要依据一些征兆对组织进行全面的诊断。管理学家西斯托克对组织变革的征兆进行了具体的研究。他认为,当一个组织出现下列几种情况之一时,就表明该组织需要变革了。

(1) 决策的形成过于缓慢,或时常做出错误的决策,以致常常坐失良机。

(2) 各级主管与所属职工之间由于意见沟通不畅,而产生协调不良、人事纠纷等严重后果。

(3) 组织的主要功能已无效率,或不能发挥其真正的作用,如生产计划不能如期完成、生产成本过高、销售量下降、职工工作绩效下降等。

(4) 组织缺乏创新精神,没有新的或良好的办法出现,致使组织停滞不前。

一旦以上征兆出现时,说明原有秩序已不协调。旧秩序中的不协调既可存在于系统的内部,也可产生于对系统有影响的外部。就系统的外部来说,有可能成为创新契机的变化主要有:技术的变化,人口的变化,宏观经济环境的变化,文化与价值观的转变。就系统的内部来说,引发创新的不协调现象主要有:生产经营中的瓶颈,企业意外的成功或失败。

（二）分析变革因素，提出构想，制订改革方案

观察到了不协调现象以后，还要透过现象研究其原因，并据此分析和预测不协调的未来变化趋势，提出合理的构想，并预测它们可能给组织带来的积极或消极后果，努力利用机会将威胁转换为机会。在此基础上，制订出几个可行的改革方案，以供选择。

（三）选择正确、可行的方案，迅速行动，实施变革计划

在科学论证基础上选择正确的实施方案，然后制订具体的改革计划和措施，并贯彻实施。在实践过程中，行动要迅速，否则就会坐失良机。创新的构想只有在不断的尝试中才能逐渐完善，组织只有迅速地行动才能有效地利用不协调所提供的机会。

（四）评价效果，及时反馈，贵在坚持

管理者要对改革的结果进行总结和评价，及时反馈新的信息，以便改进、完善和巩固。同时，创新的过程是不断尝试、不断失败、不断提高的过程，因而，要求创新者要坚定不移地继续走下去，不能因为一点小小的挫折就半途而废，否则就会前功尽弃。所以，创新要想获得最终成功，贵在坚持。

第三节 组织变革的阻力与对策

随着信息技术的发展，企业所面临的环境发生着急剧的变化，任何以市场为导向的企业都必须不失时机地推动企业的技术变革、组织变革和人员变革，以适应不断变化着的内外环境。然而变革就意味着破坏，意味着打破传统。这一特性使得变革具有不同程度的风险。组织内员工对变革的接受与否，组织变革的方向是否适应不断变化的外部环境，都直接影响着企业变革的成败。正是由于组织变革所具有的破坏性和风险性，才使得组织变革会招致来自组织内外各个方面的阻力，认识这些阻力的来源，探究阻力的产生原因，将对我们解决组织变革中所遇到的问题提供重要的指导依据。

一、组织变革的动力和阻力

在组织变革中所表现出来的推动和阻止这两种不同的态度，以及由此产生的方向相反的作用力量及其强弱程度的对比，会从根本上决定组织变革的进程、代价，甚至影响到组织变革的成功和失败。

组织变革的动力就是发动、赞成和支持变革并努力去实施变革的驱动力。总的说来，组织变革的动力来源于人们对变革的必要性及变革所能带来好处的认识，如企业内外各方面客观条件的变化，组织本身存在的缺陷和问题，各层次管理者（尤其是高层管理者）居安思危的忧患意识和开拓进取的创新意识，变革可能带来的权力和利益关系的有利变化，以及能鼓励革新、接受风险、赞赏失败并容忍变化、模糊和冲突的开放型组织文化，这些都可能形成变革的推动力量，引发变革的动机、欲望和行为。

组织变革的阻力是指人们反对变革、阻挠变革，甚至对抗变革的制约力。这种制约力量可能来源于个体、群体，也可能来自组织本身，甚至外部环境。组织变革阻力的存在，意味着组织

变革不可能一帆风顺,这就给变革管理者提出了更严峻的变革管理任务。

二、组织变革的阻力产生的原因

组织变革就是要改变那些不能适应企业的内外环境、阻碍企业可持续发展的各种因素。例如,企业的管理制度、企业文化、员工的工作方式、工作习惯等。这种变革必然会涉及企业的各个层面,引起企业内部个人和部门利益的重新分配。因此,必然会遭到来自企业各个方面的阻力,有个人的、群体的,有公开的、未公开的,有即时的,也有潜在的、延后的。

(一)企业员工在个人利益和整体利益上难以取舍

一般而言,企业变革的目标就是要追求企业整体利益的最大化,这与组织内各个利益主体的根本利益是一致的。但是,组织利益最大化的实现需要各利益主体的有效组合,这样就必然会对组织内的各个主体的权利和利益进行重新分配,由此一些群体和个人的既得利益就会有所损失。这就要求企业的员工要有舍小家、顾大家的全局意识,从组织的整体利益和全局利益去看待变革的意义。然而,在现实社会中,一些领导和员工只顾自己的个人利益和短期利益,盲目地抵制变革,使企业的变革难以有效地实施。

(二)员工不明变革的意义,对变革的发动者缺乏信心

在组织变革的过程中,一些员工对企业变革的紧迫性认识不足,认为变革没有必要,企业推动变革是多此一举,并且会对自己的利益造成损害。还有一些员工认为变革虽有必要,但对变革发动者发动变革的动机和实施变革的能力产生怀疑,有的认为变革发动者为了私利,有的认为发动者的知识和能力不足以实现既定的目标。

(三)员工担心变革的后果不确定

在实施变革的过程中,一些员工虽然认识到了变革的迫切要求,但却不能准确地把握变革实施的后果,他们常常会对变革产生各种猜疑,认为变革有可能达不到预期的效果,很可能会对组织、个人的利益产生损害,这类人常常认为变革是在冒险。因此在变革的过程中,他们常常依附于群体的态度倾向,有的甚至公开抵制变革。

(四)员工对自己的能力产生怀疑,认为变革是对自己的一种威胁

企业的变革常常伴随着技术变革和人员变革。每一次变革的实施都对企业内的员工提出了更高的要求。先进生产线的引进、办公自动化的建立、新技术的应用都要求员工不断地提高自己的知识和能力,以适应企业变革的需要。而一些员工担心自己的技术已经过时。一旦企业发生变革,自己就会被淘汰或是地位遭到挑战,因此他们宁愿维持现状。这类人常常是墨守成规、进取心弱的员工或是企业中的高龄员工。

三、组织变革阻力的克服

对组织变革中遇到的抵制要正确认识。从现实来看,组织变革没有阻力是不可能的,完全消除也是不可能的;组织变革的阻力阻碍了适应、发展和进步,具有消极作用,但不是完全没有积极作用。组织变革的阻力在某种意义上具有一定的积极作用,它可以在一定程度上使组织的行为具有一定的稳定性和可预见性。如果对任何变革没有任何阻力或反对意见,组织反而

会变得混乱而出现随意的组织重组,甚至导致一些人打着"变革"的旗号而任意行事。因此,变革成功的关键在于尽可能消除阻碍变革的各种因素,削弱组织变革的阻力,必要时还要运用行政的力量保证组织变革的顺利进行,而不是完全消除,因为没必要也不可能完全消除阻力。

(一)企业的人力资源要为组织变革服务

员工的个性与其对待变革的态度有着密切的关系,因此企业在招聘的过程中,就应该引入心理测评,通过测评招聘一些有较强适应能力、敢于接受挑战的员工。其次,在组织变革的过程中,企业要加强对员工的培训,提高员工的知识水平和技能水平,使得企业的人力资源素质和企业变革同步推进。再次,在企业的日常经营过程中,应该树立一种团体主义的文化,培养员工对组织的归属感,形成一种愿意与企业同甘共苦的企业文化。

(二)加强与员工的沟通,让员工明白变革的意义

在变革实施之前,企业决策者应该营造一种危机感,让员工了解变革对组织、对自己的好处,并适时地提供有关变革的信息,澄清变革的各种谣言,为变革营造良好的氛围。在变革的实施过程中,要让员工理解变革的实施方案,并且要尽可能地听取员工的意见和建议,让员工参与到变革中来。与此同时,企业还应该时刻地关注员工的变化,及时与员工交流,在适当的时候可以做出某种承诺,以消除员工的顾虑。

(三)适当地运用激励手段

在组织变革的过程中适当运用激励手段,将达到意想不到的效果。一方面,企业可以在变革实施的过程中,提高员工的工资和福利待遇,使员工感受到变革的好处和希望。另一方面,企业可以对一些员工予以重用,以稳住关键员工,消除他们的顾虑,使他们安心地为企业工作。

(四)引入变革代言人

变革代言人即通常所谓的咨询顾问。由前面的分析已经知道,在变革过程中一些员工认为变革的动机带有主观性质,他们认为变革是为了当局者能更好地谋取私利。还有一些员工认为变革发动者的能力有限,不能有效地实施变革。而引入变革代言人就能很好地解决这些问题。一方面,咨询顾问通常都是由一些外部专家所组成的,他们的知识和能力毋庸置疑;另一方面,变革代言人来自第三方,通常能较为客观地认识企业所面临的问题,较为正确地找到解决的办法。

(五)运用力场分析法

力场分析法是库尔特·勒温于1951年提出来的,他认为变革是相反方向作用的各种力量的一种能动的均衡状态。对于一项变革,企业中既存在变革的动力,又存在变革的阻力,组织变革管理者的任务就是要采取措施改变这两种力量的对比,促进变革的顺利进行。概括地说,改变组织变革力量及其对比的策略有三类:①增强或增加推力;②减少或减弱阻力;③同时增强动力与减少阻力。实践表明,在不削弱阻力的情况下增强驱动力,可能加剧组织中的紧张态度,从而无形中增强对变革的阻力;在增加驱动力的同时采取措施削弱阻力,会更有利于加快变革的进程。

(六)培养企业的精神领袖

在企业变革的过程中,如果企业有一位强力型的领导者,相对而言,变革的阻力就会很小。由于企业的精神领袖通常有卓越的人格魅力和非常优秀的工作业绩,因此,由他们发动变革,

变革的阻力就会很小。当然,客观而论,在企业中培养精神领袖并不一定是一件好事,但在组织变革的过程中确实能收到立竿见影的效果。

第四节 组织变革的发展趋势

一、扁平化

所谓扁平化,就是减少中间层次,增大管理幅度,促进信息的传递与沟通。

"高耸"式组织结构的优点是结构严谨、等级森严、分工明确、便于监控等。但是,随着社会的发展和时代的变迁,特别是经济全球化进程的加快和市场竞争的加剧,这种组织结构的弊端已日益显露。

就我国目前的情况来看,多数企业组织基本上还属于"高耸"式组织结构,虽然这与我们传统文化着一定的联系,但已经无法适应发展市场经济和迎接知识经济的要求,严重地束缚了员工的手脚,极大地挫伤了下属的积极性,阻碍了人才健康成长,不利于优秀人才的脱颖而出,其弊端日益凸显,到了非改不可的时候。按照扁平化的原理变革传统的组织构架,已成大势所趋,势在必行。

二、弹性化

所谓弹性化,就是企业为了实现某一目标而把在不同领域工作的具有不同知识和技能的人集中于一个特定的动态团体之中,去共同完成某个项目,待项目完成后团体成员各回各处。这种动态团队组织结构灵活便捷,能伸能缩,富有弹性。

改革开放以来,由于跨国经济的发展和企业集团的壮大,一种跨地区、跨部门、跨行业、跨职能的机动团队如同雨后春笋遍地萌生。

三、网络化

企业组织结构的网络化主要体现在四个方面。

1. 企业形式集团化

随着经济全球化和经营国际化进程的加快,企业集团大量涌现。企业集团是一种新的利益共同体,这种新的利益共同体的形成和发展,使得众多企业之间的联系日益紧密起来,构成了企业组织形式的网络化。

2. 经营方式连锁化

很多企业通过发展连锁经营和商务代理等业务,形成了一个庞大的销售网络体系,使得企业的营销组织走向网络化。例如,美国的麦当劳餐厅已在全世界119个国家和地区开设了连锁店,德国的西门子公司已在全世界190个国家和地区建起了商务代表处。

3. 企业内部组织网状化

过去"高耸"式组织结构的特点是直线构架、垂直领导、单线联系，很多机构之间"老死不相往来"。由于企业组织构架日趋"扁平"，管理层次跨度加大，执行层机构在增多，每个执行机构都与决策层建立了直接联系，横向的联络也在不断增多，企业内部组织机构网络化正在形成。

4. 信息传递网络化

随着网络技术的蓬勃发展和计算机的广泛应用，企业的信息传递和人际沟通已逐渐数字化、网络化。

四、虚拟化

未来学家阿尔文·托夫勒说：在知识经济时代，经营的主导力将从经营力、资本力过渡到信息力和知识力。到了知识经济时代，大量的劳动力将游离于固定的企业系统之外，分散劳动、家庭作业等将会成为新的工作方式，虚拟组织将会大量出现。计算机软件及其网络技术的蓬勃发展，将加快这一时代的到来。届时诸多组织都不必再去建造庞大的办公大楼，取而代之的是各种形式的流动办公室。据了解，美国、加拿大等国的大型跨国公司的科技人员目前在家办公的人数已达40%以上。组织形式将以往庞大合理化的外壳逐渐虚拟，流动办公、家庭作业必将受到广泛青睐。随着组织结构的虚拟和家庭作业人数的增多，如何利用网络技术来实施管理将成为企业领导者和管理者需要认真解决的新课题。

五、分立化

由于企业规模越来越大，市场竞争日益激烈，企业经营管理的难度越来越大，市场变化越来越快，因而企业一方面希望通过不断扩大规模，增强实力；另一方面又在扩大规模的同时，化整为零，提高企业的灵活性。

改革开放以来，中国企业组织结构已经发生了积极的变化，但是目前仍然不尽合理，重复设置、大而全、小而全的问题至今仍未得到根本解决，企业专业生产、社会化协作体系和规模经济的水平都还较低，市场竞争能力不强。可以预料，随着传统观念的逐渐破除，企业的组织结构将会走向小型化。资产运营、委托生产、业务外包等已经为企业组织小型化提供了实现的条件。据悉，世界有些资产几十亿、几百亿美元的大公司也不再直接组织生产，而开始走委托生产之路，甚至连销售也采取一次性买断的做法，千方百计地降低企业运行成本。特别是企业用工制度的改革，为建立小型化组织提供了人事保证。固定工人数普遍在锐减，合同工、季节工、计时工、计件工等在增多，减人增效已经成为众多企业的选择。

六、学习型组织——未来成功企业的模型

变化是管理工作最鲜明的特点之一，随着人员、技术及环境的变化，组织的结构也必须变化。学习型组织理论与组织的随机理论不同。随机理论强调组织结构和领导方式是随任务所用的技术和环境而定的，不存在适合所有情况的普遍性规律，而学习型组织理论揭示的是善于

应变组织的普遍规律与特征。面对复杂多变的竞争环境,组织领导者首要的任务是将传统的控制型组织改造为学习型组织。

"学习"是学习型组织理论的关键词,是组织成员对环境、竞争者和组织本身的各种情况的分析、探索和交流过程。它与传统的"学习"含义不同,不仅是指对知识、信息的获取,更重要的是指提高自身能力以对变化了的环境做出有效的应对。

学习型组织是指能认识环境、适应环境,进而能动地作用于环境的有效组织。学习型组织能充分发挥每个员工的创造性和能力,努力形成一种弥漫于群体与组织的学习气氛,凭借着学习,个体价值得到体现,组织绩效得以大幅度提高。

学习型组织是更适合人性的组织模式。这种组织由一些学习团队形成社群,有崇高的而正确的核心价值、信心和使命,具有强韧的生命力与实现共同目标的动力,不断创新,持续蜕变。在这种学习型组织中,人们胸怀大志,心手相连,相互反省求真,脚踏实地,勇于挑战极限及过去的成功模式,不为眼前近利所诱惑;同时,以令成员振奋的远大共同愿望,以及与整体动态搭配的政策与行动,充分发挥生命的潜能,创造超乎寻常的成果,从而由真正的学习中体悟工作的真义,追求心灵的满足与自我实现,并与周围的世界产生一体感。

学习型组织是美国麻省理工学院教授彼得·圣吉为代表的一群学者和一些企业家合作研究后所提出的一种管理理论。他们的研究成果的结晶,体现在彼得·圣吉所写的《第五项修炼》这部巨著之中。

学习型组织产生的时代背景是知识经济。物资与知识有着完全不同的本质,物资是有形的,几乎无法重复使用,而且是唯一的,无法与他人共享。过去我们的企业就是以生产物资为基础信念而建立起来的,所以竞争、供需、资源成了企业最重要的部分。但是知识无形却可重复使用,它可同时出现在不同地点,所以知识的影响力与传播力是无限的,这时对于企业最重要的就是合作、共享、创新、学习。今天,一个企业的效率不像过去,只要增加资源、人员就可马上增加生产力,而是通过如何加快"学习—创新—工作"的学习循环速度来提升企业的效率。

复习思考题

1. 为什么要进行组织变革?
2. 组织变革的原因是什么?
3. 组织变革的目标是什么?
4. 组织变革的内容和方式有哪些?
5. 组织变革的过程是什么?取得变革成功要做好哪些工作?
6. 如何在组织变革中消除变革的阻力?
7. 组织变革的发展趋势是什么?
8. 有人说,大多数组织都是在组织出现危机时才进行变革的,你同意吗?谈谈你的看法。
9. 谈谈你对组织最新发展趋势中的网络化的认识。

第五篇
领 导

GUANLIXUE
GAILUN

第十一章 领导与领导者

【学习目标】
了解:领导的概念和作用;领导者概念及其影响力的来源。
理解:领导集体的构成;领导理论。
掌握:领导者和领导方式的基本类型。
运用:联系实际阐述领导理论。

第一节 领　　导

一、领导的概念

管理学中的"领导"一词是指一种行为过程,管理学界对"领导"下过许多定义。科学管理之父泰勒认为,领导是影响人们自动为实现团体目标而努力的一种行为。斯托格第尔认为,领导是对组织内群体或个人施加影响的活动过程。戴维斯提出,领导是一种说服他人热心于一定目标的能力。罗伯特认为,领导是在某种条件下经由意见交流的过程所实施出来的一种为了达到目标的影响力。哈罗德·孔茨认为:领导是一种影响力,它是影响人们心甘情愿地和满怀热情地为实现群体目标努力的艺术或过程。他还认为:领导是一种影响过程,即领导者和被领导者个人的作用和特定的环境相互作用的动态过程。通用电气公司前首席执行官韦尔奇认为:领导是一种能将其想做的事或其发展设想形成一种远见,并能使其他人理解、采纳这种远见,以推动这种远见成为现实的人。《中国企业管理百科全书》将领导定义为:率领和引导任何组织在一定条件下实现一定目标的行为过程。

以上的定义基本上都包含了"影响力""过程""达到目标"等核心内容,其中,孔茨的定义更具代表性。我们认为,从管理学的意义上来讲,领导的定义可概括为:领导是指领导者依靠影响力,指挥、带领、引导和鼓励被领导者或追随者,实现组织目标的活动和艺术。其基本含义包括以下几个方面。

（一）领导的本质是影响力

领导者拥有影响被领导者的能力或力量,它们既包括由组织赋予的职位权力,又包括领导者个人所具有的影响力。一个领导者如果一味地行使职权而忽视社会和情绪因素的作用,就会使被领导者产生逃避和反抗的倾向。当一个领导者的职位权威不足以说服下属从事适当的活动时,领导是无效的。正是靠着影响力,领导者在组织中或在群体中实施领导行为,领导者凭借影响力获取组织或群体成员的信任,并把组织或群体中的人吸引到他的周围来,因此,拥有个人影响力的人才能称得上是一位真正的领导者。

(二)领导是一个活动过程

领导是引导人们的行为过程,是对人们施加影响的过程,是领导者带领、引导和鼓舞下属去完成工作、实现目标的过程。同时,领导还是一种艺术,在领导的过程中所面临的组织或群体的内、外部环境是千变万化的,被领导者也是各种各样的,他们身份不同,教育、文化和经历背景不同,进入组织或群体的目的和需要不同,因此领导的过程是一种充满不确定因素的过程,越是高层次的领导行为,这种不确定性就越高,所以领导行为中艺术的成分就越多。

(三)领导包含领导者和被领导者两个方面

领导者是指能够影响他人并拥有管理的制度权力、承担领导职责、实施领导过程的人。领导是领导者与被领导者的一种关系,如果没有被领导者,其领导关系也就不复存在。在领导过程中,下属都甘愿或屈从于领导者而接受领导者的指导。

(四)领导的目的是为了实现组织的目标

领导是要让人们情愿地、热心地为实现组织或群体的目标而努力,而非无奈地、勉强地为组织或群体的目标而工作,这体现了领导工作的水平,也是领导者追求的完美目标。不能为了领导而领导,不能为了体现领导的权威而领导。领导的根本目的在于影响下属为实现组织的目标而努力。

二、领导与管理

人们通常容易在概念上将管理与领导混淆,认为领导就是管理,管理者就是领导者。因此有必要明确,领导与管理是两个不同的概念,两者之间既有联系又有区别。

(一)领导与管理的联系

(1)领导是管理的一个方面,属于管理活动的范畴,管理包含领导。

(2)领导活动和管理活动的开展都是以组织为基础的。

(3)领导者和管理者在开展职能活动时,都要有一定的权力。

(4)领导活动和管理活动在现实生活中,具有较强的复合性和相容性。这主要体现在以下两方面:①除了领导之外,管理还包括其他内容,如计划、组织、控制等,因此有效地进行领导的能力是作为一个有效的管理者的必要条件之一;②有效的管理者必须首先是一位具备较高领导艺术和能力的人。

(二)领导与管理的区别

(1)范围不同。一般意义上,管理的范围要大一些,而领导的范围相对要小一些。

(2)作用不同。管理是为组织活动选择方法、建立秩序、维持运转等,领导在组织中的作用表现在为组织活动指出方向、设置目标,创造态势、开拓局面等方面。

(3)层次不同。领导具有战略性、较强的综合性,贯穿在管理的各个阶段,而管理则具有较强的阶段性。从整个管理过程来看,如果我们把管理过程划分为计划、执行和控制三个主要的阶段,领导活动处在不同阶段之中,集中起来就表现为独立的职能,即为了实现组织目标，使计划得以实施，使建立起来的组织能够有效运转，组织和配备人员，并对各个过程结果进行监督检查。

（4）功能不同。管理的主要功能是解决组织运行的效率，而领导的主要功能是解决组织活动的效果。效率涉及活动的方式，而效果涉及的是活动的结果。

（5）权力基础不同。管理是建立在法定权力、正式职位权力基础上对下属进行组织、指挥和控制的行为。领导可建立在法定权力基础上，也可能建立在个人权力基础上。

（6）注重的内容不同。管理注重微观，领导注重宏观。

（7）使用手段不同。管理多用控制和约束手段，领导多用激励和沟通手段。

三、领导的作用

领导是一个有目的的活动过程。领导者是领导活动的主体，领导者必须要有下属的追随和服从。没有部下，领导者谈不上领导。成功和有效的领导活动还取决于有利的环境因素。领导者必须依据组织内外的环境因素，因地制宜地开展领导活动。领导活动对组织绩效具有决定性影响，具体体现在指挥、激励、协调、沟通四个方面。

（一）指挥

在组织的集体活动中，需要头脑清醒、胸怀全局、高瞻远瞩、运筹帷幄的领导者，帮助组织成员认清所处的环境和形势，指明活动的目标和达到目标的途径。领导就是引导、指挥、指导和先导，领导者应该帮助组织成员最大限度地实现组织的目标。领导者不是站在群体的后面去推动群体中的人们，而是站在群体的前列，促使人们前进并鼓舞人们去实现目标。

（二）激励

组织是由具有不同需求、欲望和态度的个人所组成，因而组织成员的个人目标与组织目标不可能完全一致。领导的目的就是把组织目标与个人目标结合起来，引导组织成员满腔热情地为实现组织目标做出贡献。领导者为了使组织内的所有人都最大限度地发挥其才能，实现组织的既定目标，就必须关心下属，激励和鼓舞下属的斗志，发掘、充实和加强人们积极进取的动力。

（三）协调

在组织实现其既定目标的过程中，人与人之间、部门与部门之间发生各种矛盾冲突及在行动上出现偏离目标的情况是不可避免的。因此，领导者的任务之一就是协调各方面的关系和活动，保证各个方面都朝着既定的目标前进。

（四）沟通

领导者是组织的首脑和联络者，在信息传递方面发挥着重要作用，是信息的传播者、监听者、发言人和谈判者，在管理的各层次中起到上情下达、下情上述的作用，以保证管理决策和管理活动顺利的进行。

引导不同职工向同一个目标努力，协调这些职工在不同时空的活动，激发职工的工作热情，使他们在企业经营活动中保持高昂的积极性，这便是领导者在组织和率领职工为实现组织目标而努力工作的过程中必须发挥的具体作用。

四、领导的有效性

领导是一种特殊形式的社会活动。在企业管理中,领导有效性是指通过领导活动实现企业预定目标的程度。由于不同企业组织或同一个企业不同职位的领导活动内容复杂、形式多样,因而难于用固定、机械的同一标准衡量领导有效性的高低。就一般意义而言,一个企业或群体的领导是否有效,可以从以下几个方面反映出来。

(1) 下级的支持。下级员工主动而非被迫地支持领导者,不论这种支持是出自感情上的考虑还是出自利益上的考虑。

(2) 相互关系。领导与下级员工之间保持密切、和谐的交往关系,并鼓励群体成员之间发展亲密的、相互满意的关系,使企业内部关系处于协调状态。

(3) 员工的评价。绝大多数员工都能高度评价所在企业或群体,并以成为该企业或群体的一员而感到自豪。

(4) 激励程度。员工因自身需要获得满足而焕发出较高的工作热情和积极性,个人的潜能得到充分的发挥。

(5) 沟通的效果。领导者与下级员工之间能够及时、顺畅地沟通信息,并以此作为调整领导方式、协调相互关系的依据。

(6) 工作效率。在领导者的引导、指挥和率领下,企业的各项资源得到了合理配置,生产经营活动得以高效率地进行。

(7) 目标的实现。领导活动的效能或效果最终要通过能否实现企业的预定目标以及实现的程度反映出来。

第二节 领 导 者

一、领导者的概念

所谓领导者,是指居于某一领导职位、拥有一定领导职权、承担一定领导责任、实施一定领导职能的人。可以从以下三个方面对领导者的概念加以理解。

(1) 在职权、责任、职能三者之中,职权是履行职责、行使职能的一种手段和条件,履行职责、行使职能是领导者的实质和核心。

(2) 领导者的职务、权力、责任和利益的统一,是领导者实现有效领导的必要条件。

职务是领导者身份的标志,并由此产生引导、率领、指挥、协调、监督、教育等基本职能;权力是领导者履行领导职能所需要的法定依据;责任是领导者行使权力所需要承担的后果;利益是领导者因工作获得的报偿。

(3) 领导者的职务、权力、责任、利益的统一,突出表现为:有职务必须要有相应的权力,有权力必须负起应有的责任,尽职尽责的领导者应当受到一定的奖励。反过来说,有职无权就无法履行领导的责任,有权无责就会滥用权力,不尽职尽责应该受到惩罚。

二、领导者的素质

作为一个领导者,确实必须具备一些基本的素质和条件。

(一)思想素质

领导者应有强烈的事业心、责任感和创业精神;有良好的思想作风和工作作风,能一心为公,不谋私利,谦虚谨慎,戒骄戒躁,不文过饰非,严于解剖自己,深入基层,善于调查研究,工作扎实细致,有布置有检查,实事求是,不图虚名;艰苦朴素,与群众同甘共苦,不搞特殊化,品行端正,遵守规章制度和道德规范;有较高的情商,具有影响他人的魅力,平等待人,和蔼可亲,不计较个人恩怨,密切联系群众,关心群众疾苦,多为群众办好事,不拉帮结派。

(二)业务素质与业务技能

1. 应掌握的业务知识

(1)应懂得市场经济的基本原理,掌握有中国特色的社会主义理论。

(2)应懂得管理的基本原理、方法和各项专业管理的基本知识。此外,还应学习管理学、统计学、会计学、经济法、财政金融和外贸等方面的基本知识,以及了解国内外管理科学的发展方向。

(3)应懂得生产技术和有关自然科学、技术科学的基本知识,掌握本行业的科研和技术发展方向、本企业产品的结构原理、加工制造过程,熟悉产品的性能和用途。

(4)应懂得思想政治工作、心理学、人才学、行为科学、社会学等方面的知识,以便做好思想政治工作,激发职工士气,协调好人际关系,充分调动人的积极性。

(5)能熟练应用计算机、信息管理系统和网络,及时了解处理有关信息。

2. 不仅应具有一定的业务知识,还要有较高的业务技能

1)分析、判断和概括能力

领导者应能在纷繁复杂的事务中,透过现象看清本质,抓住主要矛盾,运用逻辑思维,进行有效的归纳、概括、判断,找出解决问题的办法。

2)决策能力

决策,特别是经营决策正确与否,对企业生产经营的效果影响巨大。企业的领导者决策是多种能力的综合表现。任何正确的决策,都来源于周密细致的调查和准确而有效的分析判断,来源于丰富的科学知识和实践经验,来源于集体的智慧和领导勇于负责精神的恰当结合。因此,决策要求在充分掌握企业内外环境资料的基础上进行科学的预测,并对多种方案进行比较和选择。

3)组织、指挥和控制的能力

领导者应懂得组织设计的原则,如因事设职、职权一致、命令统一、管理幅度等,熟悉并善于运用各种组织形式,善于综合运用组织的力量,协调人力、物力和财力。要求在实现企业预定目标的过程中,能够及时发现问题并采取措施予以克服,从而保证目标的顺利实现;在确认目标无法实现时,要能果断地调整目标。

4)沟通、协调企业内外各种关系的能力

善于与人交往,倾听各方面的意见,应是交换意见沟通情况的能手。对上,要尊重,争取帮助和支持；对下，要谦虚，平等待人；对内，要有自知之明，知道自己的长处和短处；对外，要热情、公平而客观。

5) 不断探索和创新的能力

对做过的工作能及时认真总结经验，吸取教训，善于听取不同意见，从中吸取有用的东西。对新鲜事物要敏感，富有想象力，思路开阔，善于提出新的设想、新的方案，对工作能提出新的目标，鼓励下属去完成任务。

6) 知人善任的能力

要重视人才的发现、培养、提拔和使用，知其所长，委以适当工作；重视教育、提高下属的业务能力，大胆提拔新人。

（三）身体素质

领导者负责指挥、协调组织活动的进行，这项工作不仅需要足够心智，而且需要消耗大量体力，因此，必须有强健的身体、充沛的精力。

三、领导者的影响力

领导的本质是一种影响力，所谓影响力是指一个人在与他人的交往中，影响和改变他人的心理和行为的能力。影响力来源于权力，领导者对个人和组织的影响力来自两个方面：一是职位权力（又称为制度权力）影响力，二是非职位权力（又称为个人权力）影响力。

（一）职位权力影响力

职位权力是由于领导者在组织中担任一定的职务而获得的权力，是由上级或组织制度所赋予的权力，具有很强的职位特性。这种权利与领导者的职位相对应，退离所任职位后相应的权利便会消失，法定的指挥权、任免权、惩罚权、奖赏权都属于职位权力。这种影响力一般仅仅属于社会各层结构中占有管理者角色地位的人，只有在某些特殊情况下，非掌权者才能具有这种影响力。这种权力与特定的个人没有必然的联系，它只同职务相联系。权力是管理者实施领导行为的基本条件，没有这种权力，管理者就难以有效地影响下属，实施真正的领导。

职位权力影响力包括法定权、强制权和奖赏权，它由组织正式授予领导者，并受组织规章的保护。

1. 法定权

法定权是组织中等级制度所定的正式权力，被组织、法律、传统习惯，甚至常识所认可。他通常与合法的职位紧密联系在一起。组织正式授予领导者一定的职位，从而使领导者占据权势地位和支配地位，使其有权力对下属发号施令。下属会认为领导者有合法的权力影响他，而他必须接受领导者的影响。法定权力是领导者职权大小的标志，是领导者的地位或在权力阶层中的角色所赋予的，是其他各种权力运用的基础。

2. 强制权

强制权又称为惩罚权，它是指通过精神或物质上的强制，要求下属服从的一种权利。例如，企业领导者对员工可以行使扣发工资、降职等惩罚。服从是强制权的前提；法律、纪律、规章是强制权的保障；处分、惩罚是强制权的手段。在某些情况下，领导是依赖于强制的权力与权威施加影响的，对于一些心怀不满的下属来说，他们不会心悦诚服地服从领导者的指示，这时领导者就要运用惩罚权迫使其服从。这种权力的基础是下属的惧怕。这种权力对那些认识到不服从命令就会受到惩罚或承担其他不良后果的下属的影响力是最大的。惩罚权在使用时往往会引起愤恨、不满,甚至报复等行为,因此必须慎重使用。

3. 奖赏权

奖赏权是一种建立在良好希冀心理之上的权力,在下属完成一定的任务时给予相应的奖励,以鼓励下属的积极性。例如,经理可以根据情况给下级增加工资、提升职务,赋予更多的责任、表扬等。奖赏属于正刺激,源于被影响者期望奖励的心理,领导者为了肯定和鼓励某一行为而借助物质或精神的方式,以达到使被刺激者得到心理、精神及物质等方面的满足,从而激发出前进性行为的最大动力,被影响者是否期望这种奖赏是奖赏权的一个关键。依照交换原则,领导者通过提供精神或经济上的奖酬来换取下属的遵从。

(二)非职位权力影响力

非职位权力是指与组织的职位无关的权力,主要有专长权、个人魅力、背景权等。这些是由于领导者的个人经历、地位、人格特殊品质和才能而产生的影响力,它可以使下属心甘情愿的、自觉地跟随领导者。这种权力对下属的影响比职位权力更具有持久性。

1. 专长权

专长权是指领导者因为具有各种专门的知识和特殊的技能或渊博学识而获得同事及下属的尊重和佩服,从而在各项工作中显示出的在学术上或专长上的影响力。领导者如果涉猎广泛、通今博古、学识渊博,特别是拥有组织活动所必备的专业技能,必然使被领导者对其产生一种钦佩力,这种信服力、信任力、钦佩力综合起来,共同构成领导者的专长权。专长权与职位没有直接的联系,许多专家、学者,虽然没有什么行政职位,但是在组织和群体中具有很大的影响力,就是专长权的表现。专长权的影响往往仅限定在专长范围之内。

2. 个人魅力

个人魅力是建立在领导者的个人素质之上的,是一种无形的、难以用语言准确描述的权力,诸如品格、知识、才能、毅力和气质等,它通常与具有超凡魅力或名声卓著的领导者相联系,又被称作领导者的感召权。这些个人素质能吸引那些欣赏它,并希望拥有同样魅力的追随者,从而激起人们的忠诚和极大的热忱。个人魅力的影响力对人们的作用是通过潜移默化而变成被领导者的内驱力来实现的,因赢得了被领导者发自内心的信任支持和尊重,对被领导者的影响和激励作用不仅很大,而且持续的时间也较长。

3. 背景权

背景权是指个体由于以往的经历而获得的权力。例如,领导者过去在大企业或知名外企任职的经历,海外学习和工作的经历,或者是劳动模范、知名人士等,由于他们的特殊经历和荣誉,在初次接触的时候,人们就愿意听从他的意见,接受他的影响。

四、领导者影响力效果的影响因素

(一)领导者职权与个人素质的结合程度

一般情况下,如果领导者个人素质、个人专长与所处职位能有机结合,则权力运用效果最佳;如果领导者个人专长及个人素质与所处职权不能相得益彰,则权力运用效果就差。在现实生活中,领导者可以通过个人素质和个人专长来强化职权运用,获得更好的效果。

（二）组织系统结构优化的程度

组织系统从某种意义上来说,就是一定层次领导者的上级或下级。组织系统结构优化程度如何,肯定影响到领导者权力运用的效果。因此,一个精明的成功的领导者总是十分注意选配下属及不断优化组织系统结构,以确保权力运用的效果。

（三）社会心理

社会心理对领导者权力运用的效果有重要的影响,特别是在社会改革和发展中,由于社会地位及其他因素的改变,很容易在社会上形成一定的逆反心理,在某种程度上削弱和损害领导者权力的运用。因此,领导者必须正视社会心理,善于利用社会心理,提高权力运用的效果。

（四）授权、分工和权限

是否有明确的授权、分工与权限,是影响权力运用效果的非常关键的因素。

五、领导者的类型

（一）按制度权力的集中与分散程度划分

1. 集权式领导者

所谓集权式领导者,就是指把管理的制度权力相对牢固地进行控制的领导者。由于管理的制度权力是由多种权力的细则构成的,如奖励权、强制权和收益的再分配权等,这就意味着对被领导者或下属而言,受控制的力度较大。在整个组织内部,资源的流动及其效率主要取决于集权领导者对管理制度的理解和运用,同时,个人影响力是他行使上述制度权力成功与否的重要基础。这种领导者把权力的获取和利用看成是自我的人生价值。

显然这种领导者的优势在于:通过完全的行政命令,管理的组织成本在其他条件不变的情况下,要低于在组织边界以外的交易成本。这对于组织在发展初期和组织面临复杂突变的变量时,是有益处的。但是,长期将下属视为某种可控制的工具则不利于他们职业生涯的良性发展。

2. 民主式领导者

与集权式领导者形成鲜明对比的,是民主式领导者。这种领导者的特征是向被领导者授权,鼓励下属的参与,并且主要依赖于其个人影响力影响下属。从管理学的角度来看,意味着这样的领导者通过对管理制度权力的分解,进一步通过激励下属的需要,去实现组织的目标。不过,由于这种权力的分散性使得组织内部资源的流动速度减缓,因为权力的分散性一般导致决策速度降低,进而增大了组织内部的资源配置成本。但是,这种领导者对组织带来的好处也十分明显。通过激励下属的需要,组织发展所需的知识,尤其是意会性或隐性知识,能够充分地积累和进化,员工的能力结构也会得到长足提高。因此,相对于集权式领导者这种领导者更能为组织培育21世纪越来越需要的智力资本。

（二）按领导工作的侧重点不同划分

1. 事务型领导者

事务型领导者通过明确角色和任务要求而指导或激励下属向着既定的目标活动，并且尽量考虑和满足下属的社会需要，通过协作活动提高下属的生产率水平。他们对组织的管理职能推崇备至，以能勤奋、谦和而且公正地把事情理顺，工作有条不紊地进行引以为豪。这种领导者重视非人格的绩效内容，如计划、日程和预算。对组织有使命感，并且严格遵守组织的规范和价值观。

2. 变革型领导者

变革型领导者鼓励下属为了组织的利益而超越自身利益，并能对下属产生深远而且不同寻常的影响。他们关怀每一个下属的日常生活和发展需要；他们帮助下属用新观念看待老问题，从而改变了下属对问题的看法；他们能够激励、唤醒和鼓舞下属为达到群体目标而付出更大的努力。

3. 战略型领导者

战略型领导者的特征是用战略性思维进行决策。战略型领导者是将领导的权力与全面调动组织的内外资源相结合，实现组织长远目标，把组织的价值活动进行动态调整，在市场竞争中站稳脚跟的同时，积极经营未来，抢占未来商机领域的制高点。

六、领导者与管理者

前面已经说过领导与管理的区别。与此类似，管理者与领导者的区别在于，两者发挥作用的方式、时机，所采用的方法，在组织中的地位都有所不同。

（一）领导者与管理者的区别

（1）任命的方式不同。管理者是由组织任命的，是组织中有一定的职位并负相应责任的人，他存在于正式组织之中，拥有合法的权力。他对组织成员的影响力，主要来源于其所在职位所拥有的职权；领导者则可以是任命的，也可以是从一个群体中自发产生的。因为，领导从根本上来讲是一种影响力，是一种追随关系。人们往往追随那些他们认为可以提供满足自身需要的人，正是人们愿意追随他，才使他成为领导者。

（2）工作的方式不同。管理者通常采用有组织、有条理的方法和严格控制的方式来管理员工，会给组织带来正常的秩序；而典型的领导者通常会采取灵活、富有创造性的方式，在组织中倡导变革与创新，并通过规划组织的前景来激励员工努力工作。

（3）存在的组织不同。领导者既可以存在于正式组织中，又可以存在于非正式组织中；而管理者一般存在于正式组织中。

（4）素质与能力不同。管理者的任用强调专业素质与能力，领导者的选用强调综合素质与能力。

（5）领导者不一定是管理者，但在理想情况下，所有的管理者应该是一个领导者，只有这样，他们的管理才会真正有效。一个人处在组织的管理岗位是一回事，是否具备管理和领导能力又是一回事。

（二）领导者与被领导者

（1）领导者是指能够实现领导过程的人,这种人在群体或组织中,能够把其他成员吸引到自己的周围,是别人信任而且愿意追随的人。被领导者是领导者的主要领导对象,它和领导者共同构成一个领导整体。

（2）领导由领导者影响被领导者表现出某种领导者所期望的行为所组成。因此,领导是由领导者与被领导者共同组成的,这两者有着密不可分的关系。组织成功或失败,不仅依赖于组织如何被领导,而且还取决于组织成员如何追随领导者。正如管理者不一定就是好的领导者一样,下属也并不一定是好的追随者。

（3）最有效的追随者是那些能够进行独立思考、有责任心,并且致力于实现组织目标的下属。被领导者应该积极配合领导者做好领导工作,对领导者所指示的工作任务和方法要给予支持,对组织中的价值观和行为规范要正确对待。

七、领导集体的构成

组织中的领导者并非一个人,而是由一群人组成。现代企业的生产经营活动异常复杂,单靠一个人的聪明才智是很难有效地组织和指挥企业的生产经营活动的。只有把具有各种专业才能的一群人组织在一起,才能构成全才的领导集体。某个组织的领导者是就这个组织的领导者集体或"领导班子"而言的。一个具有合理结构的领导班子,不仅能使每个成员人尽其才,做好自己的工作,而且能通过有效的组合,发挥巨大的集体力量。领导班子的结构,一般包括年龄结构、知识结构、能力结构、专业结构等。

（一）年龄结构

不同年龄的人具有不同的智力、不同的经验,因此寻求领导班子成员的最佳年龄结构是非常重要的。领导班子应该是老、中、青三结合,向年轻化的趋势发展。现代社会处于高度发展之中,知识更新的速度越来越快。尽管随着年龄的增长,也会增加知识数量的积累,但吸收新知识的优势无疑属于中、青年人。

领导班子的年轻化,是现代社会的客观要求,是组织现代化大生产的需要。但年轻化绝不是青年化,不是说领导班子中成员的年龄越小越好,而是指一个领导集体中应有一个合理的老、中、青比例,有一个与管理层次相适应的平均年龄界限。在不同管理阶层中,对年龄的要求,对年轻化的程度,应有所不同。

（二）知识结构

知识结构是指领导班子中不同成员的知识构成。

领导班子成员都应具有较高的知识水平。没有较高的文化知识素养,就胜任不了管理现代化企业的要求。在现代企业中,大量的先进科学技术被采用,在复杂多变的经营环境中,为了使企业获得生存,求得发展,企业领导人员必须具备广博的知识。随着我国社会经济的发展,职工的文化素养在不断提高,各类组织的各级领导都在向知识型转变。

（三）能力结构

领导的效能不仅与领导者的知识有关,而且与他运用知识的能力有密切的关系。这种运用知识的能力对于管理好一个企业是非常重要的。能力是一个内容十分广泛的概念,它包括决策能力、判断能力、分析能力、指挥能力、组织能力、协调能力等。每个人的能力是不相同的，有的人善于思考分析问题，提出好的建议与意见，但不善于组织工作；有的人善于组织工作，但分析问题的能力较差，等等。因此，企业领导班子中应包括不同能力类型的人，既要有思想家，又要有组织家，还要有实干家，这样才能形成最优的能力结构，在企业管理中充分发挥作用。

（四）专业结构

专业结构是指在领导班子中各位成员的配备应由各种专门的人才组成，形成一个合理的结构，从总体上强化这个班子的专业力量。在现代企业里，科学技术是提高生产经营成果的主要手段。因此，领导干部的专业化，是搞好现代企业经营的客观要求。

以上所述的领导班子的结构仅是主要方面的。此外，还有其他一些结构，如性格结构等也是需要注意的。按照这些要求形成的领导集体将是一个结构优化、富有效率的集体。

第三节 领导理论

选用什么样的人作为领导者？领导者如何进行领导才能有效？这是管理心理学中需要解决的一些重要问题。围绕这些问题，管理学家、心理学家从不同的侧面开展了研究，并提出了不同的领导理论。通过对这些理论的了解，对于提高领导活动效率，具有重要的意义。

在管理学领域中，现有的领导理论大致有四种，即领导特性理论、领导方式理论、领导行为理论和领导权变理论。

一、领导特性理论

领导特性理论又称为领导品质理论或领导特质理论，是以研究领导者个性特征为主要内容的一种领导理论。通过研究领导者的各种个性特征，来预测具有怎样性格特征的人才能成为有效的领导者。从领导理论变迁的历程来看，自20世纪开始，管理学家、心理学家们就对领导者素质进行了大量研究。根据研究者对领导者特性来源的观点不同，领导特性理论又可分为传统特性理论和现代特性理论，以及近些年被广泛关注的领袖魅力理论。

（一）传统特性理论

1949年以前，学者们主要从领导者的个人品质、特性进行分析，并以此描述和预测领导成效，他们研究了如林肯、罗斯福、肯尼迪、马丁·路德金等世界上一些著名人物的心理特性，从而提出了领导者必须具备某些"天赋"的"天赋伟人"理论。

美国俄亥俄州立大学工商研究所的罗尔夫·斯托格蒂尔教授比较了成功的领导者与被领导者的特质差异，认为领导者应具备十六种先天个性：有良心、可靠、勇敢、有责任心、有胆略、力求革新进步、直率、自信、有理想、有良好的人际关系、风度优雅、胜任愉快、身体健康、智力过人、有组织能力、有判断力。

美国管理学家吉赛利1971年在其《管理才能探索》一书中提出了与领导者有关的八种个性特征和五种激励特征。八种个性特征是：才智（语言与文辞方面的才能）、首创精神（开拓新方向、创新的愿望）、督察能力（指导别人的能力）、自信心（自我评价较高）、适应性（为下属所亲近)、决断能力、性别、成熟程度。五种激励特征是：对工作稳定的需求、对金钱奖励的需求、对指挥别人的权力的需求、对自我实现的需求、对事业成就的需求。

传统特性理论强调领导者的个性品质是与生俱来的，显然，这种认识是不全面的，因为不能简单地说领导是天生的。

(二) 现代特性理论

现代特性理论认为，领导者的特性和品质不是天生的，是在实践中逐渐形成的，并且可以通过教育和培训而造就。不同国家的学者根据本国的情况研究提出了应该培养和训练领导者所必须具备的特性条件。以下是一些比较有代表性的观点。

1. 德鲁克的观点

著名管理学家德鲁克认为，一个有效的领导者必须具备以下五项习惯：要善于处理和利用自己的时间，将认清自己的时间花在什么地方作为起点；注重贡献，确定自己的努力方向；善于发现人之所长和用人之所长，包括他们自己的长处、上级的长处和下级的长处；能分清工作的主次，集中精力于少数的领域；能做有效的决策，他们知道，一项有效的决策必然是在"议论纷纷"的基础上做出的判断，而不是在"众口一词"的基础上做出的判断。

2. 日本企业界的观点

该观点提出了领导者应具备的十项品德和十项能力。十项品德：使命感、责任感、信赖感、积极性、忠诚老实、进取心、忍耐心、公平、热情和勇气。十项能力：思维能力、规划能力、判断能力、创造能力、洞察能力、劝说能力、理解人的能力、解决问题的能力、培养下级的能力和调动积极性的能力。

3. 苏联学者的观点

他们认为，领导者应具备下列素质：有高度的政治水平和业务水平；严于律己，宽以待人；善于维护劳动纪律；充分发挥每个下属人员的才能；善于调动下级的积极性；发扬民主，遇事与下级商量；说话算数等。

4. 美国普林斯顿大学包莫尔教授的观点

他提出了作为一个企业领导者所应该具备的十个条件。

① 合作精神。领导者应具有与人合作的精神，领导其工作班子完成任务。

② 决策能力。领导者应具有在关键时刻进行决策的能力，以确定组织的目标，为下一步的工作指明方向。

③ 组织能力。善于运用组织所拥有的人力、财力、物力等资源，完成工作任务。

④ 精于授权。能大权独揽，小权分散，根据任务需要及工作的性质，进行合理的授权，以充分发挥部属的才能。

⑤ 善于应变。根据具体情况进行决策，以应对不断变化的社会、经济、政治环境，而不是墨守成规、抱残守缺。

⑥ 敢于求新。勇于创新，不断创新，对新事物、新观念、新环境有敏锐的感受能力，善于开创工作的新局面。

⑦ 勇于负责。对上下级、客户及整个社会抱有高度的责任心。

⑧ 敢担风险。敢于承担组织发展过程中的风险，有创造新局面的雄心与信心。

⑨ 尊重他人。在工作中尊重同事,重视并采纳别人的合理化建议,不盛气凌人。

⑩ 品德高尚。具有良好的个人品质,为社会人士和员工所敬仰。

在领导的特性理论研究中,不同的研究者可以提出不同的领导者素质条件。由于领导者的素质特性包罗万象,因此要得出一个大家公认的领导者的素质条件也不是很容易的。然而研究表明,领导者素质与领导有效性之间是有一定必然联系的,具有高度的聪明才智、广泛的社会兴趣、强烈的成功愿望、对员工尊重和信任的领导,取得成功的概率是比较高的。

(三) 领袖魅力理论

领袖魅力理论是指当领导者奉行某种行为准则时,表现出的非凡的领导能力,或者能使追随者做出崇高贡献的能力。对具有领袖魅力的领导者应该具有哪些特点,不少人都进行了研究。

路径-目标理论的提出者罗伯特·豪斯确定了三项因素:极高的自信、支配力和对自己信仰的坚定信念。

麦吉尔大学的康格和凯南格认为特点是,他们有一个希望达到的理想目标,为此目标能够全身心地投入和奉献,反传统,非常固执而自信,是激进变革的代言人,而不是传统现状的卫道士。

总结起来,可以认为有领袖魅力的领导者应具有以下几个关键特点:①自信;②远见;③清楚表述目标的能力;④对目标的坚定信念;⑤不循规蹈矩的行为;⑥作为变革的代言人出现;⑦对环境具有敏感性。

领导魅力对下属造成的实质性影响可通过以下四个步骤来完成:①领导者清晰地描述宏伟前景;②领导者向下属传达高绩效期望,并对下属达到这些期望表现出充分的信心;③领导者通过言语和活动传达一种新的价值观体系,并以自己的行为给下属设立了效仿的榜样;④领袖魅力的领导人要以做出自我牺牲和反传统的行为来表明他们的勇气和对未来前景的坚定信念。

(四) 对领导特质理论的评价

领导特质理论强调了良好的个人特性或品质对领导工作与提高领导效能的重要意义。一些研究表明,个人品质与领导有效性之间确实存在着某种相互联系,特性理论系统地分析了领导者所应具有的能力、品德和为人处事的方式,向领导者提出了要求和希望,有助于选拔和培养领导人才。该理论也存在以下局限性。

首先,不同的环境对合格领导者提出的标准是不同的。对于领导者应当具有哪些特性,不同的研究者得到的结论并不相同。

其次,不少学者提出证据认为领导者的特性与非领导者的特性没有质的差别,同时,领导者的特性与领导效能的相关性并不大。

最后,也有人认为该理论只对领导者的品质做静态分析,忽略了其活动过程和被领导者与环境因素的作用,因而有较大的片面性。

二、领导方式理论

领导方式理论又称为领导风格理论或领导作风理论。在引导和影响组织成员的过程中,组织成员对领导者的追随往往是以领导方式为基础的,所以许多学者20世纪30年代开始从研究领导者的内在特征转移到研究领导者的外在行为上。领导者对所获得的权利的使用方式称为领导方式或领导风格,领导方式回答的是怎样领导的问题。在管理实践中,不同的领导者倾向于某种领导行为方式,往往是由他们对人性的不同认识所决定的,领导者对人性的假设和判断在很大程度上决定着领导者的行为方式。

(一)勒温的领导方式理论

心理学家勒温和研究人员从20世纪30年代起就进行关于团体气氛和领导风格的研究。勒温等人发现,团体的任何领导并不是以同样的方式表现他们的领导角色的,领导者们通常使用不同的领导风格,这些不同的领导风格对团体成员的工作绩效和工作满意度有着不同的影响。根据领导者控制或影响被领导者方式的不同(权力定位不同),勒温等人把领导方式划分为专制式、民主式和放任式三种类型。

1. 专制式领导

专制式领导者将权力定位于领导者个人,主要是靠权力和强制命令来进行管理。领导者只注重工作的目标,仅仅关心工作的任务和工作的效率。但他们对团队的成员不够关心,被领导者与领导者之间的社会心理距离比较大,领导者对被领导者缺乏敏感性,被领导者对领导者存在戒心和敌意,容易使群体成员产生挫折感和机械化的行为倾向。

2. 民主式领导

民主式领导将权力定位于群体,主要特征是对将要采取的行动和决策同下属商量,并且鼓励下属参与决策。领导者注重对团体成员的工作加以鼓励和协助,关心并满足团体成员的需要,营造一种民主与平等的氛围,领导者与被领导者之间的社会心理距离比较近。在民主型的领导风格下,团体成员自己决定工作的方式和进度,工作效率比较高。

3. 放任式领导

放任式领导将权力定位于被领导者个人,领导者的主要特点是极少运用其权利,而是给下属以高度的独立性。领导者采取的是无政府主义的领导方式,对工作和团体成员的需要都不重视,无规章、无要求、无评估,工作效率低,人际关系淡薄。

在分析了三种领导方式的特点后,勒温也指出,在实际的组织与企业管理中,很少有极端型的领导,大多数领导都是界于专制型、民主型和放任型之间的混合型。领导者倾向于采用何种领导方式取决于他们对人性的认识,以及具体工作环境等。

(二)利克特的领导方式理论

美国管理学家利克特及密歇根大学社会研究所的有关研究人员,曾进行了一系列的领导研究,其对象包括企业、医院及政府各种组织机构。通过研究他们提出了以下四种领导方式。

1. 剥削-集权式

领导者非常专制,决策权仅限于高层,决策中没有下属参与;对下属很少信任,激励方式主要用恐吓和惩罚,有时也偶尔用奖赏去激励人们;惯于由上而下地传达信息。

2. 仁慈-集权式

领导者对下属有一定的信任和信心,激励方式采用奖赏与惩罚并行的做法,允许一些自下而上传递的信息;向下属征求一些想法与意见,并允许把某些决策权授予下属,但加以严格的

3. 协商-民主式

领导者对下属抱有相当大但并不是完全的信任,激励方式主要是以奖赏为主,偶尔采用惩罚的方式,在做决策时征求、接受和采用下属的建议;通常试图去酌情利用下属的想法与意见;既能使下情上传,又能使上情下达;由上级主管部门制定主要的政策和运用于一般情况的决定,但让较低一级的主管部门去做出具体的决定,并采用其他一些方法通过协商办事。

4. 参与-民主式

领导者对下属在一切事务上都抱有充分的信任和信心,向下属提出挑战性目标,鼓励各级组织做出决策,让群体参与,以奖赏作为激励方式,既能使上下级之间的信息畅通,又能使同级人员之间的信息畅通。

利克特发现,用群体参与式领导方式去从事管理活动的管理人员,一般都是极有成就的领导者,以此种方法来管理的组织,在制定目标和实现目标方面是最有成绩的。他把这些主要归之于员工参与管理的程度,以及在实践中坚持相互支持的程度。并且他还发现实行群体参与式领导的企业,其生产效率要比一般企业高出10%~40%。据此,利克特倡议员工参与管理。他认为有效的领导者是注重于面向下属的,他们依靠信息沟通使所有各个部门像一个整体那样行事。群体的所有成员(包括领导者在内)实行一种相互支持的关系,在这种关系中他们感到在需求价值、愿望、目标与期望方面有真正共同的利益。因此利克特认为,它是领导一个群体的最为有效的方法。

三、领导行为理论

行为理论主要研究领导者的行为及其对下属的影响,以期寻求最佳的领导行为,也就是要回答一个领导人是怎样领导他的群体的。行为理论中最有影响力的是连续统一体理论、领导行为四分图理论、管理方格图理论等。

(一)连续统一体理论

1958年,美国学者坦南鲍姆与施密特在《哈佛商业评论》上发表了《怎样选择一种领导模式》一文,提出了领导方式的连续统一体理论。

他们指出领导风格并不是指由专制和民主这两种极端方式,而是在这两种极端之间,以领导者为中心还是以下属为中心程度不同而存在着一系列领导方式,这些领导方式因以领导者授予下属的权力大小的差异而不同,构成了一个连续的统一体,如图11-1所示。

从图11-1中可以看出,领导者的领导行为或作风可有七种选择,其中有两种极端类型的领导作风。

一种以领导者为中心(在连续统一体的左边),这样的领导者具有独裁的领导作风,往往自己决定所有的政策,对下属保持严密的控制,只告诉下属他们需要知道的事情并让他们完成任务。另一种以下属为中心(在连续统一体的右边),这样的领导者具有民主的领导作风,允许下属对所从事的工作有发言权,不采取严密的控制,鼓励下属参与决策、自我管理。从左到右领导者行使越来越少的职权,而下属人员得到越来越多的自主权。模型中列举了七种有代表性的领导风格。

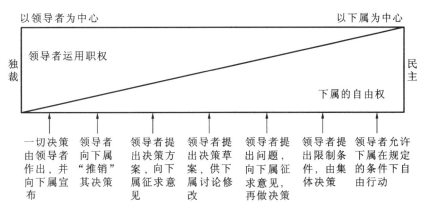

图 11-1 领导行为的连续统一体

领导行为的连续统一体理论描述了从主要以领导为中心到主要以下属为中心的一系列领导方式的转化过程,这些方式因领导者授予下属的权力大小的差异而不同。这一理论很好地说明了领导风格的多样性和领导方式所具有的随机制宜的性质。

坦南鲍姆和施密特认为,对上述七种领导方式,不能说哪一种总是正确的,或哪一种总是错误的,在这个意义上,连续统一体理论也是一种情景理论。人们究竟应当采取哪一种领导方式,不能一概而论,应主要考虑以下三个方面的相关条件而定。

1. 领导者方面的条件

领导者方面的条件包括领导者自己的价值观念,对下属的信任程度,他的领导个性(是倾向于专制的,还是倾向于民主的)等。

2. 下属方面的条件

下属方面的条件包括下属人员独立性的需要程度,是否愿意承担责任,对有关问题的关心程度,对不确定情况的安全感,对组织目标是否理解,在参与决策方面的知识、经验、能力等。

3. 组织环境方面的条件

组织环境方面的条件包括组织的价值标准和传统、组织的规模、集体的协作经验、决策问题的性质及其紧迫程度等。

总之,必须全面考虑以上各方面的条件,才能确定一种适当的领导方式。但是,有人也批评这个模式只是描述性的,对实际工作没有很大的帮助。

(二)领导行为四分图理论

1945 年美国俄亥俄州立大学工商研究所在罗尔夫·斯托格蒂尔和卡罗·沙特尔两位教授的领导下,开始了领导行为的研究。他们首先提出了 1800 项标志领导行为特征的因素,然后经过反复筛选、归纳,最后概括为"抓工作组织"和"关心人"(体贴)两大主要因素。

"抓工作组织"的内容包括:设计组织结构,明确职责、权力,确定工作目标和要求,制定工作程序、方法和规章制度,给下属成员分配任务等。总之,"抓工作组织"是要求领导者运用组织手段,通过确定目标、分配任务、制定政策和措施,使其下属成员的行为纳入预定的轨道,以严密的组织和控制来提高工作效率。

"关心人"的内容包括：倾听下属成员的意见和要求，注意满足下属的需要，以友好、平易近人的态度对待下属等。总之，"关心人"要求领导者与其下属成员之间建立友谊、信任、体谅的关系，以良好的人际关系调动员工的积极性。

以上两个因素不是互相排斥的，只有二者结合起来，才能实现有效的领导。这两种因素可以有多种结合方式，形成不同的领导行为类型，如图11-2所示为领导行为四分图。图中强"工作组织"和强"关心人"是高效的领导方式。

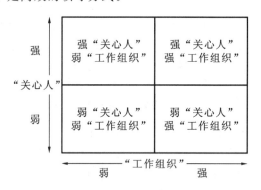

图 11-2　领导行为四分图

（三）管理方格图理论

管理方格图理论是1964年由美国管理学者布莱克和莫顿研究提出的，他们用纵坐标表示"对人的关心"程度，横坐标表示"对生产的关心"程度，并将两个坐标轴划分为九等份，于是便形成了81种管理方式的管理方格图，如图11-3所示。

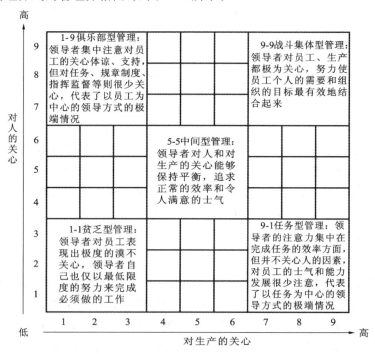

图 11-3　管理方格图

对生产的关心是指领导者对不同的事项所持的态度,如政策决定的质量、程序和过程,研究工作的创造性,职能人员的服务质量、工作的效率,以及产量等。

对人的关心是指个人对实现目标所承担的责任,保持工人的自尊,基于信任而非服从的职责,保持良好的工作环境及满意的人际关系。如果要评价某一位领导者的领导方式,只要在管理方格图中按照他的两种行为寻找交叉点就行了。布莱克和莫顿在提出方格图理论的同时,还列举了五种典型的管理风格。

1. 1-1 贫乏型管理(1-1 型)

领导者既不关心生产,也不关心人,表现为只作最低限度的努力来完成任务和维持士气。

2. 9-1 任务型管理(9-1 型)

领导者非常关心生产,但不关心人,其特征是把工作安排得使人的干扰因素为最小来谋求工作效率。

3. 1-9 俱乐部型管理(1-9 型)

重点在于人们建立友好关系,领导者重视对职工的支持和体谅,导致轻松愉快的组织气氛和工作节奏,但很少考虑如何协同努力去达到企业的目标,生产管理松弛。

4. 9-9 战斗集体型管理(9-9 型)

领导者不但注重生产,而且也非常关心人,把组织目标的实现与满足职工需要放在同等重要的地位。既有严格的管理,又有对人的高度的关怀和支持。通过沟通和激励,强调工作成就来自献身精神,以及在组织目标上利益一致、相互依存,从而导致信任和尊敬的关系。

5. 5-5 中间型管理(5-5 型)

领导者兼顾工作和士气两个方面来使适当的组织绩效成为可能,使职工感到基本满意。

在这五种类型的管理形态中,布莱克和莫顿认为,9-9 型是最有效的管理,其次是 9-1 型,再次是 5-5 型、1-9 型,最次是 1-1 型。最有效的领导风格并非一成不变,而要依实际工作情况而定,管理方格图理论能够使领导者较为明确地认识到自己的领导风格,找到改进领导风格的努力方向,也可以用来培训未来的领导者。

管理方格在识别和区分管理作风方面是一个有用的工具,但它没有解释一名管理者为什么会采用不同的领导方式。这是因为他们只从两个侧面分析领导方式,而没有考虑环境对领导行为的影响。管理方格理论可用来培训管理者。

四、领导权变理论

领导特性理论、领导方式理论和领导行为理论分别从不同角度探讨了有效领导问题,但这三种理论都无法解释为什么具有同样特征或采用相同领导方式的领导者会导致不同的结果。20 世纪 60 年代之后,随着权变理论的出现,又产生了领导权变理论或情势理论。该理论主要是探讨各种处境因素怎样影响领导者特征及领导者行为与领导成效的关系。特征理论和行为理论都假设了成功的领导者有特别的特征和行为,但权变理论则认为在不同的处境下需要不同的特征和行为才能达到有效的管理。

领导权变理论又称为情景理论,该理论认为领导的有效性不单纯取决于领导者的个人行为,某种领导方式在实际工作中是否有效主要取决于具体的情景和场合。没有一种领导方式对所有的情况都是有效的,没有一成不变的、普遍适用的"最好的"管理理论和方法,管理者做什么、怎样做完全取决于当时的既定情况,领导方式应随被领导者和具体环境的不同而变化,即领导方式 S 是领导者特征 L、追随者特征 F 和环境 E 的函数。

$$S=f(L,F,E)$$

领导权变理论是在领导特性理论和方式、行为理论的基础上发展起来的。

领导权变理论有以下几个要点。

(1) 人们参加组织的动机和需求是不同的,采取什么理论应该因人而异。

(2) 组织形式与管理方法要与工作性质和人们的需要相适应。

(3) 管理机构和管理层次,即工作分配、工资分配、控制程序等,要依工作性质、管理目标和被管理者的素质而定,不能强求一致。

(4) 在一个管理目标达到后,可继续激发管理人员勇于实现新的更高目标。

这就要求管理人员要深入研究、分析客观情况,使特定的工作由合适的机构和合适的人员来管理和担任,以发挥其最高效率,提高管理水平。

典型的领导权变理论主要有费德勒模型理论、途径-目标理论和领导生命周期理论三种。

(一) 费德勒模型理论

目前,在领导权变理论方面最具影响力的当属美国管理学家弗雷德·费德勒提出的权变理论,它被视为较完整的情景领导理论,并受到许多人的肯定和认同。费德勒认为并不存在一种普遍适用各种情景的领导模式,然而在不同的情况下都可以找到一种与特定情景相适应的有效领导模式。

1. 两种领导风格

费德勒确认了两种领导风格:一种为任务导向型(类似于以工作为中心和主导型结构行为),另一种为关系导向型(和以职工为中心及关心型的行为相似)。他还认为,领导行为的方式是领导人个性的反映,基本上不大会改变。所以,一个领导人的领导风格究竟是任务导向还是关系导向是可以确定的。

费德勒设计了一种"你最不喜欢的同事"(LPC)的问卷,让被测试者填写。

一个领导者如对其最不喜欢的同事仍能给予较高的评价,那说明他关心人、对人宽容、体谅,提倡人与人之间的友好关系,是宽容的关系导向型领导,有民主式的领导风格,他的 LPC 值就较高。如果对其最不喜欢的同事给予很低的评价,则是以工作任务为中心的领导者,领导风格是专制型的,惯于命令和控制,他的 LPC 值就较低。

2. 三种环境因素

费德勒还分析了环境因素,通过大量研究,他认为任何领导形态均可能有效,其有效性完全取决于是否适应所处的环境。环境影响因素主要有以下三个方面。

(1) 上下级关系,领导者和下级的关系,包括领导者是否得到下属的尊敬、信任和喜爱,是否对下属具有吸引力,使下属主动追随他。

(2) 任务结构,指工作团体的任务是否明确,是否有详细的规划和程序化,有无含糊不清的地方。

(3)职位权力,指领导者的职位能否提供足够和明确的权力,能否获得上级和整个组织的有力支持。

3. 费德勒模型

费德勒提出了一个有效领导的权变模型,将三个环境因素任意组合成八种情况,在对1200多个团体进行调查和数据收集的基础上,找出了不同环境类型下最适应、最有效的领导类型,如表11-1所示。

费德勒研究结果说明,对于各种领导情景而言,只要领导风格能与之适应,都能取得良好的领导效果:在对领导者最有利序号(1、2、3)和最不利(序号8)的情况下采用任务导向型其效果较好;在对领导者中等有利(序号4、5、6、7)的情况下,采用关系导向型效果较好。

费德勒主张,要提高领导的有效性,应从两方面着手。一方面,先确定某工作环境中哪种领导者工作起来更有效,然后选择具有这种领导风格的管理者担任领导工作,或通过培训使其具备工作环境要求的领导风格。另一方面,先确定某管理者习惯的领导风格,然后改变他所处的工作环境(即在上下级关系、任务结构、职位权力等方面做些改变),使新的环境适合领导者自己的风格。

表11-1 费德勒模型

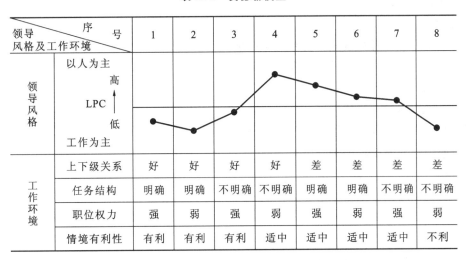

同时,费德勒认为第一种方法是传统的人员招聘和培训方式,而第二种方法(即按照管理者自己固有的领导风格分配他们担任适当的领导工作)可能比第一种方法(即让管理者改变自己的领导作风以适应工作)更容易做得到。这说明,通过组织设计和变革(即改变组织环境)可能成为一种非常有用的工具,使得管理阶层的领导潜能得以更充分的利用和发挥。

4. 费德勒模型理论的意义

费德勒模型理论一般有以下几种意义。

(1)该理论特别强调效果和应该采取的领导方式,这无疑为研究领导行为指出了新方向。

(2)该理论将领导行为和情景的影响、领导者和被领导者之间关系的影响联系起来,指出并不存在一种绝对好的领导形态,必须和权变因素相适应。

(3)该理论指出了选拔领导人的原则,在最好的或最坏的情况下,应选用任务导向的领导,反之则选用关系导向者。

(4) 该理论指出,必要时可以通过环境改造以适应领导者。

(二) 途径-目标理论

领导者是使员工获得更好的激励、更高满意度和工作成效的关键人物,在整个领导过程中担当着重要的角色,基于这一点,加拿大多伦多大学教授罗伯特·豪斯以激励期望理论及领导行为四分图为依据,提出领导的主要职能是为员工在工作中提供获得满足需要的机会,并为员工搞清哪些行为能导致目标的实现并获得有价值的奖励,即领导应指明达成目标的途径。

1. 四种领导行为

1974 年罗伯特·豪斯与米切尔发表的论文中提出了四种领导行为。

1) 指示型

这种类型的领导者明确指示员工,告诉员工任务的具体要求,做什么、怎么做、工作日程、决策都由领导做出,员工不参与。

2) 支持型

这种类型的领导者能够考虑员工的需要,与员工友善相处,平易近人,关心员工的福利,公平待人,用心营造宽松愉快的组织氛围,当员工遇到困难和产生不满时,这种领导方式有助于他们提高和改善业绩。

3) 参与型

这种类型的领导者在做决策时与员工商量,征询、采纳员工的建议,允许员工对上级的决策施加影响,参与决策,并通过此种方式对员工起到激励的作用。

4) 成就型

这种类型的领导者往往提出有挑战性的目标,希望员工充分发挥潜力,力求有高水平的表现,鼓励员工并对员工的能力表示出充分的信心。

2. 有效的领导必须考虑环境因素,关注两类情景因素

罗伯特·豪斯认为"高工作"和"高关心"的组合不一定是最有效的领导方式,还须考虑环境因素。该理论特别关注两类情景因素,一类是员工的个人特点,另一类为工作场所的环境因素。

1) 员工个人特点

每个员工都具有自身的特点,如教育水平、灵敏度、责任心、对成就的需求等。自我评价较高的员工,充分相信自我行为主导未来,而不是环境控制未来,对周围的人和事往往有较强的影响力,更乐于接受参与型的领导方式;而一些缺乏主见的员工,往往把发生的结果归因于运气、命运或"制度",认为自己能力不强,他们更喜欢指示型领导。反之,有的人自视甚高,则可能对指示型的领导行为表示不满。管理者对员工的个人特点是难以影响和改变的,但是管理人员对于环境的塑造及针对不同的个性采取不同的领导方式是完全可能的。

2) 环境因素

环境因素非员工所能控制,它包括工作性质、权力结构、工作群体等情况。当工作任务很明确时,一般要强调"高关心人"的领导方式,而如果采用指示型领导行为效果就差,人们会对上司喋喋不休的吩咐感到厌烦。而在工作任务不十分明确时,则应强调"高组织"的领导方式。另外,如果组织中正式职权都规定得很明确,则员工会更欢迎非指示性的领导行为。此外,工作群体的性质会影响领导行为,如果工作群体为个人提供了社会上的支持和满足,则支持型的领导行为就显得多余了;反之,个人则会从领导人那里寻求这类支持。

3. 与费德勒模型理论的区别

途径-目标理论认为,领导人的风格和行为是能改变的,并使之适应特定的情景。有时领导人根据不同的情况可分别采用不同的领导方式。如一位新上任的项目经理,开始他可用指示型的方式,建立明确的任务结构,并明确告诉员工做些什么;随后他可采取支持型的行为来增强群体的凝聚力和形成积极的群体氛围;当员工对任务更熟悉后,并遇到新问题时,则可让员工一起参与做出一些决定;最后,则可运用成就型行为来鼓励员工不断取得更高的成就。

4. 途径-目标模型的启示

领导人的行为会影响员工的工作动机,而个人特点和环境因素也会影响这种关系的性质。

途径-目标领导理论是一种动态的理论,目前看来尚不够完善,此理论的原意是以一般的术语来表达的一种理论框架,以便能更进一步探索其相互间的各种关系,随着将来研究中的新发现,这种理论也将得到修正。

(三)领导生命周期理论

领导生命周期理论也称为领导寿命循环理论,该理论是由美国俄亥俄州州立大学的心理学家科曼1966年首先提出来的,后由赫赛和布兰查德予以发展。这个理论把领导行为四分图理论与不成熟-成熟理论结合起来,创造了三维空间领导效率模型,如图11-4所示。横坐标为任务行为,纵坐标为关系行为,在下方再加上一个成熟度坐标,从而把原来由布莱克和莫顿提出的由以人和以工作为主构成的二维领导理论,发展成由关系行为、任务行为和成熟度组成的三维领导理论。在这里,任务行为是指领导者和员工为完成任务而形成的交往形式,关系行为是指领导者给员工以帮助和支持的程度。

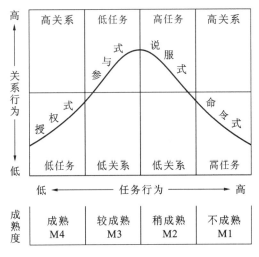

图11-4 领导生命周期理论

(1)命令式:领导者对员工进行分工并具体指点员工应当干什么、如何干、何时干等,它强调直接指挥。

(2)说服式:领导者既给员工以一定的指导,又注意保护和鼓励员工的积极性。

(3)参与式:领导者与员工共同参与决策,领导者着重给员工以支持,促其搞好内部的协调沟通。

（4）授权式：领导者几乎不加指点，由员工自己独立地开展工作，完成任务。

赫塞和布兰查德提出的领导模式理论把注意力放在对员工的研究上，认为成功的领导者要根据员工的成熟程度选择合适的领导方式。所谓成熟度，是指人们对自己的行为承担责任的能力和愿望的大小。它取决于任务成熟度和心理成熟度两个方面。任务成熟度是相对于一个人的知识和技能而言的，若是一个人具有无须别人的指点就能完成其工作的知识、能力和经验，那么他的任务成熟度就高，反之则低。心理成熟度是指做事的愿望或动机的大小，如果一个人能自觉地去做，无须外部的激励，则认为他有较高的心理成熟度。

赫塞和布兰查德把成熟度分成四个等级，即不成熟、稍成熟、较成熟、成熟，分别用 M1、M2、M3、M4 来表示。

（1）M1：员工缺乏接受和承担任务的能力和愿望，既不能胜任又缺乏自觉。
（2）M2：员工愿意承担任务但缺乏足够的能力，有积极性但没有完成任务所需的技能。
（3）M3：员工具有完成领导者所交给任务的能力，但没有足够的积极性。
（4）M4：员工有能力而且愿意去做领导者要他们做的事。

赫塞和布兰查德认为，随着员工从不成熟走向成熟，领导者不仅要减少对活动的控制，而且也要减少对员工的帮助。当员工的成熟度为 M1 时，领导者要给予明确而细致的指导和严格的控制，采用命令式领导方式；当员工的成熟度为 M2 时，领导者既要保护员工的积极性，交给其一定的任务，又要及时加以具体的指点，以帮助其较好地完成任务；当员工的成熟度为 M3 时，领导者主要是解决员工的动机问题，可通过及时地肯定和表扬，以及一定的帮助和鼓励，树立员工的信心，因此以采用参与式为宜；当员工的成熟度为 M4 时，由于员工既有能力又有积极性，因此领导者可采用授权式，只给员工明确目标和工作要求，由员工自我控制和完成。

★ 复习思考题

1. 如何理解领导的概念？简述领导的作用。
2. 领导的本质是什么？其来源在哪里？
3. 怎样理解领导与管理的关系？
4. 卓有成效的领导者应具备哪些基本素质？
5. 在管理学领域中，现有的领导理论大致可归纳为哪几种典型的理论？说出它们中间典型理论的名称。

第十二章 激 励

【学习目标】
了解:激励的概念、激励模式与激励的作用。
理解:人性四种假设;激励的四个要素。
掌握:激励有关理论;激励的原则与方法。
运用:联系实际论证物质激励与精神激励相结合的原则。

领导之所以是一项非常重要的管理活动,一个重要的原因就在于,有效的领导能调动员工的积极性,使个人目标和集体目标统一于组织的工作绩效。领导者的激励、影响、指导,以及与下属交流的能力,直接决定管理的效率。激励是领导工作的重要方面。在组织活动中,只有使所有参与活动的人都保持高昂的士气和工作热情,才能取得最好的效果。激励能使人的潜力得到最大限度的发挥,如果领导者是有效的,领导的结果应当是一个受到高度激发的劳动者群体。因此,对组织的管理者来说,领导所面临的最大挑战就是如何激发员工实现高水平的绩效。

第一节 对人性的认识

领导是涉及组织中人的问题的职能,领导者为了有效地影响个人或群体达到组织的目标,就必须研究各种领导方式的效果。因此必须了解人、人性及人的行为模式,揭示人的活动规律,从而探索相关的管理方式。

多年来,人们提出了许多关于人性的理论。对人性的认识深刻地影响着组织中管理者的行为,他们基于自身对人性的不同认识会制定不同的管理制度,采取不同的领导方式,给予不同的激励措施,并最终得到不同的管理结果。

一、从"经济人"到"复杂人"的假设

1965年,美国心理学家薛恩把流行于西方的各种人性理论概括为:"经济人"假设、"社会人"假设、"自我实现人"假设和"复杂人"假设。

(一)"经济人"假设

"经济人"假设,是指认为组织中人的行为主要目的是追求自身利益,工作动机是为了获得经济报酬。

最早提出"经济人"假设的是英国早期的经济学家亚当·斯密。他认为,在自由经济制度中,经济活动的主体是体现人类利己主义本性的个人。每个人都在不懈地追求经济收入,同时不得不考虑别人的利益。在这样的过程中,建立起社会秩序,创造出财富。

泰勒把"经济人"假设作为他的科学管理体系的基石,他的一切管理制度,都着眼于如何根据员工的劳动量给予恰当的报酬。假设企业中员工的积极性问题,都是由于经济上的原因。

(二)"社会人"假设

"经济人"假设不能解释企业中员工积极性波动的原因。在霍桑试验中,梅奥提出了"社会人"假设。这种假设认为,人的行为动机不只是为了追求金钱,也有强烈的社交需求。如果员工在企业、家庭、社会中与他人关系不协调,其工作情绪就会受到影响。因此,管理者应重视员工在社会交往方面的需要。

"社会人"假设比"经济人"假设更贴近劳动组织中员工的心理现状。企业管理实践表明了经济刺激手段的有限性。在"社会人"假设的基础上,建立了新的管理行为,其主要内容是,管理者应重视工作本身对员工需求的满足程度,重视工作团体对员工的影响;改变传统的任务导向型领导方式。

(三)"自我实现人"假设

随着马斯洛需要层次论的提出,又出现了"自我实现人"假设。该假设认为,人除了有社会交往的需要外,还有充分发挥自己能力的欲望。

"自我实现人"假设和"社会人"假设都强调员工心理需求,但需求内容不同。按照"社会人"假设,一个充满爱心、体贴的环境能激励员工努力工作,而按"自我实现人"假设,员工重视的是工作的挑战性,只要某项工作有利于他的能力的发挥,达到他认为的自我价值的实现,哪怕是暂时的孤独、冷僻,也不会打击其积极性。在此假设的基础上建立起来的管理方式本身就是目的,因为员工是出于对工作的热爱而努力工作的。在这样的理论指导下,出现了"目标管理""参与管理"等管理方式。

(四)"复杂人"假设

尽管"自我实现人"假设比"社会人"假设、"经济人"假设更切合实际,但仍不能令人满意地解释员工积极性源泉的问题。一方面,员工的价值取向多种多样,没有统一的追求;另一方面,同一个人也会变化,今天是"自我实现人",明天可能追求良好的人际关系。因此,20 世纪 70 年代沙因提出了"复杂人"假设。

这种假设认为,人的需要是多种多样的,同一个人在同一时间内会有多种需要,并且会随着工作生活条件的变化不断产生新的需要。因此,不存在一套适用于任何时代、任何组织和个人的普遍有效的管理方式。

二、X-Y 理论

在关于人性的研究中,有一个基本的分类,即人的积极性究竟是主动的还是被动的,实际上是"人究竟有没有积极性"。这个问题类似于哲学史上关于人性的善恶之争。倾向于性善论者认为,职工有内在的积极性,只要通过适当的激励方式,即可使职工自觉地去实现组织目标;

倾向于性恶论者认为,职工没有内在积极性,如果没有外在压力,他们是不会为组织做出贡献的。

(一) X 理论

1957 年美国心理学家道格拉斯·麦格雷戈从理论上归纳了传统管理者的人性观。他认为传统管理者之所以对职工进行强制性管理,是因为他们受传统的理论指导,道格拉斯·麦格雷戈把这种理论称为 X 理论。其要点有以下几个。

(1) 多数人生来懒惰,总想少工作。
(2) 多数人没有工作责任心,宁可被别人指挥。
(3) 多数人以我为中心,不关心组织目标。
(4) 多数人缺乏自制能力。

结论是,多数人不能自我管理,因此需要另外的少数人从外部施加压力。

(二) Y 理论

道格拉斯·麦格雷戈提出的 Y 理论,其要点有以下几个。

(1) 工作和娱乐一样,都是人的活动,人是否喜欢工作,要看工作条件如何。
(2) 人不仅会接受责任,而且会主动要求责任。
(3) 人能够自我控制和自我指导。
(4) 个体目标与组织目标没有根本冲突,若有条件,个体会自觉地把个体目标与组织目标统一起来。

显然以 X 理论为指导和以 Y 理论为指导的管理方式正好是相反的。X 理论类似于哲学史上的性恶论,Y 理论类似于性善论,现代管理实践越来越倾向于 Y 理论。从 X 理论到 Y 理论的变化,与从"经济人"假设到"自我实现人"假设的变化趋向是一致的。

从上面的讨论中可以看到,在各种不同的假设和模式中,有许多是相似的。如"经济人"假设与 X 理论相似;"自我实现人"假设与 Y 理论相似,等等。但任何一种单独模式都不足以解释清楚人性和个人行为。人的需求是复杂的,因此,没有哪一种模式是"唯一正确"的。重要的是要认识到,为了企业的最宝贵的人力资源的使用达到最大的效益和效率,在不同的情况下需要采用不同的管理方法。管理者的责任就是创造一种环境,诱导在那里工作的人们去为企业的目标做出贡献。

第二节 激励概述

一、激励的概念

从心理学角度来看,激励是指人的动机系统被激发后,处于一种活跃的状态,对行为有着强大的内驱力,促使人们为期望和目标而努力。美国管理学家贝雷尔森和斯坦尼尔指出,一切内心要争取的条件、希望、愿望、动力等都构成了对人的激励,它是人类活动的一种内心状态。所以激励也是一种精神力量或状态,它对人的行为产生激发、推动、加强的作用,并且指导和引导行为指向目标。

从诱因和强化的观点看,激励是将外部适当的刺激转化为内部心理的动力,从而增强或减弱人的意志和行为。

我们把激励定义为:激励是指创造满足人的各种需要的条件,持续地激发人的动机和内在动力,使其心理过程始终保持在亢奋的状态中,鼓励人朝着所期望的目标采取行动的心理过程。

这也就是说,激励在本质上就是激发、鼓励和努力调动人的积极性的过程。

构成激励的主要要素包括需要、动机、外部刺激和行为。其中,动机是激励的核心要素,需要是激励的起点和基础,外部刺激是激励的条件,而行为则是激励的目的。这四个要素相互组合与作用,构成了对人的激励。

（一）需要

需要是指人类或有机体缺乏某种东西的状态。管理中的需要特指人对某种事物的渴求与欲望。

需要是一切行为的原动力,是人们积极性的源泉和实质,是激励的起点和基础。

（二）动机

动机是推动人们从事某种活动并指引这些活动去满足一定需要的心理准备状态。

动机在激励行为的过程中具有以下功能。

（1）驱动功能:指动机具有唤起和驱动人们采取某种行动的功能。

（2）导向和选择功能:指动机总是指向一定目标,具有选择行动方向和行为方式的功能。

（3）维持和强化功能:长久稳定的动机可以维持某种行为,并使之持续进行。

（三）外部刺激

外部刺激主要指管理者为实现组织目标而对被管理者所采取的种种管理手段及相应形成的管理环境。

（四）行为

管理学中的行为是指在激励状态下,人们为动机驱使所采取的实现目标的一系列动作,行为的方向是寻求目标、满足需要。

心理学家勒温提出了著名的行为公式,即

$$B=f(p,e)$$

式中:B 为人的行为;p 为内在因素;e 为外在因素。

上式表示,人的行为是人的内在因素和外在因素相互作用的函数。内在因素是根本,起决定作用;外在因素是条件,起导火线作用。

二、激励的过程

以上从心理学的角度分析了人的行为是由动机所支配的,动机是由需要引起的,而需要则是由外部刺激产生的,行为的方向是寻求目标、满足需要。为探讨激励四要素的联系,我们有必要介绍激励的心理过程,即人的行为模式。

（一）激励过程模式

人在受到外界环境的某种刺激后，便会产生某种需要，这种需要未得到满足时，就会引起人的欲望——想满足这种需要，它促使人处在一种不安和紧张状态之中，这种紧张不安的心理就会转化为实现其目标的内在驱动力，心理学上把这种驱动力称为动机。动机产生以后，人们就会寻找、选择能够满足需要的目标和途径，而一旦策略确定，就会进行满足需要的活动，产生一定的行为。行为的结果可能发生两种情况，如图12-1所示。

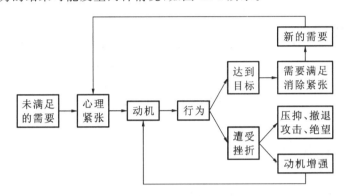

图12-1 激励过程模型

第一，实现了目标，满足了需要，紧张消除，产生一个反馈，告诉人们原有的需要已经满足，于是在新的刺激下，又会产生新的需要，引起新的动机和行为。

第二，行为没有实现目标，就会引起挫折感，这时又可能产生两种行为：一是可能采取建设性的行为，以继续实现目标；二是可能采取防御性的行为，降低或放弃原有的目标。

由此可见，行为的结果使作为行为原动力的需要得到满足，则人们往往会被自己的成功所鼓舞，新的需要随之出现，紧张也接踵而来，从而使该过程重复。人类对美好生活的永恒追求就是一个很好的例子。因此，从需要的产生到目标的实现，人的行为是一个周而复始、不断进行、不断升华的循环过程。

（二）需要、动机与行为的关系

需要、动机与行为有三种关系，如图12-2所示。

图12-2 需要、动机与行为的关系

（1）需要引起动机，动机导致行为，行为指向一定的目标。

当一种目标实现后，又产生新的需要，引起动机，指向新目标。这是一个循环往复的过程。

（2）需要是动机和行为的基础。

只有在这种需要具有某种特定的目标时，需要才能产生动机，动机才会成为引起人们行为的直接原因。

（3）只有起主导作用的动机才会引起人们的行为。

每个动机都可能引起行为，但并不是每个动机都必然引发行为。只有起主导作用的动机才会引起人们的行为。

(三) 需要、动机、行为与管理的关系

一个组织中,研究需要、动机与行为的关系,就是为了制订合理的管理措施,满足员工的需要,激发员工的动机,控制和促进人的行为,以实现组织目标。这就是需要、动机、行为与管理的关系,如图12-3所示。

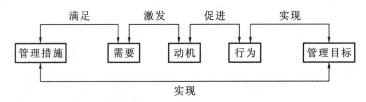

图12-3　需要、动机、行为与管理的关系

三、激励的作用

(一) 有利于调动人的积极性和创造性

激励是调动员工创造性和积极性,使他们始终保持高昂的工作热情的重要措施。它的主要作用是通过动机的激发,调动被管理者工作的积极性和创造性,自觉自愿地为实现组织目标而努力,其核心作用是调动人的积极性。

激励的过程直接涉及员工的个人利益,直接影响到能否调动员工的积极性。一般来说,每一位员工总是由一种动机或需求而激发自己内在的动力,努力去实现某一目标的。当达到某一目标后,他就会自觉或不自觉地衡量自己为达到这个目标所做的努力是否值得。因此,绝大多数人总是把自己努力的过程看成是为获得某种报酬的过程。如果他的努力得到了相应的报酬,那么,就有利于巩固和强化他的这种努力。因此,激励的目的就是要调动员工的积极创造性,并使这种积极创造性保持和发挥下去。

(二) 有利于发挥人的能动作用

激励作为一种管理手段,其最显著的特点就是内在驱动性与自觉自愿性。由于激励是起源于人的需要,它的功能就在于以个人利益和需要的满足为基本作用力,是被管理者追求个人需要满足的过程,因此,激励不仅可以提高人们对自身工作的认识,还能激发人们的工作热情和兴趣,使成员对本职工作产生强烈的积极的情感,并以此为动力,动员自己全部精力为达到预定的目标而努力,从而充分发挥员工的能动性。

(三) 有利于挖掘人的潜力,提高工作效率

员工的积极性与组织的绩效密切相关,在组织行为学中有这么一个公式:

$$绩效 = f(能力, 激励, 环境)$$

从这个公式中可以看出,组织的绩效本质上取决于组织成员的能力、被激励的情形和工作环境条件。由此可见,激励是提高绩效的一种很重要的有利因素,当然,能力和环境也都是不可或缺的。

(四) 有利于增强企业凝聚力

企业是由若干员工个体、工作群体组成的，为保证企业作为一个整体协调运行，除了用严密的组织结构和严格的规章制度进行规范外，还需要通过运用激励方法，满足员工的多种心理需求，调动职工工作积极性，协调人际关系，进而促进内部各组成部分的协调统一，增强企业的凝聚力和向心力。

在市场经济条件下，树立"服务制胜"的意识，已经成为许多公司、工厂、商店、宾馆等企业文化建设的目标。我们奖励优异服务行为的同时，也就是激励和强化了服务意识；批评和惩罚恶劣服务的同时，也就是从反面对服务意识的强化。正负强化的交错使用可以有力地促进企业文化建设。

第三节 激励理论

自20世纪30年代以来，国外许多管理学家、心理学家和社会学家从不同角度对怎样激励人的问题进行了大量的研究，并提出了许多激励理论。对这些理论可以从不同的角度进行归纳和分类。比较流行的分类方法是按其所研究激励的侧面及其与行为的关系不同，把各种激励理论归纳和划分为内容型、过程型、调整型和综合型四大类。

一、内容型激励理论

内容型激励理论又称为需要型激励理论，是指针对激励的原因与起激励作用的因素的具体内容进行研究的理论。这种理论着眼于满足人们的需要，即人们需要什么就满足什么，从而激起人们的动机。

这种理论从激励过程的起点（人的需要）出发，从静态分析的角度来探讨激励的问题。内容型激励理论很多，这里主要介绍需要层次理论、双因素理论、成就需要理论三种。

（一）需要层次理论

该理论是由美国著名心理学家马斯洛于1943年在《人类动机理论》一书中第一次提出的，在《调动人的积极性的理论》和《激励与个性》中作了详尽的阐述。从此，该理论在世界各地广泛应有，成为最普遍、最主要的激励理论之一。

1. 主要观点

马斯洛把人的需要概括为五个层次，如图12-4所示。

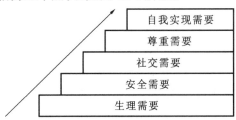

图12-4 马斯洛的需要层次模型

1) 生理需要

这是人类为了维持其生命最基本的需要即生存需要,也是需要层次的基础。若衣、食、住、行、空气和水等这类需要得不到满足,人类的生存就成了问题。从这个意义上来说,这些基本的物质条件是人们行为最强大的动力。马斯洛认为,当这些需要还未达到足以维持人们的生命之时,其他需要将不能激励他们,所以在经济不发达的社会,一般必须首先研究并满足这方面的需要。

2) 安全需要

这是有关人类免除危险和威胁的需要。这不仅要考虑到眼前,而且要考虑到今后。例如,要求摆脱失业的威胁,要求在生病及年老时生活有所保障,要求工作安全,希望免除不公正的待遇,等等。

3) 社交需要

社交需要也称感情和归属方面的需要。当生理及安全的需要得到相当的满足之后,社交的需要便占据主导地位。因为人类是有感情的动物,希望与别人进行交往,避免孤独,希望与伙伴和同事之间和睦相处关系融洽;希望归属于一个团体以得到关心、爱护、支持、友谊和忠诚。这种需要比前两种需要更细致,需要的程度因人的性格、经历、受教育程度不同而异。

4) 尊重需要

尊重需要是指希望别人对自己的工作、人品、能力和才干给予承认并给予公平的评价,希望自己在同事中间有一定的威望和声誉,从而得到别人的尊重并发挥一定的影响力。尊重需要还包括自尊,自尊心是驱使人们奋发向上的强大推动力。

5) 自我实现需要

自我实现需要就是要实现个人理想和抱负,最大限度地发挥个人潜力并获得成就,实现自我价值。这种需要往往是通过胜任感和成就感来获得满足的。所谓胜任感是指希望自己担当的工作与自己的知识能力相适应,工作带有挑战性,负有更多的责任,工作能取得好的结果,自己的知识与能力在工作中也能得到增长。所谓成就感表现为进行创造性的活动并取得成功。具有这种特点的人,一般会给自己设立相当困难但经过努力可以达成的目标,而且往往把工作中取得的成就本身看得比成功以后所得到的报酬更为重要。

马斯洛还将这五种需要划分为高低两级。一般而言,生理需要和安全需要属于较低层次的、物质方面的需要;社交需要、尊重需要和自我实现需要,则属于较高层次的、精神方面的需要。马斯洛认为,人的需要遵循递进规律,这五种需要是由低到高依次排列的,只有排在较低层次的需要得到了满足,人才能产生更高一级的需要。他还指出,一旦一种需要得到满足后,这种需要就不会再成为一种激励的因素。需要层次中未满足的需要是最主要的激励因素,如果低层次的需要得到满足后,需要层次中下一个更高层次的需要将对行为有激励作用。

2. 对需要层次理论的评价

1) 主要贡献

马斯洛的需要层次理论简单明了,易于理解,具有内在的逻辑性,因而得到了管理实践者的普遍认可。其贡献在于从人的需要出发来研究人的行为,将人类千差万别的需要归纳为五类,揭示了一般人在通常情况下的需要与行为规律,指出了人们的需要从低级向高级发展的趋势,这符合心理发展的过程,对激励实践很有实用价值。

同时,该理论还揭示出人的需要是多种多样的,激励方式也是多种多样的。不仅要给人以物质的满足,而且还要给人以精神的满足。特别是低级需要得到一定的满足以后,精神需要更为重要,因为满足人的高级需要将具有更持久的动力。

2) 存在的缺陷与不足

该理论对于需要层次的划分过于简单、机械,因为人的需要并不一定完全依等级层次而循序上升,且人的需要是随着环境和个体情况的变化而同时存在着若干种。他没有提出衡量各层次需要满足程度的具体标准,也没有考虑到一种行为的结果可能会满足一种以上的需要的情况(如适当的薪酬不仅能满足生理和安全的需要,也能满足自尊的需要)。最主要的一点是,该理论缺乏实证基础,众多的研究并未对他的理论提供实证性的支持,仅有的几项支持其理论观点的研究也缺少说服力。

虽然马斯洛的需要层次理论存在着不足,但还是为我们提供了一个研究人类需要的参照样本,管理者应认识到下属工作的动机,根据这些动机的不同,采用不同的激励方法来激励他们努力工作,而通过这样做,管理者将个人和组织的利益结合在一起,如果员工的所作所为对组织有利,他们应该获得能够满足他们需要的结果。表 12-1 列举出了在企业中可用来满足各层次需要的常用方法。

表 12-1 需要层次理论在企业中的应用

需 要 层 次	应 用
自我实现需要	富有挑战性的工作,工作的自主权和决策权
尊重需要	职衔,优越的办公条件,当众受到称赞
社交需要	上司的关怀,友善的同事,联谊小组
安全需要	工作保障,退休保障,福利保障
生理需要	足够的薪金,舒适的工作环境,适度的工作时间

此外,随着经济的全球化,管理者有必要认识到,不同国家的公民对通过工作来满足的需要有所不同。例如,有些研究表明,日本人和希腊人特别会受到安全需要的激励,而瑞士人、挪威人和丹麦人特别会受到归属需要的激励。在生活水平较低的贫穷国家,生理和安全的需要似乎是首要的激励因素。当国家变得比较富裕和有较高的生活标准时,与个人的成长和成就有关的需要(如尊重和自我实现)就会变成重要的激励因素。

3. 不同种类的需求对行为产生的影响

(1) 上述五种需要是按次序逐级上升的,下一级的需要基本得到满足后,追求上一级的需要就成为行为的主要驱动力,这五种需要不可能完全满足,越到上层,满足的百分比越少。

(2) 生理需要和安全需要是人的最基本的需要,对人行为产生的影响也最迫切、最强烈,而尊重需要和自我实现需要对人行为产生的影响最持久、最稳定。

(3) 人的行为是受多种需要支配的,所以同一时期内,可以同时存在几种需要。但是,每一时期内总有一种需要是占支配地位的,决定人的行为。

(4) 任何一种需要并不因为下一个高层次需要的发展而消失,各层次的需要相互依赖与重叠,高层次的需要发展后,低层次的需要仍然存在,只是对行为影响的比重有所减轻而已。

(二) 双因素理论

该理论是美国心理学家赫茨伯格创立的。他于 1959 年出版了《工作的激励因素》一书,在马斯洛需要层次理论的基础上,把人的需要归纳为保健因素和激励因素两大类。

保健因素和激励因素的主要内容如表12-2所示。

表 12-2 保健因素和激励因素内容表

保健因素（外在因素）	激励因素（内在因素）
组织的政策与行政管理 技术监督系统 人事关系（与上级主管之间、同级之间、下级之间的关系） 工作环境或条件 薪金水平 个人的生活 职务、地位 工作上的安全感	工作上的成就感 工作中得到认可和赞赏 工作本身的挑战意识和兴趣 工作职务上的责任感 工作的发展前途 个人成长、晋升的机会

1. 主要观点

（1）保健因素没有激励作用,它不能增强员工的积极性,但它可以维持激励在"零"的水准,可以避免反激励现象发生。如果这些因素得到满足,员工就不会不满;如果得不到满足,员工则会产生强烈不满。

（2）激励因素能提高员工的工作效率和积极性。如果这些因素得到满足,会对员工有很大的激励作用;如果得不到满足,员工不会有太大的不满。

2. 与需要层次理论的比较

1）区别

需要层次理论针对人类的需要和动机,而双因素理论则针对满足这些需要的目标和诱因。

2）联系

激励因素主要是满足高层次需要,它与尊重需要和自我实现需要相对应;保健因素主要是低层次需要,它与生理、安全和社会需要相对应,如图12-5所示。

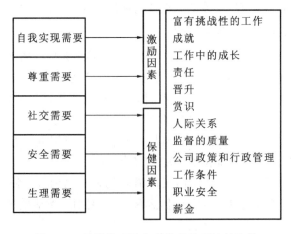

图 12-5 马斯洛理论与赫茨伯格理论的比较

3. 双因素理论的启示

组织中,管理者不仅应重视解决保健因素,还要重视解决激励因素,使员工的积极性得到充分的调动;如果组织中的领导者只注意提供某些条件来满足员工"保健"性的需要,那么这个组织只是平淡地处于一种稳定环境中,上不努力、下不落后维持正常的作业;如果组织能在具备了"保健"性因素的基础上,注入激励机制,营造一种创新、改革、发展、挑战的氛围,使每一个员工有紧迫感、竞争意识和你追我赶的效益速度,这样的组织才有士气和活力,才能真正在市场经济的环境中发展壮大。

(三)成就需要理论

美国著名心理学教授戴维·麦克利兰在1955年对马斯洛理论的普遍性提出了挑战,对该理论的核心概念"自我实现"有无充足的根据也表示怀疑。他经过20多年的研究得出结论说,人类的许多需要都不是生理性的,而是社会性的,而且人的社会性需求不是先天的,而是后天的,来自于环境、经历和培养教育等;很难从单个人的角度归纳出共同的、与生俱来的心理需要,时代不同、社会不同、文化背景不同,人的需求当然就不同,所谓"自我实现"的标准也不同;马斯洛的理论过分强调个人的自我意识、内省和内在价值,忽视了来自社会的影响,失之偏颇。

麦克利兰通过试验研究,归纳出三大类社会性需要:对成就的需要、对(社会)交往的需要和对权力的需要,尤其对成就需要和权力需要进行了较为详细的论述。

1. 主要观点

(1)权力的需求者热衷于"承担责任",喜欢竞争性强存在地位取向的工作环境,希望影响他人,控制向下、向上的信息渠道,以便施加影响、掌握权力,他们对政治感兴趣,而不像高成就需要的人那样关心改进自己的工作。这样的人一般十分健谈、好争、直率、头脑冷静、善于提出要求、喜欢演讲,并爱教训人。

(2)对社交的需要的人通常从友爱中得到快乐,并总是设法避免因被某个团体拒之门外带来的痛苦。作为个人他们往往关心保持一种融洽的社会关系,与周围的人保持亲密无间和相互谅解,随时准备安慰和帮助危难中的伙伴,并喜欢与他们保持友善的关系。

(3)凡具有成就需要的人都有以下的行为特征。

① 渴望将事情做得更加完美,相信自己的能力,敢于做出决断,愿意承担责任,对成功有一种强烈的要求同样也强烈担心失败。

② 有进取心,愿意接受挑战,为自己树立具有一定难度的目标。

③ 敢冒一定的、可以预测出来的风险,但不是去进行赌博,而是采取一定现实主义的态度。

④ 密切注意自己的处境,对他们正在进行的工作情况,希望得到明确而又迅速的反馈,以了解自己的工作和计划的适应情况。

⑤ 重成就、轻金钱,工作中取得成功或者攻克了难关,从中得到的乐趣和激情胜过物质的鼓励。

⑥ 他们一般喜欢表现自己。

2. 在实际中的应用

(1)一个国家,乃至一个企业的兴旺发达,取决于具有成就需要的人的多寡。

(2) 成就需要与企业的绩效直接相关。

① 只有高成就需要才能导致高绩效的行为。

研究表明,高成就需要的企业家会使企业得到高的利润,而低成就需要的企业家只会使企业获得低的利润。

② 成就需要是一种更为内化了的需要,这种需要是导致国家、企业取得高绩效的主要动力。

(3) 成就需要可以创造出富有创业精神的人物,促进社会经济的发展。

全社会都应当认识到这一问题的重要性,鼓励人们努力建功立业,取得成就。

(4) 成就需要和权力需要都会使人们有杰出的表现,但二者还是有区别的。

在对高成就需要的人当中,很少产生率领众人前进的领导者,原因非常简单:成就需要强烈的人习惯于独自解决问题,无须他人。一个高成就需要的人,未必能领导企业取得成就,因为经理的责任是激励众人取得成功,而不是只顾自己的工作成就。激发他人的成就感,需要有完全不同的动机和技巧。

如果说成就需要对应着创业精神,那么权力需要就对应着各种领导,因为领导者的首要任务是影响别人,对权力的需要显然是他们的主要性格特征之一。

戴维·麦克利兰的理论是马斯洛理论的重要发展和补充,对指导组织的激励工作,更具有现实的意义。

二、过程型激励理论

该理论是在需要型理论的基础上发展起来的。该理论研究从人的动机的产生到行为反应这一过程中,有哪些重要因素对人的动机与行为发生作用,即有哪些因素激励人的积极性。

该理论是从动态分析的角度来研究激励问题的。了解从对行为起决定作用的某些关键问题出发,掌握这些因素之间的相互关系,以达到预测或控制人的行为的目的。

过程型激励理论主要包括期望理论和公平理论等。

(一) 期望理论

期望理论是美国心理学家弗鲁姆于 1964 年在《工作与激励》一书中提出的。

1. 主要观点

(1) 人们之所以能够从事某项工作并达到组织目标,是因为这些工作和组织目标会帮助他们达到自己的目标,满足自己某方面的需要。

(2) 某一活动对于调动某一个人的积极性,激发出他的内部潜力的激励力(M)的强度,取决于达到目标后对于满足个人需要的价值大小——效价(V)乘以他根据以往的经验和能力进行判断能实现该目标的概率——期望值(E)。

用公式表示为

$$M = V \cdot E$$

式中:M 为激励力量,指调动人的积极性,激发人内部潜力的强度;V 为效价(目标价值),指达到目标后对于满足个人需要的价值大小,取值范围为 $+1 \sim -1$;E 为期望值(期望概率),指一个人对某个目标能够实现的可能性大小(概率)的估计,取值范围为 $0 \sim +1$。

2. 理论分析

马斯洛的需要层次论、赫茨伯格的双因素理论及戴维·麦克利兰的成就理论都是把各种激励因素较为机械地分成若干类别，与实际不一定完全相符。而期望值理论不存在这种人为分类，较综合和适用，具体表现如下。

（1）对公式中的效价应当理解为综合性的。它可以是精神的，也可以是物质的；可以是正的，也可以是负的，还可以为零；它不仅包含了某一结果的绝对值，而且还包括了相对值；它不仅指某一单项值，而且还指各种效价的总和。

（2）对同一个目标，由于各个人的需要不同，所处的环境不同，兴趣不同，价值观不同，使他对该目标的效价也往往不同；即使是同一个人，在不同的时候效价也是不一样的。例如：

① 一个人希望通过努力工作得到升迁的机会，这就表明升迁在他心目中的效价很高，$V=1$；

② 若他对升迁漠不关心、毫无要求，升迁的效价便等于零，$V=0$；

③ 若他对升迁不仅毫无要求，而且还害怕升迁，那么，升迁对他来说，效价为负值，$V<0$。

（3）效价和期望值都是个人的一种主观判断，即对人的行为的激励力涉及二个部分的心理过程：报酬本身是否能够吸引人们为之付出努力？付出努力的行为是否能够取得预期的结果？努力和工作绩效的结果能否带来期望的报酬？

（4）一个人对实现某个目标，根据估计其可能性的大小，即期望值的大小也不同：

① 如果他估计完全有可能实现，即100%的可能，这时 $E=1$，也就是最大；

② 他估计目标完全不可能实现，这时 $E=0$，也就是最小。

③ 通常情况下，往往是具有不同程度的可能性，这时的期望值在 0 与 1 之间，即 $0 \leqslant E \leqslant 1$。

当 $E=0$ 时，无动力；

当 $E>0$ 时，有一定的动力；

当 $E=1$ 时，动力最大。

（5）目标价值（V）和期望概率（E）的不同结合，决定着不同的激励程度：

① $E_{高} \times V_{高} = M_{高}$（强激励）；

② $E_{中} \times V_{中} = M_{中}$（中激励）；

③ $E_{低} \times V_{高} = M_{低}$（弱激励）；

④ $E_{高} \times V_{低} = M_{低}$（弱激励）；

⑤ $E_{低} \times V_{低} = M_{低}$（无激励（极弱激励））。

（6）效价和大家平均的个人期望概率相互影响。平均概率小，效价相对大；平均概率大，效价相对小。

3. 在实际中的应用

期望理论告诉我们，在进行激励时，要处理好三个方面的关系，这也是调动人们工作积极性的三个条件。

1）努力与绩效的关系

人总是希望通过一定的努力能够达到预期的目标，如果个人主观认为通过自己的努力达到预期目标的概率较高，就会有信心，就可能激发出很强的工作热情，但如果他认为再怎么努力目标都不可能达到,就会失去内在的动力,导致工作消极。但能否达到预期的目标,不仅仅取决于个人的努力,还同时受到员工的能力和上司提供支持的影响。这种关系可在公式的期望值这个变量中反映出来。

2) 绩效与奖励的关系

人总是希望取得成绩后能够得到奖励,这种奖励既包括提高工资、多发奖金等物质奖励,又包括表扬、自我成就感、同事的信赖、提高个人威望等精神奖励,还包括得到晋升等物质与精神兼而有之的奖励。如果他认为取得绩效后能够得到合理的奖励,就可能产生工作热情,否则就可能没有积极性。

3) 奖励与满足个人需要的关系

人总是希望获得奖励能够满足自己某方面的需要。然而由于人们各方面的差异,他们的需要的内容和程度都可能不同。因而,对于不同的人,采用同一种奖励能满足需要的程度不同,能激发出来的工作动力也就不同。

后两方面的关系可以从公式中的效价这个变量上体现出来。这三个方面的关系用框图表示出来如图 12-6 所示。

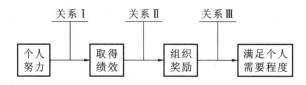

图 12-6　期望理论三个方面的关系

期望理论提示我们,管理者如果处理好了以上三个方面的关系,便可有效地提高下属的工作积极性。例如,在处理努力与绩效关系方面,管理者可以在员工招聘时选择有能力完成工作的人,或向员工提供适当的培训;在他们工作时,向他们提供足够的支持;在处理绩效与奖励的关系方面,管理者应尽量做到以工作表现来分配各种报酬,并向员工清楚解释分配各种报酬的原则和方法,而最关键的是奖励要公平;在处理奖励与满足需要的关系方面,管理者应了解各员工不同的需要,尽量向员工提供他们认为重要的回报。

(二) 公平理论

公平理论又称为社会比较理论,是美国心理学家亚当斯在 20 世纪 60 年代首先提出来的。该理论主要讨论报酬的公平性对人们工作积极性的影响。

1. 主要观点

(1) 报酬多少虽然是影响职工积极性的因素,但报酬分配是否公平、合理,则对激励的影响更大。

(2) 职工的工作动机,不仅受其所得的绝对报酬的影响,而且更受到相对报酬的影响,人们通常通过两个方面比较来判断其所获报酬的公平性,即横向和纵向比较。

(3) 横向比较,即将"自己"获得的"报酬"(包括金钱、工作安排以及获得的赏识等)与"投入"(包括教育、努力及花费在工作上的时间等)的比值与组织内的其他人做比较,从而对比较做出相应的反应。如以 Q_A 表示自己对所获报酬的感觉,Q_B 表示自己对他人所获报酬的感觉;I_A 表示自己对个人所作投入的感觉;I_B 表示自己对他人所作投入的感觉。在进行比较时,会有如表 12-3 所列的几种情况出现。

表 12-3　公平理论中的横向比较

感觉到的比率比较	员工的评价
$Q_A/I_A = Q_B/I_B$	认为报酬是公平的，为此他会保持工作的积极性和努力程度
$Q_A/I_A > Q_B/I_B$	说明此人得到了过高的报酬或付出努力较少。在这种情况下，一般来说，他不会要求减少报酬，而有可能会自觉地增加投入量，但过一段时间他就会因重新过高估计自己的投入而对高报酬心安理得，于是其产出又会恢复到原来水平
$Q_A/I_A < Q_B/I_B$	说明此人感觉到组织对自己的报酬不公平，他可能会要求增加报酬，或自动地减少投入以达到心理的平衡

（4）纵向比较，即将自己的现在（Q_P/I_P）与过去（Q_L/I_L）的纵向比较，结果如表12-4所示。

表 12-4　公平理论中的纵向比较

感觉到的比率比较	员工的评价
$Q_P/I_P = Q_L/I_L$	认为报酬是公平的，积极性和努力程度可能会保持不变
$Q_P/I_P > Q_L/I_L$	一般来说，此人不会觉得所获得报酬过高，因为他可能会认为自己的能力和经验已提高，其工作积极性不会因此提高
$Q_P/I_P < Q_L/I_L$	觉得不公平，工作积极性会下降，除非管理者增加报酬

2. 在实际中的应用

尽管公平理论提出的基本观点是客观存在的，但在实际应用中很难把握。因为员工是凭借"感觉"来判断报酬的公平性的，因此个人的主观判断对此有很大影响。人们总是倾向于过高估计自己的投入量，而过低估计自己所得到的报酬，对别人的投入量及所得报酬的估计则相反。因此管理者在运用该理论时应更多地注意实际工作绩效与报酬之间的合理性。

（1）管理者应了解员工对各种报酬的主观感觉。

（2）为了使员工对报酬的分配有较客观的感觉，管理者应让员工知道分配的标准。

（3）应加强与下属的沟通，在心理上减低他们的不公平感。当然，对于有些具有特殊才能的人，或对完成了某些复杂工作的人，应更多地考虑到其心理的平衡。

（4）各级领导者和管理者要尽量做到公正无私地对待每个成员。在我国生活水平还不很高的情况下，各级领导者和管理者要尽量做到公正无私地对待每个成员，在物质分配上的公平合理，产生的激励效果可能比激励所花费的物质本身产生的效果还要大。

（5）抓好思想政治工作，打破平均主义。在公平与激励的同时，还要抓好思想政治工作，引导职工进行全面、客观地比较，打破平均主义，最大限度地避免和纠正分配不公的问题，以激发广大职工的积极性。

（6）合理解决公平理论中的难点。在评定绩效时，如何才能客观、公正；如何处理好数量与质量；工作的复杂程度与付出的劳动量；工作态度与业绩的关系；等等，这些与公平有关的问题，要成为管理者重点解决的课题。

三、调整型激励理论

调整型激励理论着重研究如何通过激励来调整和转化人们的行为。这种理论观点主张对激励进行有针对性的刺激,主要看员工的行为与其结果之间的关系,而不是突出激励的内容和过程。如果这种刺激对他有利,则这种行为就会重复出现;若对他不利,则这种行为就会减弱直至消失。因此,管理要采取各种方式,以使人们的行为符合组织的目标。这里我们主要介绍斯金纳的强化理论。

强化理论是由美国心理学家和行为学家斯金纳20世纪50年代首先提出来的,又称为行为修正理论。这个理论是从动物实验中得出来的。现在,强化理论被广泛地应用在激励和人们的行为改造上。

（一）主要观点

1. 人的行为与环境对他的刺激相关

如果这种刺激对他有利则这种行为就会重复出现使这种行为的频率增加,这种状况即称为强化刺激。能增强这种行为发生频率的刺激物称作强化物;如果对他不利则这种行为就会减弱直至消失。

2. 人的行为是强化刺激的函数

人的行为会随着强化刺激的增强而增强,也会随着强化刺激的减弱而减弱,人们就可以通过控制强化物来控制行为,引起行为的改变。

由于这一理论的中心思想在于通过强化刺激来改变人们的行为方向,故又称作行为改变理论。管理人员可以通过强化手段,营造一种有利于组织目标实现的环境和氛围,使组织成员的行为符合组织的目标。

（二）强化的方式

根据强化措施的不同,可分为如下四种方式,如表12-5所示。

表12-5 强化方式

激励目的		强化方式
使所希望的行为更多发生	强化	正强化(鼓励):使人得到合意的结果
		负强化(趋避):使人力图避免得到不合意的结果
使不希望的行为更少发生	弱化	惩戒(惩罚):使人得到不合意的结果
		自然消退(冷处理):不采取任何措施

1. 正强化

正强化是指鼓励行为重复发生的强化。一般表现为对某种行为的认可、奖赏、表扬、增加工资、晋升等都是正强化的因素。

2. 负强化

负强化是指预先告知某种不合要求的行为或不良绩效可能引起的后果,从而减少或削弱所不希望出现的行为。

3. 自然消退

自然消退是取消强化(正强化或负强化),对某种行为不予理睬(冷处理),以表示对该行为的轻视或者某种程度的否定。这样,一种行为长期得不到正强化,就会自然消退。

4. 惩罚

惩罚是指用某种带有强制性、威胁性的结果,例如,批评、降职、降薪、罚款、开除等,使行为者感受到利益上的损失和精神上的痛苦,以示对某种不符合要求的行为的否定。

(三)强化理论的启示

强化理论较多地强调外部因素或环境刺激对行为的影响,忽视了人的内在因素和主观能动性对环境的反作用,具有机械论的色彩。但该理论的一些具体做法对我们是有用的,强化理论的启示和应用原则可归纳为以下几点。

1. 要明确强化的目标

要明确强化的目的或目标,明确预期的行为方向,使被强化者的行为符合组织的要求。

2. 要选准强化物

每个人的需要不同,因而对同一种强化物的反应也各不相同。这就要求具体分析强化对象的情况,针对他们的不同需要,采用不同的强化措施。可以说,选准强化物是使组织目标同个人目标统一起来,以实现强化预期要求的中心环节。

3. 要及时反馈

为了实现强化的目的,必须通过反馈的作用,使被强化者及时了解自己的行为后果,并及时兑现相应的报酬或惩罚,使有利于组织的行为得到及时肯定,促使其重复,不利于组织的行为得到及时的制止。

4. 要尽量运用正强化的方式

避免运用惩罚的方式。斯金纳发现,惩罚不能简单地改变一个人按原来想法去做的念头,至多只能教会他们如何避免惩罚。事实上,过多地运用惩罚,往往会造成被惩罚者心理上的创伤,引起对抗情绪,乃至采取欺骗、隐瞒等手段来逃避惩罚。

四、综合型激励理论

该理论是美国心理学家、管理学家波特和劳勒以期望理论为基础,导出了一种本质上更加完善的激励模式,比较全面地说明了整个激励的过程,如图12-7所示。

(一)主要观点

从图12-7中,可以归纳出该模式的主要观点。

(1)个人是否努力以及努力的程度不仅仅取决于奖励的价值,而且还受到个人觉察出来的努力和受到奖励的概率的影响。但所需做出的努力和实际取得奖励的概率,又要受到实际工作业绩的影响。显然,如果人们知道他们能做或者曾经做过这样的工作,则他们便可更好地判断所需的努力并更好地知道获得奖励的概率。

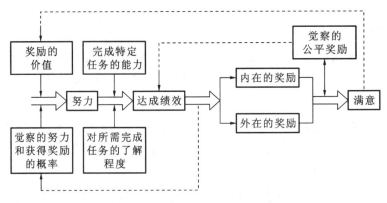

图 12-7　波特-劳勒模式

（2）个人实际能达到的绩效不仅取决于其努力的程度，还受到个人能力的大小以及对任务了解和理解程度深浅的影响。特别是对于比较复杂的任务，就显得更为重要。

（3）个人所应得的奖励应当以实际达到的绩效为前提。要使个人看到，只有完成了组织的任务或达到目标时，才会受到奖励，而不应先有奖励，后有努力成果。这样，奖励才能激励个人努力去达到组织目标。这些奖励可以是外在的，如奖金、工作条件和地位，也可以是内在的，如成就感或自我实现感。

（4）个人对于所受的奖励是否满意以及满意的程度如何，取决于受激励者对所获报酬的公平感。如果受激励者感到公平，就会满意；否则，就会不满意。

（5）个人是否满意以及满意的程度将会回馈到其完成下一个任务的努力过程中。满意会使其进一步的努力，而不满意则会导致其努力程度的下降甚至离开工作岗位。

（二）波特-劳勒模式的启示

波特-劳勒模式是激励系统一个比较恰当的描述，它主要包括以下两点。

（1）激励和绩效之间并不是简单的因果关系。

要使激励能产生预期的效果，必须考虑到奖励内容、奖励制度、组织分工、目标设置、公平考核等一系列的综合性因素。

（2）管理者应将目标—能力—绩效—奖励—满意的体系渗透整个管理工作。

第四节　激励的原则与方法

在讨论了各种激励理论之后，人们可能会问，领导者在实际激励时应遵循哪些原则和方法？虽然激励问题是一个复杂的、因人而异的问题，也不存在唯一的最佳答案，但我们仍可以讨论一些一般常用的激励原则和方法。

一、激励的原则

1. 组织目标与个人目标相结合的原则

在激励中设置目标是一个关键环节。目标设置必须以体现组织目标为要求，否则激励将偏离组织目标的实现方向。目标设置还必须能满足员工个人的需要,否则无法提高员工的目标效价,达不到满意的激励强度。只有将组织目标与个人目标结合好,才能收到良好的激励效果。

2. 物质激励与精神激励相结合的原则

员工存在物质需要和精神需要,相应的激励方式也应该是物质与精神激励相结合。随着生产力水平和人员素质的提高,应该把重心转移到满足较高层次需要即社交需要、自尊需要、自我实现需要的精神激励上去,但也要兼顾好物质激励。物质激励是基础,精神激励是根本,在两者结合的基础上,逐步过渡到以精神激励为主。

3. 外在激励与内在激励相结合的原则

凡是满足员工对工资、福利、安全环境、人际关系等方面需要的激励,称为外在激励;满足员工自尊、成就、晋升等方面需要的激励,称为内在激励。实践中,往往是内在激励使员工从工作本身取得了很大的满足感。例如,工作中充满了兴趣、挑战性、新鲜感;工作本身具有重大意义;工作中发挥了个人潜力、实现了个人价值等,对员工的激励最大。所以要注意内在激励具有的重要意义。

4. 正强化与负强化相结合的原则

在管理中,正强化与负强化都是必要而有效的,通过树立正面的榜样和反面的典型,扶正祛邪,形成一种良好的风气。产生无形的压力,使整个群体和组织行为更积极、更富有生气。但鉴于负强化具有一定的消极作用,容易产生挫折心理和挫折行为,因此,管理人员在激励时应把正强化和负强化巧妙地结合起来,以正强化为主,负强化为辅。

5. 按需激励的原则

激励的起点是满足员工的需要,但员工的需要存在着个体的差异性和动态性,因人而异,因时而异,并且只有满足最迫切需要的措施,其效价才高,激励强度才大。因此,对员工进行激励时不能过分依赖经验及惯例。激励不存在一劳永逸的解决方法,必须用动态的眼光看问题,深入调查研究,不断了解员工变化了的需要,有针对性地采取激励措施。

6. 客观公正的原则

在激励中,如果出现奖不当奖、罚不当罚的现象,就不可能收到真正意义上的激励效果,反而还会产生消极的作用,造成不良的后果。因此,在进行激励时,一定要认真、客观、科学地对员工进行业绩考核,做到奖罚分明,不论亲疏,一视同仁,使得受奖者心存感激,受罚者心服口服。

二、激励的方法

1. 物质利益激励法

物质利益激励法就是以物质利益(如工资、奖金、福利、晋级和各种实物等)为诱因对员工进行激励的方法。最常见的物质利益激励有奖励激励和惩罚激励两种方法。奖励激励是指组织以奖励作为诱因,驱使员工采取最有效、最合理的行为。物质奖励激励通常是从正面对员工引导。组织首先根据组织工作的需要,规定员工的行为,如果符合一定的行为规范,员工可以获得一定的奖励。员工对奖励追求的欲望,促使他的行为必须符合规范,同时给企业带来有益的成果。物质惩罚激励,是指组织利用惩罚手段,诱导员工采取符合组织需要的行动的一种激励。在惩罚激励中,组织要制定一系列的员工行为规范,并规定逾越了行为规范的不同的惩罚标准。物质惩罚手段包括扣发工资、奖金、罚款、赔偿等。人们避免惩罚的需求和愿望促使其行为符合特定的规范。

实施物质激励要注意保持组织成员的公平感,充分体现"多劳多得,少劳少得"的分配原则。虽然这种激励是直接满足组织成员的低级需要的,但也能间接地满足组织成员的高级需要,因为物质利益可以当成自己受到尊重,或自己的成就为组织所赏识的标志。

2. 目标激励方法

管理中常说的目标管理,不仅是一种管理活动,也是一种有效的目标激励方法。所谓目标激励方法就是给员工确定一定的目标,以目标为诱因驱使员工去努力工作,以实现自己的目标。任何组织的发展都需要有自己的目标,任何个人在自己需要的驱使下也会具有个人目标。目标激励必须以组织的目标为基础,要求把组织的目标与员工的个人目标结合起来,使组织目标和员工目标相一致。

目标管理通过广泛的参与来制定组织目标,并将其系统地分解为每一个人的具体目标,然后用这些目标来引导和评价每个人的工作。在目标管理中目标是最重要的,组织目标是组织前进的目的地,个人目标则是个人奋斗所实现的愿望。目标管理的特点之一是把组织的目标分解为各个行动者的目标,而分解过程又充分吸收了行动者参与。按照这一特点,只要使个人的目标及奖酬与个人的需要一致起来,就提高了目标的效价。而实现目标信心的增加也就是实现目标的期望的提高。目标管理充分发挥每个人的最大能力,实行自我控制,更容易发挥每个人的潜能和创造力,增加激励力量。

3. 榜样激励法

榜样激励法是指通过组织树立的榜样使组织的目标形象化,号召组织内成员向榜样学习,从而提高激励力量和绩效的方法。

运用榜样激励法,首先要树立榜样,榜样不能人为地拔高培养,要自然形成,但不排除必要的引导。选择榜样时要注意榜样的行为确实是组织中的佼佼者,这样才能使人信服。其次,要对榜样的事迹广为宣传,使组织成员都能知晓,这就是使组织成员知道有什么样的行为才能荣登榜样的地位,使学习的目标明确。还有非常重要的一环就是给榜样以明显的使人羡慕的奖酬,这些奖酬中当然包括物质奖励,但更重要的是无形的受人尊敬的奖励和待遇,这样才能提高榜样的效价,使组织成员学习榜样的动力增加。

使用榜样激励方法时还需要注意两点:一是要纠正打击榜样的歪风,否则不但没有多少人愿当榜样,也没有多少人敢于向榜样学习;二是不要搞榜样终身制,因为榜样的终身制会压制其他想成为榜样的人,并且使榜样的行为过于单调,有些事迹多次重复之后可能不复具有激励作用,而原榜样又没有新的更能激励他人的事迹,就应该物色新的榜样。

4. 内在激励法

日本著名企业家道山嘉宽在回答"工作的报酬是什么"时指出,工作的报酬就是工作本身,这句话深刻地指出了内在激励的重要性。尤其在今天,当企业解决了员工基本的温饱问题之后,员工就更加关注工作本身是否具有乐趣和吸引力,在工作中是否会感受到生活的意义;工作是否具有挑战性和创新性;工作内容是否丰富多彩,引人入胜;在工作中能否取得成就,获得自尊,实现价值等。要满足员工的这些深层次需要,就必须通过分配恰当的工作来激发员工内在的工作热情,加强内在激励。

【案例12-1】

一天,渔夫看见一条蛇咬着一只青蛙,渔夫为青蛙感到难过,便决定救这只青蛙。他靠近了蛇,轻轻地将青蛙从蛇口中拽了出来,青蛙得救了。但渔夫又为蛇失去了食物而感到难过。于是,渔夫取出一瓶威士忌,向蛇口中倒了几滴,蛇愉快地走了,青蛙也很快乐,渔夫满意地笑了。可几分钟以后,那条蛇又咬着两只青蛙回到了渔夫的面前……

蛇得到的激励使它愿意按照原有轨迹更加努力地工作,它的内在工作热情被激发了,但是这样做的结果,却使渔夫更加为难,是继续这种游戏,还是放弃?似乎都不是渔夫想要的结果。

管理者在对内在工作热情进行激励时,首先要考虑的是这种热情的性质和自己的承受能力。

5. 形象与荣誉激励法

一个人通过视觉感受到的信息,占全部信息量的80%,因此,充分利用视觉形象的作用,激发员工的荣誉感、成就感、自豪感,也是一种行之有效的激励方法。常用的方法是照片、资料张榜公布,借以表彰企业的标兵、模范。在有条件的企业,还可以通过闭路电视系统传播企业的经营信息,宣传企业内部涌现的新人、新事、优秀员工、劳动模范、技术能手、爱厂标兵、模范家庭等。这样可以达到内容丰富、形式多样、喜闻乐见的效果。

6. 信任关怀激励法

信任关怀激励法是指组织的管理者充分信任员工的能力和忠诚,放手、放权,并在下属遇到困难时,给予帮助、关怀的一种激励方法。这种激励方法没有什么固定的程序,总的思路是为下属创造一个宽松的工作环境,给员工以充分的信任,使其充分发挥自己的聪明才智;时时关心员工疾苦,了解员工的具体困难,并帮助其解决,使其产生很强的归属感。这种激励法是通过在工作中满足组织成员的信任感、责任感等需要达到激励作用的。

7. 兴趣激励法

兴趣对人的工作态度、钻研程度、创新精神的影响是巨大的,往往与求知、求美、自我实现密切联系。在管理中只要能重视员工的兴趣因素,就能实现预期的精神激励效果。国内外都有一些企业允许甚至鼓励员工在企业内部双向选择,合理流动,包括员工找到自己最感兴趣的工作。兴趣可以导致专注,甚至于入迷,而这正是员工获得突出成就的重要动力。使工作丰富化:在决定工作方法、工作秩序和速度等方面给员工更大的自由权,鼓励下属参与管理和鼓励人们之间的相互交往,使员工对自己的工作有责任感,使员工能看到自己的工作对公司或部门所做出的贡献。

业余文化活动是员工兴趣得以施展的另一个舞台。许多企业组织并形成了摄影、戏曲、舞蹈、书画、体育等兴趣小组,使员工的业余爱好得到满足,增进了员工之间的感情交流,感受到企业的温暖和生活的丰富多彩,大大增强了员工的归属感,满足了社交的需要,有效地提高了企业的凝聚力。

8. 培训教育激励法

通过思想文化教育和技术知识培训,提高职工素质,来增强其进取精神。

员工被激励的程度与其工作绩效密切相关。实践证明,经过激励的工作行为与未经激励的行为,其工作效果大不相同,激励能够使员工充分发挥其能力,实现工作的高质量和高效率。美国哈佛大学心理学家威廉·詹姆斯通过对员工激励的研究发现,在计时工资制下,一个人若没有受到激励,仅能发挥其能力的 20%~30%;如果受到正确而充分的激励,其能力就能发挥到 80%~90%,甚至更高。由此他得出一个公式:工作绩效＝能力×动机激发。这就是说,在个体能力不变的条件下,工作成绩的大小取决于激励程度的高低。激励程度越高,工作绩效越大;反之,激励程度越低,工作绩效就越小。

复习思考题

1. 目前关于人性有哪些假设?它们的含义是什么?
2. 马斯洛的需要层次理论的主要内容是什么?
3. 赫茨伯格的双因素理论的主要内容是什么?
4. 期望理论的内容是什么?根据此理论应如何激发员工的工作积极性?
5. 公平理论及强化理论的基本内容是什么?
6. 激励的原则是什么?主要有哪些方法?

第十三章 沟　　通

【学习目标】
了解：有效沟通的障碍。
理解：人际沟通与组织沟通之间的关系。
掌握：沟通的概念与方式；沟通的作用；组织沟通的类型及组织沟通的网络形式；有效沟通的原则及途径。
运用：在实际生活和学习中运用有效沟通的原则及途径，提高自身人际沟通和组织沟通的能力。

组织为实现其目标，其内部各单位、个人以及与外部合作伙伴之间，需要形成并维持密切的配合与协作关系。然而这种配合与协作不是自发形成的，由于利益、认识、情感等方面的差异，不和谐甚至矛盾、冲突常常出现，这就要求管理者通过各种途径，理顺组织内外关系，使得协作与配合过程不被打断。因此，管理者所做的每件事中都包含着沟通。管理者没有信息就不可能做出决策，而信息只能通过沟通得到。一旦做出决策，就要进行沟通。美国著名管理学家哈罗德·孔茨在其著作中写道："把个人的工作所要达到的目标与集体目标协调一致是管理的目的，每一项管理职能都是在做协调工作。"因此，管理者需要掌握有效的沟通技巧。

第一节　沟通概述

一、沟通的概念

沟通是指信息、思想和情感在个人或群体间传递并被理解的过程。如果信息或想法没有被传送到，则意味着沟通没有发生。例如，说话者没有听众或者写作者没有读者，这些就都不能构成沟通。更重要的一点是，要使沟通成功，信息不仅要得到传递，还需要沟通的双方或多方在沟通结束以后能相互理解。良好的沟通，应是在经过信息传递之后，接受者所认知的想法或思想恰好与发送者所发出的信息是完全一致的。如果沟通的双方能达成一个共同承认的协议，则更是好上加好。

在一个组织的管理中，没有人与人之间的沟通就不可能实行领导。领导者只有通过向员工传达感受、意见和决定，才能对其施加影响；员工也只有通过沟通，才能使领导者正确地评估他自己的活动,并使领导者关注员工的感受与问题。良好的沟通是组织管理中非常重要的一个方面。

二、沟通的作用

沟通之所以重要,是因为沟通无处不在。沟通的内容包罗万象,开会、谈话、对员工进行考核、谈判,甚至指导工作等都是在进行沟通。信息沟通的重要作用至少有以下三个方面。

1. 沟通是协调组织中各个体、各要素之间的关系,使组织成为一个整体的凝聚剂

由于各成员的地位、利益、知识、能力以及对组织目标的理解和掌握信息的不同,就会产生不同的个人目标,要使组织目标能顺利实现,就需要相互交流意见,统一思想。没有沟通就没有协调,也就没有组织目标的实现。

2. 沟通是领导者激励下属,实现领导职能的基本途径

领导者要引导员工为实现组织目标而共同努力,员工要在领导者的带领下,在完成组织目标的同时实现自己的愿望,而这些都离不开相互之间的沟通。

3. 沟通也是企业与外部环境之间建立联系的桥梁

企业必然要和顾客、供应商、股东、政府、社会团体等发生各种各样的联系,这些都要求企业必须与外部环境进行有效的沟通。而且,由于外部环境永远处于变化之中,企业为适应环境的变化,就必须与外界保持持久的沟通。

三、沟通的过程

简单地说,沟通的过程是指信息的发生者通过选定的渠道把信息传递给接收者,如图13-1所示。

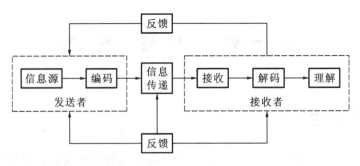

图 13-1 信息沟通过程的模型

一般来说,信息沟通由以下几个步骤组成。

(1) 信息发送者明确要进行沟通的信息内容。信息发送者发出信息是因为由于某种原因而希望接受者了解某些事,因此首先要明确信息内容。

(2) 把信息译成一种双方都了解的符号(编码),如语言、文字、姿势等。要发送的信息只有经过编码,才能使信息通过信道得以传递。

(3) 通过某种手段传递给对方,如口头交谈、书面文件、电话等。信息的传递主要是以语言为主要形式来展开的,在相互沟通中,存在着文件、会议、电话、面谈等多种具体形式。

(4) 接收者对收到的信息进行解码,即了解和研究所收到的信息的内容和含义。这个解码过程关系到接收者是否能正确理解信息,如果搞得不好,信息就会被误解。

(5) 接收者把所收到的或所理解的信息反馈到发送者那里供发送者核查。发送者和接收者对信息的理解和接受程度,受到各自专业水平、工作经验及环境等多种因素的影响,对同一个信息,不同的人常会有不同的理解。为了核查和纠正可能发生的偏差,就要借助反馈。一般来说,沟通过程中存在着许多干扰和扭曲信息传递的因素,我们通常将这些因素称为噪声。例如,信息的发送者使用模棱两可的符号可能造成编码错误,因接收者的漫不经心而可能造成接收错误,因为各种成见可能妨碍理解,等等,都属于信息沟通中的噪声。正是因为有噪声的存在,使得沟通的效率大为降低。因此,信息发送者了解信息被接收者理解的程度是十分必要的,通过反馈构成了沟通中的信息双向流动。

(6) 发送者根据反馈回来的信息再发出信息,肯定原有的信息传递,或指出已发生的某些偏差并加以纠正。

(7) 接收者按所接收到的信息采取行动,或做出自己的反应。信息传递的目的是发送者要看到接收者采取其所希望的正确行动,如果这个目的达不到,则说明沟通出现了问题。

四、沟通的方式

人们在工作和生活中,会采用不同的沟通方式,而用得最多的是语言,这是我们人类特有的一个非常好的沟通方式。除了语言之外,有时我们还会用眼神、面部表情和手势等与人沟通。归纳起来,我们的沟通方式有两种,即语言的沟通和非语言的沟通。通过这两种不同方式的沟通,我们可以把信息、思想和感情传递给对方,并争取达成相互理解。

(一) 语言的沟通

语言沟通是建立在语言文字基础上并以其为载体的沟通形式,又分为口头沟通和书面沟通。

口头沟通是指以语言为媒介的信息传送,主要包括交谈、讲座、讨论会、电话等。其优点是信息传递速度快,并能及时得到反馈;其缺点是在信息口头传递的过程中有较大失真的可能性。

书面沟通是指以文字为媒介的信息传递,主要包括报告、文件、书面合同等。它具有有形展示、长期保存、易于复制传播以及可作为受法律保护的依据等优点。相对于口头沟通,书面沟通有其缺点,如花费的时间较长、同等的书面沟通不如口头沟通传递的信息多、不能及时提供信息反馈等。

(二) 非语言的沟通

非语言沟通是指通过某些媒介而不是语言或文字来传递信息,包括身体语言、语调、对物体的运用等形式。人们往往习惯用非语言沟通的方式,比如,面部表情、语音、语调等来强化语言沟通的效果。通过非语言沟通,可以更好地强化语言沟通的效果,但有时也能起到相反的作用,关键在于沟通人员对它的掌握和运用的水平。

第二节 人际沟通与组织沟通

一、人际沟通

人际沟通是指两个或两个以上的人之间的信息沟通,它是群体沟通和组织沟通的基础。管理者在一个组织中充当着各种不同的角色,进行着各种不同的人际沟通。

(一)对人际沟通的理解

人际沟通含有多层意思,可以是传达、联系、交流,也有磋商、对话、谈判之意,它是人们相互之间通过交换语言和非语言信号来分享信息和相互影响的互动过程。

人际沟通的外观是信息的相互传递,沟通正是借助于信息为载体而得以进行的,没有信息就不会有沟通。在沟通过程中,信息的传递是相互的,双方在各自向对方提供一定信息的同时,也从对方那里获得一定的信息。

在沟通的过程中,相互之间交换信息只是沟通的表层现象,并不意味着相互之间已经理解对方的意图,更不意味着相互接受对方的观点。沟通的深层目的是相互影响和相互促进,它是一个互动过程,最终追求达成双方的共识。

(二)个体行为对沟通的影响

人际沟通涉及两个或两个以上的人,沟通效果如何与所进行沟通的人的思维能力、情感、动机、精神状况和态度密切相关。个体行为对沟通的影响主要表现在以下几个方面。

1. 理解接受能力

理解接受能力是指一个人从环境中接受信息情报的整个过程中所表现出来的感知能力,它是一个人认识周围客观事物的能力。一个人的理解接受过程包括听、看、感觉、观察分析和追踪等方面能力发挥的过程。

同样的事物,不同的人有不同的看法,表明了不同的人的知觉过程和理解能力是不同的。在信息沟通过程中,接收者的个性、发送者的行为、传递的方式、信息传递时所处的环境都会影响接收者对信息的理解,而理解能力又在很大程度上影响着接收者接收信息后所采取的行为。对同一信息,由于人们理解力的不同,会产生不同的理解,从而产生不同的行为。

2. 个人的态度

这里的态度是指一个人对他所接触到的人或事所采取的接受或反对的态度。每个人都会接触到许许多多的事或人,他对待这些事和人的态度自然也不一样,从而影响他与其他人之间的沟通。研究表明,人们总是倾向于消除态度与行为之间的不一致。心理学家认为,人的态度包含着三个基本方面。第一方面是情感方面的因素。也就是说,每个人都有自己所喜欢的人和事,也有自己不喜欢的人和事。人们对于自己感兴趣的东西会比较关注,而对自己不喜欢的事物会加以反对或采取疏远的态度。这些行为都会使人对外界信息的接收打折扣,从而影响沟通的效果。第二方面是认知方面的因素。也就是说,一个人对某事物的了解程度或对人的了解程度,以及由此而产生的信任度。例如,你对某人或事比较了解和信任,那么对与此相关的信息你会比较关注并乐于接收;而对你不了解的人或事的信息的交流与沟通总会打些折扣。第三方面是行为的倾向性。每个人都有不同的个性特点,而不同的个性会影响其行为方式和沟通的效果。例如,权力欲比较强的人在与人沟通的过程中所考虑的重点往往是如何制服对方;自我感觉比较好的人常常刚愎自用,听不进别人的意见;比较刻板的人则常不允许哪怕是很小程度的含糊不清,对每件事都要求有精确的表述。这些都会影响到与他人的沟通。

管理者所在的组织是由一群人所组成的,了解人,注重个体行为对沟通的影响,对于提高沟通的有效性是非常重要的。忽视这一方面常常是人际沟通和组织沟通不良的基本原因。

(三)人际沟通的分类

根据不同的标准,可对人际沟通做如下分类。

1. 单向沟通和双向沟通

从发信者与接收者是否有角色交换的角度来看,人际沟通可分为单向沟通和双向沟通。

单向沟通是在沟通过程中,发信者和接收者之间地位不变的沟通,如做报告、发指示、演讲等。它们虽然也是一种交流活动,但主要是为了传播某些意见、思想,并不重视反馈。单向沟通往往具有速度快、秩序好、干扰少、条理清的优点。意见十分明确,不必讨论,又急需让建议者知道时,宜采取单向沟通方式。

双向沟通是在沟通过程中,发送信息者与接受信息者之间的地位不断变换、发信息与反馈往返多次的沟通活动,如讨论、交谈、协商等。双向沟通是标准沟通,它调动了双方的积极性,有利于发展沟通关系,增加沟通容量,并使沟通的信息更加准确,是正确决策、增进良好的人际关系、加强群体凝聚力的重要手段。

2. 告知型沟通、征询型沟通和说服型沟通

根据沟通的目的不同,人际沟通可分为告知型沟通、征询型沟通和说服型沟通。

告知型沟通是以告知对方自己的意见为目的的沟通,一般以语言沟通方法进行。要求准确、明了;否则,有可能会产生歧义。信息发送者的语气、语调和语速都有可能会影响沟通的效果。

征询型沟通是以获得期待的信息为目的的沟通,一般以发问的方式进行。要求发问者谦虚、真诚、有礼貌。

说服型沟通是以改变态度为目的的沟通,主要用说理的方法进行。说服型沟通具有较大的难度,因为它必须改变他人的观点、思想、情感、态度,而不是仅仅以传达到或被人接收到为结束。批评、规劝、调解与争议等都属于说服型沟通。

二、组织沟通

人际沟通是指人与人之间的沟通,组织沟通则是指在组织内部进行的信息交流、联系和传递活动。在一个组织内部,既存在着人与人之间的沟通,又存在着部门与部门之间的沟通。组织沟通是以人际沟通为基础的,又比单纯的人际沟通更为复杂。

(一)组织沟通的类型

在一个组织的内部,通常既有非正式的人际关系,又有正式的权力系统。因此,组织沟通也可分为正式沟通和非正式沟通两大类。

所谓正式沟通，是指通过正式组织系统进行的沟通与信息交流。例如，当管理者要求某一员工完成某项任务时，他就是在进行正式沟通。员工将某一问题提交和上报给他的主管时，也是在进行正式沟通。任何发生于组织中既定的工作安排场合的沟通，都可称为正式沟通。正式沟通的优点是沟通效果较好、约束力强、保密性较高，可以使信息沟通具有权威性。其缺点是信息传递速度慢，在传递中可能出现失真或被扭曲。

所谓非正式沟通，是指通过组织正式途径之外的渠道进行的信息传递与交流。例如，员工们在餐厅或过道里的交谈或者在公司体育锻炼场所中的沟通都属于非正式的沟通。这种沟通与组织内部规章制度无关，它的沟通对象、时间及内容都是未经计划的，随机性较大，而且沟通中通常带有一定的感情色彩。非正式沟通一方面可满足组织成员社交的需要，另一方面可弥补和改进正式沟通的不足，因为非正式沟通比正式沟通传播速度快、传播范围广、信息比较准确。通过正式沟通渠道需要经过几个层次、花几天时间才能得到回复的信息，通过非正式沟通渠道，可能很快就可得到回复。但由于非正式沟通不负有正式沟通所具有的责任感，也不必遵循一定的程序，有可能会被夸大、曲解、造成失真，有时也会给组织带来一定的危害。

1. 正式沟通的类型

正式沟通主要包括下行沟通、上行沟通、横向沟通和斜向沟通四种形式，如图13-2所示。

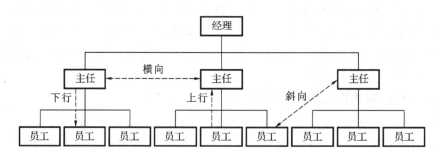

图 13-2　组织中正式沟通的类型

（1）下行沟通，是指在组织职权层次结构中，上级将信息传达给下级，信息从高层成员向低层成员流动。这种沟通常用于通知、命令、指导、协调和评价员工。当管理者给员工设置目标、布置任务、通报组织的有关政策和规定、指出需要注意的问题或者评估他们的业绩时，用的都是由上而下的沟通方式。

这种沟通增强了组织结构，但易形成权力气氛，影响下级积极性的发挥，且在沟通中缺乏对信息的反馈。

（2）上行沟通，是指信息从员工到领导、从较低的组织层次向比较高的组织层次传递的沟通形式。例如，员工提交的工作绩效报告、合理化建议、员工意见调查表等都属于这种沟通。组织中使用上行沟通方式的程度，与该组织的文化有关。如果管理者能够创造一个相互信任和尊重，以及参与式决策并向员工授权的氛围，则组织中会有许多的上行沟通。而在一种高度刻板、专权的环境中，上行沟通虽然仍会发生，但是在沟通的风格和深度方面都会受到很大的限制。

（3）横向沟通，是指在组织内部同级或同层次成员之间的信息沟通。一个组织是由多个部门组成的有机整体，各部门之间存在着有机联系或依赖，通过有效的横向沟通，可以增强相互之间的了解和工作上的协作配合，有利于组织目标的实现。在当今多变的环境中，为节省时间和促进协调,组织常需要横向的沟通。不过,要是员工不向管理者通报他们所做出的决策或采取的行动,则会造成冲突。

(4)斜向沟通,是指发生在组织中不同部门和跨组织层次的人员之间的信息沟通。例如,当信用部门的信用分析师,就某顾客的信用问题,直接与地区销售经理沟通时,就属于斜向沟通的情形,因为沟通的双方既不在同一部门,又不属于同一组织层次。从效率和速度的角度来看,斜向沟通是有益的。电子邮件的普遍使用更促进了斜向沟通。现在在许多组织中,一个员工可以通过电子邮件与任何其他的员工进行沟通,不论他们的工作部门和组织层次是否相同。然而,与横向沟通一样,要是员工不报告他们的管理者,斜向沟通也有可能造成问题。

2. 非正式沟通的类型

组织中的非正式沟通也有四种不同的传递形式,即单线式、偶然式、集束式和流言式。

单线式是由一个人传递给另一个人,通过一长串的人际关系来传递信息,而这一长串的人之间并不一定存在着正规的组织关系。

偶然式是每一个人都是随机地将信息传递给其他人,信息通过一种随机的方式传播。"道听途说"就是其中的一种形式。

集束式,是指信息发送者有选择地寻找一批对象传播信息,这些对象大多是一些与其亲近的人,并且这些对象在获得信息后又传递给自己的亲近者,如图 13-3(a)所示。

流言式,是指信息发送者主动寻找机会,通过闲聊等方式向其他人散布信息,如图13-3(b)所示。

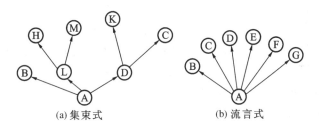

图 13-3 组织中非正式沟通的类型

非正式沟通的主要功能是传播员工所关心的相关信息,它取决于员工的个人兴趣和利益,与组织正式的要求无关。非正式沟通的存在有它的客观必然性,管理人员不能阻止它的发生,而只能引导它、利用它。例如,管理人员可以通过非正式沟通途径有计划地传递某些信息给特定的个人,也可利用非正式沟通散布一些待决定的问题或计划出台的措施,通过观察员工的反应来进一步修改或决定,从而避免与员工的正面冲突等。

(二)组织沟通的网络

信息的沟通都是通过一定的渠道进行的,由各沟通渠道所形成的结构形式称为沟通的网络。信息沟通的有效性与所选用的沟通网络有直接的关系。沟通的网络有以下几种基本形式。

在链式信息沟通网络中,信息按层次逐级传播,信息的交流与贯通可以自上而下进行,也可以自下而上进行。居于两端的人只能与其相邻的一个成员联系,而居于中间的人可分别与两端的人沟通信息。这表达的是典型的上下级权力关系与沟通方式,如图 13-4(a)所示。

在轮式信息沟通网络中,可以由处于中心地位的人跟周围的人进行交流与沟通,也可以由

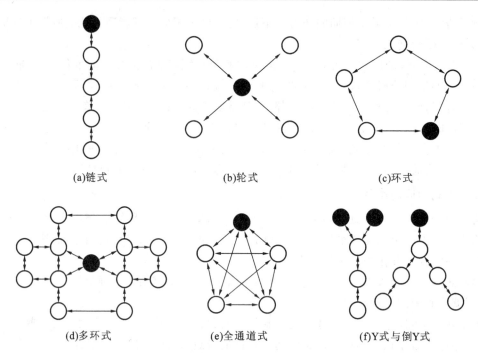

●表示中心人物,可能是领导或地位较高的人物;→表示沟通的方向

图 13-4 信息沟通的网络

周围的人跟处于中心地位的人进行信息交流。在这样的网络中,所有信息都要通过管理者,管理者是各种信息的聚焦点与传递中心,其他下属之间不互相沟通,如图 13-4(b)所示。

在环式信息沟通网络中,信息可以由某人向左右两边的人进行交流,也可以由左右两边的人向某人进行传递,但不能跨越这一层次与其他成员联系,如图 13-4(c)所示。环式沟通也可以发展为多环式沟通,如图 13-4(d)所示。

在全通道式信息沟通网络中,允许组织中的每一个成员与其他成员自由沟通,这就像一个委员会,每一个人都可以自由地发表意见,拥有同等的权力,且沟通中无明显的中心人物,如图 13-4(e)所示。

在 Y 式信息沟通网络中,信息可以由两位上级通过一个人或部门逐级进行沟通,这一成员或部门是沟通的中心,是沟通的媒介。在倒 Y 式信息沟通网络中,一位管理者通过一个人或部门同两个部门进行逐级的沟通,这就要求作为"瓶颈"的成员要善于沟通,如图 13-4(f)所示。

从沟通的效果来看,每种沟通都有各自的优势。在链式沟通过程中,层次分明,但两个相距较远的人之间只能进行间接沟通;轮式网络沟通的速度快,也容易控制,但周围的人缺乏沟通;在环式网络沟通中,沟通的人都有与其他人进行沟通的机会,但沟通的速度比较慢;Y 式与倒 Y 式网络沟通的速度比较快,但上(下)面的两个人又都缺乏沟通;全通道式沟通网络无疑是所有网络中民主色彩最浓的,人人都参与沟通,而且是全方位的信息沟通,但缺乏一个信息中心,沟通有时会显得杂乱无章。因此,组织要根据实际需要来选择合适的沟通网络,使信息沟通更加有效。要是组织比较关注成员的满意度,则全通道式最佳;要是组织认为有一个强有力的领导人很重要,则轮式网络会更好;要是认为准确性最为重要,则链式和轮式更好。

第三节 有效沟通

一、有效沟通的障碍

沟通的过程通常并不是一帆风顺的,员工之间因语言不周而失和,客户因问题处理不当而投诉,下级因上级的批评过重而产生抵触情绪,等等,不一而足。在组织的经营管理工作中,常常会面临许多影响人们进行有效沟通的障碍。

(一)选择性知觉

知觉是人脑对直接作用于感觉器官的客观事物或人的整体反映,是个体心理过程的主要成分之一,人的知觉的产生受各自的经验、知识、价值观和需要的影响。同样的客观事物,对于不同的人往往会产生不同的知觉,人的知觉与客观事物常常发生不一致。选择性知觉是指人们根据自己的兴趣、经验和态度而有选择地去解释所看到或所听到的信息。例如,如果一名负责面试的主考官主观上认为一般的女性总是重家庭而轻事业的,那么他就可能在女性求职者中突出这种信号,无论该求职者是否真的认为自己是这样的人。了解知觉的这一特征后,我们在与人沟通时,就应认真地了解对方的经历、兴趣、身份,并进行认真的分析研究,在我们发表意见时,就能使对方不至于产生误读,以使沟通顺利的进行。

(二)情绪

人总是带着某种情绪状态参与沟通活动的。一个人在高兴或痛苦的时候,会对同一信息做出截然不同的解释。极端的情绪更可能阻碍有效的沟通。例如,人在感情冲动时往往不易听进不同的意见。又如,不能摆脱心情压抑状态的人大多数表现出孤僻、不愿与人交往的倾向,在公共场合很少说话,对别人的话也不感兴趣,对某些信息甚至会产生厌恶感。还有情绪偏颇,如急躁情绪、猜疑心理、妒忌心理等也会束缚沟通。与此相似,面对威胁,不管是真正存在的还是想象中的,人们都会表现出神情紧张,心理上处于防卫状态,并且歪曲理解信息。

(三)角色意识

"角色"一词原意是指演员在戏剧舞台上依照剧本所扮演的某一特定人物的专门术语。引进社会学中,是指每个人作为社会的一分子,在社会大舞台上都扮演着角色,都得按照社会对这些角色的期待和要求,服从社会行为规范。但是,人们在实际沟通中,若自我角色意识太强,则会给沟通带来障碍。例如,素不相识的甲、乙两人在公园里相遇,通过攀谈双方本来都有好感,但经过深谈之后,甲得知乙是大学教授,因而肃然起敬,乙也得知甲是工厂工人,此时由于职业的不同和层次的差距,出现自我角色意识障碍,甲可能觉得自己与大学教授相比显得渺小,难以产生共鸣;而乙也可能自命不凡而拒绝与甲深谈。因此,甲、乙两人虽进行了接触,但未能达到更深层次的沟通。

(四)过滤

人们会对信息进行过滤,过滤是指人们对信息的操纵和筛选。例如,当有人向上级汇报的信息都是该管理者想听到的信息时,这个人就是在过滤信息。这种现象普遍地存在于一些组织的沟通中,信息从一个人传到另一个人的一系列传递过程中,由于损失、遗忘和曲解等会造成信息沟通中的过滤现象。特别是在组织层次过多的企业里或传递环节过多的情况下。

一项研究表明,通常每经过一个中间环节信息就将丢失30%左右。企业董事会的决定经过五个等级的信息过滤后,信息损失可达80%。其中,副总裁这一级的保真率为63%,部门主管为56%,工厂经理为40%,第一线工长为30%,待传达到职工,就仅剩下20%的信息了,如图13-5所示。

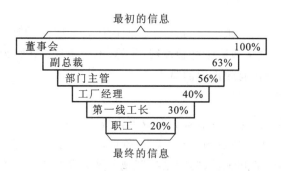

图13-5　信息失真情况实例

(五) 语言

语言是人类最重要的沟通工具之一,然而语言又是一种极其复杂的工具。从表面上来看,我们说的是同一种语言,但不同的人在语言的使用上却并不一致。同样的词汇,对不同的人来说,含义是不一样的。年龄、教育和文化背景是三个最明显的因素,它们影响着一个人的语言风格以及他对词汇的界定。在一个组织中,员工常常有着不同的背景,有着不同的言语习惯。即使是在同一组织但不同部门中工作的人员,有时也会有各自沟通中所用的专业术语。而信息发送者却常常误认为自己所用的词汇和短语在接收该信息的人心中也有同样的含义。这种错误的假设,会造成沟通的障碍。

此外,组织机构的不合理、文化习俗的不同或缺乏信息沟通的计划性等,都有可能成为有效沟通的障碍。

二、有效沟通的原则

进行有效的信息沟通是组织中所有人的职责。下列几项原则可以帮助我们克服沟通中的障碍。

(一) 要强调沟通的双向性

只传递而没有沟通的情况屡见不鲜,但信息只有为接收者所理解了,沟通才算真正完成。除非发送者得到反馈,否则他就不知道信息是否为对方所理解。可以通过提问、去信询问,以及鼓励信息接收者对信息有所反应等方式来取得反馈。好的沟通绝不是你说我听,而应该是双向的,是双方互动的一个过程。

(二) 要考虑信息接收者的需要

信息只有为接收者所注意、理解、认同,才会产生良好的沟通效果。首先,信息的内容安排对接收者来说应是适用的、有价值的,信息的内容应该同信息接收者的知识水平和组织气氛相适应;其次,信息发送者要用接收者熟悉的编码来传递信息,尽量避免使用不必要的专业术语;最后,传递信息所用媒介应是接收者容易接触和喜欢接触的媒介。

(三) 要强调沟通双方愉快的感受

信息沟通的职能不只是传递信息而已,它还涉及双方的心理感受,甚至是感情问题。如果在信息沟通之后,尽管其中的一方可能不完全赞成另一方的意见,甚至保留了自己的意见;但若双方的谈话是建设性的,会让人感到这次沟通是令人愉快的,愉快的感受将为双方以后的进一步沟通与合作奠定良好的基础。为了在沟通双方之间建立起和谐的人际关系,在沟通过程中,塑造一个让双方可以畅所欲言、表达意见的环境,展现支持、理解、肯定的态度,彼此尊重对方的情绪及意见,对达成有效的沟通至关重要。

三、有效沟通的途径

遵循有效沟通的原则,在实践中有多种途径可用来改善信息沟通的效果。

(一) 积极倾听

如何改善人们的沟通行为,一个至关重要的方面在于积极倾听。向别人倾诉是人的重要精神需求,而倾听别人的谈话对于参与沟通的人来说是一项必备的素质。倾听是对含义的一种主动的搜寻,单纯地听则是被动的接收。在倾听时,信息的发送者和接收者都在进行着思索。积极的倾听可以使自己获得更多的信息,可以给对方留下谦虚的印象,可以帮助自己准确理解对方的意图,以便做出进一步的决策。

积极的倾听是指不带先入为主的判断或解释的对信息完整意义的接收,也就是设身处地地站到对方的立场和观点,去理解所接收到的信息。因此,它要求听者要全神贯注。这样,主管就必须避免打断下属的话,还要避免使他们处于防范心理状态,由此来获得更真实的信息和更和谐的气氛。

积极的倾听是有技巧可以应用的,以下的几条总结可以帮助我们更好地倾听别人。多问开放式的问题;适当地保持沉默;让谈话者无拘无束;向讲话者表现出有兴趣倾听他的谈话;克服心不在焉的现象;在适当的时候说出自己的理解;以设身处地的同情态度对待谈话者;要有耐心,不要过早地对对方的谈话做出判断;与人争辩或批评他人时态度要平和、宽容。

(二) 有效表达

由于语言可能成为沟通的障碍,因此,参与沟通的双方应选择好措辞,并注意表达的逻辑,使发送的信息清楚明确,易于被接收者理解。

1. 要遵循对事不对人的原则进行表达

该原则也可以用另外一句话来代替,即"谈行为而不谈个性"。行为指的是说过什么或做过什么。个性指的是一个人的特点和品质。谈个性很容易引起对方的误解,产生逆反心理,从一开始就建立一个比较负面的基础,沟通中的冲突也往往因此而起。如果换一种谈行为的方式,可能就不存在这样的问题。谈行为一是保证客观,二是让对方听起来也比较容易接受,所谈的内容是比较准确的信息。

2. 要充分发挥语言的魅力

在沟通的过程中,还需要充分发挥语言的魅力。例如,要把"你"和"你们",变成"我"和"我们",这样,沟通的双方可以变得更贴近。把"应该"变成"可能",不是说"你应该把这件事完成",而是说"如果可能的话,你是否可以……"措辞变了,对方接受起来会更加容易。

3. 要简化用语

参与沟通的双方要考虑到信息所指向的听众,以确保所用的语言能适合于该类信息的接收者。有效的沟通不仅需要信息被接收,而且需要信息被理解。通过简化用语,尽量使用与接收者一致的言语方式来发送信息,可以增进理解。

（三）注重反馈

很多沟通问题是直接由于误解或理解不准确造成的。如果参与沟通的双方在沟通过程中能很好地运用反馈,则会减少这些问题的产生。反馈一般包括正面反馈、修正性反馈、负面反馈和没有反馈四种。

正面反馈就是肯定对方,尤其是发现对方做得对或说得好的时候。正面的认知可以鼓励好的行为再度出现。如果一个组织当中无论成员做得好或不好,领导都同样没有表示,下一次他就会降低标准。

修正性反馈不等同于批评,它是既认可好的一面,同时又指出需要改进之处。通常当工作没有完全达到标准的时候,可以采取修正性反馈方式。

负面反馈就是批评。组织的领导者对成员要尽量少做负面反馈,负面的反馈会让下属意识到领导不满意,要努力把负面的反馈变成一种修正性的反馈。

没有反馈就是无论对方做得好还是不好,都不告诉对方。没有反馈比负面反馈更糟糕:一方面让做得好的人不知道标准——反正我做得好你也不表扬我,下一次我就降低标准;另一方面,做得不好的人认为领导看见我这么做也没有说什么,就说明我没有问题,可以继续这么做下去。

（四）控制情绪

情绪会使信息的传递严重受阻或失真。如果不能有效地驾驭情绪,就会有碍正常的沟通。当沟通的双方或某一方处于情绪偏颇状态时,很可能对所接收的信息发生误解或很难接收进去,在表达信息时也会不够准确和理智。遇到这种情况,最好能控制一下自己的情绪,待恢复平静后再进行沟通。

【案例 13-1】

1990 年 1 月 25 日,阿维安卡 52 航班飞行员与美国肯尼迪机场之间的无效沟通,导致了一场严重的空难事故。

阿维安卡 52 航班从哥伦比亚的麦德林起飞,飞往美国纽约的肯尼迪机场。当晚美国的气象条件很糟,浓密的大雾导致各地的许多航班无法起飞和降落。肯尼迪机场也因大雾弥漫,导致 99 个航班无法降落,造成了严重的空中交通拥堵的现象。

此时阿维安卡 52 航班在空中盘旋了一个多小时,仍无法降落,而燃油即将耗尽。飞行员马上通过电台与塔台联系:"爬升高度,保持 3000 米。我们的燃油耗尽了,长官。"但机场塔台的调度人员以为,阿维安卡 52 航班和其他航班平时都为尽快降落而发出过类似的请求,因此,这一次没有同意他们降落的请求。结果惨剧发生了,航班因燃油耗尽而坠毁,机上 73 名人员全部遇难。

分析这次空难的原因:飞机本身没有机械故障,一切正常;等待降落的航班实在太多,塔台似乎也没有责任;飞行员也说明了情况紧急,尽到了职责。到底是什么地方出了问题?

造成阿维安卡52航班空难的原因,是机组和机场塔台之间的沟通出了问题。阿维安卡52航班在燃油即将耗尽的紧急情况下,却轻描淡写地对指挥台说:"爬升高度,保持3000米。我们的燃油耗尽了,长官。"以至于让塔台产生误解:平时,阿维安卡52航班和其他航班都为尽快降落而发出过类似的请求,以为这一次他们也是出于同样的目的。因此,没有同意他们降落的请求,导致发生空难悲剧。

第四节 冲突

处理冲突的能力是管理者需要掌握的重要的技能之一。美国管理协会进行的一项对中层和高层经营管理人员的调查表明,管理者平均花费20%的时间处理冲突;冲突管理被认为是比决策、领导或沟通技能更为重要的一项管理技能,即处理冲突的能力与管理的成功成正相关。

一、冲突

冲突常指的是由于某种抵触或对立状况而感知到的不一致的差异。差异是否真实存在并没有关系。只要人们感觉到差异的存在,则冲突状态也就存在。

对于组织的冲突有着三种不同的观点。第一种观点为冲突的传统观点,认为应该避免冲突,冲突本身表明了组织内部的机能失调。第二种观点为冲突的人际关系观点,即认为冲突是任何组织不可避免的必然的产物,但它并不一定会导致不幸,反而有可能成为有利于组织工作的积极动力。第三种观点为冲突的相互作用观点。也是最为新型的观点,认为冲突不仅可以成为组织中的积极动力,而且其中一些冲突对于组织或组织单元的有效运作是绝对必要的。相互作用的观点并不是说所有的冲突都是好的。一些冲突支持组织的目标,它们属于建设性类型,可将其称为功能正常的冲突。而一些冲突阻碍了组织实现目标,它们属功能失调的冲突,并属于破坏性类型。

二、冲突产生的原因

研究表明,产生冲突的原因多种多样,但总体上可分为三类:沟通差异、结构差异和人格差异。

1. 沟通差异

沟通差异是指由于语义困难、误解以及沟通通道中的噪声而造成的意见不一致。人们常常认为大多数冲突是由于缺乏沟通造成的,但事实上是,在许多冲突中常常进行着大量的沟通。很多人都将良好的沟通与别人同意自己的观点错误地等同起来。

2. 结构差异

组织中存在着水平和垂直方向的分化,这种结构上的分化导致了整合的困难,其造成的结果经常是冲突。这些冲突并非由于不良沟通或个人恩怨造成,而是植根于组织结构本身。

3. 人格差异

人格差异是指由个体的特性和价值观系统而引发的冲突。

三、冲突管理的技巧

当冲突过于激烈时,管理者可以从五种冲突解决办法中进行选择,即回避、迁就、强制、妥协和合作。

(1)回避,即从冲突中退出或者抑制冲突。当冲突微不足道时;当冲突双方情绪极为激动而需要时间使他们恢复平静时;当行动所带来的潜在破坏性会超过冲突解决后获得的利益时;这一策略十分有利。

(2)迁就的目标是把别人的需要和考虑放在高于自己的位置上,从而维持和谐关系。

(3)强制,是以牺牲对方为代价而满足自己的需要。在组织中这种方式通常被描述为管理者运用职权解决争端。

(4)妥协要求每一方都做出一定的有价值的让步。在劳资双方协商新的劳工合同时常常采用这种方法。当冲突双方势均力敌时,当希望对一项复杂问题取得暂行的解决方法时,当时间要求过紧需要一个权宜之计时,妥协是最佳策略。

(5)合作是一种双赢解决方式,此时冲突各方都满足了自己的利益。它的典型特点是:各方之间开诚布公地讨论,积极倾听并理解双方的差异,对于利于双方的所有可能的解决办法进行仔细考察。当没有什么时间压力时,当冲突各方都希望双赢的解决方式时,合作是最好的冲突处理办法。

★ 复习思考题

1. 怎样理解沟通的含义及作用?
2. 试述沟通的模式。
3. 试述信息沟通的有效性与所选用的沟通网络之间的关系。
4. 如何才能达成有效的信息沟通?
5. 对比冲突的传统观点、人际关系观点和相互作用观点。
6. 冲突管理有哪些技巧?

第六篇
控 制

GUANLIXUE
GAILUN

第十四章 控制与控制过程

【学习目标】
了解：控制的类型，有效控制的前提条件。
理解：控制的概念、特点和控制在组织中的作用。
掌握：控制的过程和有效控制原理。
运用：联系实际说明反馈控制与前馈控制、直接控制与间接控制、集中控制与分散控制之间的差别和重要意义。

制订计划是为了执行，组织的一切活动都是为了实现组织的目标。管理者要确保组织的各个部门和成员的工作有助于目标的实现，确保在计划规定的期限内能以经济、有效的方式去实现目标。这就需要管理者执行控制工作的职能，即采用正确的标准去衡量计划的执行过程，采取行动对问题进行修正，引导人们的行为，以达到组织的目标。

第一节 控制概述

一、控制的概念

"控制"一词最初来源于希腊语"掌舵术"，意指领航者通过发号施令将偏离航线的船只驶回到正常的轨道上来。由此说明，维持朝向目的地的航向，或者说维持达到目标的正确行动路线，是控制概念的最核心含义。

（一）控制的概念

1. 传统的定义

控制从其最传统的定义来说，就是纠正偏差（纠偏），也即按照计划标准衡量所取得的成果，并纠正所发生的偏差，以确保计划目标的实现。

2. 广义的定义

从广义的角度来理解，控制工作实际上应包括纠正偏差和修改标准（调适）这两个方面的内容。这是因为，积极、有效的控制工作，不能仅限于针对计划执行中的问题采取纠偏措施，它还应该能促使管理者在适当的时候对原定的控制标准和目标做适当的修改，以便把不符合客观需要的活动拉回到正确的轨道上来。这种引致控制标准和目标发生调整的行动——简称为"调适",是现代意义下组织控制工作的有机组成部分。就像在大海中航行的船只,一般情况下船长只需对照原定的航向调整由于风浪和潮流作用而造成的航线偏离,但当出现巨大的风暴和故障时,船只也有可能需要整个改变航向,驶向新的目的地。这种引致控制标准和目标发生调整的行动简称为"调适",应该是现代意义下企业控制工作的有机组成部分。

从一般的意义上来讲,控制就是使执行结果与目标相一致的过程。这里的标准可以是规章、程序,也可以是计划、政策、目标,甚至可以抽象为组织的基本宗旨,因此其包括的内容是非常丰富的。

3. 管理中的控制职能

基于这种认识,我们将管理中的控制职能更准确地定义为:为了实现组织的计划目标而对组织的活动进行监视并纠偏,确保组织计划与实际运行状况动态适应的行为。

(二) 正确理解控制的含义

正确理解控制的含义,需要把握以下几个方面的关系。

1. 控制与计划的关系

计划起指导性的作用,而控制是为了保证组织的产出与计划相一致,控制到什么程度、怎么控制都取决于计划的要求;计划预先指出了所期望的行为和结果,而控制是按计划指导实施所产生的行为和结果,有时会导致计划的改变;制订有效的计划需要信息,而这些信息多数是通过控制得到的。

因此,计划是控制的前提,控制则是完成计划的保证。如果没有控制系统,没有实际结果与计划的比较,就不知道计划是否完成了,计划也就毫无意义了。因此,控制和计划是密不可分的,是通过制订计划或业绩的衡量标准、建立信息反馈系统、检查实际工作的进度及结果,及时发现偏差及产生偏差的原因,并采取措施纠正偏差的一系列活动。

2. 控制与管理过程的关系

控制工作使管理过程形成了一个相对完整的系统。在这个系统中,计划职能选择和确定组织的目标、战略、政策和方案,以及实现它们的程序。然后,通过组织工作、人员配备、指导与领导工作等职能去实现这些计划。为了保证计划的目标能够实现,就必须在计划实施的不同阶段,根据由计划产生的控制标准,检查计划的执行情况。这就是说,虽然计划是管理的首要职能,但不是唯一职能,没有其他各项职能的密切配合,其目标是不会自动实现的。一旦计划付诸实施,就必须要有组织保证,必须要配备合适的人员,必须给予正确的指导和领导,控制工作就必须穿插其中进行。所以说,控制工作存在于管理活动的全过程中,它不仅涉及计划工作,而且涉及包括控制本身在内的所有其他各项管理工作,不仅可以维持和完善其他职能的正常活动,而且在必要时,还可以通过采取必要的措施来改变其他管理职能的活动,如新的计划方法的采用、新的组织理论的贯彻、新的领导方式的实施等。

3. 控制与组织活动的关系

在一个组织中,往往存在以下两类问题。

一类是组织平衡的维持问题,为维持平衡需要经常处理各种破坏平衡的日常现象;另一类是组织平衡的打破问题,通过对原有平衡的打破来建立组织新的平衡。这两类问题从根本上说都是螺旋形管理过程中的控制问题。螺旋形管理过程使组织活动出现两个方向,一个是水平的方向,另一个是垂直的方向。水平方向的组织活动就是组织长期或短期计划的实施过程;垂直方向的组织活动就是组织主动或被动地突破原有的活动性质和活动领域,这种突破可以是短期的、部分的,也可以是长期的、根本性的,从而产生新的计划、新的组织。

组织的螺旋形管理过程是一个系统,无论从空间上或从时间上来看,大的过程中都包含着许多小的过程。对这一过程水平方向的控制就是组织平衡的维持问题,垂直方向的控制就是组织平衡的打破问题。

在各类组织中大量存在着第二类问题,但人们往往只注意解决第一类问题而忽视解决第二类问题。这是因为第二类问题是在长期的活动中逐渐形成的,产生的原因复杂多样。人们对于组织原有的平衡已经习以为常,以至于适应了它的存在,不容易发现,或者即使是已经发现了,也不愿意承认和解决由于第二类问题所带来的对组织发展的影响。而第一类问题是经常产生的,对多数人的工作和利益会产生显而易见的影响,故容易被人们发现、承认和解决。因此,从组织发展的某一个周期来看,控制工作的重点是解决第一类问题,而从组织的长期发展来看,要使控制工作真正起作用,就要重点解决第二类问题,打破现状,求得螺旋形上升。

二、控制的必要性

如果计划制订得很完美、毫无缺点,如果组织结构也非常合理且效率高,如果管理者和员工们都能准确地完成计划,那么就不需要控制了。当然,这种理想的状态是不现实的。现实中既无十全十美的计划,又很难做到行动毫无偏差。因此,控制对组织来说是完全必要的。

(一)环境的复杂性

如果组织面对的是一个完全静态的环境,其中各个影响组织活动的因素永不发生变化,例如,市场供求、产业结构、技术水平等,那么,管理人员便可以年复一年、日复一日地以相同的方式组织经营,工人可以以相同的技术和方法进行生产作业。因而,不仅控制工作,甚至管理的计划职能都将成为完全多余的东西。事实上,这样的静态环境是不存在的,组织外部的一切每时每刻都在发生着变化。这些变化必然要求组织要调整原先制订的计划,从而对组织经营的内容做相应的调整。

(二)组织活动的分散性

组织是由若干个体成员组成的,为了实现统一目标而进行分工协作,最终表现出来的是整个组织功能的实现。

一方面,个体的目标往往与组织的目标不完全一致,其行为可能不符合组织计划与目标的要求,建立一个控制体系以保证成员的工作行为符合组织要求是必要的。

另一方面,当一个组织发展到一定规模时,主管人员由于时间和精力及专业知识的限制,不可能全面、直接地指挥下属,必然要将手中部分管理业务委托给他人,并赋予一定的权力。任何组织的管理权都制度化或非制度化地分散在各个管理部门和管理层次上。为保证所授权力得到充分、正确的使用,每个层次的主管都必须定期或不定期地检查和考核直接下属的工作,使被授权的组织的业务活动符合计划与组织目的的要求。组织的分权程度越高,控制就越有必要。如果没有这种检查、考核等控制措施,没有为此建立相应的控制系统,主管人员就无法知道下属的权力是否被滥用,无法知道下属的权力活动是否符合计划、符合组织目标,更无法采取及时的纠正行动。

（三）工作能力的差异性

即使组织制订了全面完善的计划，运行的环境在一定时期内也相对稳定，对活动的控制也仍然是必要的，因为不同的组织成员对计划的认识、理解能力和工作能力是有差异的。组织目标和完善计划的实现要求每个成员、每个部门的工作严格按计划的要求来协调进行。然而，由于组织成员是在不同的时空上进行工作的，他们的认识能力不同，对计划要求的理解可能发生差异；即使每个员工都能完全正确地理解计划的要求，但由于工作能力的差异，他们的实际工作结果也可能在质和量上与计划要求不符。某个环节可能产生的这样那样偏离计划的现象，如果不进行及时的检查、纠正，会对整个组织活动的进行造成冲击，甚至会导致整个计划不能完整实现。因此，对组织成员的工作进行有效的控制是非常必要的。

三、控制与其他管理职能的关系

控制工作通过纠正偏差的行动与其他三种职能紧密地结合在一起，使管理过程形成了一个相对封闭的系统。

（一）计划、组织、领导等职能是控制职能的基础

控制不是目的，而是手段，计划是控制的依据，组织是控制信息的接收者和处理者，领导是控制职能发挥和控制系统建立的关键。明确的目标与计划，合理的组织机构与形式，称职的领导及有效的指导，最大限度地发挥出员工的积极性和潜力，这一切是实施控制的基础。

（二）控制是计划、组织、领导活动有效进行的保证

离开了适当的控制，计划可能流于形式；组织会失去有效运转的信息和信息系统；领导会失去激励和沟通的依据和渠道，都得不到实际效果。与此同时，在控制的过程中，会根据内外环境或其他因素的变化，导致对目标与计划的修改、组织机构的改革、人员配备的调整，以及领导方式方法做出重大改变，等等。这实际上是开始了新一轮的管理过程。

四、管理控制的特点

不管是管理工作中的控制活动，还是物理、生物、经济及其他方面的控制，其基本过程和基本原理都是一样的。然而，管理控制有其自身的特点。

1. 管理控制具有整体性

管理控制具有整体性包含两层含义：一是管理控制是组织全体成员的职责，完成计划是组织全体成员共同的责任，参与控制是全体成员的共同任务；二是控制的对象是组织的各个方面。确保组织各部门和单位彼此在工作上的均衡与协调是管理工作的一项重要任务，为此须了解掌握各部门和单位的工作情况并予以控制。

2. 管理控制具有动态性

组织不是静态的，其外部环境及内部条件随时都在发生着变化，进而决定了控制标准和方法不可能固定不变。管理控制应具有动态的特征，这样可以提高控制的适应性和有效性。

3. 管理控制具有人本性

管理控制是保证工作按计划进行并实现组织目标的管理活动,而组织中的各项工作要靠人来完成,各项控制活动也要靠人去执行。因此,管理控制首先是对人的控制。

控制不仅仅是监督,更重要的是指导和帮助。管理者可以制订纠偏计划,但这种计划要靠职工去实施,只有职工认识到纠偏的必要性并具备纠偏能力时,偏差才会真正被矫正。通过控制工作,管理人员可以帮助职工分析偏差产生的原因,端正职工的工作态度,指导他们采取纠偏措施。这样,既会达到控制目的,又会提高职工的工作和自我控制能力。因此,管理控制是提高职工能力的重要手段。

五、管理控制的作用

(一)适应组织环境变化,调整和修正计划与实际活动的偏差

组织的目标和计划总是在一定的时间和环境条件下制订的。如果组织活动的环境不发生变化,组织的实际活动可以按照计划进行,因此也就无须进行控制。但是,现代组织所面临的环境常常是复杂多变不确定的。组织内、外部环境因素的多变性和不确定性,必然影响到组织实际活动同计划的一致性。符合环境变化的要求,是组织制订和实施计划的前提。为了保证组织目标和计划适应环境变化的客观情况,组织就必须了解和把握各类环境因素变化的程度和原因,在此基础上,通过控制手段准确把握计划与实际活动发生差异的程度和原因,并采取有效措施进行调整和修正。如图 14-1 所示,控制通过其调适作用,积极调整原定标准或重新制定新的标准,以确保组织对内外运行环境的适应性。

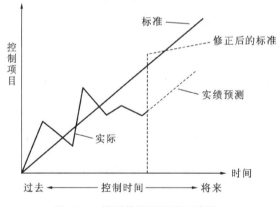

图 14-1 控制的调适作用示意图

(二)适应组织活动的复杂性,保证组织运行的秩序和协调性

随着社会各方面的迅速发展,各类组织的规模和内部结构也在不断趋于庞大和复杂化。每一组织的目标实现,都要经历一系列复杂的环节和艰巨的过程,都同组织结构各个方面的实际活动的秩序、协调、效率和效果紧密相关。组织活动的复杂性,要求组织不仅要制定明确的目标并在组织的各个环节上将其科学地分解,而且在目标的实施过程中,要进行大量的组织和协调工作。为了保证组织各个环节或部门的活动同组织总目标要求相一致,保证每一项具体活动工作顺利进行,有效的组织控制是必不可少的。

（三）发现和纠正管理活动中的错误，减少管理失误

任何组织在其发展过程中，都不可避免地出现一些错误和失误。认识和纠正错误，是管理水平提高的重要标志，也是组织各项工作不断进步的前提。而控制活动正是发现和纠正错误的有效手段。通过控制，使实际活动的情况及时反馈给管理者，管理者将反馈的实际活动情况同计划的要求进行对照和分析，从中发现存在的问题和产生问题的原因，进而采取相应的措施纠正偏差，保证不断总结经验，改进工作。如图14-2所示，控制通过其纠偏作用，使计划执行中的偏差得以防止或缩小，从而确保组织的稳定运行。

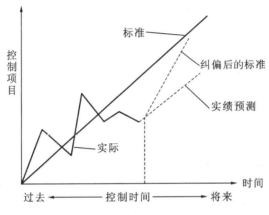

图 14-2 控制的纠偏作用示意图

（四）降低成本

低成本优势是企业获得竞争优势的一个主要来源，它要求积极建立起达到有效规模的生产设施，强化成本控制，减少浪费。为了达到这些目标，有必要在管理方面对成本控制予以高度重视，通过有效的控制可以降低成本，增加产出。

第二节 控制的类型

管理系统作为一种控制系统，由于控制的实施时间不同、控制对象不同、控制特征不同，就形成了不同的控制类型。下面分别介绍几种不同的控制方式和类型。

一、事前控制、现场控制和事后控制

根据控制实施的时间点（控制点处于发展进程中的哪一阶段）不同，控制可分为事前控制、现场控制和事后控制三种类型。

（一）事前控制

预先控制也称为事前控制、前馈控制。这种控制是指控制点处于事物发展的初始端，根据准确可靠的信息，运用科学的预测和规划，对出现的问题尽可能事先采取行动。它可以防止组织使用不合要求的资源，保证组织所投入资源在数量上和在质量上达到预定的标准，在整个活动开始之前剔除那些在事物发展进程中难以挽回的先天缺欠。这里说的资源是广义的，它包

括人力、物力、技术等所有与活动有关的因素。例如,原材料验收、组织招工、入学考试、干部选拔等。

(二)现场控制

现场控制也称为即时控制、过程控制。这种控制是指控制点处于事物发展进程的过程中,是对正在进行的活动给以指导和监督,以保证活动按照规定的政策、程序和方法进行。例如,生产制造活动的进度控制、每日情况统计报表、学生的家庭作业和期中考试,都属于这种控制。这种控制一般都在现场进行,监督和控制应该遵循计划中所确定的组织方针、政策与标准。例如,对于简单的重复性体力劳动,采取严厉的监督会导致好的结果;而对于创造性的劳动,控制应转向创造出良好的工作环境,这样的效果会更好些。

此外,现场控制的效果还与控制者的素质密切相关。例如,工厂的质量检验人员,应选择技能和知识水平都高的老工人担任,效果会更好些。

(三)事后控制

事后控制也可称为反馈控制,是指控制点处于事物的结束端,是历时最久的控制类型。它将计划执行的结果与预期目标或标准进行比较后,发现偏差并采取纠偏矫正行为。其目的在于检讨过去,以便进一步地完善计划、修正组织发展的目标。反馈的类型很多,有正向反馈和负向反馈之分。对于组织来说,有内部信息的反馈,有外部信息的反馈。反馈控制一般包括财务报告分析、质量控制分析和人员绩效的评定等。但是这种控制的缺点在于整个活动已告结束,活动中出现的偏差已在系统内部造成了无法弥补的损失。

事前控制、现场控制和事后控制的循环过程如图 14-3 所示。

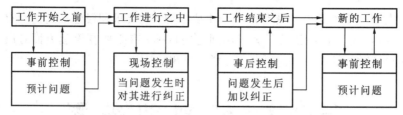

图 14-3 事前控制、现场控制和事后控制的循环过程

图 14-4 所示揭示了三种控制类型与信息流和纠偏行动的关系,在实际控制过程中,应根据工作的重要性,结合不同控制的特点,选择恰当的方式。

从图 14-4 中可以看出,控制并不是管理的最后环节,它伴随着计划的执行、生产或服务活

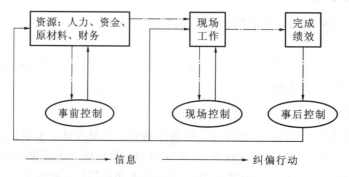

图 14-4 控制类型与信息流和纠偏行动的关系

动的展开而展开,并且控制将上一次活动的信息反馈给下一次的工作,从而开始新一轮的管理控制。

可以看出,这三种控制方式的控制重点各不相同,前馈控制重在资源,包括人、财、物等;现场控制重在进行的活动,多为工作过程;反馈控制是对已结束工作的资源投入、工作过程进行评价,用于对下一次活动的开展进行控制。

二、直接控制和间接控制

根据控制的手段不同,控制可分为直接控制和间接控制。

在组织的管理中,直接控制是指对管理人员的工作质量的控制。在组织的生产经营活动中,发生偏差的原因往往是由于管理人员指挥不当、决策失误或人员素质太差造成的。因此,重视对管理人员的选拔和培训,对其工作经常加以评审激励,促进他们提高管理水平和控制能力。对保证完成计划具有十分重要的作用。

间接控制是指对经济活动过程的控制。间接控制往往是在计划实施发生偏差后,才由有关的管理人员对偏差实施控制的。间接控制的特点在于它有一定的弹性和灵活性,通过一定的渠道和手段达到控制的目的。

三、集中控制和分散控制

根据控制的集中程度,控制还可分为集中控制和分散控制。

集中控制是决策权高度集中的一种控制方式。一般来说,集中控制将组织中各个部门的决策权集中到高层管理者手中,经济活动由高层管理者的行政指令来推动,纵向信息流强而横向信息流弱。在一些生产经营连续性很强的组织里,集中控制是十分必要的。

分散控制与集中控制相对应,其特点就是决策权分散,在管理中表现为各部门都拥有一定的决策权,具有一定的经营自主权,横向信息流较强,整个组织显得适应性较强,但难以进行整体协调。

控制的许多特征并不互相排斥,因此有些控制类型往往可以同时归入几种类型,各种控制类型是可以交叉的。而在实际管理控制中,对各种控制手段的运用应是有机地结合在一起的,以达到有效的控制。

第三节 控制的基本过程

控制是一个不断的循环往复的管理过程,但就一次控制活动来看,控制活动的基本程序包括:一是拟定控制标准;二是测量实际绩效;三是分析原因并采取措施。

一、制定控制标准

控制始于工作标准的建立。标准必须从计划中产生,计划必须先于控制。换言之,计划是管理者设计控制工作和进行控制工作的准绳,所以控制工作的第一步总是制订计划;同时,计划的详尽程度和复杂程度各不相同,而且管理者也不可能事事都亲自过问,所以就得制定具体的标准。

(一)标准的概念

标准是作为一种规范而建立起来的测量标尺,它是控制目标的表现形式,是检查和衡量实际工作的依据和尺度。它们是从整个计划方案中选出的,可以给管理者一个信号,使其不必过问计划执行过程中的每一个具体步骤,就可以了解工作的进展情况。

1. 计划与标准的联系

标准是对工作预期成果的规范,计划与标准都是按组织目标的要求编制的,并以实现组织目标为目的,二者密切相关。

2. 计划与标准的区别

简单地看,似乎计划应当就是控制的标准。但是事实并非如此,计划可能是控制的一个标准,可是计划并不等于标准。

(1)如果计划正确,而执行有偏差,计划就是控制的标准;而当制订的计划与环境有偏差,需要对计划进行修改时,那么,计划就不能够作为控制的标准。

(2)计划的详尽程度与标准不一样,有些计划已经制订了具体的、可考核的目标或指标,这些指标就可以直接作为控制的标准;但大多数计划是相对比较抽象、概括的,这就要将计划目标转换为更具体的、可测量和考核的标准,以便于对所要求的行为加以测评。

例如,某销售商计划在5年内使销售额每年增长25%,某车间希望将本月产量提高10%,这类的目标往往要等到计划期快结束时才可以衡量是否已经达到要求,因而平时工作的考核较难。如果能将"车间的产量提高产量10%"的目标转换为"每个职工每班生产110个部件"这样的标准,无疑更便于日常检查和评价。

(二)标准的种类

计划方案的每项目的、每个目标、每种活动、每项政策、每项规程及每种预测,都可成为衡量实际业绩或预期业绩的标准。对企业来说,最常见标准大致有时间标准、数量标准、质量标准、成本标准和实物标准。

(三)制定标准的方法

1. 统计分析法

统计方法是指利用历史资料,在统计分析的基础上制定当前工作的控制标准。这些数据可以是本单位的,也可以是外单位的。运用这种方法,得出的标准可能是历史数据的平均数,也可能高于平均数或是低于平均数。其特点是:成本低廉、简便易行,但是这种方法不够准确,因为历史与现实之间存在着差距,这种差距越大,在历史资料基础上制定的标准的准确性也就越差;而且根据这种方法制定的标准可能并不是先进的标准。这些标准是可以量化的,如资产负债率、工时定额、利润率、资金利用率、销售量等。

2. 经验评估法

这种方法主要用于那些无法根据历史资料制定标准的工作。对这些工作,可以利用组织各方面的人员和专家的知识和经验,运用评估的方法制定标准。其特点是:运用面广、简单易行,但科学性不足,评估很大程度上是以经验为依据的,通常带有管理人员的主观色彩。这些标准一般为定性标准,如组织的人事制度、财务管理制度、责任制度、操作规程等。

此外,在拟定标准时还可以采用工程方法,它以精确的技术参数和实测的数据为基础,通过动作、时间研究来制定生产定额,为基层管理人员更均衡地安排工作、更合理地评估工人的绩效,以及预估所需的人工和费用等,建立起客观的标准。

(四)制定标准的要求

制定控制标准是一个过程。这一过程的展开,首先要选择好控制点,并从时间、实力、质量和成本等方面制定科学的控制标准。所制定的控制标准应该满足以下要求:①便于对各部门的工作进行衡量;②有利于组织目标的实现;③应与未来的发展相结合;④应尽可能体现一致性;⑤应是先进可行的;⑥应具有一定的弹性。

二、测量实际绩效

对照标准衡量实际工作成绩是控制过程的第二步,它又分为两个小步骤:一是测量实绩,即测定或预测实际工作成绩;二是界定偏差,即进行实绩与标准的比较。掌握实绩可以通过两种方式:一是测定已产生的工作结果,二是预测即将产生的工作结果。无论哪种方式,都要求搜集到的信息能为控制工作所用。

(一)控制工作对信息的要求

衡量实际绩效的关键是及时获取工作成果的真实信息。

(1)信息的及时性。对那些不能追忆或不能再现的信息,如产品质量的检验信息、班产量信息、生产调度信息、重要会议决议等,应当及时记录;对已经获得的信息要及时加工并传递给管理者或有关人员,以便他们不失时机地进行决策。

(2)信息的适用有效性。管理控制工作需要的是适用性信息,即不同的管理部门对信息的种类、范围、内容、详细程度、精确性和需要频率等方面的需要不同,只有适合相应部门需要的信息,才是有用的信息。因此,信息必须经过有效的加工。如反映企业利润情况的信息,可以把利润表示为销售收入的百分比、投资回收百分比、总资金百分比等,通过这样的信息,使管理者便于掌握利润的全面情况。而如果仅有一个利润额数字信息,就难以做到这一点。

(3)信息的可靠性和准确性。信息可靠性也就是信息的真实性,它不仅同信息的精确程度有关,也同信息的完整性有关。例如:市场上的家用吸尘器一时紧俏,并不能说明吸尘器市场的长期趋势,对于据此准备扩大生产规模的企业来说,这个信息是不可靠的。企业必须收集有关消费者的平均收入水平、消费结构、竞争者的生产能力,甚至宏观经济政策的导向等信息进行综合分析,才可能做出正确的判断。

(二)衡量实绩

在获取有关实际工作绩效方面的信息时,对于管理者应全面考虑需要衡量什么、如何衡量、间隔多长时间进行衡量和由谁来衡量等问题。

1. 需要衡量什么

衡量什么是比如何衡量更关键的一个问题。如果错误地选择了标准,将会导致严重的不良后果。衡量什么还将会很大程度上决定组织中的员工追求什么。

有一些控制准则是在任何管理环境中都通用的。比如，营业额或出勤率可以考核员工的基本情况；费用预算可以将管理者的办公支出控制在一定的范围之内。但是必须承认内容广泛的控制系统中管理者之间的多样性，所以控制的标准也各有不同。例如，一个制造业工厂的经理可以用每日的产量、单位产品所消耗的工时及资源、顾客退货率等进行衡量；一个政府管理部门的负责人可用每天起草的文件数、每天发布的命令数、电话处理一件事务的平均时间等来衡量；销售经理常常可用市场占有率、每笔合同的销售额、属下的每位销售员拜访的顾客数等来进行衡量。

如果有了恰如其分的标准，以及准确测定下属工作绩效的手段，那么对实际或预期的工作进行评价就比较容易。但是有些工作和活动的结果是难以用数量标准来衡量的。如对大批量生产的产品制定工时标准和质量标准是简单的，但对顾客订制的单件产品评价其执行情况就比较困难了。此外，对管理人员的工作评价要比对普通员工的工作评价困难得多，因为他们的业绩很难用有形的标准来衡量。他们既是计划的制订者，又是计划的执行者和监督者，他们的工作绩效不仅决定着他们个人的前途，而且关系到整个组织的未来，因此不能由于标准难以量化而放松或放弃对他们的衡量。有时可以把他们的工作分解成能够用目标去衡量的活动，或者采取一些定性的标准，尽管会带有一些主观局限性，但这总比没有控制标准、没有控制机制要好。

2. 如何衡量

有五种信息常常被管理者用来衡量绩效，它们是：个人观察、统计报告、口头汇报、书面报告和抽样调查。这些信息分别有其长处和缺点，但是，将它们结合起来，可以大大丰富信息的来源并提高信息的准确程度。

1）个人观察

个人观察提供了关于实际工作的最直接和最深入的第一手资料。这种观察可以包括非常广泛的内容，因为任何实际工作的过程总是可以观察到的。个人观察的显著优势是可以获得面部表情、声音语调及急慢情绪等，它是常被其他来源忽略的信息。

2）统计报告

这是经由书面资料来了解工作情况的常用方法。这种方法可节省管理者的时间，但所获资讯是否全面、准确则取决于这些报表和报告的质量。

计算机的广泛应用使统计报告的制作日益方便。这种报告不仅有计算机输出的文字，还包括许多图形、图表，并且能按管理者的要求列出各种数据。尽管统计数据可以清楚有效地显示各种数据之间的关系，但它们对实际工作提供的信息是有限的。统计报告只能提供一些关键的数据，它忽略了其他许多重要因素。

3）口头汇报

信息也可以通过口头汇报的形式来获得，如会议、一对一的谈话或电话交谈等。这种方式的优缺点与个人观察相似。尽管这种信息可能是经过过滤的，但是它快捷、有反馈，同时可以通过语言词汇和身体语言来扩大信息，还可以录制下来，像书面文字一样能够永久保存。

4）书面报告

书面报告与统计报告相比要显得慢一些；与口头报告相比要显得正式一些。这种形式比较精确和全面,且易于分类存档和查找。

5) 抽样调查

抽样调查是从整批调查对象中抽取部分样本进行调查,并把结果看成是整批调查对象的近似代表,此法可节省调查时间及成本。

这五种形式各有其优缺点,管理者在控制活动中必须综合使用方能获得较好效果。

3. 间隔多长时间进行衡量

有效的控制要求确定适宜的衡量频度,这就意味着,衡量频度不仅体现在控制对象的数量上(即控制目标的数量上),而且体现在对同一标准的测量次数或频度上。

(1)对控制对象或要素的衡量频度过高,不仅会增加控制费用,而且还会引起有关人员的不满,影响他们的工作态度,从而对组织目标的实现产生负面影响。

(2)衡量和检查的次数过少,则有可能造成许多重大的偏差不能被及时发现,不能及时采取措施,从而影响战略和计划的完成。

(3)适宜的衡量频度取决于被控制活动的性质、控制活动的要求,即主要取决于控制对象的重要性和复杂性:对于那些较为长期、较高水平的标准,适于采用年度的控制;而对产量、出勤率等短期、基础性的标准,则需要比较频繁的控制。

例如,对产品质量的控制常常需要以件、小时、日等较小的时间单位来进行;而对新产品开发的控制则可能需要以月、年为单位。

4. 由谁来衡量

由谁来衡量,即衡量实际工作绩效的人是工作者本人,还是同一层级的其他人员,抑或是上级主管人员或职能部门的人?衡量实绩的主体不一样,控制工作的类型也就形成差别。如目标管理所以被认为是一种自我管理、自我控制的方法,就是因为工作执行者变成工作成果的衡量者和控制者。相比之下,由上级主管或职能部门人员进行的衡量和控制就是一种外部或外在的控制。

(三)界定偏差

1. 确定有无偏差

测量到实际工作结果后,就可以将之与标准进行比较,确定有无偏差发生及偏差的大小。所谓偏差,是指实际工作情况或结果与控制标准要求之间的差距。

实际计划执行中的偏差有两种,一种可称之为正偏差,通俗地讲就是超额完成计划的情况。超额完成计划并非都是有利的,有些正偏差会加剧结构失衡。所以,在检查考核中发现存在着正偏差,也必须全面分析,然后再做出结论。另一种是负偏差,即没有完成计划和偏离计划的情况。显然,负偏差是不利的,施控者必须深入分析发生负偏差的原因,并及时采取对策加以纠正。

2. 界定偏差是否在容限范围内

通过偏差的确定,就容易发现计划执行中的问题和不足。但并非所有偏离标准的情况均须作为"问题"来处理,这里有个容限的幅度。所谓容限,是指准许偏差存在的上限与下限范围。在这个界限范围内,即便实际结果与标准之间存有差距,也被认为是正常的。只有超出该容限范围时,才须采取控制行动。

质量统计控制就是这样的例子。质量控制图的使用就是为了这个目的。

例如,在图 14-5 中,设定管道直径的预定标准为 5 cm。由于机器的误差和其他因素,根据统计数据,可接受的偏差范围被设定在 5±0.05 cm 之间。当管道直径超出这个范围时,被认为是失控了。这个时候,作业过程被停止,并在外界干预下进行必要的调整措施,从而使整个系统再回到控制范围中。

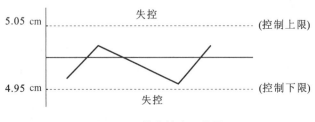

图 14-5　偏差的容限范围

三、分析原因并采取措施

解决问题需要先找出产生差距的原因然后再采取措施纠正偏差。

(一) 分析原因

有句古老的谚语说:"冰冻三尺,非一日之寒。"所以,必须花大力气找出造成偏差的真正原因,而不能仅仅是头痛医头、脚痛医脚。例如,销售收入的明显下降,无论是用同期比较的方法,还是用年度指标来衡量都很容易发现问题,但引起销售收入下降的原因却不那么容易一下就抓准:到底是销售部门营销工作中的问题,或是对销售部门授权不够引起的,还是生产部门制造质量下降和不能按期交货,或是技术部门新产品开发进度太慢致使产品老化、竞争力下降,抑或是由于宏观经济调整造成的? 如此等等。每一种可能的原因与假设都不容易通过简单的判断确定下来。而对造成偏差的原因判断得不准确,纠正措施就会无的放矢,不可能奏效。

一般来说,产生偏差的原因有以下几点。

(1) 可能是计划标准脱离实际,如大部分员工没有完成劳动定额或达不到规定要求。

(2) 可能是在计划执行过程中出现新情况、新问题,客观条件发生了变化,以至于达到标准很困难。

(3) 可能是整个工作的组织、指挥不善,没有尽可能地利用现有资源发挥应有的效用,或者个人的努力不够,无法达到大部分人所能达到的要求。

对于前两种情况,需要调整标准,对于后一种情况,则应努力提高工作绩效。当然,实际工作中偏差产生的原因可能是多种多样的,也可能是多种原因共同作用的结果。管理者应通过评估、分析,透过表面现象找出造成偏差的深层原因,为纠偏措施的制定提供指导方向。

(二) 采取措施

对偏差原因进行了彻底的分析后,管理者就要确定该采取什么样的纠偏行动。

管理者应该在下列三种控制方案中选择一个：维持原状、纠正偏差、修订标准。当衡量绩效的结果比较令人满意，可采取第一种方案。在此，重点讨论后两种方案。

1. 纠正偏差

如果偏差是由于绩效不足所产生的，管理者就应该采取纠正措施。纠正偏差的具体方式可以是：改进生产技术，改进管理方式，调整组织结构，改进激励工作，采用补救措施或调整培训计划，重新分配员工的工作或做出人事上的调整等。具体纠偏措施有以下两种。

1）立即执行的临时性应急措施

对于那些迅速、直接地影响组织正常活动的急性问题，多数应立即采取补救措施。

例如，某一种规格的部件在加工过程中出现了问题，一周后如果不能生产出来，其他部门就会受其影响而出现停工待料。此时不应花时间考虑该追究什么人的责任，而要采取措施确保按期完成任务。管理者可凭借手中的权力，采取如下行动：一是要求工人加班加点，短期突击；二是增添人工和设备；三是派专人负责指导完成。

2）永久性的根治措施

危机缓解以后，则可转向永久性的根治措施，如可以运用改变航道的原理重新制订计划或调整目标来纠偏；可以运用组织职能重新委派职务或进一步明确职责来纠偏；可以采用妥善地选拔和培训下属人员或重新配备人员来纠偏；也可以通过改善领导方式方法或运用激励政策来纠偏。现实中不少管理者在控制工作中常常局限于充当"救火员"的角色，没有认真探究"失火"的原因，并采取根治措施消除偏差产生的根源和隐患。长此以往，必将自己置于被动的境地。作为一个有效的管理者应对偏差进行认真的分析，并花一些时间永久性地纠正这些偏差。

2. 修订标准

工作中的偏差也可能来自不合理的标准，也就是说指标定得太高或太低，或者是原有的标准随着时间的推移已不再适应新的情况。这种情况下，需要调整的是标准而不是工作绩效。

但是应当注意的是，在现实生活中，当某个员工或某个部门的实际工作与目标之间的差距非常大时，他们往往首先想到的是责备标准本身。比如，学生会抱怨扣分太严而导致他们的低分；销售人员可能会抱怨定额太高致使他们没有完成销售计划。人们不大愿意承认绩效不足是自己努力不够的结果，作为一个管理者对此应保持清醒的认识。如果你认为标准是现实的，就应该坚持，并向下属讲明你的观点，否则就应做出适当的修改。

管理者一旦决定修改标准时，还须要充分考虑原先计划实施的影响。因为初始决策时，所选定的方案尚未付诸实施，没有投入任何资源，客观对象与环境尚未受到人的决策的影响和干扰，是起点为零的决策。然而，当需要对原先计划与决策的局部甚至全局进行调整时，企业外部的经营环境或内部的经营条件已经由于初始决策的执行而有所改变，是"非零起点"。因此，在制定新的标准时，要充分考虑到伴随着初始决策的实施已经消耗掉的资源，以及这种消耗对客观环境造成的种种影响。

图 14-6 所示总结了控制的过程。

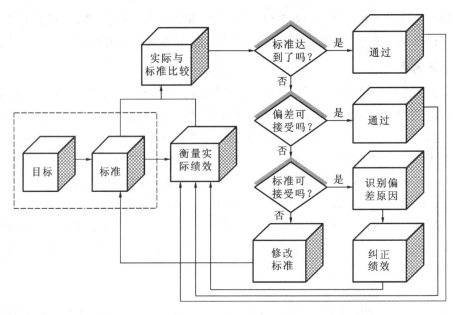

图 14-6 控制的过程

第四节 有效的控制系统

一、有效控制系统的前提条件

组织内任何形式的控制都有一定的前提条件,这些前提条件是否充分,对于控制过程能否顺利展开有很大的影响。这些前提条件主要有以下几个方面。

（一）要有一个科学的、切实可行的计划

控制的任务是保证组织目标与计划的顺利实现。控制工作是以预先制订的目标和计划为依据的。控制工作的好坏与计划工作是紧密相连的。组织在行动前制订出一个科学的、符合实际的行动计划,是控制工作能够取得成效的前提。相反,如果一个组织没有一个好的计划,或者有一个会导致组织走向失败的计划,那么控制工作做得越好就越会加速组织走向失败的进程,这种控制的结果是一种"负成效"。因此,有效控制是以科学的计划为前提的。

（二）健全组织机构,完善责任制度

控制工作的主要内容,是根据各种信息,纠正计划执行中出现的偏差,以确保计划的实现。要做到这一点,就要完善控制工作的组织机构,建立、健全与控制工作有关的责任制度。控制活动主要是由各管理层次的管理人员进行的,如果对控制中各层次的责任,以及在计划执行过程中各层次的任务与职责没有一个事先的、清楚的规定,高层管理者就不可能知道哪个部门应承担产生偏差的责任和应由谁来采取纠偏措施。因此,组织机构与责任制度越健全、越明确、越完善,控制工作也就越能取得预期的效果。

(三) 做好各种信息资料的收集、整理与分析工作

对组织的活动进行全面的控制，其中一项重要的基础工作就是信息的收集、分析和整理。没有正确的信息就没有有效的控制。在控制活动中，所有的信息资料都是反映计划与实际执行的偏差。这里所谓的偏差是指计划执行过程中的实际情况与所确立的标准之间的比较之差。

在计划执行中，有三种可能出现的偏差：第一种是实际的结果超出了计划的要求，或者说超出了标准；第二种是偏差近似于零，即实际情况与标准基本相符；第三种是实际结果没有达到标准的要求。第二种情况即无偏差为最好，当然这是理论上的假定；在现实控制活动中，绝对的无偏差往往是难以做到的。这里主要是强调偏差应尽可能地小。第一种情况，即实际的结果超出了原标准，一般而言也被认为是一种好的结果，如超产、超计划等。但这种看法是不全面的，在很多情况下，超额与超标准也并不一定意味着好的结果。它有时意味着原有计划的不科学，有时甚至意味着浪费资源。对管理者来说，在控制中应特别注意第一种偏差和第三种偏差。

(四) 控制要有反馈渠道

控制工作中的一个重要步骤，就是将计划执行后的信息反馈给管理者，以便管理者对预期目标与已达到的目标水平进行比较。这种信息反馈的速度、准确性如何，直接影响到控制指令的正确性和纠正措施的准确性。因此，制订好了计划，明确了各部门、各个人在控制中的责任以后，必须设计和维护畅通的信息反馈渠道。信息反馈渠道的设计主要应抓住两点：一是确定与控制工作有关的人员在信息传递中的任务与责任；二是事先规定好信息的传递程序、收集方法和时间要求等事项。有了畅通的信息反馈渠道，控制工作才能卓有成效地进行下去。

二、有效控制系统的原理

任何一个负责任的主管人员，都希望有一个适宜的、有效的控制系统来帮助自己确保各项活动都符合计划的要求。但是，主管人员却往往认识不到自己所进行的控制工作，是必须针对计划要求、组织结构、关键环节和下级主管人员的特点来设计的。他们往往不能全面了解设计控制系统的原理。因此，要使控制工作发挥有效的作用，在建立控制系统时就必须遵循一些基本的原理。

(一) 反映计划要求原理

反映计划要求原理可表述为：控制是实现计划的保证，控制的目的是为了实现计划。因此，计划越是明确、全面、完整，所设计的控制系统越是能反映这样的计划，控制工作也就越有效。

每一项计划、每一种工作都有其特点。所以，为实现每一项计划和完成每一种工作所设计的控制系统和所进行的控制工作，尽管基本过程相同，但是在确定什么标准、控制哪些关键点和重要参数、收集什么信息、如何收集信息、采用何种方法评定成效，以及由谁来控制和采取纠正措施等方面，都必须按不同计划要求和具体情况来设计。例如，质量控制系统和成本控制系统尽管都在同一个生产系统中，但二者之间的设计要求是完全不同的。

(二) 组织适宜性原理

控制必须能够反映组织结构的类型。组织结构既然是对组织内各个成员担任什么职务的一种规定，因而也就成为明确执行计划和纠正偏差职责的依据。因此，组织适宜性原理可表述

为:若一个组织结构的设计越明确、完整和完善,所设计的控制系统越是符合组织结构中的职责和职务的要求,就越有助于纠正脱离计划的偏差。例如,如果产品成本不按制造部门的组织结构分别进行核算和累计,如果每个车间主任都不知道自己所在部门产出的成品或半成品的目标成本,那么他们就既不可能知道实际成本是否合理,又不可能对成本负起责任。在这种情况下是谈不上成本控制的。

组织适宜性原理的另一层含义是,控制系统必须符合每个主管人员的特点。也就是说,在设计控制系统时,不仅要考虑具体的职务要求,还应考虑到担当该职务的主管人员的个性。在设计控制信息的格式时,这一点特别重要。对于发送给每位主管人员的信息所采用的形式,必须分别设计。例如,送给上层主管人员的信息要经过筛选,要特别表示出与设计的偏差、与去年同期相比的结果,以及重要的例外情况。为了突出比较的效果,应把比较的数字按纵行排列,而不要按横行排列,因为从上到下要比横向看数字更容易得到一个比较的概念。此外,还应把互相比较的数字用统一的、足够大的单位来表示(如万元、万吨等),甚至可以将非零数字限制在两位数或三位数。

(三) 控制关键点原理

控制关键点原理是控制工作的一条重要原理。这条原理可表述为:为了进行有效的控制,要特别注意根据计划衡量工作成效时具有关键意义的那些因素。对于一个主管人员来说,随时注意计划执行情况的每一个细节,通常是既浪费时间、精力,又没有必要的。他们应当而且也只能够将注意力集中于计划执行中的一些主要影响因素上。事实上,控制住了关键点,也就控制住了全局。

控制工作效率的要求从另一方面强调了控制关键点原理的重要性。所谓控制工作效率,是指控制方法如果能够以最低的费用或其他代价来探查和阐明实际偏离或可能偏离计划的偏差及其原因,那它就是有效的。对控制效率的要求既然是控制系统的一个限定因素,自然就在很大程度上决定了主管人员只能在他们认为是重要的问题上选择一些关键因素来进行控制。

选择关键控制点的能力是管理工作的一种艺术,有效的控制在很大程度上取决于这种能力。迄今为止,人们已经开发出了一些有效的方法,来帮助主管人员在某些控制工作中选择关键点。例如,计划评审技术就是一种在有着多种平行作业的复杂的管理活动网络中,寻找关键活动和关键路线的方法。这是一种强有力的系统工程方法,它的成功运用确保了像美国北极星导弹研制工程和阿波罗登月工程等大型工程项目的提前或如期完成。

(四) 控制趋势原理

控制趋势原理可表述为:对控制全局的主管人员来说,重要的是现状所预示的趋势,而不是现状本身。控制变化的趋势比仅仅改善现状重要得多,也困难得多。一般来说,趋势是多种复杂因素综合作用的结果,是在一段较长的时期内逐渐形成的,并对管理工作成效起着长期的制约作用。趋势往往容易被现象所掩盖,它不易被觉察,也不易被控制和扭转。例如,一家生产高压继电器的大型企业,当年的统计数字表明销售额较前一年增长 5%。但这种低速的增长却预示着一种相反的趋势:因为从国内新增的发电装机容量来推测高压继电器的市场需求,较上年增长了 10%,因而,该企业的相对市场地位实际上是在下降。同样是这个企业,经历了连续几年的高速增长后,开始步入一个停滞和低速增长的时期。尽管销售部门做出了较大努力,但局面却仍未根本扭转。这迫使企业的上层主管人员从现状中摆脱出来,把主要精力从抓销售转向了抓新产品开发和技术改造,因而从根本上扭转了被动的局面。

通常,当趋势可以明显地被描绘成一条曲线,或是可以描述为某种数学模型时,再进行控制就为时已晚了。控制趋势的关键在于从现状中揭示倾向,特别是在趋势刚显露苗头时就敏锐地觉察到,这也是一种管理艺术。

（五）例外原理

例外原理可表述为:主管人员只注意一些重要的例外偏差,也就是说,越是把控制的主要注意力集中在那些超出一般情况的特别好或特别坏的情况上,控制工作的效能和效率就越高。

质量控制中广泛地运用例外原理来控制工序质量。工序质量控制的目的是检查生产过程是否稳定。如果影响产品质量的主要因素,如原材料、工具、设备、操作工人等无显著变化,那么产品质量也就不会发生很大差异。这时,我们可以认为,生产过程是稳定的,或者说工序质量处于可控制状态。反之,如果生产过程中出现违反规律性的异常状态时,应立即查明原因,采取措施使之恢复稳定。

需要指出的是,只注意例外情况是不够的。在偏离标准的各种情况中,有一些是无关紧要的,而另一些则不然,某些微小的偏差可能比某些较大的偏差影响更大。比如说,主管人员可能因利润率下降了一个百分点而感到事态非常严重,而对合理化建议奖励超出预算的20%不以为然。

因此,在实际运用当中,例外原理必须与控制关键点原理相结合。仅仅立足于寻找例外情况是不够的,我们应把注意力集中在关键点的例外情况的控制上。这两条原理有某些共同之处。但是,我们应当注意到它们的区别在于,控制关键点原理强调选择控制点,而例外原理则强调观察在这些点上所发生的异常偏差。

（六）直接控制原理

直接控制,是相对于间接控制而言的。一个人,无论他是主管人员还是非主管人员,在工作过程中都常常会犯错误,或者往往不能觉察到即将出现的问题。这样,在控制他们的工作时,就只能在出现了偏差后,先通过分析偏差产生的原因,然后才去追究其个人责任,并要求他们在今后的工作中加以改正。这是属于间接控制。显而易见,这种控制的缺陷是在出现了偏差后才去进行纠正。针对这个缺陷,直接控制原则可表述为:主管人员及其下属的工作质量越高,就越不需要进行间接控制。这是因为,主管人员对他所负担的职务越能胜任,也就越能在事先觉察出偏离计划的误差,并及时采取措施来预防它们的发生。这意味着任何一种控制的最直接方式,就是采取措施来尽可能地保证主管人员的质量。

复习思考题

1. 怎样理解控制工作的必要性?
2. 管理控制有哪些作用?
3. 简述控制的类型。在当今的管理活动中,前馈控制为什么显得更为重要一些?
4. 简述控制的过程。
5. 进行有效控制应遵循哪些原理?
6. 为什么会有人对控制持反对或抵制的态度?如何提高员工的自我控制能力?

第十五章 控制方法与技术

【教学目标】
了解：预算控制和非预算控制的类型；管理信息系统开发的阶段、步骤。
理解：管理信息系统的功能和发展趋势；管理信息系统开发的基本条件。
掌握：编制预算的新方法；管理信息系统的概念；在控制中的作用。
运用：联系实际灵活应用常用的控制方法。

随着科学技术的迅速发展和大规模应用，组织的规模越来越大，活动的范围越来越广，分工越来越细，产生的信息也越来越多，因而控制的重要性不言而喻，控制的方法和技术也得到了很大的发展和丰富。现在，控制的方法和技术不仅包括传统方法，而且运筹学、控制论、系统科学、信息科学和计算机技术等都在其中得到了广泛的研究和应用。

控制工作的方法和技术有许多，在这一章中主要介绍几种常用的控制方法和技术，着重说明它们的特点、使用范围和优缺点等。

第一节 预算控制

一、预算与预算控制

预算是政府部门和企业使用最广泛的控制手段。预算就是用数据编制一定时期的计划，也就是用财务数据（如在投资预算和财务预算中）或非财务数据（如在生产预算中）来表明预期的结果，如政府部门通过金额来反映政府财政收支计划，企业通过金额和数量反映企业的各项计划。

西方与我国习惯使用的预算概念，在含义上有所不同。在我国，预算一般是指经法定程序批准的政府部门、事业单位和企业在一定期间的收支预计；而西方的预算概念则是指计划的数量说明，不仅仅是金额方面的反映。

一个组织可以有整个组织的预算，也可建立部门、单位及个人的预算。从预算的时间来说，虽然也可能有月度和季度的预算，但一般来说，财务上的预算期多为一年。另外，虽然预算一般都是指财政上的货币，如收入、支出和投资预算等，但是，有时也用产品单位数量或时间数量来表示，如直接工时或产量等方面的预算。

预算控制是通过编制预算，然后以编制的预算为基础，来执行和控制企业经营的各项活动,并比较预算与实际的差异,分析差异的原因,然后对差异进行管理。

预算的编制与控制过程是密切联系的。通过编制预算,可以明确组织及其各部门的目标,协调各部门的工作,评定各个部门的工作业绩,控制企业日常的经营活动。

二、预算的性质

（一）预算是一种计划

编制预算的工作是一种计划工作,预算的内容可以简单地概括为三个方面。

1. 多少

为实现计划目标的各种管理工作的收入(或产出)与支出(或投入)各是多少。

2. 为什么

为什么必须收入(或产出)这么多数量,以及为什么需要支出(或投入)这么多数量。

3. 何时

什么时候实现收入(或产出)以及什么时候支出(或投入),必须使得收入与支出取得平衡。

（二）预算是一种预测

它是对未来一段时期内的收支情况的预计。确定预算数字的方法可以采用统计方法、经验方法或工程方法。

（三）预算主要是一种控制手段

编制预算实际上就是控制过程的第一步——确立标准。由于预算是以数量化的方式来表明管理工作的标准,从而本身就具有可考核性,因而有利于根据标准来评定工作成效,衡量绩效(控制过程的第二步),并采取纠正措施,纠正偏差(控制过程的第三步)。无疑,编制预算能使确定目标和确立标准的计划工作得到改进。但是,预算的最大价值还在于它对改进协调和控制的贡献。当组织的各个职能部门都编制了预算时,就为协调组织的活动提供了基础。同时,由于对预期结果的偏离将更容易被查明和评定,预算也为控制工作中的纠正措施奠定了基础。所以,好的预算可以使组织制订出更好的计划,并为控制提供基础,这正是编制预算的基本目的。

如果要使一项预算对任何一级的管理人员真正具有指导和约束作用,预算就必须反映该组织的机构状况。只有充分按照各部门业务工作的需要来制订、协调并完善计划,才有可能编制一个足以作为控制手段的分部门的预算。把各种计划缩略为一些确切的数字,以便使管理人员清楚地看到哪些资金将由谁来使用,将在哪些单位使用,并涉及哪些费用开支计划、收入计划和以实物表示的投入量和产出量计划。管理人员明确了这些情况,就有可能放手地授权给下属,以便使之在预算的限度内去实施计划。

三、预算的种类及全面预算体系

预算的种类一般划分为业务预算、财务预算和专门预算三大类。各类预算还可以进一步细分,对于不同行业,其具体内容有所差别。

业务预算是指企业日常发生的各项具有实质性活动的预算。它主要包括销售预算、生产预算、直接材料采购预算、直接人工预算、制造费用预算、单位生产成本预算、销售及管理费用预算等。

销售预算是编制全面预算的基础。企业首先应根据市场预测和企业生产能力的情况,确定销售目标,编制年度及季度、月份的销售数量、销售单价、销售金额及销售货款收入情况。

生产预算是根据销售预算所确定的销售数量,按产品名称、数量分别编制生产预算。生产预算必须考虑合理的存货量:预计生产量－预计销售量＋上个预计期末库存量＝预计期初库存量。生产预算编制好后,为了保证均衡生产,一般还必须编制生产进度表,以便控制生产进度。

直接材料采购预算是根据生产预算所确定的生产量以及各产品所消耗材料的品种、数量、单价。一般根据生产进度确定材料采购数量及现金支付情况。

直接人工预算是根据生产所需的工时,确定各工种总工时和工资率及直接人工成本。

制造费用预算是根据销售量和生产量水平确定各种费用总额,包括制造部门的间接人工、间接材料、维修费及厂房折旧费等。

单位生产成本预算是根据直接材料、直接人工及制造费用预算确定单位产品生产成本。

销售及管理预算是根据销售预算情况以及各种费用项目来确定销售及行政管理人员薪金、保险费、折旧费、办公费及交际应酬费等。

财务预算是企业在计划期内反映现金收支、经营成果及财务状况的预算,它主要包括现金预算、预计损益表、预计资产负债表、预计财务状况变动表。

现金预算反映计划期内现金收入、现金支出、现金余额及融资情况,通过现金预算反映计划期内企业现金流动的情况,以控制现金的收支,做到合理理财。

损益表是根据现金预算而编制的,反映了企业在一定期间内的经营成果。企业可通过损益表了解自身的盈利能力。

资产负债表反映企业的资产、负债及收益情况,反映企业财务状况及偿债能力。

财务状况变动表是根据前面的预算编制的,用于反映在计划期内资金来源和资金运用及其变化的情况以及企业理财的情况。

专门预算是指企业不经常发生的、一次性的预算,如资本支出预算、专项拨款预算。

全面预算体系。全面预算是企业全部计划的数据说明,它包括业务预算、财务预算和专门预算,各种预算相互联系,构成全面预算体系。

四、编制预算的新方法

以上介绍的预算一般是以预测的销售量为基础,在一定业务量水平下编制的预算,称为静态预算。但是,企业的环境不断变化,使得企业所预测的销售量比实际的销售量可能更高或更低,原来编制的预算就无法使用了。针对这种情况,可用下面三种新方法来编制预算。

(一) 弹性预算

弹性预算就是在编制费用预算时,考虑到计划期业务量可能发生的变动,编制一套能适应多种业务量的费用预算,以便分别反映各业务量所对应的费用水平。由于这种预算可随着业务量的变化做机动调整,本身富有弹性,故称为弹性预算。

编制弹性费用预算时，把所有的费用分为变动费用和固定费用两部分。固定费用在相关范围内不随业务量变动而变动，变动费用随业务量变动而变动。因此，在编制弹性预算时，只需要按业务量的变动调整费用总额即可，不需要重新编制整个预算。

（二）滚动预算

滚动预算，或称为永续预算。滚动预算的特点是：预算在其执行中自动延伸，当原预算中有一个季度的预算已经执行了，只剩下三个季度的预算时，就把下一个季度的预算补上，经常保持1年的预算期，或者是每完成1个月的预算，就再增加1个月的预算，使预算期永远保持12个月。

编制滚动预算的优点是可以根据预算的执行情况，调整下一个阶段的预算，使预算更加切合实际和可行，并且使预算期保持在1年，使企业保持一个稳定的短期目标，以免等预算执行完再编制新的预算。

根据滚动预算的编制原理，企业可以把长远规划与短期目标结合起来，并根据短期目标的完成情况来调整长远规划，使企业的各项活动能够及时得到反馈，及时发现差异，及时处理。

（三）零基预算

零基预算是以零为基础编制的预算，其原理是：对任何一个预算（计划）期，任何一种费用项目的开支，都不是从原有的基础出发，即根本不考虑各项基期的费用开支情况，而是一切都以零为基础，从零开始考虑各费用项目的必要性及其预算的规模。

零基预算的具体做法是：组织下属各部门结合计划期内的目标和任务，提出所需费用项目及具体方案、目的和费用数额；对每一项目方案进行成本-效益分析，对每个费用方案进行评价比较，确定轻重缓急，排出先后顺序；按照所确定的顺序，结合计划期间可动用的资金来源，分配资金，落实预算。

采用零基预算法，一切以零为起点，重新进行评价和计算，编制预算的工作量非常大，但零基预算考虑了每项费用的效益，可以精打细算，减少不必要的开支，是事前控制的一种好办法。

第二节　非预算控制

有许多控制方法与预算没有直接关系，但也是非常有效的控制方法。下面是几种常用的方法。

一、亲自观察法

亲自观察法是一种常用的控制方法。它是指管理者通过对重要管理问题的实际调查研究来获取控制所需的各种信息，或亲自观察员工的生产进度、倾听员工的谈话来获取信息，或者亲自参加某些具体工作，通过实践来加深对问题的了解，获得第一手资料。亲自观察不仅可以直接与下属沟通，了解他们的工作、情绪、工作成绩，发现存在的问题，而且能激励下属，有利于创造一种良好的组织气氛。这种方式也可以称为走动管理。

二、报告

报告是用来向实施计划的主管人员全面地、系统地阐述计划的进展情况、存在的问题及原因、已经采取了哪些措施、收到了什么效果、预计可能出现的问题等情况的一种重要方式,有助于对具体问题的控制。在拟定和评价报告时,应明确两个问题:报告的目的是什么,向谁报告?

三、统计报告法

统计报告法要求企业具备良好的基础工作,有健全的原始记录和统计资料,使用统计方法对大量的数据资料进行汇总、整理、分析,以各种统计报表的形式及分析报告,自下而上地向组织中有关管理者提供控制信息。管理者通过阅读和分析统计报表及有关资料,找出问题、分析问题并解决问题。

四、管理审计

管理审计又称为内部审计,是指企业内部的审计人员对企业的会计、财务、人事、生产、销售等方面的工作做定期和不定期的独立评价。通过管理审计,可以检查和比较客观地评价企业的各项管理工作,确定哪些方面有问题、应采取什么纠正措施。由此可见,管理审计可为企业管理部门提供各种控制信息。

五、比率分析法

比率分析法,通过一些比率分析企业的一些实际情况,如流动比率可以反映一家公司的偿债能力和经营的风险程度,存货的周转率可以反映企业存货周转速度,投资报酬率可以反映企业运用投资的效果等。比率可以简单明了地反映企业的各种活动的状况,可以利用比率作为控制的一种手段。例如,企业的负债比例应尽量控制在60%以下,这样企业财务风险就较小。

除了以上这些方法外,比较有效的控制方法还有在生产控制中常用的计划评审法、盈亏分析法和线性规划法,在库存管理中常用的定量库存控制法、定期库存控制法、经济批量控制法,以及在质量管理中所提倡的全面质量管理方法等。

第三节　管理信息系统控制

信息系统是一种基于计算机与通信两方面技术而综合发展起来的技术。自20世纪70年代开始,通信技术与计算机技术逐渐结合起来,使信息处理逐渐形成了一个系统。信息系统的功能是通过数据收集、数据传输、数据存储、信息解释与显示,以及信息分发等五个子系统来实现的。管理信息系统就是服务于管理领域的信息系统。

一、管理信息系统的定义

管理信息系统（management information system，MIS）是一个以人为主导，利用计算机硬件、软件、网络通信设备以及其他办公设备，进行信息的收集、传输、加工、储存、更新和维护，以组织战略竞优、提高效益和效率为目的，支持组织的高层决策、中层控制、基层运作的集成化的人机系统。

简言之，管理信息系统就是向组织内各级主管部门（人员）、其他相关人员以及组织外的有关部门（人员）提供信息的人机系统。

管理信息系统通过提供作为决策依据的统一的信息来为一个组织的计划工作、组织工作、人员配备、指导与领导工作、控制工作以及日常的作业服务。一个管理信息系统应当向主管部门提供四种主要的信息服务：确定信息需要、收集信息、处理信息、使用信息。

二、管理信息系统在控制中的作用

管理信息系统作用于组织及其所使用的资源，使得组织在多方面受到影响。

（一）管理信息系统对组织的作用

利用现代的信息技术，使上层的管理人员能较容易地掌握反映整个组织活动的信息，从而使上层管理人员能做出较为合理的决策。

但是信息系统绝不能取代中下层管理人员的经常性工作。20世纪70年代，国外曾有一种看法，认为信息系统会使上层管理人员容易得到信息而出现集中管理的趋势。但信息系统几十年来的发展历史并没有显示这种迹象。一方面，少数的上层管理人员无法应付大量的信息，且对详细的信息无法做出适当的解释。虽然应用了新技术可以加强管理控制，但他们却无法取代中下层管理人员来做出决策。另一方面，中下层管理人员的工作并不仅仅是大量烦琐的事务性工作，信息系统取代了他们的部分工作，使他们从烦琐的事务性工作中解脱出来，使他们有更多的精力去考虑具体的工作过程中的问题。同时，由于计算机技术和通信技术的迅速发展，使得信息传递越来越快，提供信息不受地理位置的限制，因而出现了分权管理的趋势。

（二）管理信息系统对组织管理方式的作用

信息系统的产生是因为在组织的发展中产生了大量的信息。信息系统一旦建立，会给组织的管理方式带来巨大的影响。利用电子计算机的信息系统与手工作业方式进行比较，它所提供的信息快、精确、准确且简单省力。因此，它能为管理人员的决策提供详尽的、全面的、准确的数据资料，使管理人员有可能及时掌握组织活动的全貌，从而促进在管理中运用系统的观点来考虑问题，并为在预测、库存、订货等计划和控制中运用数学规划模型来定量分析组织中的问题，提供了可能。在组织活动中，遇到的最大问题之一就是难以进行实验。特别是在相互关系复杂、变化因素多、持续时间长，以及由于控制方法对组织的活动带来损害的情况下，就更难以进行实验。然而，利用电子计算机可突破这个难关，而信息系统正是能结合管理的需要，快速、准确地收集大量资料为模拟提供依据。总之，采用信息系统能促使管理方法由定性向定量发展。

（三）管理信息系统对组织发展的作用

信息系统的好坏直接影响了组织的生存和发展。管理工作是一项具有高度创造性的工作。任何一个管理信息系统，只能部分代替人的工作，而绝不能代替人的创造性劳动。因此，在利用信息系统时，必须充分考虑人的因素，要采用人-机系统，利用人来实行对系统的监督。只有这样，才能使组织在变化多端的环境中得到发展，否则就会使系统起不了作用或者给组织带来损失。此外，管理信息系统的建立还会对组织中的个人产生影响，使他们对机器和技术的看法发生改变，使他们的一些工作性质或工作方式发生改变，使人-机关系和人际关系的发展达到一个新的水平等。

可见，管理信息系统的基本功能是产生并向有关管理部门提供决策和控制的信息。在进行不同类型的决策时也要求管理信息系统能提供不同的信息。一般来说，决策可以分为以下三种类型。

（1）日常业务中的决策，它主要解决经常性的问题，例如，库存管理中的采购批量等的决策。

（2）战术性决策，包括对如何应用资源、人事调动、现金周转等问题进行决策。

（3）战略性决策，包括组织计划中的目标制定以及资源分配等。

日常业务活动大多具有经常性和重复性，它可以事先设计出专用的程序，只要预期的情况一旦发生就可以立即应用；相反，愈接近策略性的决策问题，就愈需要决策人员运用其经验和知识，对决策问题进行估计和判断。因此，前者对信息的要求是比较详尽的，需要有结构的资料，有一定的程序。而后者在信息上的要求则多为综合性的，资料的结构不需要很严密，同时它在计算机应用上大多采用数字仿真等方法来提供参考、协助进行决策。

图 15-1 所示把上述的三种决策画成一个三角形。三角形下部较大，表明属于经常性的业务上的决策对信息的需求量较大，它需要很详细的信息。例如，公共交通部门需要收集每班汽车上的乘客流动情况。越往三角形的上部，对信息的需要量越少越抽象。例如，对交通部门调整车辆来说，为了做出战术上的决策，需要收集每天各段时间中每辆汽车的平均载客人数。反之，对提供战略决策用的信息，则需要的是某条线路每季和全年的乘客等信息。在三角形中，越往上面，需要的信息量虽然越来越少，但处理的过程却越来越复杂，往往需要通过模拟或其他复杂的处理过程，才能得到战略上的信息。

从图中可以知道，越靠近上层的信息，它与外面的关系越密切，所得到的资料越不正规，

图 15-1 不同层次的决策与其所需掌握情况对比的示意图

越不易事先预测，而资料的相关性越小，资料处理也越艺术化。由于战略上用的信息系统，其预测性小，程序需要经常改变，因此，对灵活性的要求就大。

总之，管理信息系统的作用非常重要，任务也很艰巨。但要记住，信息系统能帮助管理人员解决大量问题，但不能解决所有问题。

三、管理信息系统的内容

以企业为例，一个完整的管理信息系统应包括：决策支持系统、工业控制系统、办公自动化系统以及数据库、模型库、方法库、知识库和与上级机关及外界交换信息的接口。其中，特别是办公自动化系统、与上级机关及外界交换信息等都离不开 Intranet（企业内部网）的应用。可以这样说，现代企业管理信息系统不能没有 Intranet，但 Intranet 的建立又必须依赖于管理信息系统的体系结构和软硬件环境。

传统的管理信息系统的核心是 CS（client/server，客户端/服务器）架构，而基于 Internet 的管理信息系统的核心是 BS（browser/server，浏览器/服务器）架构。BS 架构比起 CS 架构有着很大的优越性，传统的管理信息系统依赖于专门的操作环境，这意味着操作者的活动空间受到极大限制；而 BS（browser/server，浏览器/服务器）架构则不需要专门的操作环境，在任何地方，只要能上网，就能够操作管理信息系统，这其中的优劣差别是不言而喻的。

四、管理信息系统的开发

管理信息系统是以组织上层管理人员在决策中所要求达到的目标，以及职能管理部门所提供的业务活动目标为依据，按照完成组织活动管理所应遵循的顺序而建立起来的，这个系统的建立过程通常简称为系统开发。

（一）系统开发的三个阶段

1. 系统分析

它决定系统目标及需要。所面临的问题是：什么是需要的信息？谁要？什么时候要？什么地方要？是什么形态？这样的信息可以得到吗？从什么地方得到？资料应该什么时候用？用什么方法收集？如此等等。

2. 系统设计

它是研究详细的系统规格来作为将来实施的依据，以达成系统的目的，满足系统的需要。一般面对的问题是，有多少资源可以应用，其中包括人、物、财、设备及技术，如何适当地利用这些资源来达成信息的需要。

3. 系统实施

它包括装置、测验、转换及操作。它一般面对的问题是：人员需要什么样的培训？谁应该去受训？系统应该如何测试？有哪些必要的措施来转换现有的系统成为新的系统？什么时候系统才算实施完成？

（二）系统开发的基本条件

管理信息系统的开发必须具有一定的科学管理工作基础。只有在合理的管理体制、完善的规章制度、稳定的生产秩序、科学的管理方法和准确的原始数据的基础上,才能进行管理信息系统的开发。因此,为适应管理信息系统的开发需求,企业管理工作必须逐步完善以下工作。

(1) 管理工作的程序化,各部门都有相应的作业流程。
(2) 管理业务的标准化,各部门都有相应的作业规范。
(3) 报表文件的统一化,固定的内容、周期、格式;数据资料的完善化和代码化。

多数管理信息系统是经过一个系统的过程开发出来的,在这一过程中,系统设计专家和程序编制人员与最终用户进行合作。最终用户是所有那些使用信息系统并与之发生交互作用的人,特别是组织中的管理者。

(三) 使系统开发获得成功应注意的问题

1. 管理人员的决心

这种决心表现在管理人员对信息系统开发的了解及所提供的支持。而决心的大小视管理人员给予资源的多少,所花精力、时间以及愿意承担责任的程度而定。

2. 使用者的参与

信息系统是属于使用者的,使用者必须了解将要开发的信息系统对他本身活动的作用及性质,并与技术人员共同开发系统,才能成功。

3. 建立一个指导委员会

信息系统的开发和组织中的各部门有着紧密的联系,各部门与信息系统之间的协调是成功的关键。组成一个包括各级管理人员、使用部门和信息系统技术人员的委员会来协调系统的开发,是一个可行的方法。

(四) 系统开发的步骤

开发管理信息系统时,为了能更好地进行组织和管理,必须把整个开发过程分成以下几步来做:①系统目标,即提出对系统的要求和它要解决的紧迫问题;②可行性调查;③信息需要的分析及组成;④系统的总体设计;⑤详尽的系统设计;⑥编制程序;⑦测试;⑧人员培训;⑨系统转换;⑩系统运行;⑪系统评价等。

(五) 管理信息系统的开发方式

管理信息系统的开发方式有自行开发、委托开发、联合开发、购买现成软件包进行二次开发等几种形式。一般来说,根据企业的技术力量、资源及外部环境而定。

五、管理信息系统的发展

管理信息系统自出现至今,虽然只有三十多年的历史,但它对社会各个方面产生的影响却是十分巨大的。近年来,在技术进步和社会发展的推动下,管理信息系统正朝着水平更高、应用更广的方向发展。

(一) 智能化

把人工智能特别是专家系统技术融入管理信息系统,可以大大提高管理过程的效率和质量。作为这项研究的初级阶段,人们开始探讨建立以数据库、模型库和方法库为核心的新一代管理信息系统——决策支持系统(DSS),取得了许多理论和实践成果。

（二）网络化

计算机网络技术和分布数据处理技术的发展,为管理信息系统的资源利用从集中控制向用户分散控制方向的发展创造了条件。近年来,许多有一定规模的管理信息系统都是建立在计算机网络(局域网、广域网等)之上的,有的还把 Internet 引入企业内,建立了企业内部网络(Intranet),实现了企业员工充分共享企业信息和应用资源的目标。

（三）集成化

管理自动化和生产过程自动化的结合,把企业的产品设计、业务管理和生产控制连成一体,可以实现生产过程的全盘自动化。这是管理信息系统的又一个重要发展方向。当前,计算机集成制造系统(CIMS)就是这一研究方向的热门课题。

（四）商品化

管理信息系统软件的商品化一直是人们所追求的目标。美国著名的 COPCS、MBPⅡ 等就是在长期应用实践中形成的商品化的管理软件包,受到了用户广泛的欢迎。今后,随着计算机技术的不断进步和计算机应用实践的逐步深入,各类商品化的管理信息系统软件包(包括管理信息系统软件的生成系统、管理信息系统的开发工具软件 CASE 等)必将继续得到发展。

管理信息系统的最大特点是数据的集中统一。正是有了数据的集中统一,才使得信息真正成为一种资源,并且实现了信息资源的共享。这项工作是通过数据库系统实现的,数据库系统是管理信息系统的核心,也是其最显著的特征。

复习思考题

1. 何谓预算？何谓预算控制？
2. 简述预算的性质。
3. 简述预算的种类和编制的新方法。
4. 非预算控制有哪些常用的方法？
5. 何谓管理信息系统？它主要向主管部门提供哪些信息服务？
6. 管理信息系统在控制中的作用何在？
7. 管理信息系统开发应必须具备哪些基本条件？
8. 管理信息系统的开发步骤包括哪几个阶段？有哪些主要的开发方式？

参 考 文 献

[1] 吴照云. 管理学[M]. 4 版. 北京:经济管理出版社,2003.
[2] 张兆响,司千字. 管理学[M]. 北京:清华大学出版社,2004.
[3] 徐艳梅. 管理学原理[M]. 北京:北京工业大学出版社,2000.
[4] 王凤彬,李东管理学[M]. 2 版. 北京:中国人民大学出版社,2003.
[5] 陈畴镛. 现代经济管理基础[M]. 北京:科学出版社,2003.
[6] 哈罗德·孔茨. 管理学[M]. 贵州:贵州人民出版社 1998.